치 킨 로 드

치 킨 로 드

문명에 힘을 실어준 닭의 영웅 서사시

Why Did the Chicken Cross the World?

앤드루 롤러 지음 | **이종인** 옮김

cum libro
책과함께

피니언에게

그러나 그 대가 없는 노역은 여전히 우리 가슴에 사무친다.

우리의 삶은 바뀌었다. 그들의 도착이 우리의 시작이다.

―에드윈 뮤어(Edwin Muir), 〈말들*The Horses*〉

차례

일러두기

1. 이 책은 Andrew Lawler의 WHY DID THE CHICKEN CROSS THE WORLD?(Atria
   Books, 2014)를 완역한 것이다.
2. 인명과 지명은 외래어 표기법에 따라 표기하였다.

들어가는 글

닭을 따라가서 세상을 발견하라.
—도나 J. 해러웨이(Donna J. Haraway), 《종(種)들이 만날 때When Species Meet》

세상의 고양이, 개, 돼지, 암소를 모두 합친다 한들 닭의 숫자에는 미치지 못한다. 거기다 쥐와 새까지 모두 더한다 해도 여전히 닭이 이긴다. 닭은 세상에서 가장 흔한 새이며 동시에 가장 친숙한 농가 마당의 동물이다. 어느 순간이 되었든 지상에는 200억 마리가 넘는 닭이 살고 있으며, 이 숫자는 인간의 세 배에 달한다. 이 수를 뒤쫓는 새는 쿠엘레아(홍엽조)인데, 엄청난 수로 몰려다니는 이 자그마한 아프리카산 핀치조차 20억 마리에 불과하다.

지구에서 오로지 한 나라와 한 대륙에만 닭이 없다. 교황 프란치스코 1

세는 로마의 시장에서 사들인 껍질 없는 닭 가슴살로 식사를 하는데, 이는 작은 바티칸 시국(市國)에 닭장이 없기 때문이다. 남극에서도 닭은 금기(禁忌)다. 남극점에 있는 아문센스콧 기지(Amundsen-Scott Station)에서는 새해를 축하할 때 튀긴 닭 날개를 주로 먹지만, 남극 대륙을 관장하는 국제 조약은 펭귄들을 질병으로부터 보호하기 위해 살아 있는 닭이나 익히지 않은 닭고기는 수입을 금지하고 있다. 이렇게 하는데도 대부분의 황제펭귄 새끼가 닭 바이러스에 쉽게 노출된다.

이러한 예외는 원칙을 증명한다. 시베리아에서 남대서양의 사우스샌드위치 제도에 이르기까지 닭은 보편적으로 발견되는 새이며, 미국 항공우주국(나사NASA)은 닭이 화성 여행에서도 과연 살아남을 수 있을지를 놓고 연구해왔다. 남아시아의 밀림에서 발원한 이 새는 이제 우리에게 가장 중요한 단백질 공급원이 되었고, 이 새가 없는 지구는 상상조차 할 수 없게 되었다. 지구에서 도시가 자꾸 생겨나고 이에 따라 식욕이 증가하면서 흔하디흔한 이 새의 개체수는 늘어났고 또 우리의 의존도도 높아졌다. 미국 경제학자 헨리 조지(Henry George)는 1879년에 이렇게 썼다. "제이호크(매의 일종)와 인간은 둘 다 닭을 먹는다. 그러나 제이호크가 늘어날수록 닭의 숫자는 줄어들지만 인간이 많아지면 닭의 개체수도 늘어난다."

얼마 전까지만 해도 나는 어떻게 하여 1만 5,000종의 포유류와 새들 중에서 닭이 인간의 가장 중요한 동반자 동물로 등장했는지 별로 의문을 품지 않았다. 나는 보고 기사를 쓰기 위해 중동, 중앙아시아, 동아시아 등의 고고학 발굴지를 돌아다녔다. 취재의 목적은 왜 인간이라는 종이 조용한 수렵·채집 생활을 포기하고 번잡한 도시, 글로벌 제국, 세계대전, 소셜 미디어를 더 선호하게 되었는지 그 이유와 경위를 파악하려는 것이었다. 불가사의하고도 전격적인, 이 같은 도시 생활로의 전환은 6,000년 전 중동에서 시작하여 그때 이후 끊이지 않고 지구의 모습을 바꾸어놓았다. 그리고 지난 10년 동안 사상 최초로 더 많은 인구가 농촌보다 도시에 살게 되었다.

나는 아라비아 해안의 발굴 현장에서 작업하는 사람들로부터 인도의 무역업자들이 4,000여 년 전에 탁 트인 대양을 항해하기 위해 몬순 기후의 변화를 잘 파악했다는 이야기를 듣고서, 이 소재로 기사를 쓰면 어떨지 잡지사에 물었다. 이 모험심 강한 청동기시대의 항해사들은 국제적인 무역을 처음 시작하면서 최초로 글로벌 경제의 불꽃을 피워 올린 사람들이었다. 그들은 이집트의 석공이 기자 피라미드에 마지막 손질을 가하고 있을 때 히말라야의 목재와 아프간의 벽옥을 메소포타미아의 대도시들로 가져왔다. 잡지사에 기고를 타진하는 글을 보내면서, 나는 편집자에게 이런 이야기도 했다. 고대 인도에서 거래되던 무역 상품 같은 유물들 말고도, 고고학자들이 당시 닭이 이미 서방에 도착했음을 보여주는 닭 뼈를 발굴했다고.

"그거 흥미로운데."

편집자가 말했다.

"그 새를 한번 추적해보지그래. 대체 어디서 온 건지, 왜 우리는 이 새를 이토록 많이 먹고 있는지. 대체 치킨이 뭐기에?"

나는 마지못해 동의했다. 몇 주 뒤 나는 바닷가에 자리 잡은 오마니 마을에 도착했는데, 마침 해변 유적지에서 작업하는 이탈리아 고고학팀이 아라비아 해에서 오후 수영을 마치고 돌아오는 중이었다.

"닭 뼈? 아, 그거?"

발굴 팀장이 젖은 머리를 수건으로 말리며 말했다.

"잘못 생각하신 것 같습니다. 그건 우리 작업자들이 점심으로 먹은 치킨 뼈일 겁니다."

닭이 바빌로니아 전차를 끈 것도 아니요 중국에서 비단을 가져온 것도 아니므로, 고고학자와 역사학자들은 그 새에 별로 신경을 쓰지 않았다. 게다가 고고학자들은 사람들이 새에게 모이를 주는 것보다 곰을 사냥하는 것을 구경하는 걸 더 좋아했다. 조류학자들은 곡식이 닭의 몸에서 재빨리 고기로 변모하는 과정에 더 관심을 보였을 뿐, 이 새가 세상을 돌아다닌 과정을 추적하는 데에는 별 흥미를 느끼지 못했다. 동물들이 인간 사회에 끼친 영향을 잘 아는 과학자들조차도 이 새를 무시하는 경향이 있다. 베스트셀러 《총, 균, 쇠 Guns, Germs, and Steel》(1997)의 저자 재러드 다이아몬드(Jared Diamond)는 닭을 "자그마한 가내 포유류 및 가금류"의 범주로 격하시키면서 비록 유익하기는 하지만, 가령 황소 정도에 맞먹는 주의를 기울일 대상은 아니라고 말했다.

별 볼 일 없는 동물이나 찬양받지 못하는 영웅들은 언론계에게 만만한 대상이다. 닭은 너무나 과소평가되어 법적으로 아예 없는 것이나 마찬가지인 존재다. 이 고기와 알이 도시와 산업 생활에 동력을 제공하고 있지만, 식용으로 키울 경우에 미국 법에서 가축 혹은 동물의 대접조차 받지 못한다. "닭은 도시에서 태어난 사람들 사이에서 늘 영예로운 대접을 받은 것은 아니다."라고 E. B. 화이트(Elwyn Brooks White)는 썼다. 만약 그들이 닭을 생각하는 경우가 있다면 "보드빌 극에서 코믹한 소도구 역을 담당하는 동물" 정도로 여길 것이다. 수전 올리언(Susan Orlean)은 큰 인기를 얻은 뒷마당 닭 키우기 운동을 다룬 2009년의 《뉴요커 New Yorker》기사에서 닭을 가리켜 "'잇(it)' 버드"라고 선언했지만, 그래도 개와 고양이가 가장 사랑받는 애완동물로서 공동 수상을 했다.

만약 개와 고양이가 잉꼬와 모래쥐와 함께 내일 당장 사라진다면 굉장한 슬픔이 느껴지기는 하겠지만 세계 경제나 국제 정치에는 그다지 영향이 없을 것이다. 그러나 갑자기 닭이 없는 세상이 된다면 그 재앙은 즉각적으로 느껴질 것이다. 닭 수백만 마리가 살처분되면서 2012년에 멕시코시티의 달걀 값이 큰 폭으로 올랐을 때, 도시의 거리에는 시위대가 몰려나와 정부의 무능을 규탄하며 행진했다. 이 사태를 가리켜 "엄청난 달걀 위기(The Great Egg Crisis)"라고 했는데, 그도 그럴 것이 멕시코 사람들은 다른 나라 사람들보다 1인당 더 많은 달걀을 소비하기 때문이다. 같은 해 카이로에서는, 비싼 닭고기 값이 이집트 혁명에 영감을 불어넣었고 그리하여 시위대는 이렇게 소리쳤다.

"저들은 비둘기 고기와 닭고기를 먹고, 우리는 매일 콩만 먹는다."

그리고 2012년 이란에서 닭고기 값이 세 배로 폭등했을 때, 이란 경찰청은 텔레비전 제작자들에게 사람들이 닭고기를 먹는 장면을 내보내지 말라고 경고했다. 구운 케밥을 사먹을 형편이 안 되는 사람들 사이에서 폭동이 일어날까 봐 미리 조치를 취한 것이었다.

닭은 은근하면서도 가차없이 생활의 필수 품목이 되었다. 닭은 잘 날아다니지 못하지만, 국제적인 수출입을 통하여 세상에서 가장 먼 거리를 이동하는 철새가 되었다. 닭의 여러 부위들이 지구상의 정반대 끝에서 나타나기도 한다. 그러니까 닭발은 중국에, 다리는 러시아에, 날개는 에스파냐에, 내장은 터키에, 뼈는 네덜란드 수프 제조가들에게, 그리고 가슴살은 미국과 영국으로 건너갔다. 이런 국제 사업의 효과는 다른 것들에도 영향을 미쳤다. 가령 브라질 닭을 살찌우는 것은 미국 캔자스 주의 옥수수이며, 미국 닭들을 질병으로부터 구해주는 것은 유럽산 항생제이고, 남아프리카 닭들은 인도에서 만든 닭장에 가두어 길러진다. 국제 사업은 이토록 다른 많은 종목에 영향을 끼친다.

카를 마르크스가 썼듯이 "상품은 처음에는 아주 뻔하고 사소한 것으로 등장한"다. 하지만 이를 분석해보면, 상품은 곧 "형이상학적 미묘함과 신학적 복잡함이 풍부한 아주 기이한 것으로 변모한"다. 나는 전 세계를 무대로 닭의 행적을 추적하면서 이 과정에 놀라운 형이상학적·신학적 함의가 깃들어 있음을 발견했다. 아시아의 밀림에서 마법적인 존재로 등장한 후, 닭은 전 세계로 퍼져 나가면서 왕실 동물 농장의 스타가 되는가 하면, 미래를 점치는 길 안내자로 중요한 역할을 수행하고, 또 빛과 부활의 성스러운 메신저로 변신하기도 했다. 또 투계장에서 죽을 때까지 싸우면서 우리의 오락거리가 되는가 하면, 전천후 만병통치약으로 재능을 뽐내고, 전사(戰士), 애인, 어머니 들에게 용기, 열정, 가내 부수입이라는 영감을 주었다. 발리에서 브루클린에 이르기까지 닭은 지난 수천 년 동안 그래왔던 것처럼 우리의 죄악을 대신하여 죽는 희생물 노릇을 해왔다. 전 세계의 많은 지역과 시대를 통하여 이토록 많은 전설, 미신, 믿음을 이끌어낸 동물은 없다.

닭은 우리 인간이 데리고 온 까닭에 세상을 두루 건너왔다. 이 여행은 수천 년 전 동남아시아의 밀림에서 시작되었고, 이들은 고비마다 인간의 도움을 받아 먼 길을 떠돌았다. 카누를 타고서 넓은 메콩 강을 내려갈 때에는 대나무 우리에서 잠을 잤고, 중국의 도시 장터로 터벅터벅 걸어가는 황소에게 끌려갈 때에는 수레 안에서 꼬꼬댁거렸으며, 무역업자가 짊어진 등나무 바구니에 실려 히말라야 산맥을 넘어갈 때에는 한없이 온몸을 흔들기도 하였다. 선원들은 태평양, 인도양, 대서양을 가로질러 닭을 실어 날랐고, 17세기에 이르러 닭은 인간이 살고 있는 모든 대륙의 거의 모든 구석에서 살게 되었다. 이 과정에서 닭들은 폴리네시아 식민주의자들의 먹이가 되었고, 아프리카 사회를 도시화했으며, 산업혁명 초창기에는 기근을 물리쳤다.

찰스 다윈은 닭 덕분에 진화 이론을 확고히 정립할 수 있었고, 루이 파스퇴르는 닭을 이용하여 최초의 근대적 백신을 만들어냈다. 달걀은 2,500년에 걸친 연구 끝에 과학의 기본적인 조직 모델이 되었고, 우리가 해마다 독감 혈청을 만드는 용기(容器)로 사용된다. 닭은 가금류로는 최초로 게놈(유전체)이 해독된 동물이다. 그 뼈는 인간의 관절염을 완화시키고, 수탉의 볏은 얼굴의 주름을 펴주고, 유전자 이식된 닭들은 곧 다수의 의약품을 합성시켜줄 것이다. 가난한 시골 여인들과 이들의 자녀들은 닭을 키우면서 중요한 영양과 비타민을 얻어 영양실조를 물리칠 수 있다. 또 형편이 어려운 가정은 양계로 수입을 올려 가난에서 벗어나는 데 도움을 받을 수도 있다.

닭은 깃털 달린 '맥가이버 칼'과 같다. 이 다목적용 새는 어느 시간 어느 장소에서든지 우리에게 필요한 것을 준다. 닭을 가장 가치 있는 가축으로 만들어주는 이 적응력은 우리 자신의 역사를 추적하는 데에도 유용하다. 닭은 새과의 젤리그(우디 앨런의 영화 〈젤리그Zelig〉의 주인공으로, 주위 사람들의 성격을 모방하면서 그들의 사랑을 받는 인물―옮긴이)다.

존경의 대상, 진실을 말해주는 동물, 기적의 만병통치약, 악마의 도구, 악령 퇴치, 엄청난 부의 원천 등 닭은 변화하는 인간의 욕망과 목표, 의도를 기분 나쁠 정도로 잘 반영하는 거울이기에 인간의 탐험, 확장, 오락, 믿음의 표지가 된다. 고고학자들은 오늘날 간단한 그물망을 사용하여 인간이 언제, 어디서, 어떻게 살았는지 말해주는 닭 뼈를 수집한다. 또 복잡한 알고리듬과 고난도 컴퓨터 계산 덕분에 생물학자들은 인간과 밀접한 관계를 맺고 있는 닭의 유전적 과거를 파헤칠 수 있다. 또 오랫동안 학대

받아온 닭의 뇌를 연구하는 신경과학자들은 놀랍게도 높은 지능의 징조들을 발견하고, 나아가 이를 반면교사로 삼아 우리 자신의 행동을 통찰하는 흥미로운 단서를 잡기도 한다.

오늘날 살아 있는 조류는 우리 인간의 도시 생활에서 대체로 사라졌고, 대부분은 일반 대중이 보지 못하게 울타리로 둘러싼 거대한 창고와 도계장의 그림자가 어른거리는 군도(群島)에서 살고 있다. 오늘날의 닭은 기술의 승리인가 하면 산업적 농업의 슬프고 악몽 같은 현주소를 보여주는 포스터이기도 하다. 역사상 가장 기술 처리가 잘된 닭은 세상에서 가장 학대받는 동물이다. 좋든 나쁘든 우리는 닭을 전 세계의 도시들에서 식량 수단으로 삼았으면서도, 닭을 우리의 시야와 마음에서 거의 배제해버렸다.

미국과 유럽을 휩쓸고 있는 뒷마당 닭 키우기 운동은, 농장의 삶과 죽음이라는 일상적 현실로부터 아주 멀리 떨어진 도시 생활에 대한 반응이다. 이 새는 사라져가는 농촌 전통에 우리를 다시 연결시켜주는 값싸고 손쉬운 수단이다. 이 흐름은 수십억 마리의 산업 닭(industrial chicken: 대규모 공장에서 획일적으로 생산되는 균일한 닭—옮긴이)의 삶과 죽음을 개선시키지는 못하겠지만, 닭을 우리의 가장 중요한 동반자로 만드는 저 오래되고 풍요롭고 복잡한 관계에 대한 기억을 되살려줄 것이다. 우리는 먼저 닭을 쳐다보면서 관심을 가져야 하고 그 다음에는 찬찬히 살펴봄으로써 이 새를 다르게 대할 수 있다.

우리는 닭고기에 점점 더 의존하면서도 이 새로부터 점점 더 멀어져가고 있다. 그러나 우리가 용기와 비겁, 끈덕짐과 이타심, 기타 인간의 특징과 정서를 묘사하는 표현은 이 새와 긴밀하게 연결되어 있다. 문학 평론가 조지 스타이너(George Steiner)는 이렇게 말했다.

"모든 것은 잊어버린다. 그러나 언어는 잊어버리지 않는다."

우리는 수탉처럼 뻐기다가도 병아리처럼 겁먹고 뒤로 물러선다. 또 암탉에게 쪼이는 수탉 같은 공처가인가 하면 달걀 밟듯 조심스럽게 눈치를 보는 자들이다. 우리는 아이디어를 부화하고 닭 벼슬을 세우고 홰를 치고 알을 품고 꼬끼오 하고 운다. 비록 인정하기 싫겠지만, 많은 면에서 매, 비둘기, 독수리보다는 닭처럼 행동한다. 우리는 헛간의 닭처럼 부드러우면서도 난폭하고, 침착하면서도 동요하고, 감사하면서도 배은망덕하고, 하늘을 날아가고 싶어 하지만 두 발은 여전히 땅에 묶여 있다.

자연의 팔방미인

이 닭으로부터 혜택을 보지 못한 인간 가족은 아마도 에스키모가 유일할 것이다.
—윌리엄 비비(William Beebe), 《꿩에 관한 논문*A Monograph of the Pheasants*》

1911년 버마 북부의 축축한 숲 속, 어느 추운 새벽에 34세의 생물학자 윌리엄 비비는 멀리 보이는 마을에서 수탉이 홰를 치는 동안 습기 많은 덤불에 엎드려 있었다. 그의 은신처 바로 너머 개활지(開豁地)에는, 쌀과 탄약을 나르는 마부들과 노새들이 인근의 중국 국경을 향해 떠날 채비를 하고 있었다. 당시 중국은 기근과 혁명으로 전국이 몸살을 앓고 있었다. 아침 햇살을 받으며 노새 대열이 이동하면서 목에 매단 방울 소리가 희미하게 사라져가자, 멧돼지, 독수리, 비둘기, 현지의 닭들이 버려진 야영지로 들어와 음식 찌꺼기를 뒤지기 시작했다.

몇 분 뒤 날씬하고 호리호리한 몸태에 길고 검은 발톱이 난 다채색의 새가 개활지로 천천히 걸어 들어왔다. 망원경으로 현장을 살펴보던 비비는 떠오르는 햇빛이 숲 속의 빈터로 스며들어 새의 깃털을 비추는 순간 꼼짝도 하지 않고 이를 바라보았다. 비비는 이렇게 썼다.

"햇빛이 깃털의 적색, 녹색, 자색을 비추자 새는 잠시 불타오르는 듯했다."

길들여진 암탉과 수탉들은 이 위엄 넘치는 새가 지나가자 걸음을 멈추고 쳐다보았다.

"그들은 이 새를 낯선 존재 또는 존경받아 마땅한 우월한 대상으로 여기는 것 같았다. 왜냐하면 이 새에게 멋대로 하지 못했기 때문이다."

이 야생의 새는 다른 동물들은 안중에도 없는 체했고, 잠시 멈춰 서서 바닥의 모이를 한 모금 쪼고 나서 마을의 암탉을 힐끗 쳐다보더니 장엄한 몸짓을 하며 숲 속으로 다시 사라져버렸다.

윌리엄 비비는 젖은 땅에 몸을 바짝 대면서 이 새를 계속 추적했다. 계곡의 아래쪽에서 비비는 수컷인 이 새가 대나무 덤불에 암컷 새와 함께 있는 것을 보았다. 암컷 새는 기쁜 듯 꼬꼬댁하더니 땅을 파헤치며 흙 속의 벌레를 찾았다. 그동안 야생 수탉은 "어떤 잎사귀 혹은 가지가 떨어져도 이를 놓치는 법이 없었다. 수탉은 1~2초 간격으로 한 번씩 휙 날면서 하늘과 숲을 휘젓고 다녔다". 비비는 이 새가 조금도 경계를 늦추지 않는다는 것을 발견했다. 새는 거의 초감각적인 지각을 갖고 있는 듯했다. 멀리서 고양이 우는 소리가 들리자 이들 암수 한 쌍은 돌연 긴장했다. 이어 다람쥐 한 마리가 주위에서 움직이자 이 짝은 더 깊은 숲 속으로 들어가버렸다.

이 체험은 비비에게 잊지 못할 인상을 남겼고, 그는 후에 미국의 초기

저명한 과학자 중 한 명이 되어 이 새를 추적하게 된다. 비비가 마주친 새는 적색야계(赤色野鷄, red jungle fowl. 학명은 Gallus gallus)인데 그 몸가짐이 "길들일 수 없는 표범 같았다. 이 새는 낮게 내려온 꼬리, 약간 굽은 다리, 늘 경계하며 귀 기울이고 관찰하는 머리, 즉시 움직일 것 같은 자세 등 야생 기질을 거침없이 보여주었다". 비비는 멕시코에서 말레이시아까지 폭넓게 여행해온 모험심 넘치는 조류학자였다. 그는 현대 닭의 조상인 이 독특한 야생 새에 매혹되었다. "깊은 밀림에서 진짜 야생의 이 새를 보고 나면 결코 잊지 못한다."라고 비비는 썼다.

오늘날 닭은 너무나 흔하여 눈길조차 받지 못할 지경이나 이들의 원조인 야생 새는 놀라울 정도로 신비한 존재다. 이 적색야계를 남아시아의 원 서식지에서 관찰한 생물학자는 얼마 되지 않았고, 이들에 대한 우리의 지식은 동물원에서 관찰한 연구 결과에 따른 것이다. 하지만 이 연구용 닭들은 비비가 남아시아의 밀림에서 관찰한 야생 새와 닮았으되, 행동은 길들어진 헛간 닭처럼 행동하는 새들이었다. 현대의 닭과 적색야계는 둘 다 라틴어 학명이 '갈루스 갈루스(Gallus gallus)'인 같은 종이므로 서로 짝짓기를 할 수 있다. 비비가 이 새를 처음 관찰한 후 수십 년 동안 인도에서 베트남에 이르기까지 개체수가 증가하면서, 길들인 닭 혹은 조상 닭과 짝짓기 할 수 있는 닭의 숫자도 따라서 급증했다. 그리하여 야생 유전자 풀(gene pool)은 희석이 되었다. 비비의 관찰은 장차 '치킨'이 될 이 야생 닭들에 대하여 귀중한 통찰을 제공한다.

어떻게 이 수줍음 많고 교활한 새가 가금류(家禽類)의 전형이 되었는지를 놓고 생물학자들은 오랫동안 고심해왔다. 다윈의 조류 연구에 영감을 주었던 영국 목사 에드먼드 솔 딕슨(Edmund Saul Dixon)은 1848년에 "집닭의 조상으로 지목된 이 새들은 유럽자고새와 금계(金鷄)처럼 길들이기가 아주 어렵다."라며 그 난처함을 기록했다.

다른 길들어진 동물들과 마찬가지로, 닭은 원래 야생의 새였으나 점진적으로 인간의 세계에 흡수되었다. 늑대는 버려진 음식을 찾아서 인간에게 왔다가 길들어져 개가 되었다. 야생 고양이는 고대 근동에서 인간의 곡식 창고를 드나들던 생쥐를 먹고 살았다. 이런 인연으로 인간과 고양이는 서로를 받아들이게 되었다. 돼지, 양, 염소, 암소도 처음에는 인간의 먹이로 시작했으나, 점차 길들어져 울타리 안으로 들어가게 되었다. 그러나 닭의 스토리는 조금 신비하다. 닭은 우리에게 온 것인가, 우리가 닭에게 간 것인가, 아니면 인간과 닭은 시간이 흘러가면서 서로의 존재를 받아들이게 된 것인가?

길들이기(domestication)라는 단어는 '집에 속하다'라는 뜻의 라틴어에서 왔다. 그러니까 하인이나 노예처럼, 길들어진 동물은 잠자리, 음식, 보호 등을 제공받는 조건으로 인간이 시키는 대로 하는 것이다. 오늘날 생물학자들은 길들이기를 장기적인 상호 관계라고 보고 있지만, 둘 사이에 어떤 유대 관계가 있었는지에 대해서는 완전하게 이해하지 못하고 있다. 심지어 멧돼지, 오스트레일리아 딩고, 미국 서부의 무스탕 등도 인간과 수천 년을 함께 살아오면서 얻은 유전적 형질을 갖고 있다.

인간과 유대 관계를 맺은 동물은 그다지 많지 않다. 물고기 2만 5,000종 중에서, 오로지 금붕어와 잉어만이 길들어진 물고기라 할 수 있다. 5,000여 종의 포유류 중에서 스물서너 종만 길들이기가 되었고, 근 1만 종의 새들 가운데 약 10종만이 사람의 가정이나 헛간에 들어가 살고 있다. 코끼리는 통나무를 끌도록 훈련시킬 수 있고 치타는 목에 가죽 줄을 두르고 걸어가게 할 수 있고 얼룩말은 마구를 장착하여 짐을 끌게 할 수 있지만, 이는 어디까지나 일시적인 길들임일 뿐이다. 이들은 확대된 인간 가족의 구성원이라기보다 마지못해 참여한 방문객이다. 이런 종에 소속된 개체 동물들은 세대마다 새롭게 길들어야 한다. 인간을 불신하고 감금을 좋아하지 않는 적색야계는 도무지 우리 인간과 아주 중요한 유대관계를 맺을 만한 동물 후보로 보이지 않는다. 그 때문에 비비가 원서식지에서 이 야생동물을 관찰한 그 시점이 우리가 오대양 육대주를 이동한 이 새의 장거리 여행을 추적하는 출발점이 된다.

본래 비비가 제1차 세계대전 발발 직전에 버마로 가게 된 것은 닭의 역사와는 아무 상관이 없었다. 그의 여행은, 여자들의 모자와 고무 타이어 때문에 멸종 위기에 놓인 꿩들을 긴급히 연구하고 기록하기 위한 환경보호 활동가라는 임무에 불과했다. 당시에 막 번성하던 자전거와 자동차 산업에 납품을 하기 위하여 무수한 고무 농장이 밀림에 들어서면서 남아시아의 수십만 제곱미터에 달하는 꿩 서식지가 사라져가고 있었다. 한편 이 새들의 깃털은 상당히 이국적이어서 수십만 명의 미국인과 유럽인들 사이에서 유행을 끌고 있었다. 그 결과 미국 전역에서 해오라기, 솔새, 제비갈매기, 왜가리 들이 남획되었다. 그러자 보스턴에서 작은 움직임이 시작되었다. 바로 두 명의 사교계 유명인사가 차를 마시면서 설립한 국립 오듀본 협회(National Audubon Society)가 점점 커져서 막강한 정치 세력이 되어 마침내 의회를 움직여 미국 토종 새들의 깃털을 판매하는 행위를 금지하게 되었다.

미국의 모자 산업은 곧바로 남아시아의 밀림으로 시선을 돌렸다. 남아시아의 밀림은 적색야계를 포함하여 전 세계 49개 종의 꿩 가운데 47개 종이 서식하는 곳이었다. 꿩과의 새들은 다른 종의 새들이 따라올 수 없는 우아하면서도 화려한 깃털을 갖고 있었다. 새를 사랑하는 사람들은 이 종들을 도감에 싣기도 전에 꿩들이 모두 멸종해버릴 것을 걱정했다.

뉴욕 동물학회 회장인 헨리 페어필드 오즈번(Henry Fairfield Osborn)은 "이 아름답고 멋진 종의 새들이 급속히 멸종해가고 있다."라고 경고하면서 "이 새들의 구조와 진화를 이해하는 데 꼭 필요한 서식지와 주위 환경에 대한 기록이 곧 영원히 사라져버릴 것이다."라고 썼다. 그리하여 오즈번과 그 뜻에 동참하는 다른 뉴요커들은 조류학계의 떠오르는 신동(神童)인 윌리엄 비비에게 시선을 돌렸다.

비비는 그 즈음에 브롱크스에 문을 연 뉴욕 동물원에서 근무하기 위해 컬럼비아 대학교를 중퇴했다. 비비가 오늘날 '플라잉 케이지(flying cage)'라고 부르는 혁신적인 대형 새장을 고안했을 때, 그의 나이는 겨우 스물둘이었다. 다른 미국 동물원들은 새들을 작은 새장에 가두었으나, 비비가 고안한 대형 새장은 길이 45미터, 넓이 22미터, 높이 15미터의 탁 트인 넓은 공간을 자랑했고 주위에 인공 냇물, 식물, 나무가 함께 갖추어져 있었다. 비비의 대형 새장은 1900년에 처음 설치된 후에 뉴욕의 주요 명소가 되었다. 쇠꼬챙이처럼 마른 몸에 멋진 콧수염을 기른 비비는 과학 지식에 모험, 사교계, 오락 등을 뒤섞을 줄 아는 사람이었다. 그는 시어도어 루스벨트와 친구로 지냈고 가장 무도회를 즐겼으며 제1차 세계대전 당시에는 비행사로 근무했다. 또 다큐멘터리 영화의 주인공을 맡았으며 심해 생물 조사용 잠수구를 타고 바다 속 1킬로미터까지 내려간 적도 있다. 비비는 한때 친구에게 말했다.

"권태는 부도덕한 거야. 가만히 앉아서 눈알만 굴리는 일은 누구나 하는 거니까."

1902년에 비비는 돈 많고 재주 많은 조류 관찰자이며 소설가인 메리 블레어 라이스(Mary Blair Rice)와 결혼했다. 오즈번의 격려와 뉴저지 산업가의 재정 지원을 받아서 비비 부부는 1909년에 뉴욕 항에서 루시타니아호를 타고서 남아시아로 출발했다. 이 배는 6년 뒤 독일의 유보트에 격침되어 미국이 제2차 세계대전에 참전하는 빌미를 제공했던 바로 그 정기선이었다. 그 후 17개월 동안 부부는 아시아의 남쪽 지대를 답사했다. 그들은 가래톳 전염병을 피해야 했고, 중국에서 일어난 소요 사태를 피해 도망쳐야 했으며, 비비의 주기적인 우울증 증세도 극복해야 했다. 그들의 결혼은 이 힘든 여행 끝에 파탄이 나버렸다. 미국으로 돌아오자 아내 라이스는 리노로 가서 이혼 소송을 제기하며 남편이 아주 잔인한 사람이라고 비난했다. 비비는 이어 네 권짜리 《꿩에 관한 논문》을 발표했다.

비비 부부는 고무 농장의 건립, 깃털 시장의 수요, 중국인들의 고기 선호 등으로 인해 새들의 대량 학살이 벌어지고 있고 그리하여 수많은 종들이 멸종 위기에 놓였음을 발견했다. "어디에서나 새들은 덫에 걸리고, 함정에 빠지고, 대롱이나 활에서 날아온 독화살에 찔리고, 엽총으로 사살되고 있다."라고 비비는 낙담한 어조로 썼다. 비비는 은빛 꿩들의 깃털이 버마의 수도 랑군 세관에 무더기로 쌓여 있는 것을 보았다. 또 새의 깃털을 수입하는 것이 금지되어 있는데도 네팔과 중국이 깃털을 서구로 대량 수출하고 있다고 불평했다. 덧붙여 그는 급속히 늘어나고 있는 고무 농장들이 남아 있는 새들의 서식지를 심각하게 위협하고 있다고 썼다.

비비는 적색야계에 특별히 신경 썼다. 그 새가 온 세상에 퍼져 있는 닭의 살아 있는 근원임을 감안하여 "지상에서 아주 중요한 살아 있는 새"라고 말했다. 그는 멧닭이 덤불에서 솟아올라 좀 더 높은 나뭇가지에 내려앉는 모습을 놀라운 눈으로 쳐다보았다. 또 다른 멧닭은 약 800미터 너비의 계곡을 날아서 건너갔다.

"집닭의 허약한 근육과는 전혀 다른 근육이었다."

비비는 야생 닭의 가치를 높이 평가하면서 길들어진 닭들에 대해서는 생물학자 특유의 거만한 어조로 썼다. 그러나 대부분의 야생 닭들은 주로 지상에서 시간을 보냈다. 이른 아침과 늦은 저녁에는 모이를 쪼고, 한낮의 뜨거울 때에는 그늘에서 쉬었다. 이러한 생활 방식은 열대 지방에 자리 잡은 초창기 영농 사회의 느린 흐름과 보조를 맞춘 것이었다.

이 새의 먹이에 대해서는 알려진 것이 별로 없었다. 그래서 비비는 소낭(嗉囊)이라고 하는 목 주위의 소화 주머니와 내장을 살펴보는 데 많은 시간을 들였다. 그가 발견한 것은 대부분 식물과 벌레였다. 뭐든지 잘 먹는 새이지만, 주로 곡식, 풀, 죽은 고기보다는 대나무 순이나 살아 있는 벌레를 더 좋아했다. 이 덕분에 닭은 까마귀나 참새와는 다르게 초기 농부들의 친구가 될 수 있었다.

비비는 또한 적색야계가 일정한 곳에 머물고 집단생활을 하는 데에도 깊은 인상을 받았다. 이러한 특징은 분명 고대인들의 마음을 끌었을 것이다. 이 새들은 인간의 텃밭을 거의 떠나지 않으며, 어미 새가 석 달 가까이 새끼를 보살핀 뒤에 나름의 무리를 형성하게 했다. 비비는 "혼자 있는 수탉이나 암탉 이야기를 들어본 적이 거의 없다."고 썼다. 다른 꿩들과는 다르게, 밀림의 야생 닭들은 밤에 함께 둥지에 드는 것을 좋아했다. 그들이 즐겨 찾는 잠자리는 낮게 드리운 대나무 줄기였다. 이것은 잘못 선택된 잠자리처럼 보인다. 나뭇가지보다 땅에 가깝고 또 바람에 흔들릴 가능성도 있었다. 하지만 부드러운 줄기 위로 올라올 수 있는 포식자는 별로 없었다. 밤중에 공격을 받을 가능성이 낮은, 혼자 뚝 떨어져 있는 나무도 즐겨 찾는 잠자리였다. 대부분의 새들은 밤중에 가두어놓으면 몹시 괴로워한다. 그러나 적색야계는 이러한 잠버릇과 취약성을 갖고 있기 때문에 나중에 인간이 만들어놓은 닭장에 잘 적응할 수 있었다.

이 새들의 포식자는 물론 많다. 밍크와 재칼은 멧닭을 맛있어 하고, 매와 독수리도 마찬가지다. 도마뱀과 뱀은 닭의 알을 좋아한다. 그러나 야생 닭은 오늘날의 닭처럼 알을 많이 낳지 않는다. 암탉은 해마다 잘 숨겨진 땅 위의 둥지에다 조심스럽게 평균 여섯 개의 알을 낳는데, 이는 다른 꿩 종류보다 적은 숫자다. 멧닭은 자기 사촌처럼 몸집이 크거나 살이 많지도 않다. 오늘날 닭이 이처럼 살이 많고 달걀을 많이 낳는 것은 수천 년에 걸쳐 인간의 손길이 개입한 결과이지, 이들 조상의 특징 때문이 아니다. 하지만 적색야계 수탉이 위험을 감지하여 경고를 발동하는 능력은 초창기 정착촌을 만든 인류에게 간편하면서도 자연 그대로의 경보 체제를 제공했다.

산닭은 회색야계(grey jungle fowl), 녹색야계(green jungle fowl), 실론야계[Ceylon jungle fowl. 스리랑카야계(Sri Lanka jungle fowl)라고도 한다]의 세 종이 있는데 비비는 이 종들을 모두 관찰했다. 이들은 적색야계에 비하여 훨씬 비좁은 지역에서만 산다. 반면에 적색야계는 카시미르의 추운 히말라야 산맥의 1,500미터에서 수마트라의 무더운 열대성 습지에 이르기까지 장소를 가리지 않고 번성했다. 파키스탄, 버마, 베트남의 태평양 연안 등에 이르기까지 적색야계는 다양한 서식지를 안식처로 삼았다. 또 지역의 기후에 맞추어 여러 가지 뚜렷한 다른 특징을 발전시켰다. 이처럼 다양한 기후와 음식에 적응할 수 있는 능력 덕분에, 적색야계는 전 세계의 모든 환경으로 이동하는 여행을 너끈히 감당할 수 있었다.

비비는 적색야계가 신비하면서도 독특한 '유기적 체질'을 지닌 덕분에 다른 새들과 구분된다고 결론 내리면서, 이를 "잠재된 신체적·정신적 가능성"이라고 불렀다. 그는 유전학의 여명기에 글을 썼다. 그가 버마 개활지에 야생 수탉이 걸어 들어오는 모습을 관찰하던 바로 그해에, 비비의 모교가 될 뻔했던 컬럼비아 대학교의 토머스 헌트 모건(Thomas Hunt

Morgan)은 초파리 연구에 바탕을 둔 일련의 독창적인 논문을《사이언스 *Science*》에 발표했다. 특별한 유전적 특징을 지닌 염색체의 존재를 증명한 이 논문들은 한 세대 전에 다윈이 기반을 놓았던 현대 유전학의 혁명에 시동을 걸고 있었다.

비비는 닭의 이런 비상한 적응력 덕분에 인간이 닭을 "아름답고 기괴하며 괴이한 종"이라는, 길들여진 닭으로 변신시킬 수 있었다는 이론을 펼쳤다. 깃털은 짧거나 길게 할 수 있었고, 색깔과 무늬는 재빨리 바꿀 수 있었으며, 다리의 길이는 늘이거나 줄일 수 있었다. 야생 닭은 꼬리의 길이가 30센티미터 이하이지만, 어떤 일본 종은 길이가 6미터나 된다. 길들여진 수탉의 볏만 해도 변종이 스무 가지가 넘는다. 투계장(鬪鷄場)에 들어갈 수탉은 깃털이 별로 없게 만들어서 상대방 수탉이 낚아채지 못하게 변형시킬 수도 있다. 유전적 형질을 잘 조작하면 900그램 무게의 적색야계가 500그램의 밴텀 닭이나 단단한 4.5킬로그램짜리 브라마 닭으로 변신할 수 있고, 또 화이트레그혼(White Leghorn) 암탉이 알을 하루에 하나씩 낳게 할 수 있다.

달리 말해서 적색야계는 자연의 팔방미인이다. 이 새의 일상적 리듬, 음식, 적응성, 정주적(定住的)이고 사교적인 성격은 인간 사회에 딱 들어맞는다. 과학자들의 거대한 국제적 조직인 '국제 닭 다형성지도 컨소시엄(International Chicken Polymorphism Map Consortium)'은 2004년 닭의 게놈을 해독하여 발표했다. 이것은 최초로 작성된 농장 동물의 유전자 지도이며 닭이 경제적으로 아주 중요하다는 것을 보여주는 강력한 증거였다. 연구 조사자들은 280만 개의 단일염기 다형성(SNPs, Single-Nucleotide Polymorphisms)이 인간에 의한 길들이기 이전에 이미 형성되었을 것이라고 생각했다. 단일염기 다형성은, 단일한 DNA 기본 염기서

열에서 차이를 보이는 유전적 변화 또는 변이를 말한다. 다시 말해, 현대의 닭은 유전적으로 여전히 적색야계라는 것이다. 이런 결론은 연구 대상이던 적색야계의 유전자가 순수 야생 닭의 유전자라는 것을 전제로 하는 것이다.

이 결과는, 특별한 유전적 형질을 얻기 위해 이종교배를 함으로써 더 크고 더 살이 많은 닭을 만들어내는 실용적인 방법을 번식업자들에게 제공했다. 하지만 그 결과는 멧닭을 집닭으로 변모시킨 변화 과정에 대해서 이렇다 할 통찰을 제공하지 못한다. 나중의 연구 조사는 급속한 성장을 촉진시키는 유전자 변형 덕분에 적색야계가 수천 년 전에 사육화의 길에 올랐을 것이라고 암시했다. 하지만 인간이 초창기에 식량을 얻을 목적으로 닭을 사육했다는 증거는 없다. 과학자들에게 필요한 것은 유전적으로 안정된, 순수한 산닭을 확보하여 어떤 닭이 야생이고 어떤 닭이 길들어진 닭인지를 구분해주는 작은 차이점을 밝혀내는 것이다.

하지만 이는 말처럼 쉽지 않다. 제1차 세계대전이 발발할 즈음에, 이국적인 새의 깃털이 가득하던 모자 유행은 사라졌고 고무 공장 붐도 꺼졌다. 그 덕분에 적색야계를 포함하여 남아시아의 꿩들은 개체수를 회복할 시간을 벌었다. 그러나 탐사 여행 도중에 비비는 우연히 일부 붉은 야생 수탉은 에클립스 깃털이 없음을 발견했다. 에클립스 깃털은 일련의 보라색 깃털로, 수컷이 늦여름에 붉고 노란 목 깃털과 꼬리 가운데 부분의 깃털을 털갈이할 때 생겨나는 것이다. 가을이 되면 닭은 털갈이를 완벽하게 끝내고 온전히 새로운 깃털이 나온다. 그런데 일부 야생 수탉은 이 에클립스 깃털 과정을 완전히 건너뛰었다. 비비는 이것을 '현지 집닭들의 피'가 야생 닭의 게놈 속에 흘러들어간 결과라고 보았다.

그로부터 근 1세기가 지나가면서 또 다른 생물학자는 세계에서 가장 숫자가 많고 또 인간의 가장 중요한 가축인 닭의 조상이 서서히 사라지고 있음을 발견했다. 아시아의 닭들이 폭증하면서 진화에 성공했고, 멧닭의 유전적 완전성을 제압하며 멸종 위기로 몰고 가는 것이다. 닭의 조상이 사라져버리면 전 세계를 여행하게 된 닭의 첫 출발점이 영원히 사라지게 된다. 하지만 미국 남부 사냥꾼들의 불평을 덜어주고자 미국 정부가 실시한 잘 알려지지 않은 프로그램 덕분에 적색야계는 아직까지 자신의 스토리를 알릴 수 있게 되었다.

·←·←

멀고 이국적인 땅에서 야생동물을 수입하는 것은 문명의 역사만큼이나 오래된 관습이다. 고대 근동의 초창기 군주들은 사자와 공작을 사육하면서 이를 자랑했고, 바그다드의 칼리프는 샤를마뉴에게 코끼리를 보냈으며, 15세기의 중국 황제는 경탄하는 외교관들에게 기린을 자랑스럽게 내보였다. 많은 종들이 인간이나 닭과는 다르게 새로운 기후, 먹이, 지리 등에 잘 적응하지 못하기 때문에 옮겨진 동물들은 대부분 금방 죽어버렸다.

미국에 들여온 야생 조류 중에서 정착에 성공한 사례는 몇 가지 안 되는데, 그 가운데 하나가 흔히 수컷은 장끼, 암컷은 까투리라고 부르는, 중국에서 흔한 꿩(ring-necked pheasant)이다. 이 꿩은 극동에서 수입되어 1880년대에 중서부와 로키 산맥에서 번성했으나 고집스럽게도 메이슨-딕슨선(메릴랜드 주와 펜실베이니아 주의 경계선으로 과거 노예제도 찬성 주와 반대 주의 경계가 되었다—옮긴이) 아래로는 내려가지 않으려 했다. 번성한 외국종들, 가령 유럽산 찌르레기, 영국산 참새 등은 큰 실패작으로 판명

되었다. 그들은 곡식을 쪼아 먹고, 토종 새들을 괴롭히고, 제트기를 추락시켰다. 모자 산업으로부터 토종 새들을 보호하기 위하여 의회가 법령을 제정하던 1900년대 초에 의원들은 해로울 가능성이 있는 종들의 수입을 금지시켰다.

그러나 대공황 시기에 이르러, 사슴에서 오리에 이르기까지 온갖 토종 야생동물이 급속히 사라지면서 환경보호 활동가, 사냥꾼, 소총과 탄약 산업에 빨간 경고등이 켜졌다. 1937년에 이르러 프랭클린 루스벨트 대통령은 이 문제에 대응하기 위해 야생동물 조사 기금을 정기적으로 제공하자는 양당의 법안에 서명했다. 제2차 세계대전은 이 작업을 중지시켰다. 그리고 수백만 명의 제대 군인들이 강력한 소총으로 무장하고 숲에 들어가 사냥을 하기 시작하면서 10년 뒤에 이 비상사태는 더욱 심각해졌다. 전국적으로 수렵 기간이 크게 단축되었고 미시시피 강 일대를 아우르는 조류의 경로에 대한 접근 금지령이 내려졌다. 1948년 애틀랜틱 시의 회의장에서 수렵, 어류 및 보호위원회에 대한 국제교류 협회(International Association of Game, Fish and Conservation Commissioners) 회장은 이렇게 경고했다.

"미국의 야생동물 관리 공무원들은 이 대륙에서 오랫동안 진행되어온 야생동물 보호의 역사상 가장 심각한 위기에 직면해 있다."

뉴욕 시청의 야생동물 보호과 과장 가디너 범프(Gardiner Bump)는 이제 막 박사학위를 딴 자신감이 넘치는 인물이었다. 범프는 획기적인 해결안을 제시했다. 180센티미터의 키에 90킬로그램이 넘는 범프는 유럽이나 아시아로부터 수렵용 새들을 수입해오는 일을 과학적으로 잘 추진한다면 사라져가는 토종 새들을 대체할 수 있다고 주장했다. 미국 어류 및 야생생물 관리국(US Fish and Wildlife Service) 국장은 잠재적인 재앙을 수입해오는 게 아닌가 하여 경계심이 대단했다. 왜냐하면 그가 이끄는 관리국은 외국종들이 일으킨 재앙의 결과로 생겨난 조직이었기 때문이다. 하지만 토종이 자꾸 사라지는 급박한 상황에 대비하여 그럴 듯한 대응책을 내놓아야 했던 국장은 범프의 제안에 마지못해 동의했다.

범프와 아내 재닛은 스칸디나비아에서 중동까지 20년 가까이 여행하면서 미국에 알맞은 최적의 후보를 찾아 돌아다녔다. 이들 부부가 미국으로 수입해온 십수 종의 수렵용 조류 가운데 어느 하나도 현지에 적응하지 못했고 따라서 번식에 실패했다. 한편 워싱턴에 있는 범프의 동료들과 상급자들은 사냥꾼 유권자를 만족시킬 만한 조류를 찾아내라는 남부 의원들의 압력을 받고 있었다. 남부 사람들은 주로 오리와 메추라기만 사냥했는데 꿩 같은 좀 더 도전적인 새들을 사냥하고 싶어 했다. 1959년에 범프 부부는 뉴델리의 부자 동네에 집을 한 채 빌렸다. 새의 우리가 들어갈 만큼 넓은 뒤뜰이 있는 집이었는데, 부부는 이곳 인도 아대륙에서 남부인들의 기호를 충족시킬 새를 찾아내기를 바랐다.

범프가 상담한 이 분야의 고참 영국인은 적색야계를 한번 고려해보라고 권했다. 이 새는 은밀하게 움직이며, 똑똑하고, 동작이 빠르고, 벌레를 좋아하며, 삼림 환경의 습한 기후에도 잘 견딘다는 것이었다. 범프는 워싱턴에다 유망한 종을 추적 중이라고 보고했으나 인도의 공무원들은 적색야계 서식지인 히말라야 산맥의 산들에 공식 조사단을 보내자는 범프의 제안을 거절했다. 그 당시 인도는 소련과 가까웠고 미국인들이 파키스탄 및 중국 땅과 맞닿은 민감한 국경에 들어가는 것을 보안상의 이유로 경계했다. 하지만 범프는 이에 굴하지 않고 개인적인 사냥 휴가에 나섰다. 갠지스 강이 히말라야 산맥에서 용출해 나오는 북부 인도의 울창한 언덕과 숲을 탐사하면서, 그는 적색야계가 제기하는 도전에 깊은 인상을 받았다. "이 새는 목도리뇌조만큼이나 날개를 잡기가 어려웠다."라고 그는 썼다. 그는 현지인들을 내보내 그물을 치고서 이 새와 알을 수집하기로 결심했다.

범프에게는 최우선 관심사가 하나 있었다. 미국 남부에서 포식자를 이기고 살아남을 진정한 야생 새들을 원했던 것이다. 만약 자신이 수집한 종이 길들어진 닭의 유전자로 오염되었다면 이 새들은 비비가 관찰했던 수줍고 교활한 야생 닭의 특성이 없을 것이고, 그렇다면 널리 번식할 만큼 오래 버티지 못할 터였다. 이런 문제를 피하기 위하여 그는 적색야계의 알과 병아리를 적어도 가장 가까운 마을에서 5킬로미터 정도 떨어진 지점에서 수집하라고 지시를 내렸다. 나중에 그는 대부분의 견본들이 가장 가까운 인간 주거지로부터 16~25킬로미터 떨어진 곳에서 수집되었다고 주장했다. 하지만 세월이 어언 반세기가 흐른 지금 이것을 확인하기는 어렵다.

생물학자 범프는 수십 년 전에 사망했지만, 그와 함께 인도에서 젊은 조류학자로 일했던 글렌 크리스텐슨(Glen Christensen)은 아흔 가까운 나이에 아직도 살아 있다. 내가 네바다 사막에 있는 크리스텐슨 씨 집으로 전화를 걸었을 때 그는 말했다.

"잠깐만, 산소 호흡기 좀 끼고 받겠소이다."

잠시 뒤 크리스텐슨 씨는 전화기로 되돌아와 범프가 교배 문제를 걱정했다고 확인해주었다. 범프가 소총과 배낭을 휴대하고 힌두쿠시의 야생 언덕을 돌아다닌 강인하고 진취적인 모험가였느냐고 묻자 노인은 웃음을 터트렸다.

"아니, 전혀! 그는 덫을 놓는 일에는 손대지 않았소. 더구나 야외에서 돌아다니는 사람이 아니었지."

그가 잠시 뜸을 들이며 산소 호흡기로 어렵사리 숨을 쉬었다.

"범프는 델리의 저택에서 옛 나라의 지주처럼 조용히 앉아 있었소."

덫을 놓아 새를 잡는 것보다 더 어려운 문제는 이 닭들을 뉴델리에서 뉴욕으로 수송하는 것이었다. 당시 인도에서 미국까지 비행기 여행을 하려면 여러 번 갈아타야 했고 날짜도 총 나흘이 걸렸다. 이것은 야생 조류를 수송해야 하는 사람에게는 악몽 같은 일정이었다. 1959년 팬암 항공사는 신형 보잉 707 제트기를 취항시켜 인도까지의 비행시간을 하루 반으로 단축했다. 범프 부부는 팬암 뉴델리 지사 대리인들을 초대하여 거창한 만찬을 베풀었다. 부부는 뒤뜰에 튼튼한 새 우리들을 가져다놓고는 대리인들에게 칵테일을 내오며 협조를 요청했다. 범프의 이런 노력에 감명을 받았는지, 아니면 술기운이 올랐는지 팬암 대리인들은 도와주겠다고 약속했다.

1960년 5월, 범프 부부는 덫 사냥꾼이 가져온 적색야계와 그 알들을 접수했다. 부부는 산닭의 알들을 집 암탉에게서 부화시켰고, 다시 뒤뜰 우리에 넣어서 세계 농업 박람회(World Agricultural Fair)의 미국 전시장에서 징발해온 새 모이를 먹였다. 팬암 덕분에 70마리의 야생 닭이 뉴욕을 경유하여 남부 네 개 주로 갔다. 그 뒤로 1961년에 45마리가 더 미국으로 공수되었다. 한편 주 정부 산하의 조류 관리사들은 이 새들을 특별 부화소에 집어넣어 1만 마리의 적색야계로 키워 1963년 가을부터 남부 전역에 방사(放飼)했다. 범프 부부는 이제 수렵용 새 문제는 해결되었다는 희망을 품었다.

그러나 방사된 새들은 남부 야생 지역에서 포식자의 공격, 기후, 질병, 몇 가지 치명적인 조합 등으로 가뭇없이 사라져버렸다. 미국으로 돌아온 범프는 주 정부 산하 부화장들을 10년 가까이 돌아다니면서 조류 관리사들에게 점점 까다로운 요구를 하며 괴롭혔다. 자연보호 분야에서 언제나 넘쳐나던 범프의 비판자들은 외국종을 들여오려는 노력은 돈과 시간의 낭비라고 소리 높여 외쳐댔다. 수렵 금지와 서식지 보호 같은 복합적인 노력 덕분에 야생동물 개체수가 1950년대에 다시 늘어나기 시작했다. 이제 야생 조류들에게 더 무서운 것은 환경오염이었다. 전 미국 어류 및 야생생물 관리국의 직원이며 윌리엄 비비에게 가르침을 받았던 레이첼 카슨(Rachel Carson)은 1962년에 《침묵의 봄 *Silent Spring*》을 펴냈다. 이 베스트셀러는 토종 야생동물에게 피해를 입히던 화학물질 오염과 서식지 파괴에 대하여 전례 없는 대오 각성을 불러일으켜 환경 운동에 불을 지폈다.

1970년 초 미국이 최초의 지구의 날을 축하할 때, 리처드 닉슨 대통령은 새로운 기구인 환경보호청(Environmental Protection Agency)의 조직에 착수했다. 이때 범프는 자신의 워싱턴 사무실에서 전화기를 집어 들고 적색야계에 관심이 많은 사우스캐롤라이나의 한 젊은 생물학자와 통화를 했다. 외국 새 도입 계획은 곧 취소될 것이었고, 주 정부 산하 부화장에서 키우기 위해 남아 있는 새들은 곧 도살될 예정이었다.

"야생 닭을 다 죽여버린다고 하네."

범프는 젊은 동료 레어 브리스빈(Lehr Brisbin)에게 말했다.

"자네가 구할 수 있는 만큼만 좀 구해주게."

이제 70대 중반인 브리스빈은 세 번째 아내와 함께 반세기 동안 일한 핵무기 실험실에서 그리 멀지 않은 멋진 주택가에 살고 있다. 그의 집은 식민지풍 가옥들과 잘 손본 잔디밭들이 일렬을 이루고 있는 거리에서 약간 벗어난 곳에 있었다. 그의 집 차량 진입로는 다른 집들과 비슷하게 시작하지만 곧 비포장 길로 들어서더니 깊은 숲으로 들어갔다. 내가 벨을 누르고 브리스빈이 들어오라고 소리치는 동안, 위치 추적 목걸이를 단 육지 거북이가 슬슬 내 곁을 지나갔다.

브리스빈은 조각 나무를 이어 댄 거실 바닥에 맨발인 채로 앉아 있었고 그의 주위에는 초록색 배낭과 지도들이 흩어져 있었다. 그의 뒤에 있는 거실 탁자에서 위치 추적 목걸이를 매단 박제 여우가 나를 빤히 쳐다보았다.

"금방 죽은 건가요?"

그는 전화기에다 대고 말하고 있었다.

"냉동했습니까?"

잠시 침묵이 흐르더니 브리스빈이 말했다.

"좋습니다. 새가 죽었다 해도 냉동 상태면 나는 괜찮아요."

그는 전화를 끊고서 문 옆에 기대 세운 나무 지팡이를 쥐고서 자그마하지만 단단한 몸을 들어올렸다. 브리스빈은 그가 파괴로부터 구조해낸 야생 닭들의 후손들을 보여주겠다고 했다. 그 새들은 지구상에 남아 있는 진정한 적색야계의 마지막일지도 몰랐다.

1960년대 후반에 브리스빈이 맡은 첫 번째 임무는 닭들이 화성 여행을 견뎌낼 수 있는지 조사하는 것이었다. 이 일을 수행하기 위해서 그는 꼬꼬댁거리는 닭들을 금속 상자에 집어넣은 뒤 내부를 납으로 두른 깊은 웅덩이에 집어넣었다. 그 웅덩이는 미국 정부의 서배너 리버 부지 핵실험 시설에 마련된 낮은 수준의 방사능 물질이 함유된 곳으로서, 핵 엔지니어들이 대량 살상 무기에 들어가는 트리튬과 플루토늄을 만드는 장소였다. 매일 그 웅덩이에 몇 분씩 들어가기를 거듭하면, 지구 대기권의 보호막을 벗어난 외계의 환경에 들어간 상태와 비슷해진다. 그가 조사한 90마리의 새들은 감마선에 한 달 동안 노출되었는데도 끄떡없이 살아남았고 죽은 새도 없었다. 신체의 성장 속도는 둔화되었지만 중간 발톱이 약간 짧아지는 것을 제외하고는 대체로 영향을 받지 않았다.

그는 닭들이 행성 간 여행을 견뎌낼 수 있다고 결론지었다. 그는 닐 암스트롱(Neil Armstrong)과 버즈 올드린(Buzz Aldrin)이 달 표면에 첫걸음을 대딛던 바로 그달에 이 연구 결과를 발표했다. 한 새가 1969년 7월에 달 여행을 떠난 우주인들을 따라갔으나, 살아 있는 닭의 형태는 아니고 닭고기 수프 속의 냉동건조 크림의 형태로 따라갔다. 나사(NASA) 관리자들은 살아 있는 동물들을 우주인들과 함께 외계로 보내 화성에 정착하는 것을 꿈꾸었다. 자급자족하는 개척자들이 인간의 최초 외계 교두보를 건설하는 동안 수탉이 핑크색 화성의 새벽을 알리며 울어 젖히는 모습을 상상했던 것이다. 개와 고양이는 순번이 뒤로 밀렸으나 닭과 그 알은 이 모험사업에 필수품이었다. 나사를 위한 생태학자의 연구는 이런 거대한 계획의 일환이었으나, 이 계획은 결코 성사되지 못했다.

조지아 주 애선스에 있는 조지아 대학교 대학원 졸업생 시절 브리스빈은 닭들의 전 생애 주기에 걸쳐 성장 속도를 연구했다. 이 새는 10년 혹은 20년까지 살 수 있었다. 하지만 식용이나 달걀용으로 사육되는 닭들은 아주 어린 나이에 도살되기 때문에, 연구 조사자들은 닭들의 중년과 말년에 대해서는 아는 것이 별로 없었다. 브리스빈은 닭의 생애 주기를 야생 선조의 생애 주기와 비교하는 것이 유익하겠다고 생각하여 인도로 가서 천연 서식지에 살고 있는 야생 닭을 살펴볼 꿈을 꾸었다. 그러나 나사가 화성 여행을 성사시키지 못한 것처럼 브리스빈도 아대륙에는 가보지 못했다. 하지만 외계 닭들에 대한 연구 결과를 발표하고 나서 1년 뒤 야생 닭을 구해야 한다는 범프의 간절한 호소 전화를 받은 것이다.

새들의 곤경에 측은지심을 느낀 브리스빈은 포드 스테이션왜건을 타고 조지아 부화장까지 320킬로미터를 달려갔다. 거기서 그는 약 100개나 되는 적색야계의 알들을 차에다 실었다. 그로부터 두 달 뒤 그는 범프에게 핵시설 한켠의 닭 우리에서 35마리의 어리고 건강한 적색야계를 키우고 있노라고 편지를 보냈다. 브리스빈은 시행착오를 겪은 끝에 이 멧닭이 아주 신경질적인 친구라는 사실을 알아냈다. 그는 닭들의 몸에 손을 대지 않았고 가능한 한 인간과 접촉하지 못하게 했다. 그의 전문 지식과 신중한 태도에도 불구하고 1년이 지나자 겨우 여덟 마리만 살아남았다. 조지아 대학교의 두 동료가 앨라배마 주의 주립 조류 농장에서 가져온 69마리의 적색야계를 추가로 그에게 건네주었다. 그 닭들은 범프가 인도에서 공수해온 품종에서 태어난 것들이었다. 이런 지원을 받아서 그들은 겨우 야생 닭 무리를 유지하게 되었다.

1972년 브리스빈은 워싱턴의 사무직으로 전근이 되었다. 그는 수도로 닭들을 데려갈 수는 없었고, 또 이 신경질적인 닭들을 선뜻 맡아주겠다고 하는 사람도 찾지 못했다. 범프 부부는 이미 뉴욕 북부의 농장으로 은퇴한 상태였고, 서배너 리버 연구소의 생태학 동료들은 브리스빈의 취미를 비웃었으며 핵 엔지니어들은 하이테크 캠퍼스에 저런 로우테크 닭들이 웬 말이냐며 황당해하던 터였다. 그런데 "난데없이, 아이작 리처드슨 (Isaac Richardson)이 전화를 해왔소." 하고 브리스빈은 말했다. 앨라배마 주의 도시 터스컬루사에 소·돼지 도축장을 갖고 있는 부유한 괴짜 외톨이인 리처드슨은, 돈을 벌기 위해 고기를 팔지만 동시에 취미 삼아 이국적인 새들도 기르고 있었다.

브리스빈의 곤경을 알게 된 리처드슨은 그해 6월 서배너 리버로 찾아와서 야생 닭 열두 마리를 실어갔는데 이후 얼마 안 되어 새들이 모두 건강하다고 알려왔다. 그에 용기를 얻은 브리스빈은 나머지 닭들을 스티로폼으로 안을 덧댄 얕은 상자에 집어넣었다. 이렇게 해야 신경질적인 닭들이 상자 벽에 머리를 부딪쳐도 죽지 않기 때문이다. 브리스빈은 차에 올라 앨라배마로 출발했다. 당시는 8월이었고 남부 오지는 아주 무더웠는데 그의 차에는 에어컨이 없었다.

"그래서 해질녘에 출발하여 밤새 운전을 하고 갔지요."

브리스빈은 그 새들을 새벽녘에 리처드슨에게 건네주고서 차를 돌려 다시 북부의 워싱턴으로 갔다.

리처드슨은 적색야계를 키우고 번식시키는 까다로운 일을 잘 해냈다. 3년 뒤 그는 닭의 개체수를 75마리까지 늘렸다. 그 후 30년 동안 그 닭들을 다른 집닭과는 격리시키면서 건강하게 키웠고 그리하여 유전자 구성이 희석되는 것을 막을 수 있었다. 그는 멧닭들을 아마추어 조류학자들에게 보내주기도 했으나 조류학자에게 건너간 닭들은 대부분 질병이나 스트레스를 견디지 못해 죽었다. 심지어 브롱크스에 있는 윌리엄 비비의 뉴욕 동물원도 그 새들이 너무 까다로워서 관리하지 못한다고 말했다. 리처드슨은 마법사의 손길을 갖고 있었다. 이 까다로운 새를 유지하는 데 얼마나 많은 정성과 보살핌과 기술이 들어가야 하는지 잘 아는 소수의 인사들 사이에서 리처드슨의 놀라운 업적은 거의 전설과도 같았다.

브리스빈은 마침내 사우스캐롤라이나로 돌아와서 방사능이 묻어 있는 서배너 리버 핵시설의 땅을 파헤치는 닭들이 그 독성을, 그것도 아주 빨리 극복한다는 사실을 발견했다. 그리고 나중에는 체르노빌 방사성 물질에 노출된 닭들 또한 독성을 이겨냈다는 사실도 알아냈다. 브리스빈은 또 뱀, 야생 오리, 멧돼지 등의 방사성 세슘 오염도에 관한 논문을 발표했고, 또 서배너 리버 핵시설의 냉각 플랜트에서 배출하는 뜨거운 물에 사는 악어들을 수년간 연구하기도 했다. 이 연구 덕분에 말린 퍼킨스(Marlin Perkins)의 인기 높은 텔레비전 프로그램 〈동물의 왕국*Wild Kingdom*〉의 제작 자막에 그의 이름이 실리기도 했다. 그는 오랫동안 적색야계를 키운 것은 아니지만, 1970년에 범프가 전화로 해준 말을 늘 기억했다.

"언젠가 이 닭들이 지구상에 남아 있는 유일한 야생 닭이 될 거야."

뉴욕 출신의 조류학자는 이처럼 예언하듯이 말했다.

그로부터 25년이 흘러 1995년에 브리스빈은 신시내티에서 열리는 미국 조류학자 연맹(American Ornithologists' Union) 연차 모임의 주제가 열대성 아시아 조류에 관한 특별 심포지엄이라는 사실에 주목했다.

"아, 이거야말로 적색야계의 멸종에 대해 경고의 깃발을 흔들 좋은 기회로군."

브리스빈은 말했다. 그는 학자들을 도발하기 위해 자극적인 제목의 논문 〈적색야계는 동남아시아에서 가장 멸종 위기가 높은 새인가?〉를 제출했다.

자연보호를 위한 국제연맹(International Union for Conservation of Nature)은 세상의 4대 야생 닭 중에서 3종이 멸종의 가능성이 있다고 분류했다. 그 4종 중 예외는 적색야계였다. 이 닭은 남아시아에 분포한 다른 야생 닭 3종보다 더 많은 숫자가 살아 있고 또 혼잡한 도시국가인 싱가포르에서만 희귀한 새일 뿐이다. 브리스빈은 적색야계가 멸종하게 생겼다고 주장한 것이 아니라, 그 유전적 완전함이 사라지게 되었다고 주장한 것이었다. 그것은 신체적 멸종이라기보다 유전자들의 혼합에 따른 유전자 침투에 의한 순종의 사망이었다.

이것은 환경보호론자들 사이에서 인기 높은 주제가 아니었다. 왜냐하면 푸른 고래, 시베리아 호랑이, 북극곰 같은 유명한 야생동물과 기타 수만 종의 덜 알려진 종들의 경우, 유전자 침투보다는 신체적 멸종이 훨씬 더 중대한 문제이기 때문이다. 야생 모스크바 오리는 청둥오리와 교배되면서 위협에 직면했고, 전 세계 야생 개들의 제한된 개체수는 점점 더 다양한 종류의 가축화된 개들과 뒤섞이고 있다. 식물들도 도전에 직면하고 있다. 예를 들어 아시아 전역에서 야생 벼 품종은 사라지고 있다. 브리스빈과 다른 여러 생태학자들은 이렇게 지적한다. 닭, 오리, 쌀 등은 인간의 식품 공급원들 중 중요한 부분을 차지하기 때문에, 이런 종들의 야생 선조들을 유전적으로 보존하는 것이 중요하면서도 필요한 사업이라고.

"나는 누군가가 자리에서 벌떡 일어나 내 주장에 이의를 제기하길 바랐어요."

브리스빈은 말했다. 그의 전략은 맞아떨어졌다. 캔자스 대학교의 생물학자인 타운 피터슨(Town Peterson)은 회의장에서 벌떡 일어나 유전자 침투가 야생 닭에게 중요한 영향을 미칠 것 같지 않다고 주장했다. 두 사람은 어느 쪽이 진실인지 알아내기 위해 협력하기로 했다. 두 사람은 유전학자가 아니고 또 유전자 해독은 아직 초창기 단계였으므로, 그들은 멧닭과 집닭 사이에 존재하는 단 하나의 뚜렷한 신체적 차이를 보여주는 특징을 필요로 했다. 그들은 에클립스 깃털을 특징으로 삼기로 했다. 조류학자들 사이에서는 다 자란 야생 수탉은 늦여름이 되면 붉고 노란 목 깃털과 꼬리 가운데 부분의 깃털을 털갈이하여 잠시 보라색 깃털(에클립스 깃털)로 갈아탄다. 하지만 집닭 수컷은 그렇지 않았다. 비비가 지적한 것처럼, 이런 보라색 깃털이 있다는 것은 그 야생 닭이 사육된 닭의 유전자와 다른 존재임을 보여주는 믿음직스러운 증거였다.

그들의 합동 노력은 4년이 걸렸다. 미국, 캐나다, 유럽의 19개 박물관의 면지투성이 서랍들과 통풍이 잘 안 되는 보관실들을 추적하여, 두 사람은 지난 2세기 동안 수집된 747개의 적색야계 표본을 찾아냈다. 이 표본들의 수집 날짜, 계절, 장소 등을 비교하면서 두 과학자는 뚜렷하지만 당황스러운 흐름을 찾아냈다. 에클립스 깃털이 사라진 것은 1860년대에 동남아시아로 소급되었고 이는 시간이 흐르면서 서쪽으로 퍼져나갔다. 범프가 야생 닭을 수집하던 1960년대에 이르러, 에클립스 깃털은 북부 인도의 마지막 서쪽 보루에서도 거의 사라졌다. 브리스빈과 피터슨은 이러한 변화를 야생 개체수 사이의 자연적 변이(變異)라고 생각하지 않았다. 표본들의 꼬리표는 에클립스 깃털이 없는 많은 새들이 집닭이 풍부한 지역에서 나온 것이라고 설명했다. 범프가 집중하여 수집하려고 한 북부와 서부 인도는 야생 닭의 마지막 보루일 수도 있었다.

1999년에 공동 발표한 논문에서, 두 연구 조사자는 "유전적으로 순수한 야생 닭의 개체수가 심각하게 위협을 받고 있다."라고 경고하면서 동물원이나 야생에서 취해온 기존의 품종에 바탕을 둔 적색야계 연구는 "집닭 유전자로부터 오염되었을 가능성이 있다."라고 지적했다. 이는 지난 수십 년간의 연구 방식에 의문을 제기하는 것이었다. 과거에는 야생 닭과 집닭을 비교하면서 닭이 언제, 어디서, 어떻게 가축화되었는지 살펴보기만 했던 것이다. 이렇게 하여 "인간에게 경제적으로나 문화적으로 아주 중요한 적색야계가 유전적 멸종의 위기에 놓였다."라는 사실이 분명해졌다.

레기트 존슨(Leggette Johnson)의 농장은 북부 조지아 주 목화밭 중간에 자리 잡은 코브타운의 골드핀치로(路)에 있었다. 그곳은 브리스빈의 사우스캐롤라이나 집에서 차를 타고 남쪽으로 두 시간 걸리는 곳이었다. 소박한 집의 한쪽 옆으로 사람보다 키가 높은 닭장으로 가득한 공간이 울타리로 둘러쳐져 있었다. 존슨은 문 앞에서 브리스빈과 나를 맞이했고 가을 하늘은 잔뜩 흐려 있었다. 경계하는 표정, 약간 튀어나온 배, 천천히 나오는 느린 말투, 과거 남부 사람이라면 누구나 입던 전신 작업복 등 존슨은 전형적인 남부 사람이었다. 그는 미국에서 야생 닭을 키우는 몇 안되는 사람들 중 하나였고, 그의 닭 무리에는 범프가 공수해오고 리처드슨이 키운 야생 닭들의 후손도 들어 있었다.

"당신이 저 안에 들어가면 닭은 돌아버릴 겁니다."

그가 뭉툭한 손가락으로 거대한 철망 닭장을 가리키며 말했다. 그것은 진술이자 경고이며 또 도발이었다. 세 마리 새가 불안해하며 닭장의 한쪽 구석으로 가버렸다. 한 새는 자그마한 갈색 몸에 작은 하얀 터번 같은 것을 두르고 있었다. "저건 치실입니다."라고 존슨이 설명했다. 달포 전에 매 한 마리가 닭장을 급습했다. 철망이 이 포식자를 물리치기는 했지만, 희생될 뻔한 적색야계 암컷은 본능적으로 도망치려다가 철망에 몸을 들이박고 말았다. 그 바람에 새의 머리가 찢어졌다. 그래서 존슨은 욕실 약장에서 치실을 가져와 플라스틱 모이 바구니를 엎어놓고 그 위에 앉아 넋 나간 새의 머리를 꿰매어 주었다는 것이다.

도망쳐야 한다는 생각은 새들의 머릿속에 늘 어른거린다. 존슨은 4미터쯤 떨어진 철망 뒤에 쪼그려 앉은 세 마리 중 가장 큰 놈을 가리켰다.

두 마리는 암컷으로 갈색의 단색이었고, 수컷은 청색과 적색, 황색의 화려한 몸 빛깔을 흐린 가을 하늘 아래에 자랑스레 드러내놓고 있었다. 이 수컷이 어느 날 닭장이 완전히 닫히지 않은 것을 알고는 밖으로 탈출했다가 석 달이나 암컷 주위를 맴돌면서도 잡히지 않아 주인 속을 썩였다.

"난 저놈들 근처에 가까이 갈 수가 없어요. 그러면 곧바로 내빼니까."

존슨이 말했다. 이 닭은 이웃의 기저귀 찬 두 살 난 어린아이 말고는 인간이라면 그 누구도 믿지 않았다. 어린아이는 해방된 이 새에게 다가가도 이놈의 자유에 아무런 위협도 되지 않으니까 그렇게 대하는 것이었다.

적색야계가 있는 닭장에 접근하기 위하여 존슨은 다른 야생 새들이 들어 있는 이웃 새장을 통과했다. 우리가 걸어 들어가자 아름다운 꼬리를 가진 꿩과 살진 메추라기가 화들짝 흩어졌다. 짜증 섞인 날갯짓이라기보다는 당황한 기색이었다. 새들이 다시 우리 발 근처로 모여들자 존슨이 말했다

"이 녀석들은 내가 직접 모이를 줍니다. 하지만 저놈들은 안 돼요."

그는 서로 모여 있는 세 마리 적색야계를 가리켰다.

"내가 이 얘기를 하면 사람들은 내가 돌았다고 생각하지요. 하지만 저놈들을 흥분시킨 후 한 마리를 손으로 잡잖아요. 그러면 저놈은 싸움하기를 포기하고 금방 다리를 뻗어버려요. 심장마비로 죽는 겁니다."

자세히 살펴보니 두 암컷의 갈색은 붉은색이 약간 섞여 있고 목 부근에는 자그마한 검은 반점이 있었다. 암컷의 부리는 작았고 맵시 나는 수컷과는 다르게 며느리발톱, 볏, 육수(肉垂)가 없었다. 나는 야생 닭장 안으로 따라 들어오게 해주겠다는 존슨의 제안을 거절했다. 이런 귀중한 표본들을 심장마비로 죽게 만든 자라는 오명을 얻고 싶지 않았다. 이 품종은 이제 지구상에 겨우 100여 마리만 남아 있는 정도다.

존슨은 어깨를 한번 들썩하더니 모자를 고쳐 쓰고서 빗장을 풀고 조심스럽게 닭장 안으로 들어섰다. 갑자기 홰치는 소리가 울려 퍼졌고 나는 나도 모르게 펄쩍 뛰어올랐다. 조지아 농부 존슨이 잠시 뒤 닭장에서 나오자 새들은 닭장의 안쪽 구석에서 아까보다 더 단단히 웅크리고 있었다. 그것은 비참한 공포심과 오만한 적개심이 뒤섞인 자세였다. 내가 어떻게 이런 새가 집닭으로 변모할 수 있었느냐고 묻자, 존슨은 대답을 하지 않고 나를 마당의 다른 곳으로 데려갔다.

미국 내에 야생 닭 4종을 모두 수집한 사람은 아주 적은데 이 조지아 농부는 그들 중 한 명이었다. 4종의 암컷은 모두 평범한 갈색인 데다 볏이 없고, 알을 품느라 숲 속 땅에 엎드리면 잘 보이지 않는 존재였다. 수컷은 화려한 색깔을 뽐내는데, 이 색들이 새들의 눈에는 더 매력적으로 보인다. 왜냐하면 새들은 망막 내 원추체가 셋뿐인 우리 인간과는 다르게 네 개의 원추체를 가지고 있기 때문이다. 다윈은 이러한 화려한 색상은 암컷들에게 더욱 매력적으로 보이기 위한 수컷들의 무기 경쟁이라고 설명했다. 오늘날의 과학자들은 이들의 화려한 색깔이 잠재적 경쟁자들에게도 영향력이 있다고 말한다. 고대 그리스 전사들이 쓰던 깃털 달린 투구나 19세기 주아브 보병(알제리 주민을 주축으로 만든 프랑스 보병—옮긴이)의 밝은색 바지와 터번처럼, 화려한 외양은 적을 현혹시켜 심리적으로 제압하는 것이다.

존슨은 먼저 실론야계(스리랑카야계)가 있는 닭장으로 들어갔다. 수컷과 암컷 모두 경계하며 닭장 안쪽으로 물러났으나 공황에 빠진 것 같지는 않았다. 수컷은 크기나 덩치가 적색야계와 비슷했지만, 몸집은 오렌지색이었고 볏에도 약간의 노란색이 들어 있었다. 그 다음은 남부 인도에서 온 회색야계였다. 수컷은 검은 다리를 움직여 닭장 안을 부산히 왔다갔다했는데, 회색 몸집에 검은색과 황토색 깃털이 달려 있었고 목의 일부분은 노란색이었다. 이 종의 암컷은 다른 것들과 마찬가지로 수수한 갈색이었고 단지 다리가 약간 노란색이었다.

그 다음 닭장에는 녹색야계가 있었다. 이 새의 자연 서식지는 오늘날 인도네시아의 섬인 자바와 발리인데, 스리랑카로부터 동쪽으로 무려 3,200킬로미터 이상 떨어져 있다. 이 종의 수탉은 기이하게 전혀 움직이지 않는 채 서 있었고 불편할 정도로 강렬하게 우리를 노려보았다. 그는 다른 3종보다 훨씬 극적인 자신의 화려한 깃털에 자신감을 갖고 있는 듯했다. 몸통은 오래 햇빛에 노출된 청동색부터 비취의 녹색들로 이루어졌고, 목에 있는 깃털은 하늘빛 청색과 밝은 보라색에 주황색과 노란색 반점이 섞여 있었다. 볏은 밝은 푸른색에서 짙은 붉은색까지 물결쳤다.

꼼짝도 하지 않는 녹색의 야생 닭 앞에 서서 존슨은 말했다.

"그런데 이상한 건 말입니다, 이 자매 3종도 신경질적이긴 하지만 자살할 정도로 신경질적이진 않다는 겁니다."

그는 이쪽 헛간에 있는 3종들에게는 치실을 사용할 일이 없었다. 다른 닭장에 있는 뇌조, 메추라기, 아프리카자고새, 금계도 적색야계의 야성적이고 길들지 않는 정신을 닮지는 않았다. 존슨은 적색야계의 예민한 신경질을 감안하여 사흘에 한 번 정도만 닭장에 들어갔다.

스웨덴 웁살라 대학교의 생물학자 레이프 안데르손(Leif Andersson)은 적색야계의 이러한 성격에 주목했다. 안데르손은 사육된 동물들의 과거를 추적하는 방법으로 DNA 해독을 처음으로 개척한 학자로, 2004년에 닭 게놈을 발표한 팀의 일원이기도 하다. 수십 년 전의 브리스빈처럼 안데르손은 집닭과 야생 닭의 차이를 정확하게 지도로 작성하기 위해서는 다양한 집닭들과 비교할 만한 순수한 야생 닭이 필요하다고 생각했다.

2011년 그는 존슨의 농장을 방문하여 이들 닭을 살펴본 뒤 피를 채취해 갔다. 리처드슨 닭들의 DNA는 현재 안데르손의 웁살라 실험실에서 해독 중인데, 이 자료가 나오면 이 야생 닭들의 신비한 역사에 대하여 중요한 단서를 얻게 될 것이다. 과연 이 새들이 오염되지 않은 게놈을 가진 마지막 야생 닭들인지 밝혀질 것이다.

브리스빈은 차를 타고 사우스캐롤라이나로 돌아오는 길에, 나에게 닭의 사육과 관련된 신비를 심도 있게 설명해주었다. 생물학자들은 아직도 이 새가 언제, 어떻게, 왜 밀림을 떠나 헛간에 자리 잡게 되었는지에 대하여 논쟁을 벌이고 있다. 수천 년 전 남아시아의 어디에선가 이 새는 인간의 사회에 합류했다. 우리의 농부 선조들은 잡초와 벌레를 먹고 사는 이 새를 환영했을 것이다. 사냥꾼들은 숲 속에서 이 새를 잡아 집으로 가지고 와서 길들였을 것이다. 먹이를 찾는 사람들은 부화되지 않은 알들을 발견하고서 집으로 가져와 인공 부화를 시켰을 것이다. 브리스빈은 어떤 유전적 변이가 발생하여 이 새의 신경질을 완전히 제거해버렸고 그리하여 오늘날의 평온한 닭들이 존재하게 되는 길을 열었을 것이라고 생각했다.

"그 새를 잡고 있으면 저절로 죽어버릴 확률이 5퍼센트입니다."

브리스빈은 존슨의 야생 닭에 대해서 말했다. 이런 야생 닭이 집닭으로 변모한 과정은, 어쩌면 유전자 시계의 무작위적 현상일지도 모르지만, 이 새로서는 극적인 변화였고 우리 인간에게도 의미심장한 파급 효과를 지닌다.

갑자기 우리의 차 앞으로 다람쥐가 달려왔다. 다람쥐를 피하려고 급히 핸들을 틀었으나 어쩔 수 없이 그놈을 치고 말았다. 브리스빈은 내게 차를 뒤로 돌리라고 말했다.

"봉지 같은 거 있습니까?"

그는 거의 어린아이처럼 흥분하며 말했다.

"저놈을 버려두지 맙시다."

우리는 현장으로 되돌아가서 머리가 납작해진 다람쥐를 발견했다. 신체의 나머지 부분은 멀쩡했다.

"이건 완벽하군요."

그가 봉지를 차의 뒷좌석에다 내려놓으며 말했다. 이어 그는 껄껄 웃으며 자신의 수집품이 서배너 리버 핵시설의 경비 요원들을 불안하게 한다고 털어놓았다.

"경비원들은 내 차를 뒤지려고 하지 않아요. 뱀이나 악어가 있을지 모른다고 생각하거든요."

그는 다시 뒷좌석을 쳐다보았다.

"집에 도착하면 저 봉지를 꼭 가지고 내리라고 말해줘요."

두 달 뒤 나는 은퇴한 리처드슨에게 전화를 걸었다. 이 독학의 도축장 주인이, 언제 어떻게 심장마비나 질병으로 갑자기 죽을지 모르는 까다로운 범프의 새들을 수십 년 동안 성공적으로 키워올 수 있었는지 궁금했던 것이다. 이 신경질적인 새가 오늘날의 공장형 농장에서 온순한 집닭으로 변모한 과정에 대해서 직감적으로 뭔가 아는 사람이 있다면 바로 리처드슨일 것이라는 생각이 들었다.

터스컬루사에 있는 그의 집으로 전화를 걸자 한 여성이 받았다.

"6주 전쯤 그를 묻었답니다."

리처드슨의 아내가 말했다.

"남편은 여든세 살이었고 병원에는 입원해본 적이 없어요."

나는 심심한 조의를 표했다. 그러자 그녀의 딸이 전화를 바꾸어서 자신을 소개했다.

"아버지는 그 닭들에 대해서 아주 특별하게 신경을 쓰셨어요."

그녀는 내가 적색야계에 대해서 물어보자 대답했다.

"아버지는 그 새들을 따로 떼어놓고 다른 새들과는 교배하지 못하게 하셨어요. 만약 다른 사람이 다가가면, 물론 저도 포함해서요, 새들은 요란을 떨며 눈물바다가 되었지요."

그녀는 또 이런 설명도 덧붙였다. 돌아가시기 2주 전에 아버지에게 그녀는 왜 저런 유난스럽고 까다로운 새들을 그토록 높이 평가하느냐고 물었다.

"그랬더니 아버지가 말씀하셨어요. '난 저 새들을 길들일 방법이 없기 때문에 저놈들을 좋아해. 나는 저놈들의 있는 그대로의 상태, 그러니까 야생의 상태를 좋아하지.'라고."

이주 붉은 턱수염

그리고 보라, 저 수탉 왕을. 그가 군주처럼 으스대는 모습을!
그리고 보라, 저 수탉 왕이 이 비어 있는 땅들로부터
그보다 못한 길들어진 닭들을 쫓아내는 모습을!
그리고 보라, 저 수탉 왕이 활기차게 양 날개를 펼치는 모습을,
오, 채색 유리처럼 다채로운 색깔의 나비 날개여!

─제이 호플러(Jay Hopler), 〈수탉 왕The Rooster King〉

닭이 역사상 가장 화려하게 등장한 사건은 기원전 1474년에 벌어졌다. 네 마리의 닭이 위대한 이집트 파라오 투트모세 3세(Thutmose III)가 지켜보는 가운데 당시 세계의 가장 크고 부유한 도시인 테베에 의기양양하게 입성한 것이다. 도시의 모든 사람이 이 호화로운 행렬을 보기 위해 밖으로 나왔다. 웅장한 말들이 황금과 호박금으로 장식된 전차를 끌었고, 햇빛을 받아 반짝거리는 전차들은 도시의 승전로(勝戰路)를 달려가면서 구경꾼들에게 눈부신 햇빛을 반사했다. 누비아인 시종들은 파라오가 직접 쏘아 죽인 시리아코끼리들에서 뽑은 거대한 상아를 들고 있었다. 괴

상한 옷을 입은 포로들은 걸걸한 목소리로 노래를 부르며 지나갔고 껑충거리는 곰들과 살아 있는 코끼리들도 이 뒤를 따랐다. 이것들은 모두 중동에서 6개월에 걸쳐 벌인 원정전의 전리품이었다. 볼모로 잡힌 외국 군주들의 자식들이, 다채로운 색상의 새들을 넣은 닭장과 비슷한 금도금 우리 안에 갇혀 실려가고 있었다.

네 마리의 이국적인 새들은 바빌로니아 군주들이 파라오에게 바친 공물이었다. 이 파라오는 이집트에서 군사적으로도 정치적으로도 가장 성공한 지도자로 기억되고 있다. 키가 160센티미터밖에 되지 않는 투트모세 3세는 원정전을 펼치면서 유프라테스 강을 건너 오늘날의 이라크인 메소포타미아로 들어갔다. 파라오는 그곳에서 적들을 쳐부수고 이집트인들이 와세트라고 부르는 수도로 돌아왔다. 호메로스는 일찍이 이 수도를 가리켜 "세상에서 가장 큰 보물의 집이며…… 100개의 문들이 있다." 라고 노래했다.

투트모세는 성공을 거둔 원정전의 기록을 테베의 거대한 신전인 카르나크의 벽들에다 새겨 넣게 했다. 카르나크 신전은 수도 테베의 룩소르 성소에 이르는 대로의 맨 끝에 있었다. 그 당시 이 미지의 새를 묘사하는 상형문자의 단어가 없었고 또 비석의 핵심 부분은 파손되어 있기 때문에 이 공물이 닭인지 확신할 길은 없다. 그러나 비석의 기록은 메소포타미아에서 온 새가 매일 무슨 일을 한다고 밝혔는데, 이집트 학자들은 그 일이 알을 낳는 것이라고 해석했다. 20세기 이전까지만 해도 대부분의 암탉이 하루에 알을 하나씩 낳는 것은 아니었다. 그래서 그 주장은 신전 벽에 새겨 넣은 허풍 섞인 과장들 중 하나일 것으로 짐작된다. 그렇지만 닭을 제외한 다른 새는 이 묘사와 잘 맞아떨어지지 않는다.

고대 이집트는 생명을 주는 나일 강과 지중해로 흘러드는 비옥한 삼각주 덕분에 고대 이집트 시기 동안 내륙의 땅으로 남아 있었다. 이곳에서 해마다 풍성한 농작물을 거둬들이는 데다 동쪽과 서쪽으로는 사막이 있고 북쪽으로는 바다가 있으며 남쪽으로는 아프리카 사바나 지역이 펼쳐졌으므로, 이집트인들은 초창기 역사 동안 이 계곡에서 벗어나는 일이 거의 없었다. 하지만 이러한 역사는 신왕국 초기, 투트모세 3세의 할아버지인 투트모세 1세가 군대의 병력을 레반트 지역으로 이동시키면서 바뀌게 되었다. 이들은 비를 처음 보고는 "하늘에서 나일 강이 내린다."라며 크게 매혹되었다. 신왕국의 전성기에 이집트 통치자들은 세계로 눈을 돌렸다. 투트모세 3세의 계모이자 파라오인 하트셉수트(Hatshepsut)는 홍해 아래쪽으로 배를 보내 푼트 땅을 탐사하게 했다. 이 땅은 아마도 오늘날의 소말리아나 에티오피아였을 텐데, 이들 나라에서 유향, 상아, 흑단을 들여오고 몰약 나무를 가져와 이집트 땅에다 심었다. 그녀는 또한 지중해에서 국제무역을 펼칠 것을 권장했다. 닭이 이집트에 도착한 것은 새의 어떤 한 종이 파라오의 땅에 도착한 것 이상의 의미를 지녔다. 이는 외부 세계를 탐사하고 정복하여 외국의 물품, 식물, 동물을 수립하려는 이집트의 강력한 의지를 보여주는 것이다.

투트모세 3세는 개인적으로 이국적인 것들에 매혹되었다. 닭이 매일 알을 낳는다고 기록되어 있는 카르나크 신전의 벽들 옆에는 방이 하나 있는데 거기에는 석류, 따오기, 가젤, 기타 이집트 토종이 아닌 동식물의 그림이 새겨져 있다. 나일 강 너머의 서쪽 메마른 땅은 묘지와 사당이 들어선 곳인데, 여기에 파라오의 대신(大臣) 레크미레(Rekhmire)가 크레타 섬에서 미노아인들이 가져온 공물로 여겨지는 금속 항아리와 함께 매장되었다. 그 한 항아리에는 사자, 황소, 영양의 머리가 음각으로 새겨졌다. 또 두 개의 육수, 볏, 뾰족한 부리 등을 가진 새가 조잡하게 그려져 있는

데, 이는 아마도 가장 오래된 수탉의 그림일 것으로 추정된다.

닭은 고대 이집트에서 희귀하고 신분 높은 새였는데, 이 사실은 1923년이 되어서야 비로소 세상에 알려졌다. 테베의 서쪽, 왕들의 계곡에서 작업하던 하워드 카터(Howard Carter)는 1922년 후반에 투탕카멘(Tutankhamen) 왕의 무덤을 발굴했다. 그로부터 넉 달 뒤 카터는 인근의 람세스 9세(Ramses IX)와 아크나톤(Akhnaton)의 두 무덤 사이에서 깨진 도자기 조각을 발견했다고 보고했다. 아크나톤은 투탕카멘의 전임 파라오였고 투트모스 3세로부터 한 세기 반 뒤에 이집트를 다스린 파라오로서, 다신교였던 이집트의 종교를 태양신을 숭배하는 일신교로 바꾼 배교자였다. 카터는 투탕카멘 왕의 현실(玄室)에 들어 있는 수천 점의 유물들을 발견하고서 압도되었다. 이때 발견된 유물은 전 세계의 이목을 집중시켰고 이들을 모두 분류하는 데만도 이후 10년이 걸렸다. 카터의 후원자이며 친구인 카너본(Carnarvon) 경은 발굴 직후 2주 만에 카이로에서 사망했다. 아마도 감염된 모기에 물려서 말라리아로 사망한 것으로 보이나, 투탕카멘 무덤의 저주가 그에게 내려졌다는 속설이 더 널리 퍼졌다. 그러나 이 발굴 건으로 유명해진 이집트 학자는 깨진 도자기 조각을 바탕으로 장황한 논문을 썼다. 그는 도자기에 그려진 그림이 "적색야계의 형체를 갖춘 집닭의 가장 초창기 그림"이라고 하면서 그것이 "고대 테베인들에게 알려진…… 집닭의 가장 믿을 만한 증거"라고 주장했다.

조그마한 삼각형의 석회석 조각에 새겨진 이 그림은 현재 대영박물관에 소장되어 있는데 볼수록 아주 흥미롭다. 그림의 특징은 고대 이집트의 조각상이나 프리즈(frieze: 그리스 건축, 로마 건축에서 기둥머리가 받치고 있는 세 부분 중 가운데 부분—옮긴이)에서 발견되는 형식성과 지나치게 격식을 차린 느낌이 전혀 없다. 또한 커다란 톱날 모양의 볏, 축 늘어진 육수,

접은 날개, 넓게 벌어진 꼬리 등을 과감하게 잉크로 스케치한 것이다. 이 수탉은 틀림없이 실물을 본 사람이 그린 그림이었다. 동시에 이 수탉은 여느 집닭과 마찬가지로 빼기는 듯한 자세를 내보인다. 그리하여 카터는 이런 주장을 편다.

"이 그림은 고대에 이미 닭의 사육이 이루어졌음을 의미한다."

발견된 위치를 근거로 하여 카터는 이 조그마한 도자기 파편이 기원전 1300년경인 아크나톤 시대와 신왕국의 말기인 기원전 1100년 사이일 것으로 추정했다. 기원전 1100년 직후는 계속된 가뭄과 전쟁 때문에 이집트가 외국인 통치자들의 지배를 받는 시기였다. 이러한 연대 설정은 대략적인 추측에 지나지 않으나, 카터가 발굴한 물품이 이집트에서 발견된 가장 오래된 닭 그림이라는 데에는 의심의 여지가 없었다. 또 다른 후보는 여러 영농(營農) 장면들에 들어간 수탉을 보여주는 은제 그릇이다. 이 우아한 용기(容器)는 나일 삼각주에서 발견되었는데 이집트와 서부 아시아 양식의 요소들이 섞여 있는 흥미로운 증거물이다. 연대가 기원전 1000년경일 것으로 생각되는 이 용기는 미술사가인 크리스틴 릴리퀴스트(Christine Lilyquist)의 견해에 따르면 기원전 13세기인 람세스 2세의 전성기에 제작되었을 것으로 보인다. 이런 발굴 유물에 등장하는 수탉은 농업적 역할보다는 종교적 역할을 수행했음을 암시한다. 왜냐하면 이 유물이 고양이 여신 바스트(Bast) 신전에서 발굴되었기 때문이다. 이집트인들은 바스트 여신이 그들을 전염병과 악귀로부터 보호해준다고 생각했다.

그러나 닭은, 특별하지만 또한 매우 낯선 존재이기도 했다. 신왕국이 몰락하고 불안정한 세기가 이어지면서, 이집트인들은 통치자와 고관들만 묻은 것이 아니라 동물들도 수십만 마리나 미라로 만들었다. 고양이에서 악어에 이르기까지 죽은 동물들이 내세를 위해 보존되었다. 이 동물들은 인간 망자(亡者)에게 식량으로 주거나, 웅장한 이집트 신전에 모신 특정한 신을 경배하고 이들에게 봉사하기 위한 것이었다. 고고학자들은 서른 개가 넘는 공동묘지에서 400만 마리의 따오기를 포함하여 2천만 마리의 동물을 부장한 것을 찾아냈지만, 닭의 미라는 단 하나도 찾지 못했다. 고대 이집트에서 이국적인 것은 매혹적이면서 주목할 만한 것이었고 동시에 신분의 표시이기도 했다. 그렇지만 신성한 것은 아니었다.

이와는 대조적으로 거위 미라는 많다. 화려한 행렬과 함께 닭이 처음 테베에 도착했을 때, 거위는 이미 길들여져 조류 우리에서 살고 있었다. 철새인 거위는 처음에는 나일 계곡을 계절마다 찾아오는 방문객이었다. 고대 이집트의 비옥한 곡식 들판에 이끌려 날아온 거위들은 인간과 함께 살면서 즉각적으로 식용 고기를 제공하고, 1년에 열두 개의 커다란 알을 낳고, 또 침입자들에 대하여 효과적인 경보기 역할을 했다.

그러나 장기적으로 볼 때 거위는 닭의 상대가 되지 못했다. 닭은 더 많은 알을 낳고, 훨씬 빨리 자라며, 나일 강의 습한 환경에서 번식하는 진드기와 모기를 포함하여 다양한 음식들을 먹었다. 수탉은 자명종이 있기 전에 새벽을 알리는 믿을 만한 전령이었다. 농부들의 땅에서 이것은 환영받을 만한 특징이었다. 새로 도착한 이 새는 이전의 경쟁자를 물리치고 서구에서 가장 유익한 새로 등장할 채비를 마쳤다.

·←·←

나일 계곡에서 파키스탄 서쪽 끝에 있는 적색야계 서식지까지의 거리는 4,000킬로미터나 된다. 닭이 동쪽에서 서쪽으로 이동한 사건은 투트모세 3세의 통치 시기보다 딱 1,000년이 앞서는 세계 3대 도시 문명의 발흥 시기와 일치한다. 유골, 점토판, 그리고 산발적으로 발견되는 유물들 덕분에 고고학자들은 어떻게 이 새가 글로벌 세계의 최초 태동 시기에 한 문화에서 다른 문화로 건너뛰어 갔는지를 추적할 수 있다.

이 여행은 약 3,000킬로미터 길이를 자랑하는 인더스 강에서 시작되었다. 이 강은 히말라야 산맥에서 발원하여 아라비아 해로 흘러든다. 고왕국 시대의 이집트인들이 피라미드를 열심히 건설하던 시기에 인더스 문명의 사람들은 이집트나 메소포타미아보다 더 크고 인구가 조밀한 사회를 건설했다. 인더스문명의 6대 도시는 넓은 도로, 창의적인 상수도 시설, 로마제국 이전까지의 고대 세계에서 최고 수준의 하수도 시설을 자랑했다. 아직까지도 해독하지 못한 상징들의 체계가 널리 사용되었다. 바퀴 달린 수레, 강 위를 떠다니는 보트, 대양으로 나가는 큰 배 등이 약 260만 제곱킬로미터가 넘는 지역을 수백만 인구와 연결시켰다. 이들은 물소가 쟁기질을 하는 들판에서 보리, 기장, 밀, 쌀을 경작했다. 또 염소와 양을 길렀고 야생 곰과 야생의 새를 사냥했다.

인더스의 사냥꾼들은 그들 문명권의 북쪽 끝인 히말라야 산맥 기슭 작은 산들에 사는 적색야계를 아주 잘 알았을 것이다. 또 문명권의 남동쪽 가장자리인 아라비아 해와 맞닿은 인도의 구자라트 성 근처에 서식하던 회색야계와도 친숙했을 것이다. 히말라야 산맥에 있는 적색야계의 현재 거주지에서 며칠만 걸어가면 인더스문명의 북쪽 대도시인 하라파가 나온다. 하라파 시는 한때 라비 강 유역의 100만 제곱미터에 달하는 지역에 펼쳐져 있었다. 성벽이 둘러쳐진 도시 안에는 인더스문명의 전성기인 기원전 2600년에서 기원전 1900년 사이에 2만 5,000명의 주민이 살았다. 이 시기는 대략 이집트 고왕국의 후반부에 해당한다.

불행하게도 하라파의 첫 번째 발굴자들은 19세기 중반 영국의 철도 기술자들이었다. 그들은 이런 농촌 오지에 구운 벽돌이 수천 장이나 묻혀 있는 것을 발견하고서 놀라면서도 즐거워했다. 엔지니어들은 현지 노동자들에게 이 벽돌을 라호르 철로받침으로 사용하도록 지시했다. 그 당시 인더스문명이 존재했다는 사실은 아무도 알지 못했다. 나중에 하워드 카터가 수탉을 묘사한 이집트 도자기 조각을 검토하면서 고고학자들은 오늘날 인도의 승객과 화물들이 세계 최초의 대도시에서 나온 벽돌을 재활용하여 건설한 철로를 달리고 있다는 사실을 알았다.

리처드 메도(Richard Meadow)와 그의 동료인 아지타 파텔(Ajita Patel)은 파키스탄의 불안정한 치안 상황으로 발굴 작업이 중단되기 전까지 하라파에서 수년 동안 작업하면서 인더스 지역에서 가장 좋은 새 뼈들을 수집했다. 어느 추운 봄날에 나는 하버드 대학교 내 피바디 박물관에 자리 잡은 동물고고학 연구소로 그들을 만나러 갔다. 상대편 전사의 잘린 머리를 들고 있는 사내를 그린 중앙아메리카 벽화의 오른쪽에 실험실 입구가 있었다. 큰 키에 말수가 적은 뉴잉글랜드 사람 메도와 아담한 키에 수다스러운 인도 여성 파텔은 책과 서류로 가득하고 북미 원주민 크리크족이 만든 으스스한 나무 가면들로 장식된 복잡한 사무실을 같이 쓰고 있었다.

두 사람은 번갈아 가면서 닭 뼈를 확인하는 작업이 결코 간단하지 않다고 설명했다. 많은 고고학자들이 그 뼈에다 "닭 같은" 혹은 "닭 크기의" 같은 막연한 꼬리표를 붙이는 것으로 문제를 얼렁뚱땅 넘기려 한다. 이 지역에는 바위자고새, 아프리카자고새, 메추라기 등 집닭의 사촌 격인 새들이 많이 서식하여 유사한 뼈들을 남겨놓았다. 수천 년에 걸친 자연 마모는 사실 확인을 아주 어렵게 만든다. 적색야계의 뼈를 집닭의 뼈와 구분하는 것은 더더욱 어렵다. 오늘날 집닭은 일반적으로 야생 선조보다 훨씬 덩치가 크지만 4,000년 전에는 사정이 이렇지 않았을 가능성이 높다.

닭은 중요한 식량의 원천이었고 그래서 사람들이 가느다란 닭 뼈를 우적우적 씹어 먹으면서 증거를 없앴을 가능성이 있다고 메도는 말했다. 그리고 그 지역의 인도 사람들은 아직도 닭 뼈를 씹어 먹는다고 덧붙였다. 이 연골 구조는 어떤 특정 종에 대하여 가장 좋은 단서를 제공한다. 인더스 새 뼈에서 DNA를 추출하는 것은 가능한 작업이지만, 많은 새의 뼈들이 여러 해 전에 발굴되었고 또 수십 년의 세월이 흐르면서 오염되었을 가능성이 있다.

하라파는 적색야계들의 현재 서식지에서 가까운 곳에 있지만 다른 인더스 유적지는 그렇지 않다. 파키스탄의 산맥과 바다 사이의 중간쯤에 있는 모헨조다로에서 과학자들은 10센티미터 길이의 대퇴골을 발견했는데, 발굴자들은 이를 흡사 "닭 뼈 같다"라고 묘사했다. 오늘날 공장에서 집단 사육되는 닭들의 대퇴골은 12센티미터에서 약간 모자라고, 적색야계는 평균이 7센티미터 이하다. 인도 고고학자인 바산트 신데(Vasant Shinde)는 델리 서쪽에 있는 작은 인더스 마을에서 유사한 뼈들을 발견했는데, 그는 이것이 닭에서 나온 것이라고 확신했다.

인더스 사람들은 닭 뼈만 남기지 않은 것이 아니라, 이 수수께끼 같은 문명의 일상생활 흔적도 안타까울 정도로 남겨놓지 않았다. 학자들은 아직도 인더스에서 발견한 상징들을 해독하지 못하고 있고, 또 고대 이집트인이나 메소포타미아인들과는 다르게, 인더스 사람들은 이렇다 할 실물 크기의 조각상은 만들지 않고 소입상(小立像) 정도만 만들었다. 한 의욕적인 고고학자가 최근에 손으로 만든 진흙 소입상을 수천 점 발견했다. 10여 군데의 인더스 발굴지에서 발견했는데, 예전 세대의 조사 연구자들은 거들떠보지도 않던 곳이었다. 하라파의 여러 컬렉션, 라호르 박물관, 뉴델리의 국립박물관 등에 수장된 여러 소입상 중에는 분명 닭처럼 보이는 것들이 여러 점 있다. 그중 한 점은 집닭 혹은 야생 닭과 비슷한 볏과 곡선형의 꼬리를 보여주고 있다. 또 다른 소입상은 목걸이를 찬 수탉처럼 보인다. 하지만 이것이 반드시 그 닭을 길들였음을 의미한다고 볼 수는 없다. 왜냐하면 야생 닭을 사슬로 묶어놓았을 수도 있고 코뿔소나 호랑이의 소입상도 가끔 이런 목걸이를 차고 있기 때문이다. 접시에 든 모이를 쪼고 있는 두 새는 닭일 수도 있고 아닐 수도 있다. 하지만 이 광경은 길들여진 새들의 모습을 아주 여실하게 보여준다. 인더스 사람들은 실제로 우리 속에다 새를 가두어놓았다. 최근에 소규모 테라코타 우리가 발굴되었는데, 오늘날의 파키스탄에서 살아 있는 유럽자고새와 메추라기를 가두어두는 새장과 크기가 아주 비슷하다.

가장 인상적인 소입상 중 하나는 진흙 인간상인데, 닭처럼 보이는 새를 양팔로 편안하게 안고서 가슴께로 들어올리고 있다. 이런 자세는 오늘날 아대륙에서 투계꾼들이 닭싸움을 붙이기 직전에 하는 동작이기도 하다. 하라파에서 발굴된 수탉의 며느리발톱과, 두 수탉이 마주보고 있는 그림이 그려진 진흙 인장(印章)은 투계가 4,000년 전에 이미 도입되었다는 상황적 증거다. 닭싸움은 오늘날에도 인도와 파키스탄에서 인기가 높다. 일부 남부 인도의 전통은 투계와, 아주 오래된 기원을 가진 대모신(大母神) 종교 의례를 서로 결합시키고 있다.

엄격한 힌두 규율은 육식을 금지한다. 닭고기에 대한 금식 규정은 닭을 암소와 마찬가지로 신성한 동물로 여기던 시대로 거슬러 올라가는 것이다. 그러나 최근에 인더스문명의 조리 도구를 분석한 연구 결과는 인더스 사람들은 좋은 치킨 카레를 만드는 데 필요한 재료를 대부분 가지고 있었다는 사실을 밝혀냈다. 카레[커리(curry)]라는 말은 남부 인도의 타밀 언어에서 '소스'를 가리키는 카리(kari)에서 나왔다. 이 지역에서 만들어 먹는 다양한 맛의 음식들에 당황한 나머지 영국 무역업자들은 그것들을 통칭하여 '커리'라고 했다. 영국인들이 정의한 바에 따르면 카레는 양파, 생강, 강황, 마늘, 후추, 고추, 고수, 커민(cumin), 기타 향료를 한데 섞은 후 조개, 고기, 채소 등과 함께 요리한 음식이다. 하지만 카레가 얼마나 오래되었는지는 아무도 알지 못한다.

인도와 미국 고고학자들과 함께 일하면서, 당시 밴쿠버에 있는 워싱턴 주립대학교에서 근무하던 고고학자 아루니마 카시아프(Arunima Kashyap)는 고고학자 신데의 발굴지에서 나온 요리 냄비에 남아 있는 잔존물을 정확히 알아내는 새로운 방법을 적용했다. 그들은 또한 인근 공동묘지에서 같은 시대로 소급되는 인간의 치아를 얻었다. 실험실로 돌아온 카시아프는 전분 함량 분석이라는 기술을 사용하여 표본을 분석했다. 전분은 식물이 에너지를 비축하는 주된 방식인데, 전분의 소량은 식물이 썩어버린 후에도 오랫동안 남아 있다. 만약 인더스 발굴 현장에서 자주 발견되는 탄두리 형태의 솥에다 요리하는 식으로 어떤 식물에 가열을 한다면, 거기에 남아 있는 아주 미세한 잔존물을 알아낼 수가 있다. 왜냐하면 각 식물의 종은 자체의 독특한 분자 특징을 남기기 때문이다. 비전문가가 이 잔존물을 현미경으로 들여다본다면 그저 무작위로 떠다니는 작은 덩어리처럼 보일 테지만, 노련한 연구 조사자는 여기서 4,500년 전에 요리사가 냄비에 어떤 식재료를 넣었는지 알아낼 수 있다.

인간의 치아와 솥의 잔존물을 검토하면서 카시아프는 전형적인 카레의 2대 식재료인 강황과 생강의 특성을 발견해냈다. 이를 확인하고자 그녀와 한 동료는 실험실을 나와서 주방으로 갔다. 두 사람은 곧 전통적인 요리법을 사용하여 카레를 만들었고, 그 다음 잔존물을 분석하여 어떤 결과가 나오는지 살펴보았다. 그 결과 현장에서 발굴한 것과 일치했다. 이렇게 하여 그들은 인더스 시대에 사용되었던 최초의 향료인 생강과 강황의 가장 오래된 표본을 발견한 것이다. 하라파에서 나온 오래된 암소 이빨도 생강과 강황의 흔적을 보였다. 고대 인더스 사람들은 지금도 현지 사람들이 하는 행동을 이미 했던 것이다. 즉 집에서 남은 음식물 찌꺼기를 밖에다 내놓아 마을을 돌아다니던 암소가 먹도록 한 것이다.

만약 쌀밥이 없다면 카레는 어떻게 되겠는가? 고고학자들은 한때 인더스 농부들이 밀과 보리 같은 소수의 곡식에만 의존했다고 생각했다. 델리 근처의 오래된 두 곳 유적지에서 작업하던 케임브리지 대학교 소속 고고학자인 제니퍼 베이츠(Jennifer Bates)는 쌀, 렌즈콩(편두), 녹두의 잔존물을 발견했다. 쌀이 발견된 것은 다소 놀라운 일이었다. 이 곡식은 오랫동안 인더스문명 말기에 등장했다고 생각되어왔기 때문이다. 실제로 한 마을의 주민들은 밀과 보리보다 쌀을 더 선호한 것으로 보이며 그러나 그들이 특히 좋아하는 곡식은 기장이었다. 고고학자 신데는 오늘날 인도 식당의 가장 흔한 요리인 카레에 들어가는 모든 중요한 식재료가 이미 그 당시에 존재했다고 생각한다. 다른 고고학자들은 인더스 지역에서 발달한 많은 종교·사회·기술 전통이 후대의 인도문명에 그대로 이어졌다고 본다. 여기에는 탄두리 닭도 포함된다.

이 이국적인 식재료 때문에 카레는 중동과 유럽에 안착하는 데 수천 년이 걸렸다. 그러나 적응력 높은 닭은 최초의 문명이 등장한 이 시기에 이미 서방으로 제1차 도약을 할 준비를 끝냈다. 인도의 서쪽 끝에 있는 로탈이라는 인더스 유적지에서 고고학자들은 닭 비슷한 뼈와 개인의 인장들을 발견했다. 인장은 저 먼 페르시아 만까지 항해하면서 생업을 꾸려온 상인들 것이었다. 현재 발굴된 마을의 한가운데에는 내부가 벽돌로 장식된 거대한 저수지가 있는데, 많은 연구 조사자들이 이것을 인공 항구라고 생각한다. 이 근처에는 창고, 유리구슬 공장, 금속 세공 지역이 있었다.

로탈은 초창기 원양 무역이 번성하는 중심지였다. 선원들은 여기서 출발하여 아라비아 해로 나가 몬순 바람을 타고서 아라비아 연안까지 1,600킬로미터를 항해했다. 그런 다음 페르시아 만을 거슬러 올라가서 메소포타미아의 우르 부두까지 접근했다. 당시 우르는 지구상에서 가장 크고 가장 부유하고 가장 국제적인 도시였다.

+ +

상인은 번잡한 부두를 초조하게 왔다갔다했다. 돛을 감아놓은 커다란 나무배가 부두에 정박해 있었고 정부의 관리는 부두 노동자가 땀을 뻘뻘 흘리며 선창에서 들어올린 물품을 하나도 빼놓지 않고 기록하는 중이었다. 주변의 식료품 가게에서 풍기는 양고기 냄새가 이국적인 향료의 냄새와 뒤섞였다. 들어올린 짐들 사이에서 관리는 창고 그늘에 놓아둔 고리버들 새장에 들어 있는 새를 쳐다보았다.

"저 새는 뭐라고 부르오?"

관리가 물었다. 새에 대해서 잘 모르는 상인은 어깨를 한번 들썩했다. 관리는 다음 짐이 부려지는 동안 날카롭게 깎은 갈대로 젖은 점토판에다 설형문자의 기호를 적어 넣었다. 서류 작업이 끝나면 상인은 첫 번째로 왕궁에 들러야 했다. 왕궁은 메소포타미아의 대도시 우르의 항구가 내려다보이는 우뚝 솟은 언덕에 자리 잡고 있었다. 입비신(Ibbi-Sin) 왕은 이 국적인 동물들로 가득한 쾌락의 정원을 갖고 있는데 신체의 색깔이 다채로운 이 새를 보면 틀림없이 즐거워할 것이었다.

〈창세기〉에 의하면 이스라엘 사람들의 전설적 아버지인 아브라함은 바로 이 시기에 우르의 고향과 가족을 뒤로하고 가나안의 푸른 목장을 찾아 길을 떠났다. 아브라함은 예외적인 인물이었다. 우르 시는 기원전 2000년에 먼 땅에서 오는 무역업자들을 끌어당겼고 또 현지 마을의 여자들도 이 도시의 옷감 공장에서 일을 하기 위해 우르로 몰려들었다. 페르시아 만으로 흘러드는 유프라테스 강을 따라서 우르 시는 거대한 신전, 왕궁, 그리고 하항(河港)을 건설했다. 이 도시는 오늘날 이라크 남부와 중부에 해당하는 커다란 땅을 다스리는 번성하는 왕국의 중심지였다. 이 도시의 상인들은 예전부터 사용되어왔지만 번거로운 곡식 단위 대신에 은화라는 새로운 형태의 돈을 최초로 사용한 사람들이었다. 필경사들은 젖은 점토판에 설형문자 기호를 새겨서 거래 상황을 세세한 것까지 기록했다. 왕조의 창업자인 우르남무(Ur-Nammu)는 세계 최초의 공식적인 법률 체계를 창조했고, 우르남무의 아들로 뒤를 이은 슐기(Shulgi) 왕은 당시의 통치자로서는 희귀하게도 글을 읽을 줄 알았을 뿐만 아니라 필경사 학교의 교과 과목을 개정했고, 도로를 건설했으며, 여행자들을 위한 최초의 여관을 건설했다. 슐기 왕은 멀리 떨어진 땅으로부터 이국적인 동물들을 수집하여 세계 최초의 동물원을 건설한 왕으로 알려져 있다.

메소포타미아에는 없는 낙타나 오릭스(솟과에 속하는 영양의 일종으로 아프리카, 아라비아 반도에 분포한다—옮긴이) 같은 동물을 수집하는 왕가의 취미는 왕조의 마지막 왕인 입비신의 시기까지 수십 년 동안 계속되었다. 오늘날의 이란 땅일 것으로 추측되는 도시국가 마르하시(Marhashi)

의 왕은 입비신 왕에게 이국적인 동물을 보내왔는데, 이를 처음 본 필경사는 당황하면서 아주 이상한 점박이 개라고 적었다. 하지만 이 동물은 표범 혹은 하이에나였을 것으로 추측된다. 우리가 이 모든 것들을 추측할 수 있는 것은 우르의 관리들 덕분이다. 그들이 1세기 남짓한 동안에 10만 점 이상의 점토판을 남긴 것이다. 입비신 왕 재위 13년째의 것으로 추정되는 한 점토판은 우르 왕궁에 보관 중인 물품 명단 중에 멜루하(Meluhha)의 새를 언급하고 있다. 이 점토판은 이 새를 언급한 다섯 개 증거들 가운데 하나다. 어떤 기록은 살아 있는 새들을 언급했고 다른 기록은 나무 혹은 상아로 만든 새의 조각상이나 기념품을 언급했다.

이 새를 가리키는 말은 아카드어로 '다르(dar)'다. 아카드어는 히브리어와 아랍어보다 앞서는 복잡한 셈 언어로 메소포타미아 지역에서 2,500년 이상 사용되어왔다. 이미 죽어버린 언어를 영어로 번역하는 것은 까다로운 일이지만, 학자들은 굴뚝새, 오리, 까마귀, 참새, 비둘기, 기타 현지의 새들에 대한 번역어에는 대체로 합의를 보았다. 그러나 이국적인 동물들은 역사적 기록에서 알아내기가 훨씬 어렵다. 이 동물들을 가리키는 이름은 심지어 오늘날에도 혼란을 끼친다. 미국인의 추수감사절 파티에 초대받은 터키 사람은 왜 신세계의 메인 요리 이름이 자신들의 아나톨리아 시절인 구세계 국가의 이름과 똑같은지 의아해한다. 1533년 이탈리아의 자연과학자는 칠면조(터키)를 가리켜 "방랑하는 닭(the wandering chicken)"이라 불렀고, 후대의 프랑스 과학자는 뿔닭(guinea fowl)으로 변한 그리스 신화 속 인물의 그리스어 이름을 추가하여 터키의 오늘날 학명은 '멜레아그리스 갈로파보(Meleagris gallopavo)'다. 우리가 사용하는 터키라는 단어는 유럽인들이 뿔닭의 원산지를 아프리카가 아닌 터키로 혼동했기 때문에 생겨난 것이다.

이름들은 종종 특수한 현지 상황을 반영한다. 현대의 목장주는 텍사스 쇼트혼이니 애버딘앵거스니 하는 소를 이야기할 때 자신이 서로 다른 품종의 소를 이야기하고 있음을 안다. 하지만 채식주의에 대하여 빠삭하게 꿰고 있는 여느 시애틀 사람은 카우보이모자를 쓴 이 남자가 암소 이야기를 하고 있다는 사실을 전혀 눈치 채지 못할 것이다. 이러한 어려움은 동물들의 유형을 넘어서는 범위로까지 확대된다. 고대 메소포타미아 사람들은 우리들과는 다르게 색깔을 인식했다. 어느 아카드어 전문가에게 묻느냐에 따라 '점박이'는 '반점'일 수도 있고 심지어 '붉은색'일 수도 있다.

일부 전문가들은 다양한 단서들에 따라 '다르(dar)'가 대부분 검은 색깔의 새, 혹은 검은색 아프리카자고새, 혹은 그 지역 토종인 야생 꿩 등을 가리킨다고 생각한다. 물론 닭은 이런 새와 자주 비교된다. 둘 다 꿩과인데다 서로 많이 닮았기 때문이다. 동물을 수송하는 것이 값비싸고 까다롭고 위험하던 시대에 이 괴상한 새를 "인도에서 온 검은 아프리카자고새"라고 명명한 것은 그럴 듯한 이야기였다.

다른 단서들도 닭이 인더스 지역에서 메소포타미아로 흘러들었다는 것을 가리킨다. 한 단서는 세상에서 가장 오래된, 기록된 이야기들 중 하나에 들어 있다. "엔키(Enki)와 세계 질서"라는 제목이 붙은 이 전설은 자신이 방금 창조한 세계를 살펴보는 물의 신에 대해서 들려준다. 멜루하 땅에서, 엔키는 숲과 황소들을 찬양했다. "그리고 산 속의 다르가 아주 붉은 턱수염을 기르기를!"이라고 엔키는 소리쳤다. 인더스 사람들은 유리구슬을 만들기 위해 카르넬리언이라고 하는 진홍색 돌을 사용했다. 이 붉은 구슬들은 로탈 같은 항구를 통하여 메소포타미아로 수출되었는데, 붉은 턱수염 새라는 말은 수탉의 육수를 훌륭하게 묘사하는 용어다.

고고학자들이, 이 새가 국제무역의 최초 전성기에 인더스에서 메소포타미아로 흘러들어갔음을 증명해주는 닭 뼈를 발견할 것 같지는 않다. 인도에서 검은색 아프리카자고새가 도착했다는 사실을 필경사들이 기록하고 나서 얼마 안 되어, 북부와 동부의 부족들이 우르로 쳐들어와 이 대도시를 파괴하고 왕을 포로로 잡아 이란으로 끌고 가서 죽게 만들었다. 이런 재앙이 닥치자 남부 메소포타미아가 이 지역을 지배하던 시기는 끝나게 되었다. 설사 멜루하에서 수입된 닭들이 살아남았다 하더라도 숫자가 너무 적어서 이들의 흔적이 먼지투성이의 도랑에서 발견될 가능성은 거의 없다.

↞ ↢

뮌헨 대학교 요리스 페터르스(Joris Peters)의 사무실 책꽂이에는 나무로 만든 대 위에 동물 뼈가 놓여 있었다. 그것은 새끼 타조 같아 보였다. 동물고고학자인 페터르스는 나의 오해에 웃음을 터트렸다.

"아닙니다. 타조의 흉골(胸骨)은 납작하지요."

그는 뼈를 집어 어수선한 책상 위에 내려놓으며 말했다. 그는 배의 용골처럼 크게 휘어진 뼈를 가리켰다.

"닭은 차골(叉骨, wishbone: 가슴 위쪽에 있는 두 개의 쇄골이 가운데에서 서로 합쳐져 U자, V자, 또는 Y자 형을 이루고 있는 뼈―옮긴이)과 흉골이 다 있어서 날 수가 있는 거죠."

페터르스는 깔끔한 복장에 단정하게 면도를 한 벨기에 과학자인데 근동의 발굴 현장에서 상당히 많은 시간을 보냈다. 그는 사무실 한 층 아래에 있는 보관 시설에 고대 닭 뼈를 세상에서 가장 많이 수집해놓고 있다. 하지만 그 뼈들은 선반의 몇 칸만 차지할 뿐이다. 암소, 양, 염소 뼈들과는 다르게, 닭 뼈는 통째로 사라진다. 인간, 개, 기타 들짐승들이 뼈를 다 먹어치우기 때문이다.

페터르스가 1980년대에 요르단에서 발굴 작업을 할 때 그의 팀은 하루에 한 마리씩 닭을 먹고는 찌꺼기를 야영지 뒤편에 버렸다. 그리고 나면 매일 밤 포식자들이 뼈를 거의 다 싹쓸이해갔다. 페터르스는 궁금하여 아침이면 뭐가 남아 있는지 살펴보았다. 발굴 작업이 끝났을 때 페터르스는 이런 사막 환경에서 살아남는 닭 뼈는 1년에 하나 정도일 거라고 생각했다. 습기가 많은 환경이라면 뼈가 더 잘 부패하므로 보존 가능성은 그보다 낮아진다.

약 20년 전까지만 하더라도 대부분의 고고학자들은 새 뼈를 보관할 생각을 하지 않았다. 별로 흥미롭지도 않고 중요하지도 않다고 생각했기 때문이다. 그러나 오늘날의 연구 조사자들은 새 뼈가 수천 년 전의 음식, 사회 조직, 무역 형태, 환경 상태 등에 대하여 훌륭한 단서를 제공한다는 사실을 알고 있다. 그래서 고고학자들은 값싸고 촘촘한 그물망을 가지고서 자그마한 새 뼈 조각을 수집한다. 그러나 새 뼈가 시간의 풍상을 이겨냈다고 하더라도 닭 뼈는 아카드의 물품 명단처럼 해석하기가 어려웠다. 아프리카자고새와 적색야계의 대퇴골은 비슷하게 생겼다. 또 땅에 파묻힌 닭 뼈는 그보다 무거운 뼈, 가령 양의 뼈와는 다르게 이동했다. 닭 뼈는 땅 속 깊숙이 파고들어 더 오래된 고고학적 지층에 묻히게 되는데 땅속을 파헤치는 설치류가 이 뼈들을 더욱 손쉽게 옮겨놓을 수 있었다.

내다 버릴 때에도 닭 뼈는 소나 양의 뼈와는 다른 취급을 받는다. 커다란 뼈들은 정착촌의 외곽에다 파묻지만, 닭 뼈는 그냥 주거지 부근에다 내던지는 것이다. 시간이 흘러 건물이 해체되고 보수되고 건설될 때 이 뼈들은 후대의 건물 속으로 들어가 버린다. 율리우스 카이사르(Julius

Caesar) 시대에 만들어진 솥 곁에서 발견된 뼈는 로마가 건설되기 이전의 사람들이 먹었던 저녁 식사에서 나온 것일 가능성이 높다.

페터르스는 사무실 책상을 거의 반 넘게 차지하고 있는 냉동용 비닐봉지 중 하나에서 작은 봉지를 꺼내더니, 거기서 여섯 개의 빛바랜 닭 뼈를 부활절을 지내고 남은 초콜릿 달걀 접시 옆에 쏟아 놓았다. 이 자그마한 연골들은 근동이나 유럽에 닭이 실제로 존재했다는 가장 오래된 구체적 증거였다. 페터르스는 1960년대 이후로 닭 뼈를 수집해왔는데, 이 뼈들은 터키의 고대 정착촌에서 발굴한 것이었다. 뼈들이 발견된 지층을 감안해볼 때 이것들은 기원전 1400년에서 기원전 1200년 사이의 것인데, 이 시기는 닭이 이집트에 처음 등장한 때였다.

바로 전날 페터르스는 터키 현장에서 발견된 30여 개의 특이한 뼈들 중에서 네다섯 개를 영국 동료에게 보냈다. 페터르스의 동료는 뼈에서 단백질 콜라겐을 추출하여 이 오래된 새의 유전자 배열을 알아낼 작정이었다. 이러한 협력 작업은 아시아에서 출발하여 유럽에 도착한 닭의 이동 경로를 좀 더 정확한 연대와 고대 DNA를 활용하여 추적하려는 페터르스의 야심찬 계획 중 하나였다. 이렇게 하자면 자그마한 비닐 가방 속에 든 수천 개의 뼈들을 꼼꼼하게 조사해야 했다. 게다가 그 뼈들에 DNA가 남아 있는지조차 확실하지 않았다.

메도, 파텔, 페터르스 같은 과학자들은 오래된 닭 뼈를 분석하는 데 아주 신중한데, 여기에는 그럴 만한 이유가 있다. 예를 들어, 1988년 중국인 고고학자와 영국인 고고학자 팀은 중국 중부에서 8,000년 된 닭 뼈를 발견했다고 보고했다. 중국은 적색야계의 원서식지에서 북쪽으로 1,600킬로미터 이상 떨어진 곳이다. 이 뉴스는 세계적인 화젯거리가 되었는데, 인더스에서 수거된 것보다 무려 4,000년이나 앞선 닭 뼈가 나온 것이기 때문이다. 중국에서 닭을 언급한 가장 오래된 문서 기록은 대략 기원전 1400년 이전으로 소급되는데, 이는 이집트에 닭이 도착한 시기 혹은 페터르스가 터키 현장에서 발견한 표본의 시기와 동일한 것이다.

그 뼈가 정말로 8,000년 전의 것이라면, 닭의 가축화가 중국 중부 지역에서 농업이 시작되기 훨씬 이전에 발생했고 또 닭이 야생 서식지를 재빨리 벗어나 추운 북부 지방으로 이동한 것이 된다. 이런 시나리오라면, 초창기의 닭은 중국 북부에서 동쪽으로 나아가 러시아를 통과하여 유럽에 도착했을 것이고, 이 과정에서 인도와 중동은 훌쩍 건너뛰었을 것이다. 이 표본은 선사시대에 어떻게 인간과 동물이 이동했는지를 이해하는 우리의 사고에 혁명을 가져왔다.

페터르스는 최근에 중국을 방문하여 그 뼈를 검사하고서, 2,000년 정도 된 것이며 비교적 최근에 더 오래된 지층으로 이동한 뼈라고 결론 내렸다. 고고학자들은 지층의 연대만 파악하고 정작 뼈의 연대는 살펴보지 않은 것이었다. 고대의 닭이라고 꼬리표가 붙은 다른 중국 발굴물은 유럽자고새인 것으로 판명 났다. 오래된 뼈에서 나온 더 좋은 자료가 나오기 전까지는, '남아시아─중국─한국─일본'으로 이어지는 닭의 이동 경로는 이론적인 추측일 뿐이다.

메도와 페터르스 자신도 거의 속아 넘어갈 뻔했다. 메도가 젊은 연구생 시절에 이란 남동부의 한 유적지에서 작업할 때, 며느리발톱이 달린 닭다리 뼈를 발견했는데 덩치 큰 수컷 집닭처럼 보였다. 이 고대 정착촌의 지층은 연대가 기원전 5500년이었고, 이 시점은 동쪽으로 몇백 킬로미터 떨어진 인더스문명보다 무려 1,500년이나 앞서는 것이었다. 만약 이 뼈가 진품이라면, 닭이 인더스와 메소포타미아문명이 생겨나기 훨씬 전에 이미 적색야계의 서식지를 벗어났다는 뜻이다. 그러나 메도는 이 뼈가 그 지층 안에 들어 있는 다른 동물 뼈보다 더 탈색되어 있는 것에 주목하고서 이 뼈가 기원전 1000년대의 것인데 더 오래된 지층으로 스며 들어갔다고 신중하게 결론을 내렸다. 1984년 페터르스는 요르단에서 고대 우르의 시대, 그러니까 기원전 2000년경의 것으로 보이는 닭 뼈를 발견했다. 21세기 초, 똑같은 유적지에서 작업하던 미국 고고학자는 동일한 시대로 소급되는 비슷한 뼈를 발견했다. 그러나 그 표본을 가지고 방사성 탄소 연대 측정을 해보니 중세의 식탁에서 나온 것으로 밝혀졌다.

✦·✦

군(軍) 검문소 바로 너머에, 북부 이라크의 높고 험준한 산들을 배경으로 라리시 마을이 들어서 있었다. 이 조그마한 마을로 들어가는 가파른 산중 도로는 마침내 매우 비좁아졌고, 방문객들은 커다란 석조 건물들 사이 오르막으로 들어가려면 신발을 벗어야 했다. 라리시는 종파 갈등으로 분열된 이라크에서 힘들게 명맥을 유지하고 있는 예지드파(Yezidis) 신자들이 신성한 중심지로 떠받드는 장소다.

"우리는 지상에서 가장 오래된 종교입니다."

바바 차위시(Baba Chawish)가 말했다. 그는 내게 벨벳 소파에 앉으라고 권했고 자신은 자그마한 응접실 바닥에 놓인 방석 위에 긴 다리를 포개면서 앉았다.

소수 종파인 이 예지드파 사제는 눈에 띄는 사람이었다. 키가 크고, 기다란 얼굴은 구릿빛이었으며 검은 스컬캡(머리에 꼭 끼는, 챙 없는 반구형 모자로 주로 성직자들이 쓴다—옮긴이) 주위로 흰색 터번을 납작하게 두르고 터번 밑으로는 짙고 검은 수염을 기르고 있었다. 검정 허리띠가 하얀 제의와 크림색 조끼를 구분하고 있었다. 그가 사용하는 휴대전화 또한 우아한 흰색이었다. 그리스도교와 이슬람교로부터 오랫동안 박해받아온 예지드파는 멜렉 타우스(공작새 천사라는 뜻―옮긴이)라는 대천사를 경배하는데 이 대천사는 하느님 이외의 다른 존재에게는 고개를 숙이지 않는다. 예지드파를 비방하는 사람들은 이 대천사를 사탄이라고 보며, 그리하여 예지드파 신자들을 악마 숭배자라고 비판한다. 학자들은 예지드파교가 아브라함 신앙보다 연대가 앞서는 고대의 뿌리를 갖고 있으며 그때 이후 많은 후대의 전승들을 흡수했다고 말한다.

말라크 타우스는 겉모습이 공작새인데 이 새 또한 기원전 2000년경에 우르로 수입된, 동방에서 온 이국적 새다. 우르는 라리시에서 남쪽으로 800킬로미터쯤 떨어진 곳에 있었다. 예지드파 신앙에 따르면, 이 신성한 공작새가 라리시에 내려왔고 이어 에덴동산에서 아담을 만나 태양을 숭배하라고 가르쳤다. 이 종파에서는 수탉 또한 경배의 대상이다.

"수탉은 우리에게 기도해야 하는 시간을 말해줍니다."

바바 차위시가 말했다. 나는 방 한구석에 있는 시계 위에 놓인 자그마한 박제 수탉을 보았다. 경건한 예지드파 신자들은 매일 다섯 번씩 태양을 쳐다보며 기도를 올리고 수탉의 새벽 울음소리는 하루 일과의 시작을 알린다.

닭이 종교에서 일정한 역할을 했다는 가장 오래된 증거는 이곳에서 남쪽으로 160킬로미터 남짓 떨어진 티그리스 강변의 고대 아시리아 수도인 아수르에서 발견되었다. 이 도시는 사담 후세인(Saddam Hussein)의 고향인 티크리트에서 강의 상류로 올라가면 나온다. 아수르에는 메소포타미아 사람들이 좋아한 계단식 피라미드인 거대한 지구라트가 공중으로 우뚝 솟아 계곡을 내려다보고 있다. 그러나 지난 수천 년 동안 지구라트의 직각 가장자리들이 닳아서 원추형의 언덕을 형성했다. 무너진 사원과 궁전의 폐허 더미가, 여러 세대에 걸친 왕족들의 시신을 매장한 아치형 지하 무덤 위로 봉긋이 솟아 있었다. 이들 무덤 중 하나에서 독일 고고학자들은 여성의 두개골 옆에서 아주 섬세한 원형 상아 통과 이와 어울리는 상아 빗, 황금 구슬, 귀걸이, 아프가니스탄에서 채광한 벽옥으로 만든 인장 등을 발견했다. 상아 통에는 아시아 대륙에서 온 닭의 그림이 새겨져 있었다.

구약성경은 아시리아인들을 늑대에 비유했고, 오늘날의 역사학자들은 그들을 무자비한 정복자라고 비난한다. 기원전 8세기에 그들의 제국이 전성기를 누릴 때, 아시리아인들은 전 민족의 이동을 강요했고 또 무자비하게 적들을 진압했는데, 이는 당시로서는 아주 흔한 관습이었다. 아시리아인들에 대한 가혹한 평가는 그들이 2세기 동안 근동을 지배하면서 돌에 새긴 효과적인 선전 선동에서 비롯된 것이다. 하지만 그들은 기원전 7세기에 들어와 완전히 멸망하고 말았다. 하지만 긴 역사 동안 아시리아인들은 긴밀한 유대 관계를 자랑하는 소규모 상인 왕국이었다. 그들은 남쪽으로 메소포타미아, 북쪽으로 터키, 서쪽으로 레반트, 동쪽으로 페르시아가 있는 지리적 이점을 잘 활용하여 경제적 이득을 올렸다. 라리시가 오늘날 예지드파의 중심지인 것처럼, 아수르는 아시리아의 정신적 중심지였다.

높이가 약 8센티미터밖에 안 되는 이 자그마한 상아 통은 기원전 14세기 후반의 물건으로서 투트모세 3세가 침공한 시점으로부터 1세기 정도 뒤의 것이다. 파라오의 연대기에 언급된 새들은 아마도 이 지역에서 왔을 것이고, 이 통은 하워드 카터가 발굴한 도자기 조각이나 나일 삼각주의 은제 그릇보다 약간 더 오래되었을 것이다. 나중에 아시리아에서 불멸의 명성을 얻게 된 전투 장면과는 다르게, 이 통은 일정한 양식을 갖춘 에덴동산을 보여준다. 이 평화로운 동산에서 영양들은 종려나무와 침엽수 나무 아래에서 풀을 뜯고 있고 수탉과 암탉은 나뭇 가지에 앉아 있다. 그리고 나무들 사이에서는 해가 빛나고 있다.

"닭들은 이국적인 새라는 점 이외에, 새로운 날 혹은 그 다산성과 관련하여 어떤 마법적 또는 의례적 중요성을 획득했다."라고 미술사가 조안 아루스(Joan Aruz)는 말한다.

한때 서구 궁정에서 신기한 선물이었던 이 새는 신성한 속성을 얻었다. 아시리아인들은 여러 신을 숭배했지만 이중에서도 불타는 원반으로 묘사된 태양신 샤마시(Shamash)를 숭배했다. 이 신은 달의 신인 신(Sin)의 아들이었고 어둠의 악에 대하여 빛의 위력을 갖고 있었다. 태양신과 달의 신에게 바친 신전이 기원전 1500년경에 아수르에서 건설되었고, 우르에는 이미 오래전에 이 두 신을 경배하는 신전이 세워져 있었다. 닭은 이처럼 잠시 등장했다가 몇 세기 뒤에 우르와 아수르 사이의 메소포타미아 평원에 자리 잡은 바빌론에서 다시 나타났다.

바빌론은 기원전 6세기에 절정기를 맞았다. 동쪽의 메디아인과 페르시아인들의 도움을 받아 바빌론 사람들은 아수르를 파괴하고, 아시리아 제국을 정복했으며, 방대한 메소포타미아 평원에서 자신들이 권력의 중심임을 선언했다. 성경에서 바벨탑으로 불후의 명성을 얻게 되는 7층 높이의 지구라트 에테메난키는, 중동 지역에서 온 인구 20만을 수용하는 대도시의 중심부에서 다채로운 색상을 자랑하며 자유의 여신상 높이로 우뚝 솟아올랐다. 이 당시 바빌론은 중동 지방에서 가장 큰 도시였다. 마르두크(Marduk)는 200년 동안 바빌론의 수호신이면서 제1신이었으나, 아시리아가 무너지자마자 태양신과 달의 신이 높은 위상을 차지하면서 인기가 떨어지기 시작했다.

기원전 556년에 즉위했고 또 아시리아 출신이었을 것으로 짐작되는 바빌론의 마지막 왕 나보니두스(Nabonidus)는 이러한 흐름을 더욱 부추겼다. 이집트의 아크나톤은 태양신이라는 유일신을 강조한 반면, 나보니두스는 고대 우르의 주신 중 하나인 달의 여신 신에게 특별한 경배를 바쳤다. 그는 또한 신의 아들 누스쿠(Nusku)도 경배했는데, 누스쿠는 빛과 불을 상징하며 수탉과도 관련이 있었다. 1,500년 전에 우르의 필경사가 사용했던 설형문자로 기록된 이 시기의 바빌론 기명들은 타르루갈루(tarlugallu)를 언급하고 있는데, 이는 보통 '왕들의 새'로 번역되며, 학자들은 이 새가 곧 닭일 것이라고 생각한다. 이 새는 이 무렵 실용적인 물건이나 흔한 물건들 사이에서도 등장한다. 고대 메소포타미아 사람들은 자그마한 원통형 돌을 줄에 감아 목에 매달고 다녔다. 이 돌에는 신, 영웅, 동물 들을 새겼고, 흙에다 돌을 가볍게 굴리면 그림이 드러났다. 이 돌은 사람들의 개인적인 특징을 나타내거나 소속 기관을 표시했다. 이 시대의 원통형 인장은 수탉 그림을 보여준다. 이 새는 신성한 상징물인 정교한 기둥이나 남성 사제로부터 봉헌물을 받아드는 신들의 하인들 위에 내려앉아 있다. 그리고 종종 초승달이 수탉 주위에 등장한다.

나보니두스는 번잡한 수도에서 멀리 떨어진 아라비아의 오아시스에서 15년을 살았다. 역사가들은 아직도 그가 사막으로 옮겨가서 산 이유가 무엇인지를 놓고 의견이 갈린다. 하지만 그의 오랜 부재와 종교 사상은 전통적인 숭배자들 무리의 사제들을 화나게 하고 귀족들을 당황하게 만들고 군대를 동요시켰을 가능성이 있다. 나보니두스가 돌아왔을 때, 예전에 아수르를 파괴할 때의 동맹자였던 페르시아인과 메디아인들은 티그리스 강을 건너서 투덜거리는 일부 바빌론 장군들을 포섭하여, 오늘날의 바그다드 북쪽에서 나보니두스의 군대를 패퇴시켰다. 기원전 539년 10월 29일, 청색과 황금색으로 번쩍거리는 사자와 황소로 장식된 바빌론의 유명한 문들이 활짝 열렸고, 넓은 거리에는 초록색 갈대와 종려 잎들이 깔렸다. 나보니두스는 침입자들에게 사로잡혔다.

페르시아 정복자인 키루스(Cyrus) 대왕이 세상의 가장 큰 도시로 입성한 사건은, 곧 닭이 갑자기 서아시아 전역에 퍼지고 이어 유럽으로까지 보급된 계기가 되었다. 그의 후계자들은 인더스 강과 나일 강 사이의 모든 땅을 다스렸다. 그들의 지배 판도는 유럽과 아시아를 갈라놓는 보스포루스해협에까지 이르렀다. 그들은 이 다민족 사회에 어느 정도 자치권을 부여했고, 바빌론의 삐걱거리는 낡은 행정을 근대화했으며, 방대한 제국 내의 다양한 종교들에 대하여 간섭하지 않으려고 조심했다.

로마인을 제외한다면, 고대의 민족들 중에서 페르시아와 조로아스터 종교만큼 닭에게 큰 역할과 위상을 부여한 민족은 없었다. 한 조로아스터 전승은 "수탉은 악마와 마법사에 저항하기 위해 창조되었다."라고 말한다. 이어 "수탉이 울음을 울 때, 그것은 피조물들로부터…… 불행을 물리친다."라고도 했다. 페르시아 사람들은 수탉을 아주 경배했으므로, 힌두인들이 그렇게 한 것처럼, 이 새를 먹지 않았다. 닭은 나태의 악마인 부시아스타(Bushyasta)를 물리쳐준다. "나태의 악마는 온 세상에 아침이 왔는데도 사람들을 잠 속으로 밀어 넣는다."라고 한 논평가는 말했다. 이 새는 "나태의 세계에 치명타를 먹인다". 남아시아의 농촌에서 늦잠을 자려고 하는 사람은 이 말의 의미를 금방 알아들었다.

수탉의 신성하고 고상한 성품은 왕권을 의미하는 저 오래된 상징, 즉 총안(銃眼)을 낸 왕관에 영감을 주었다. 페르시아 왕들은 이 왕관을 도입한 최초의 왕족이었고, 이 왕관은 그 후 온 세상의 왕족들로부터 환영을 받았다. 원형 왕관의 윗부분이 뾰족하게 되어 있는 것에 대해서는 당대의 설명이 없다. 아마도 성벽, 높은 산, 태양의 햇살 등을 가리켰을 것이다. 그러나 전형적 왕관의 삼각형 구조는 닭 볏을 닮았다. 흥미롭게도 페르시아의 수도 페르세폴리스의 석조(石彫)에는 초승달 아래에 날개가 달린 왕관을 쓴 남자가 그려져 있다. 또 다른 페르시아의 신성한 모자 혹은 왕족의 모자인 쿠르바시아(kurbasia)는 명백한 닭의 볏 모양으로 디자인되어 있다.

닭은 기원전 1200년과 600년 사이에 오늘날의 이란인 페르시아에 도착했는데, 이는 조로아스터가 탄생한 시기와 거의 일치한다. 일부 전승에 따르면 조로아스터는 이란과 파키스탄 사이에 있는 아프가니스탄에서 태어났다. 예수와 무함마드와 마찬가지로 그는 새로운 진리를 계시하고, 오래된 전통을 뒤엎고, 기존 사제단의 비판을 견뎌내라는 소명을 받았다. 일부 학자들은 조로아스터가 고대 이란의 여러 신들을 혁신하여 아후라 마즈다(Ahura Mazdah)를 전지 전능한 신, 창조되지 않은 신으로 높이고 싶어 했다고 설명한다. 아후라 마즈다는 빛과 지혜로 번역되는 페르시아의 신이다.

아후라 마즈다는 앙그라 마이뉴(Angra Mainyu)를 창조했는데, 이 사탄 비슷한 존재는 모든 죄악과 고통의 뿌리이며 시간의 끝에 파괴될 운명을 갖고 있다. 유대교의 야훼와 마찬가지로 아후라 마즈다는 어떤 신상이나 조각상으로도 재현되지 않는다. 아후라 마즈다의 여러 조력자들, 즉 예지드파, 유대교, 그리스도교, 이슬람의 대천사와 비슷한 존재들 중에서 스라오샤(Sraosha)는 모든 악에 대항하면서 좋은 생각, 좋은 말, 좋은 행동의 조로아스터 복음을 널리 퍼뜨린다. 그가 가지고 있는 도구들 중 하나가 수탉인데, 한 고대의 기록에 따르면 "목청을 돋우어서 사람들로 하여금 기도하게 만든다". 이러한 조로아스터 사상은 기원전 6세기에 서아시아와 인도의 상당 지역에 침투해 들어갔다. 제국의 정치적 안정과 훌륭한 도로망이 무역 붐을 불러일으켰고 고대 우르 시의 시대 이후 사상처음으로 지중해를 인도 아대륙과 연결시켰다. 이런 변화로 우르 시 또한 소규모의 부흥을 맛보게 되었다. 우르의 침적토가 가득 들어찬 항구 근처에서 발견된 페르시아 관 속에서 자그마한 인장이 발굴되었는데, 표면에 의기양양한 수탉의 모습을 담고 있다.

인생을 빛과 어둠, 선과 악, 진리와 기만 사이의 끊임없는 갈등으로 파악한 페르시아 예언자의 인생관은 유대교, 그리스도교, 이슬람교에 깊은 영향을 끼쳤다. 페르시아인들이 팔레스타인에 등장하기 전만 해도 하느님에 반대하는 사탄, 사람들이 불타는 지옥, 사람들을 기다리는 대파멸 같은 개념은 존재하지 않았다. 예수가 태어난 직후에 현장에 있었던 종교적 권위자들은 유대교 랍비도 그리스 철학자도 아닌 '마기(magi)'라고 불리는 조로아스터 사제, 즉 동방박사들이었다. 닭은 구약성경에는 등장하지 않지만 그리스도는 신약성경에서 수탉과 암탉을 언급했다.

키루스가 바빌론을 함락시킨 지 두 세기가 지나서 닭은 수단에서 에스파냐로 퍼졌고, 페르시아 영향권의 변방인 저 먼 중앙아시아의 카자흐스탄까지 갔으며, 영국의 주석과 닭을 물물교환하려는 페니키아인을 따라서 저 먼 대서양도 건너갔다. 닭은 이제 더 이상 이국적 새로 그치지 않고, 고대 서방 세계의 종교적 믿음과 실천 속에서 중요한 역할을 하게 되었다. 그리스에서 닭은 여섯 명의 신들과 여신들이 신성하게 여기는 동물이 되었고, 로마의 전성기에는 전투의 결과를 예언하는 역할을 하기도 했다[로마시대에 새를 이용하는 점술가를 하루스피케스(haruspices)라 불렀는데, 이들은 닭의 배를 갈라 창자가 어떤 모양을 하고 있는가를 보고 신의 뜻을 읽었다고 하여 '창자 점쟁이' 또는 '창자 관찰자'라고도 불렸다. 9장에 이에 관한 설명이 자세히 나온다―옮긴이]. 닭의 울음소리는 성(聖)금요일에 예수를 배신하는 베드로 사도를 증언하기도 했다. 미트라와 이시스 종파의 추종자들은 이집트에서 영국에 이르기까지 신전에서 닭을 희생물로 바쳤다. 중세 초기에 이르면 닭은 교황의 회칙에 따라 그리스도교권의 교회들에서 바람이 움직이는 방향을 가리키는 역할을 했다.

이슬람 또한 닭에 특별한 지위를 부여했다. 예언자 무함마드는 페르시아제국이 생겨난 지 1,000년 뒤에 말했다.

"닭 울음소리를 들으면 알라에게 그분의 은총을 요청하라. 닭은 천사들을 보기에."

몇몇 이슬람 전승에 의하면, 무함마드는 지구의 제일 낮은 단계인 일곱 번째 단계에 서 있는 엄청나게 크고 아름다운 수탉을 보았는데 그 닭은 하늘 높이 고개를 쳐들고서 알라의 영광을 선언했다.

중동과 유럽에서 발견되는 거위와 비둘기, 따오기와 유럽자고새, 까마귀와 독수리들 중에서도 닭은 깨어남, 용기, 부활을 알리는 최고로 신성한 새가 되었다. 수많은 경쟁자를 물리치고 거둔 이런 승리는 불과 몇 세기 안에 벌어진 것이었다. 한 학자는 닭의 모습이 고대인들에게 기름등잔을 연상시켰다고 말한다. 기름등잔은 고대 세계에서 인공 조명으로 가장 널리 쓰인 물건이다. 등잔의 주둥이는 닭의 부리를, 손잡이는 치켜 올라간 닭의 꼬리를 닮았다. 다른 학자들은 수탉의 생산성과 투쟁성이 다산성과 전쟁의 막강한 상징으로 활용되었다고 지적한다. 또 닭 울음소리는 농부를 아침잠에서 깨워 공동체를 위한 곡식 생산에 나서게 하고 또 그 수확물로 국가에 세금을 바치게 했다. 이 새가 저 먼 신비한 동방에서 왔다는 점, 그리고 왕실의 새로서 오랜 전통을 누려왔다는 점 등은 닭을 다른 가축들과 구분하는 요소였다.

그리고 저 먼 중국에서도 닭은 태양과, 어둠에 대한 빛의 승리를 가리키는 새였다. 이는 조로아스터의 영향이 멀리 중국으로까지 확대되었음을 보여준다. 왜냐하면 페르시아 사람들이 태평양 연안까지 진출했던 기원전 2세기에서 1세기 사이에 한 여제가 아후라 마즈다로 알려진 신을 숭배했기 때문이다. 기원전 3세기에 나온 중국의 한 전설은 닭이 버밀리언 로드(Vermilion Lord), 바로 주공(朱公)의 후손이라고 주장했는데, 이는 닭으로 변신한 인간을 가리킨다. 이 시기에 도교의 사제들은 새로운 사원을 축성하고, 제국의 왕실을 위협하는 악령을 물리치고, 전염병을 쫓아내기 위해 닭을 희생물로 바쳤다. 수탉을 입 가까이 가져다댐으로써 사제는 원치 않는 악령을 호흡을 통하여 내보낼 수 있는데, 이 동작은 오늘날에도 투계꾼들 사이에서 흔하게 볼 수 있다. 지런[鷄人] 혹은 닭 담당 관리는 희생물로 사용될 닭을 관리하는 사람인데, 다양한 예식의 필요에 맞추어 다양한 색깔의 닭들을 키운다.

그 당시에는 수탉의 목소리조차 고상한 것으로 여겼다. 중국 제국의 통치자들이 대사면을 통고할 때 제국의 경비병은 궁전 앞에 설치된 화려한 천막 아래 기둥을 세우고 그 위에다 순수 황금의 머리를 가진 거대한 수탉을 세웠다. 심지어 오늘날에도 중국에서 훌륭한 영화에 수여하는 상은 황금 수탉의 조각상이다. 수탉을 가리키는 중국어 한자는 좋은 조짐을 의미하는 한자와 똑같이 발음되며, 닭은 12간지를 차지하는 동물 중 하나다. 닭띠 해에 태어난 사람들은 예리하게 관찰하여 진리를 말하는 사람으로 인식된다. 한국에서는 중세 초기에 왕실 마당에서 닭을 길렀고, 하얀 수탉은 씨족 혹은 왕족을 창건하는 자의 탄생을 예고한다고 믿었다.

7세기경의 일본에서, 신도(神道)의 위대한 태양 여신인 아마테라스 오미카미(天照大御神)에게 바쳐진 하얀 닭들은 사원의 경내를 제멋대로 돌아다녔다. 닭들은 동굴 속으로 숨어버린 여신을 밖으로 꺼낼 수 있는 유일한 동물로 여겨졌다. 중국 서부의 소수 인종인 묘족(苗族)은 지금까지도 세상의 시작에 대한 전설이 전해진다. 세상의 초창기에 여섯 개의 태양은 그들을 쏘아 죽이는 궁수가 무서워서 밖으로 나오기를 거부했다. 사람들은 어떻게 해야 할지 막막했다. 그때 수탉이 등장하여 이 상황을 구했다. 자그마한 새는 계속 울어대면서 태양에게 빛나기를 강요했다. 최근에 일본 연구팀은, 닭 울음소리가 인간보다 먼저 빛을 인식하는 민감한 수탉의 24시간 체내 시계에서 나오는 것이라고 결론 내렸다.

게르만의 무덤에서 일본의 사원에 이르기까지, 닭은 1세기 초에 아시아와 유럽을 통틀어서 빛, 진리, 부활을 알리는 상징이었다. 한편 티베트 불교 신자들은 닭이 탐욕과 욕정의 상징이라고 생각하여 피했다. 아마도 최근까지 추운 티베트 고원에서는 닭을 기를 수가 없었기 때문에 그렇게 되었을 것이다. 그러나 구세계 대부분의 지역에서 커져가는 닭의 정신적 역할은 농장에 적응하는 닭의 능력뿐만 아니라 우리의 변화하는 신념을 반영하는 능력까지도 보여준다. 예지드파 종교와 마찬가지로, 이 새는 제국과 종교가 흥망성쇠를 거듭함에 따라 거기에 맞추어 적응해왔다. 신, 신조, 교리 들은 나타났다가 사라지고 또 변모했지만, 닭은 우리의 신앙에서 필수적인 불변 상수가 되었다.

살아 있는 약상자

이 달걀이 보입니까? 이것 덕분에 우리는 지구에 있는
모든 신학의 학파와 신전들을 전복할 수 있었지요!
—드니 디드로(Denis Diderot), 《달랑베르의 꿈Le Rêve de d'Alembert》

독약이 자신의 발, 다리, 이어 사타구니를 마비시키자 서구 세계의 가장 유명한 철학자 소크라테스는 친구 크리톤에게 고개를 돌리면서 말했다.

"우리는 아스클레피오스(Asklepios) 신에게 수탉 한 마리를 빚지고 있다네."

그는 치료와 의약을 담당하는 그리스 신에 대해 말하고 있었다. 울고 있던 크리톤은 동의했고 잠시 뒤 독 기운이 심장에 도달하자 소크라테스는 절명했다. 유명한 제자 플라톤이 "가장 선량하고 현명하고 정의로운 사람"으로 칭송해 마지않던 이 혁명적인 사상가가 마지막으로 입에 담은 말은 닭에 대한 것이었다.

고대 그리스에서 병자들은 관습적으로 아스클레피오스 신에게 수탉을 희생 제물로 바쳐 건강을 되찾거나 빨리 병에서 낫기를 빌었다. 독일 철학자 프리드리히 니체(Friedrich Nietzsche)는 소크라테스가 삶을 죽음에 이르는 병으로 보는 냉소적인 논평을 했다고 말한다. 다른 이들은 소크라테스가 희생 제의를 언급한 것은 자신의 불멸을 보장받기 위한 경건한 믿음을 표현한 것이라고 해석한다. 고전학자 에바 케울스(Eva Keuls)는 낙관적이고 불경한 철학자가 슬퍼하는 친구들을 위로하기 위해 야한 농담으로 눙친 것이라고 주장한다. 케울스는 소크라테스가 죽기 전에 자기 겉옷을 들추어 발기된 성기를 내보였다고 주장했다. 이는 독약의 효과였거나 아니면 독약이 퍼지는 것을 확인하려고 소크라테스의 몸을 더듬은 집행자의 손길이 불러일으킨 것일 수도 있고 혹은 둘 다일 수도 있었다. 그는 몸이 차갑게 식어가는 것을 두고 그리스어로 말장난을 하고 있다. 그 말은 '뻣뻣한' 혹은 '활성화된'의 의미를 띠며 치유는 물론이고 만족할 줄 모르는 성적 욕구를 연상시키는 새, 즉 닭을 가리키는 것일 수도 있다.

기원전 5세기 후반인 소크라테스의 시대에 닭은 페르시아 새라고 불렸다.

"저 페르시아 수탉! 훌륭한 헤라클레스? 저놈이 낙타도 없이 어떻게 이곳에 오게 되었지?"

아리스토파네스의 희곡 〈새들*The Birds*〉의 한 등장인물은 말했다. 그보다 3세기 전 호메로스는 유명한 서사시를 지었는데, 주인공 오디세우스는 터키에서 이집트, 그리고 다양한 지중해의 섬들을 거쳐서 그리스 본토 연안에 떠 있는 고향 섬까지 돌아오는 멀고 험난한 여행 도중에 닭을 한 마리도 마주치지 못했다. 그러나 기원전 620년에 이르러, 닭의 첫 그림이 그리스 항아리에 등장한다. 이 시대에 나온, 실물같이 생긴 테라코타 수탉이 델피에서 발견되었다. 델피는 태양, 빛, 진리의 신인 아폴론에게 바쳐진 유명한 신탁의 신전이 있는 곳이다.

그리스에서 닭은 치유와 부활을 강하게 상징한다. 이솝의 거위는 황금알을 낳지만, 이솝이 지었다고 하는 〈수탉과 보석The Cock and the Jewel〉은 닭을 주인공으로 하는 가장 오래된 이야기다. 이 이야기 속에서 수탉은 귀중한 보석을 얻지만 이것이 자기한테는 별로 쓸모가 없다는 것을 깨닫는다.

"세상의 모든 보석보다 단 한 톨의 곡식을 다오."

현명한 닭은 이렇게 결론 내린다. 페르시아인과 인도인들과 마찬가지로, 몇몇 고대 그리스인들은 이 새를 지극히 신성하게 여겨 죽이지 않았다. 바빌론에서와 마찬가지로 닭은 태양신 및 달의 신과 연결되어 있었다. 신비주의자이며 수학자인 피타고라스는 기원전 6세기에 이렇게 말했다.

"수탉에게 모이를 주라. 하지만 이것을 희생 제물로 쓰지는 말라. 이 새는 해와 달에게 신성한 동물이기 때문이다."

닭은 또한 페르세포네와도 관련이 있었다. 이 소생의 여신은 1년의 절반은 지하에서 보내고 지상으로 돌아올 때에는 봄을 함께 데리고 온다.

이러한 믿음은 거의 확실히 아시아에서 에게 해로 널리 퍼진 오래된 관점을 반영하는 것이다. 기원전 399년 소크라테스의 사망 당시에, 페르시아제국은 파키스탄에서 시작하여 아시아와 유럽을 갈라놓는 헬레스폰트까지 영토가 펼쳐져 있었다. 그리스의 선전 선동은 페르시아인들을 전제적인 타락자로 묘사하고 있지만 새로운 물품, 식물, 동물, 사상, 종교, 발명품은 환영을 받았다. 아테네에서 페르시아의 옷, 건축, 음식은 인기가 높았다. 페르시아 사과라고 불린 맛 좋고 육즙 많은 과일은 아테네 시장의 과일 가게에서 잘 팔렸다. 하지만 학명이 '페르시카(persica)'인 이 배는 중국 서부에서 생겨나서 페르시아가 장악한 무역로를 따라 서쪽으로 왔다.

닭이 그리스 동쪽의 강대국인 페르시아와 관련이 있다는 사실 때문에 아리스토파네스는 이 새를 공격의 대상으로 삼았다. 이 희극 작가는 소크라테스 같은 당대의 철학자들뿐만 아니라 그 시대의 정치적 권위자들까지도 마구 조롱했다.

"다리우스 가문과 메가비조스 가문의 왕들이 다스리기 훨씬 이전에 그가 페르시아인들의 최초 왕이며 통치자였다."

아리스토파네스 희극의 등장인물은 수탉을 '그'라고 지칭하며 이웃 제국의 왕들과 사제들을 비웃었다.

"그래서 저놈은 아직도 페르시아 새라고 불리지……. 저놈은 마치 페르시아 왕처럼 뻐기며 걷거든!'

아리스토파네스의 뻐기며 걷는 수탉은 무거운 갑옷을 입었고, 페르시아 왕의 왕관을 닮은 높은 볏을 가지고 있고, 또 무대 지시문에 따르면 "아주 길고, 아주 붉은 남근"을 자랑한다.

그 시절에는 성기가 작은 것이 큰 것보다 더 아름답고 덜 야만적이라고 생각했으므로, 이런 황당한 의상으로 이웃 제국을 조롱하는 것은 당시 남자 관객들을 즐겁게 만들었을 것이다. 수탉의 피할 수 없는 끈질긴 울음소리는 군주의 성가신 명령권을 연상시켰다.

"그가 아침의 발기를 노래로 부르면, 모두들 일어나서 일하러 가야 한다."라고 한 등장인물은 불평한다. "금속 세공사, 도예공, 가죽 늘이는 자, 가죽 당기는 자, 가죽 씻는 자, 창녀, 리라와 방패를 만드는 자, 모두 일어나서 아직 어두운데도 신발을 신고 나서야 한다!"

소크라테스가 청년들을 타락시키고 불경한 사상을 퍼트린다는 이유로 사형에 처해지기 15년 전에 상연된 이 황당한 희극은, 그 자체에 이단적 내용을 담고 있다. 이 코미디는 과거의 어느 한때를 상기시키는데, 그 시절에 "신들은 왕이 아니었고 또 인간을 다스리지 않았다". 그 대신 새들이 다스렸다. 두 아테네인의 도움을 받아서 새들은 하늘에다 도시를 건설하고, 자신들의 잃어버린 특권을 되찾았으며, 올림포스의 신들을 상대로 반란을 일으키는 데 성공했다. 새로운 법률은 새들에게 덫을 놓거나 화살을 쏘는 것, 새들을 먹는 것을 금지했다. 새로운 천상 대도시의 담장을 지키는 자는 "군신 아레스의 어린 살인자"인 용맹한 페르시아 새다. 군신은 이 새를 총애하는 것이다.

아리스토파네스는 권력에 도취한, 호전적이고 호색한인 새를 마구 조롱한다. 이러한 태도는 고전 그리스에서 닭이 맡았던 여러 가지 역할을 반영하는데, 닭과 관련된 근동의 오래된 신화들로부터 영향을 받은 것이다. 바빌론이나 페르시아제국 쪽에서 나오는 기록들은 별로 없기 때문에, 서방의 닭에 대한 우리의 포괄적인 최초 지식은 닭이 최초로 서방에 발을 내디딘 곳의 기록에서 나왔다. 그리스 항아리에 그려진 수탉들은 그보다 이른 시기의 바빌론 인장에 나타난 수탉처럼 예배의 장소에 세워진 기둥 위에 앉아 있다. 수탉은 지혜, 용기, 평화로운 기술의 여신인 아테나 옆에 있거나, 아니면 여신의 갑옷 위에 새겨져 있다. 아크로폴리스에 있는 황금과 상아로 된 아테나 조각상의 투구에도 수탉이 장식되어 있다. 수탉은 도박사와 운동선수의 수호신인 헤르메스의 그림에서도 나타난다.

알을 낳는 암탉은 소크라테스 시절에도 흔했다. 그러나 돼지고기나 염소 고기가 닭고기보다 더 흔했고 또 더 인기가 좋았다. 닭을 다른 동물과 구분하는 특성은 엄청난 투쟁 정신과 성적 능력 말고도 아스클레피오스 신과 관련이 있었다. 아폴론과 인간 사이에서 태어난 아스클레피오스는 빛과 치유의 신이다. 처음으로 히포크라테스 선서를 할 때 의사들은 아폴론과 아스클레피오스의 이름을 걸고 맹세를 한다. 아스클레피오스 신에 대한 숭배는 아테네에서 코린트 지협을 건너면 나오는 에피다우로스의 아폴론 신전에서 시작되었는데, 이 시기는 닭이 그리스에 건너온 기원전 7세기와 일치한다. 기원전 7세기와 6세기의 자그마하고 날씬한 항아리들에는 두 수탉 사이에서 꿈틀거리는 뱀이 그려져 있다. 알라바스트론이라는 이름의 이 작은 그릇은 치료 효과가 있는 기름이나 향수를 담는 데 쓰였다. 왜냐하면 뱀은 아스클레피오스와 관련을 맺은, 닭 다음으로 신성한 동물이기 때문이다.

소크라테스 시대에 이르러 아스클레피오스는 인기 높은 신이 되었고, 그의 신전들이 그 후 8세기 동안 지중해 세계의 주요 온천장이나 치유 센터에 들어섰다. 가족들은 여기에 모여서 닭을 희생으로 바치는 화려한 축제를 열면서 친척의 쾌유를 빌거나 축하했다. 아테네의 아크로폴리스 남면에는 넓은 아스클레피온(Asklepion)이 있었는데, 아리스토파네스의 희극이 상연되었던 극장에서 그리 멀지 않은 곳이었다. 종종고대의 루르드라고 불렸던, 에피다우로스에 있는 이 시설은 환자용 방 160개에 지성소가 있었고, 소아시아의 페르가몬에 있었던 시설은 부유한 고객들을 위한 호화 단지로 안에 극장과 스포츠 시설이 마련되어 있었다. 히포크라테스가 의학 교육을 받았던 코스 섬의 아스클레피온에서, 기원전 3세기의 그리스 시인은 두 여인이 가지고 온 수탉을 희생 제물로 바친 다음 이를 요리하여 닭다리는 사제에게 떼어주고, 제단 위의 신성한 뱀에게 한 입 주고, 나머지는 집으로 가져가서 먹어버렸다는 사실을 기록하고 있다.

사도 바울이 그리스도교도들에게 '우상의 음식'을 먹지 말라고 금지한 것은 로마제국 말기에 아스클레피온이 쇠퇴하는 한 가지 이유가 되었다. 이 시대의 유물로 남아 있는 것이라고는, 고고학적 유적지와 '하이진(hygiene: 위생학)'과 '파나케이아(panacea: 만병통치약)'라는 단어 그리고 북아메리카대륙을 돌아다니는 구급차 뒷문에 그려진, 아스클레피오스의 막대기를 감고 있는 꿈틀거리는 뱀뿐이다. 하이진과 파나케이아는 모두 아스클레피오스의 딸들 이름에서 나왔다. 그러나 기원후 3세기에 이르자 엘레우시스 신비의식의 입회자들은 아스클레피오스 혹은 데메테르에게 수탉을 봉헌하되, 의식을 올리는 동안에는 닭고기를 입에 대지 않았다.

수천 년 동안 여러 문화권에서 닭은 새과(科)의 약상자 노릇을 했다. 닭의 고기, 뼈, 내장, 깃털, 볏, 육수, 알 등은 고대의 처방전에 빈번히 등장한다. 편두통, 이질, 불면증, 천식, 우울증, 변비, 심한 화상, 관절염, 성가신 기침 등 무슨 병이 되었든, 닭은 24시간 문을 열어놓은 두 발 달린 만능 약국 역할을 했다. 2세기의 그리스 의사 갈레노스는 야뇨증을 치료하는 데 향나무 진액에 말린 수탉 모래주머니를 섞은 약을 처방했다. 다른 의사들은 어린아이의 치아 발육을 촉진하는 데에, 또 뱀에 물린 곳의 해독제로 닭 머리를 추천했다. 폐의 궤양을 치료한다고 말해진다. 11세기의 페르시아 철학자인 이븐시나는 어린 암탉 죽을 나병 치료약으로 내놓았고, 르네상스 시기 프랑스에서는 닭을 꼬집어서 받은 오줌을 마시면 열병을 고칠 수 있다는 처방이 나돌았다. 16세기 이탈리아 과학자는 이렇게 썼다.

'닭은 인간의 질병을 다스리는 약재로 아주 광범위하게 사용되기 때문에 외상이든 내상이든 이 새로부터 약효를 얻지 못하는 병은 없다."

오늘날 터키의 에게 해 옆에는 고대 연안 도시 밀라스가 있다. 이 도시에서는 아직도 달걀 흰자를 화상 치료제로 사용하는데, 이 치료법은 히포크라테스가 20세기 미국 의사들에게 추천한 화상 치료법이라 할 수 있다. 2010년 밀라스의 이러한 처방을 연구한 논문이 미국의 《응급 간호 저널*Journal of Emergency Nursing*》에 실렸는데, 이 논문에 따르면 어린아이의 화상에 달걀 흰자를 사용한 부모들은 아이의 감염 위험을 더 높였다. 그보다는 화상 부위를 찬물에 담근 후 멸균한 거즈로 덮어주는 치료법이 더 나았다. 그러나 닭고기 수프는 시간의 검증과 현대 의학을 견뎌냈다. 로마 저술가인 소(小) 플리니우스는 이 수프가 이질을 치료하는 데 아주 효과가 있다고 말했다. 《체스트*Chest*》에 실린 2000년의 한 연구는 이 수프가 감기에 흔히 동반되는 상기도 염증에 소염 효과가 있는 성분을 함유하고 있다는 사실을 발견했다. 조사 연구자는 자신의 할머니가 전수한 처방을 이용했다. 또 다른 연구는 닭고기 수프가 피실험자들의 막힌 콧구멍이나 가슴을 뜨거운 물보다 더 잘 뚫어준다는 사실도 확인했다. 세 번째 조사 연구는 닭고기 수프가 콧구멍 속의 솜털을 강화시켜 해로운 박테리아와 바이러스의 침입을 막아준다고 보고했다. 그리고 한 아이오와 의사의 2011년 연구는, 바이러스에 감염된 한 무리의 환자들이 닭고기 수프를 먹을 경우 그렇지 않은 경우보다 더 빨리 회복한다는 사실을 발견했다. 수프는 가게에서 산 것이어도 마찬가지 효과가 있었다.

닭고기는 황을 함유한 아미노산인 시스틴을 함유하고 있는데, 이 아미노산은 기관지염을 치료하는 필수 요소다. 이런 사실은 닭고기 수프의 오랜 명성을 설명하는 하나의 단서가 된다. 몇몇 조사 연구자들은 닭고기 수프가 면역 체계를 억제하는데, 그렇게 함으로써 바이러스 공격에 대한 신체 반응인 염증을 지연시킨다고 본다.

다른 기이한 처방들도 연구 조사 결과 입증되었다. 예를 들어 볏은 실제로 관절염을 완화시키고 주름살을 펴준다. 볏은 히알루론산이 많이 함유되어 있는데, 이 성분은 염증을 완화시키는 효과가 있어 수십 년 동안 경마장에서 사용되어왔다. 제약회사 화이자는 엄청나게 붉은 볏을 가진 화이트레그혼종을 키우고 있는데 관절염 환자의 치료 성분을 얻기 위해서다. 경쟁 제약사인 젠자임은 이 성분을 보톡스라는 젤에 사용하여, 늘어지고 탄력을 잃은 피부를 펴주는 약으로 만들어냈다. 그리고 닭 뼈에서 추출한 단백질은 류머티즘성 관절염 환자들의 고통을 완화해주는 것으로 나타났다. 그러나 닭의 가장 중요한 막후 역할은 인간에게 가장 흔하고 무서운 인플루엔자를 물리치는 데 도움을 준다는 사실이다.

차가운 이슬비가 내리는 가운데 삐삐 소리를 내며 후진하는 트럭이 하역장에 접근하자 피터 슈(Peter Schu)는 저 트럭에 얼마나 많은 달걀이 들어 있을 것 같은지 내게 물었다. 미국의 트랙터 트레일러의 절반 정도 크기인 그 트럭은 좀 작아 보였으나 나는 높은 수치를 추측했다.

"5만 개쯤."

내가 어림짐작으로 말했다. 그의 미소를 보고서 나는 내 대답이 빗나갔음을 알았다.

"18만 개입니다."

글락소스미스클라인 제약회사의 공장장인 슈가 말했다.

매일 오전 6시와 밤 12시에 검은 철제문이 열리고 아무 표시 없는 트럭이 드레스덴 시의 한 공장 단지로 들어왔다. 드레스덴은 독일의 수도인 베를린에서 남쪽으로 160킬로미터 떨어진 곳에 있다. 그 화물은 독일과 네덜란드의 농촌 곳곳에 흩어져 있는 열 군데 남짓한 농가에서 나온 것이다. 이들 농장은 하루 총 36만 개의 달걀을 생산하는데 농장의 위치는 비밀이다.

이 달걀들은 인간이 인플루엔자에 걸리지 않게 해주는 백신을 생산하는 시험관이다. 이미 2,500년 전에 히포크라테스는 독감의 증상을 묘사했고 16세기에는 전 세계로 퍼진 독감이 처음으로 기록되었다. 독감 바이러스는 한 해에 수백만 명의 사람들을 아프게 하고 그 가운데 25만 내지 50만 명을 사망하게 만든다. 1918년에는 세계적으로 전염병이 돌아 약 5천만 명이 사망했다. 미국에서는 세 명 중 한 명이 독감에 걸렸고 50만 명이 사망했다. 세계적인 전염병은 아마도 닭에서 시작하여 돼지로 옮겨갔다가 다시 인간에게 전염되었을 것이다. 유행성 독감은 인간이 동물들을 길들이는 데 따르는 대가로 보인다. 이 독감은 그 후 계속 발전하여 사람들 사이에서 퍼져나갔다. 어떤 것이 되었든 세계를 덮치는 전염병은 심각한 위협이다.

역설적이게도 오늘날 닭은 우리에게 조류와 인간 사이를 왔다갔다하는 질병에 대하여 전 세계에 백신을 공급하는 원천이 되고 있다. 빠르게 진화하는 바이러스들과 싸우기 위해서는 의사, 전염병 학자, 미생물학자, 공중보건 관리 등으로 구성된 합동 연구팀이 국제적으로 활동해야 한다. 해마다 전 세계 과학자들은 어떤 바이러스가 다가오는 겨울에 널리 퍼질 것인지에 대하여 바이러스 샘플들을 바탕으로 추측을 내린다. 백신은 그 가운데 선택된 종에서 비활성 바이러스를 소량 활용하여 인체의 면역 체제를 자극함으로써 항체가 생기게 만든다. 그러면 이 항체가 독감의 유행 시기에 만나는 바이러스 감염을 물리치는 것이다. 선택된 바이러스들은 배양되어 드레스덴에 있는 이런 제조 공장들로 실려온다.

슈는 700명의 근로자를 감독하여 연간 6천만 개의 백신을 만들어내어 독감이 유행하기 전에 70개국에 백신을 나누어준다. 이 일을 하려면 수정된 달걀을 지속적으로 공급받아야 한다. 각각의 달걀은 생겨나는 순간부터 청결을 유지해야 하고 농장에서 백신 공장으로 도착하기까지 안전한 무균 상태로 공급될 수 있도록 엄중한 보안 조치를 취해야 한다. 심지어 공장장인 슈조차도 양계장 시설에는 들어갈 수 없다. 농부들은 그들의 작업을 이웃에게도 비밀로 하고 있으며, 그들의 농장 밖에는 아무런 표지판도 세워져 있지 않다. 외부 사람들이 옮겨오는 박테리아와 바이러스는 시계처럼 정밀한 생산 과정을 지연하거나 중지시킬 수 있고, 그렇게 되면 생산량을 위협하여 전 세계 백신 공급 계획을 크게 무너트릴 수 있는 것이다. 2008년에 이러한 특별 농장의 인근에 있는 양계장에 위험한 조류 독감이 퍼지자, 반경 10킬로미터 이내에 있는 모든 닭들을 살처분했다. 그리하여 슈는 그 부족분을 채우기 위해 다른 농장들을 섭외하느라고 애를 먹었다.

"그렇기 때문에 모든 달걀을 한 바구니에 넣으면 안 되는 겁니다."라고 슈는 얼굴을 찌푸리며 말했다.

트럭 운전사가 엔진을 끄고 차 밖으로 나와 담배를 피우러 간 동안, 슈는 나를 공장 본관의 하얀 페인트가 칠해진 자그마한 탈의실로 데려갔다. 백신은 유리와 철골로 만든 새로운 건물 안에서 만들어졌는데, 매일 35만 개 이상의 달걀이 이곳으로 반입된다. 달걀들은 크기와 모양이 거의 비슷하고 정확히 9일 전에 낳은 것이었다. 각각의 달걀은 크기와 무게를 확인하는데, 무게는 54~62그램 사이만 허용되고 이어 배아가 발달하고 있는지 점검한다.

슈는 손을 철저하게 씻고 날렵한 몸을 지퍼 달린 하얀 점프슈트 안으로 쑥 집어넣은 다음에 거리에서 묻혀온 박테리아가 가득한 신발 위에 파란색 덧신을 신었다. 이어 그는 엄청나게 큰 투명 고글을 꼈다. 이 동작을 하면서 그는 오염된 신발이 바닥에 있는 어떤 물건에도 닿지 않도록 단단히 주의를 기울였다. 나는 이 어색한 장비를 착용하는 데 슈보다 두 배나 많은 시간이 걸렸다. 우리는 그렇게 방호복을 입고 나서 탈의실을 둘로 나누는 의자에 잠시 앉았다가 반대쪽에 있는 유일한 문을 향해 걸어갔다. 슈가 문득 걸음을 멈추었다.

"여기를 지나가면 이제 바이러스가 활동하는 지역으로 들어서게 됩니다."

그는 짐짓 심각한 말투였다.

우리는 복도로 들어서서 3층으로 올라가는 엘리베이터를 탔다. 3층에는 유리로 둘러쳐진 기다란 통로가 있었는데 이곳에서는 아래쪽의 하역장이 잘 보였다. 하역장은 우주선의 기밀(氣密)식 출입구인 에어로크(air lock)와 비슷했는데, 외부 세계와 트럭으로 반입된 달걀 사이를 완벽하게 밀봉하고 있었다. 통로 끝에 가보니, 우리가 입은 방호복과 똑같은 옷을 입은 근로자들이 스테인리스로 된 이동식 캐비닛을 옮기고 있었다. 캐비닛 안에는 플라스틱판에 놓인 달걀이 수백 개씩 들어 있었다. 통로 옆 자그마한 대기실에서 우리는 또 한 겹의 장갑을 끼고 덧신을 신었다.

슈가 그 옆에 있는 문을 열었고, 우리는 자그마한 직사각형 방으로 들어섰는데 한쪽에는 유리벽이 있고 다른 한쪽에는 거대한 창고형 냉장고의 문 같은 것이 달려 있었다. 그곳은 효율성 높은 소규모 공장의 주방 같아 보였다. 슈가 그 거대한 문을 여니 여섯 명의 여성이 달걀이 든 판을 들고서 바삐 움직이는 게 보였다. 따뜻하고 축축한 공기가 내 뼈 속에 남아 있던 드레스덴의 한기를 녹였다. 그 방에는 달걀들을 얹어놓은 선반이 빼곡히 있었다. 새로 도착한 달걀들은 이 거대한 부화기에 밤새 있으면서 흔들리는 트럭에 실려오며 쌓인 피로를 풀게 된다.

이런 식으로 달걀들이 안정되면 하얀 방호복을 입은 작업자들이 달걀 그릇을 컨베이어 벨트 위에 올려놓고, 벨트는 다시 유리벽 뒤의 커다란 방으로 들어간다. 이곳은 살아 있는 바이러스를 가둔 스테인리스 탱크와 조립 라인 시설을 갖춘 현대식 독일 양조장과 비슷했다. 이곳은 쇠바늘로 일하는 작업자들을 제외하고는 출입이 금지된 구역이었다. 작업자들은 쇠바늘에 바이러스 용액을 묻혀 각 달걀의 해당 부위에 정확하게 구멍을 뚫었다. 그러면 난자가 72시간 동안 배양되고 쇠바늘로 투입된 바이러스는 배아에 침투하여 영양 풍부한 무균 환경에서 번식했다. 그 뒤 달걀 속에 든 유동체, 즉 바이러스를 비활성으로 만든 화학 약품을 빼내고 속 원심 분리기로 정제한 뒤 개별 1인용 주사량으로 분리하여 주사기 속에 넣는다. 이것을 수축 포장하여 제품으로 만들면 전 세계로 배포되는 것이다. 일반인들이 현지 약국에서 구입하는 1인용 독감 주사는 이런 공장에서 만들어지고 있다.

제2차 세계대전 중에 미군은 1918년의 대전염병 같은 것이 독일과 일본을 상대로 싸우는 병사들의 전투력과 의지를 떨어뜨리게 될까 봐 이런 기술을 개발했다. 1945년, 드레스덴이 영국과 미국의 폭격기로부터 공습당하는 동안, 미국의 병사들은 최초로 독감 예방 주사를 맞았다. 그때 이후 수백만 명이 해마다 예방 주사를 맞은 결과 독감과 그로 인한 사망을 피할 수 있었다. 예방 주사 1인용을 만드는 데 달걀 세 개가 들어가므로, 제조 과정은 복잡하고 또 비싸다는 게 문제였다. 한 달걀이 병원균이 감염되어 있다면 나머지 백신은 쓸모없게 되었다.

　최근까지 이것이 백신을 대량으로 만들어낼 수 있는 유일한 방법이었다. 그러나 2012년 후반 미국 식품 의약국(FDA)은 포유류 세포에서 바이러스를 배양하는 달걀 없는 백신을 승인했다. 2013년 초, FDA는 살아 있는 독감 바이러스를 사용하지 않는 훨씬 간단하고 덜 비싼 과정을 승인했다. 유전자 변형의 바이러스가 곤충의 세포에 침투하여 단백질을 만들어내고 이것이 인간의 면역 체계를 자극하여 달걀로 만든 백신과 똑같이 항체를 생기게 하는 방법이었다.

　"이제 달걀을 쓰지 않는 과정으로 바뀌게 될 겁니다."

　공장 탈의실로 돌아와 방호복을 벗으면서 슈가 말했다.

　"하지만 새로운 방법은 몇 가지 난관을 극복해야 하지요."

　독감 백신을 위해 달걀을 더 이상 사용하지 않는다고 해도, 달걀은 동물을 연구하는 조직 모델로 남을 것이다. 겉보기에는 단순해 보이지만, 이 완벽한 시스템은 우주선의 기밀(氣密) 구조보다 더 복잡하다. 그 부드러운 껍질 아래, 내막과 외막과 공기 세포가 있다. 공기 세포는 납작한 쪽이 크게 부풀어 오르게 만들어 임의로 확장 혹은 수축할 수 있게 해준다. 이 조직 아래 약간 조밀한 달걀 흰자의 얇은 알부민 층이 두 개 있는데, 이것이 달걀 내부의 상당 부분을 차지하는 투명한 액을 감싸준다. 두 가닥의 조직이 그 자체의 막에 싸여 있는 노른자를 달걀 내부의 양쪽과 연결해준다. 수정란의 경우, 배아는 이 노른자에서 영양을 얻고 주머니에다 배설물을 내버리고, 박테리아와 바이러스를 막아주면서 반투성(半透性)의 달걀 껍데기를 통하여 공기를 얻는다. 완벽하게 보호된 배아는 부화하기 사흘 전까지 면역 체계도 항체도 필요 없다.

　아리스토텔레스는 닭을 연구했고 그 과정에서 발생학의 시초를 마련했다. 그는 암탉과 떨어져 신전에 혼자 있는 수탉의 짝짓기 습관을 관찰했다. 아마도 관찰 장소는 희생 제물이 되기까지 닭을 보관했던 아스클레피온 신전이었을 것이다. 그는 수정란에 자그마한 구멍을 뚫고 관찰하면서 부화할 때까지 3주 동안 배아의 성장을 기록했다. 그는 이런 관찰을 통하여 19세기까지 많은 과학자들이 지지했던 생각, 즉 배아는 작은 동물인데 그것이 점점 커져서 정상적인 동물이 된다는 생각을 물리칠 수 있었다. 그 대신 아리스토텔레스는 배아가 여러 단계를 거쳐서 발달한다고 주장했다. 그는 이런 창의적인 달걀 실험을 거쳐서 인간을 포함한 다른 종들을 관찰하고 다음과 같은 결론을 내렸다.

"날것이든 물속에서 헤엄치는 것이든 땅위에서 걷는 것이든 모든 동물은 동일한 방식으로 발달한다."

달걀의 자그마한 세계는 발생학자들이 즐겨 선택하는 작은 실험실이었다. 17세기 런던에서 윌리엄 하비(William Harvey)는 달걀을 사용하여 혈액 순환과 신경 체계를 추적할 수 있었다. 볼로냐의 마르첼로 말피기(Marcello Malpighi)는 새로 발명된 현미경을 사용하여 닭의 모세혈관과 기타 신체 구조를 연구하고 그 결과를 기록했다. 3세기 뒤인 1931년에 과학자들은 닭의 수정란에서 바이러스를 배양함으로써 볼거리, 수두, 천연두, 황열병, 발진티푸스, 심지어 로키산홍반열 등을 물리치는 최초의 값싼 백신 제조의 길을 열었다. 그리고 마침내 독감 백신도 개발했다.

1950년대에 이르러 암 연구자들은 수정란에 암세포를 주입하여 이 세포가 어떻게 번식하고 퍼지는지를 관찰했다. 새로운 과학자 세대의 일원인 미국 내슈빌의 밴더빌트 대학교 의료센터의 안드리스 지일스트라(Andries Zijlstra)는 달걀 내에서 종양이 자라는 과정을 관찰하는 창의적인 방법을 발견했다.

"핵심은 동물을 살아 있게 하면서 종양이 자라는 것을 관찰하는 겁니다."

내가 그의 실험실을 방문했을 때 지일스트라는 말했다. 그 실험실은 미국의 음악 도시에 자리 잡은 유흥 주점들 거리에서 차로 얼마 걸리지 않는 곳에 있었다.

네덜란드 농부의 아들인 지일스트라는 적정한 온도와 습도를 유지하여 어린 배아의 성장을 방해하지 않으면서도 그 배아를 플라스틱 페트리 접시에다 옮겨놓는 방식을 개발했다. 배아의 혈관에서 암세포를 주입한 후 그는 15분마다 암세포가 번식하는 과정과 배아의 세포가 반응하는 방식을 관찰했다. 지일스트라는 실험실 한 구석에서 얕은 구멍이 24개 정도 파인 직사각형 접시를 꺼냈다. 그 구멍 안에는 굳기 전 상태의 오렌지맛 젤리처럼 생긴 자그마한 것들이 들어 있었다.

"이것들은 앞으로 며칠 동안 더 요리해야 합니다."

이 배아들을 좀 더 배양해야 한다는 뜻이었다. 그의 실험실에는 연간 2만 개의 달걀이 거쳐가는데, 이것들은 드레스덴 공장의 달걀처럼 거의 무균 상태에서 생산된 것들이다. 이 무균 처리 달걀은 개당 3달러로서 일반 가게에서 달걀 열두 개를 살 수 있는 값이다.

"생쥐나 제브라피시와는 다르게, 닭의 배아를 이용하면 이 안에서 무엇이 벌어지고 있는지 자세히 볼 수 있습니다."

그는 접시를 다시 따뜻하고 축축한 보관실에다 집어넣으면서 말했다.

"이건 온전하게 보존된 생물체입니다. 여러 조각으로 잘라놓은 그런 생물체가 아니에요."

1878년 10월 30일, 어린 수탉의 심장이 담긴 소포가 파리의 파스퇴르 연구소에 도착했다. 이 새는 당시 프랑스 가축들 사이에 돌던 치명적인 질병의 바이러스를 주입하여 툴루즈에서 죽은 수탉이었다. 당시 유일한 백신은 천연두나 우두 같은 병에만 관한 것뿐이었다. 변형되지 않은 바이러스는 항체를 만들어 환자를 보호하지만 때로는 환자를 죽이는 일도 있었다.

당시 세계적으로 명성을 누리던 50대 중반의 루이 파스퇴르는 도착한 소포에 별로 신경을 쓰지 않았다. 그러나 젊은 조수 샤를 샹베를랑(Charles Chamberland)은 파리 시장에서 살아 있는 닭을 두 마리 사서 죽은 수탉의 심장에서 빼낸 바이러스를 주입했다. 그가 다음날 연구소에 출근해보니, 닭은 두 마리 모두 죽어 있었다. 샹베를랑은 병원균을 배양하려고 시도한 것이지만 효소와 물을 뒤섞은 그의 노력은 실패로 돌아갔다. 1879년 새해 첫날이 밝자마자 샹베를랑과 파스퇴르는 다목적용 대책을 세웠는데 바로 닭고기 죽, 좀 더 정확하게 말해서 닭고기 수프를 이용하는 것이었다.

"우리는 이제 저 작은 생물을 배양할 수단을 갖게 되었습니다."라고 파스퇴르는 의기양양하게 말했다. 살아 있는 닭에 병원균을 주입하자 곧 죽어버렸지만 수프에 집어넣은 병원균은 살아남았기 때문이다.

하지만 두 사람은 여름이 될 때까지 별다른 진전을 보지 못했다. 대부분의 부유한 파리 시민들과 마찬가지로 샹베를랑은 어서 빨리 8월 휴가를 떠나고 싶어 했다. '작은 생물'을 여러 마리의 암탉에게 접종하는 계획을 미룬 채, 그는 닭장 근처에다 그 닭고기 수프를 내버려두고 휴가를 떠났다. 그가 몇 주 뒤 연구소에 돌아와 보니, 새들은 병이 들었지만 회복했다. 여기에 흥미를 느낀 파스퇴르는 또 다른 세트의 접종을 주문했다.

"행운은 준비된 사람을 선호한다."라고 파스퇴르는 말한 바 있다. 그날 현지 시장에서 사들인 새들은 죽었는데 이 새들은 죽지 않는 것을 발견하고서, 파스퇴르는 원래 새들이 여름휴가 동안 연구실 공기 중에 떠돌던 소량의 미생물에 노출된 후 질병에 대한 저항력이 생겼다는 것을 알아냈다.

이런 우연한 발견 덕분에 항체를 만들어내면서도 치명적이지 않은 바이러스를 조작하는 데 총력이 집중되었다. 과학자들은 감염된 수프의 산성을 높이고 또 온도를 낮추는 방법을 실험했고, 이것이 시장에서 사온 닭들의 건강에 미치는 영향을 관찰했다. 병원균을 산소에 노출시키면 그 영향력이 약화되었다. 1880년 1월에 이르자 파스퇴르는 닭들에게 변형된 바이러스를 접종시킬 수 있었다. 때로는 실험실 우리에서 80마리까지도 접종했다. 실험 결과 닭들은 병에 걸리지 않으면서 면역력을 얻었다.

파스퇴르는 다음 달 과학원(Academy of Science)에 나가서 자랑스러운 목소리로 보고했다.

"배양 방식을 약간 바꿈으로써 우리는 감염성 미생물의 독성을 완화시킬 수 있었습니다."

이것은 프랑스 양계 산업에 희소식이었다. 당시 그들은 닭 콜레라 때문에 큰 손해를 보고 있었다. 그러나 접종은 감염된 닭들을 격리하여 살처분하는 것보다 더 값비싸고 비효율적인 것으로 판명되었다. 그러나 더 중요한 사실은 최초의 인공 백신이 개발되었다는 점이다. 이것은 의학 분야의 획기적 발명품이었고 앞으로 연구자들이 연간 수백만 명의 사람들을 죽이는 질병과 싸우는 데 큰 도움을 줄 것이었다.

12년 뒤 지구를 절반쯤 돌아간 지점에서 또 다른 무리의 닭들이 인간의 식단과 질병에 중요한 통찰을 가져다주었다. 인도네시아에서 근무하는 네덜란드 의사 크리스티안 에이크만(Christiaan Eijkman)은 다리를 붓게 하고 심장 마비를 일으키는 고통스러운 질병인 각기병의 빈발 현상을 놓고 고민에 빠졌다. 파스퇴르와 마찬가지로 그는 우연히 운 좋게도 멋진 발견을 했다. 그가 소속된 육군 병원의 예산이 감축되자 그는 달걀을 얻고 가끔 닭고기 수프를 해먹기 위해 키우던 양계 방식을 바꿀 수밖에 없었다. 그는 일부 닭들에게는 값싼 회색 미도정의 쌀을 먹였고, 나머지 닭들에게는 식당에서 남은 하얀 쌀밥을 먹였다. 시간이 흘러가면서 회색 쌀을 먹은 닭들은 건강한 반면 하얀 쌀밥을 먹은 닭들은 병에 걸렸다. 그는 이때 비타민 B의 중요성을 알게 되었다. 이 공로로 에이크만과 다른 과학자는 마침내 노벨상을 공동 수상하게 되었다.

닭 실험은 질병 치료의 길을 열었지만, 20세기 초 인류의 나쁜 종자를 제거하자는 우생학 운동의 창시자들에게 이용되기도 했다. 1910년 뉴욕 콜드 스프링 하버 실험실(Cold Spring Harbor Laboratory)의 소장인 찰스 데이븐포트(Charles Davenport)는 해리 로플린(Harry Laughlin)이라는 미주리 주의 양계업자를 고용했다. 로플린의 의도는 우생학 연구소의 책임자라는 막강한 지위를 이용하여 의회를 납득시켜 동유럽 사람들의 이민을 제한하려는 것이었다. 로플린은 양계 사업이 과학적 선택에 의해 인간의 종을 개량하는 사업의 원판이 될 수 있다고 보았다. 그는 18개 주에서 신체적 장애인과 가난한 사람들을 강제적으로 거세시키는 법안이 통과될 수 있도록 도움을 주었다. 1933년 나치 독일의 입법가들도 로플린의 법적 언어에 바탕을 둔, 유사한 거세법을 선포했다. 그리하여 독일과 미국에서 수십만 명의 사람들이 강제로 거세되었다. 데이븐포트와 로플린은 제2차 세계대전이 끝나기 전에 죽었다. 그리고 우생학은 나치의 정책들에 의해 완벽하게 부정되었다.

이 시기의 또 다른 우생학자는 닭 실험을 바탕으로 하여 세포가 아주 긴 수명을 갖고 있다고 주장했다. 프랑스의 생물학자인 알렉시 카렐(Alexis Carrel)은 동맥을 꿰매는 기술을 개발하여 노벨상을 받았고 또 뉴욕 시의 록펠러 의학 연구소에 한 자리를 얻었다. 1912년 1월 17일, 그는 생후 18일 된 수탉 배아의 심장 한 조각을 잘라내어 응고된 닭 피의 배양 조직 속에 집어넣고 이것이 새로운 세포들로 분열되어 나가는 것을 관찰했다. 이 실험은 미국의 일반 대중을 흥분시켰고《뉴욕 타임스*New York Times*》는 세포의 성장과 건강 상태를 해마다 보고했다. 카렐은 번식 부적합으로 판정된 미국인들을 800만 명까지 거세하자고 제안하는 과학 위원회의 위원이었다. 그는 제2차 세계대전이 발발하자 프랑스로 돌아와서 비시에 세워진 독일 괴뢰 정부를 위해 일하다가 1944년 심장마비로 사망했다. 뉴욕에 보관된 불멸의 닭 심장은 그 후 2년간 더 보관되다가 카렐의 조수들이 다른 실험실로 옮겨가자 폐기되었다. 한참 뒤에야 연구 조사자들은 그 배양 조직에 닭 피가 정기적으로 공급되어서 심장 조직들이 살아 있는 듯한 착각을 불러일으킴을 발견했다.

카렐의 작업 후 1세기가 흘러, 생물학자들은 이 새를 소규모 약품 공장으로 바꾸고자 하고 있다. 인간의 단백질은 항체를 지원하여 질병과 싸우게 한다. 그러나 단백질을 만들어내는 것은 비용이 많이 들고 복잡한 일이다. 달걀 흰자는 단백질을 대량 생산하는 값싸고 쉬운 방법을 제공한다. 드레스덴의 달걀들은 이미 소형 생물 반응기 역할을 하면서 단백질을 만들어내고 있다. 염소나 햄스터 같은 다른 종들과는 다르게, 닭은 인간과 아주 유사한 방식으로 단백질을 만들어낸다. 인간을 포함하여 다른 종의 유전자를 이른바 유전자 이식 새에다 집어넣음으로써, 연구 조사자들은 현재의 비용보다 훨씬 낮은 가격으로 난소암, 에이즈, 관절염, 기타 질병에 대항하는 단백질 바탕의 의약품을 제조하기를 바란다.

에든버러에 있는 로슬린 연구소는 양 돌리를 복제한 곳으로 유명하다. 이곳의 생물학자들은 수정란의 배아에다 인간의 항체를 주입했다. 이어 이 배아를 숙주 달걀에 옮기면, 나중에 부화된 닭은 낯선 DNA를 가진 후손을 생산할 것이다. 미국의 다른 과학자들은 수탉의 정자를 변형시켜 항체가 게놈의 일부가 되게 한 후 이것을 수정란에 옮기는 작업을 하고 있다. 이러한 접근 방법은 드레스덴의 공장 같은 기능을 발휘하게 할 것이다. 그러니까 유전자 변형의 달걀을 이용하여 인간 단백질 기반의 값싼 의약품을 만들어내는 것이다. 소크라테스가 친구에게, 아스클레피오스 신에게 희생 제물로 수탉 한 마리 바치라고 부탁한 지 24세기가 흘러 유전자 이식 닭의 시대가 조용히 밝아오고 있다. 거기서 나온 의약품이 곧 당신의 약상자에 들어가게 될 것이다.

인류 문화의 필수 품목

인간들이 낯선 땅으로 이주하고 또 그곳을 점령하는 동안,
닭은 개 다음으로 늘 인간을 수행해온 동물이었다.
—에드먼드 솔 딕슨, 《장식적이고 가정적인 닭: 그 역사와 관리*Ornamental and Domestic
Poultry: Their History, and Management*》

닭의 가장 위대한 여행은 서쪽에서 동쪽으로, 태평양을 건너간 것이었
다. 이것은 인간으로서도 16세기 이전에는 가장 위대한 탐험의 여정이
었다. 태평양은 우리 인류가 아프리카를 벗어나 다른 곳으로 널리 퍼져
나가는 데 가장 큰 걸림돌이었다. 인간이 지구 대부분의 지역에 정착하
는 데에는 재배 식물, 사육 동물, 별자리 지식 등이 필요하지 않았다. 5만
년 전에 우리는 아프리카를 떠나 아시아를 가로질러 오스트레일리아까
지 노를 저어갔다. 그러나 3만 년 전 우리의 이주는 뉴기니 동쪽에 흩어
져 있는 솔로몬 제도(Solomon Islands)에서 멈추어 섰다. 가장 깊고 넓은

바다로 나아가기 직전의 지점이었다. 인류는 그 후 태평양을 우회하여, 북쪽으로 가서 시베리아를 건너 알래스카로 들어갔고 다시 밑으로 내려와서 아메리카 전역으로 흩어져 남단의 티에라델푸에고에 이르렀다. 이때가 대략 1만 3,000년 전이고 어쩌면 이보다 더 이른 시점일 수도 있다.

또 다른 1만 년 동안, 지구 면적의 근 3분의 1을 차지하는 광대한 태평양 지역은 인류가 파악하지 못하는 지역으로 남았다. 우리는 대양을 항해할 수 있는 배, 발전된 항해 기술, 조심스럽게 선택된 곡식, 비좁은 공간에서도 장거리 항해를 견딜 수 있는 단단하면서도 민첩한 동물들이 필요했다. 그리하여 근근이 기원후 1200년 이후가 되어서야 폴리네시아인들의 2중 선체(船體) 카누가 하와이 군도와 저 먼 이스터 섬에 도착할 수 있었다. 이때 닭은 사람들이 장거리 항해에 나설 때 반드시 챙겨가는 필수 품목이었다.

"어떻게 이 민족은 광대한 태평양으로 퍼져나갈 수 있었을까?"

하와이에 사람들이 처음으로 정착하고 500년이 지난 뒤에 하와이에 최초로 도착한 유럽 탐험선의 선장 제임스 쿡(James Cook)은 처음에 이런 의문을 품었다. 20세기가 한참 지날 때까지도, 많은 서구인들은 폴리네시아인들이 가라앉은 대륙의 원주민들이라고 생각했다. 대륙이 가라앉을 때 함께 바다 속으로 들어가지 않은 몇몇 섬들에 갇힌 사람들이 바로 그들의 조상이라고 본 것이다. 다른 사람들은 하와이 바로 아래쪽에 감추어진 남쪽의 땅이 있어서 이 항해자들이 남쪽의 땅들을 징검다리 삼아 마침내 여기에 도착했을 것으로 짐작했다. 폴리네시아인들이 현대의 나침판, 육분의(六分儀), 대형 선박 등이 없어도 이런 놀라운 식민 사업을 펼칠 수 있었다고 생각하는 사람은 별로 없었다.

쿡 선장은 그들의 항해 기술을 직접 목격했다. 스웨덴의 위대한 자연

과학자 칼 폰 린네(Carl von Linné)와 편지를 주고받던 동식물학자 조지프 뱅크스(Joseph Banks)의 권유로, 쿡 선장은 타히티 섬 근처를 순항하던 자신의 배 '엔데버(Endeavor)'호에 현지 예술가이자 사제, 정치가인 투파이아(Tupaia)를 태웠다. 투파이아는 해도나 운항 장비 없이도 반경 3,200킬로미터 안에 있는 100여 개의 섬들에 대해 잘 알고 있었고, 또 남태평양에서 뉴질랜드로 가는 길 내내 현재 배의 위치가 어디인지 정확하게 알아냈다.

"이 사람들은 수백 평방리그[땅 면적의 단위로 1리그는 약 4.8킬로미터―옮긴이]에 달하는 바닷길을 훤히 꿰고 있어서 이 섬에서 저 섬으로 별 어려움 없이 옮겨갔다. 낮에는 태양이 나침반이었고 밤에는 별과 달이 해도(海圖) 역할을 했다."

쿡 선장은 타히티에 머무르는 동안 그들의 항해 능력에 감탄했다. 그는 좀 더 자세한 조사를 해보면 이런 과감한 모험의 원천이 어디인지 드러날 것이라고 생각했다.

"이것이 증명되면 우리는 이 해역의 섬들이 어떻게 식민지가 되었는지 별 어려움 없이 알아낼 것이다……. 그리하여 우리는 섬에서 섬으로 이어져 마침내 동인도 제도에 이르는 그들의 항해를 추적할 수 있을 것이다."

엔데버호에는 배의 타륜 앞쪽에 닭을 가두어두는 우리가 있었다. 닭은 장거리 항해에서 고기와 달걀의 주요한 원천이었다. 폴리네시아인들에게 닭은 그보다 더 중요한 의미를 띠었다. 1769년 한 섬에 도착하자 뱅크스는 이런 기록을 남겼다.

"쿡 일행을 맞이하면서 한 원주민 노인이 쿡 선장과 나에게 수탉과 암탉을 한 마리씩 가져다주라고 명령했다. 우리는 그 선물을 받아들였다."

이스터 섬 주민들도 별로 우호적이지 못한 상황에서 1722년에 이 섬에 처음 도착한 유럽인들에게 비슷한 선물을 했다. 이 섬에 도착한 지 몇 분 되지 않아 네덜란드 선원들은 섬 주민들이 위협적인 동작을 했다고 결론 내리고 비무장 상태인 주민 열두 명을 총으로 쏴서 죽였다. 겁먹은 추장은 더 이상의 유혈을 방지하기 위해 탐험대의 대장에게 닭들을 가져다주라고 명령했다. 그날 저녁 섬사람들은 이 위험한 외국인들을 달래기 위해 살아 있는 닭과 튀긴 닭을 배로 가져왔다.

제1차 세계대전 직전에 이스터 섬의 유적들을 조사한 영국 고고학자 캐서린 라우틀리지(Katherine Routledge)는《이스터 섬의 신비*The Mystery of Easter Island*》(1919)에서 이렇게 썼다.

"닭은 원주민의 생활에서 중요한 역할을 했다. 닭들을 기른 집의 흔적은 인간이 살았던 집의 흔적보다 훨씬 더 웅장하다."

원주민들의 족장은 닭들이 알을 더 많이 낳기 위한 의식을 치러달라는 요청을 자주 받았다고 라우틀리지는 회고했다. 유럽이 세계대전의 벼랑 끝에서 비틀대는 동안, 라우틀리지는 원주민들과 칠레 목양업자들의 유혈 충돌을 막아야 하는 입장에 놓이게 되었다. 원주민의 반란을 지도한 자는 앙가타(Angata)라는 이름의 여자 샤먼이었는데, 반란을 지원해달라면서 라우틀리지에게 닭 두 마리를 보내왔다.

라우틀리지의 시절에 이르러, 세상에서 가장 멀리 떨어진 유인도(有人島)들 중 하나(이스터 섬)에 사는 폴리네시아인들은 계속 줄어들고 있는 원주민들의 명맥을 유지하는 나머지 인구였다. 원주민들은 질병으로 사망하거나 칠레의 광산으로 강제 이송되었다. 절해고도, 소수의 인구, 바람많이 부는 황량한 풍경, 약 18미터 높이의 괴상한 석상 등은 이스터 섬을 서방 세계에 대한 일종의 로르샤흐 테스트(Rorschach Test: 좌우 대칭의 불규칙한 잉크 무늬가 어떤 모양으로 보이는지 설명하게 하여 그 무늬를 쳐다보는 사람의 성격, 정신 상태를 파악하는 검사―옮긴이)로 만들어놓았다. 맨해튼 크기만한 이 섬은 오늘날 인구 증가와 물질적 탐욕이 가져온 생태적 재앙의 대표 사례로서, 위기에 빠진 지구에 보내는 경고장이 되었다.

"인류의 탐욕은 끝이 없다. 이 이기심은 유전적으로 타고난 것처럼 보인다.

뉴질랜드에서 태어난 영국 고고학자는 《이스터 섬, 지구 섬*Easter Island, Earth Island*》이라는 책에서 위와 같이 말하고는 덧붙였다.

"제한된 생태계에서, 이기심은 점증하는 인구 불균형, 인구 감소, 그리고 종말적으로는 멸종을 가져온다."

재러드 다이아몬드는 1995년에 이런 음울한 경고를 되풀이했다.

"이스터 섬은 지구의 축소판이다."

섬 주민들은 숲을 남벌하고, 동식물을 먹어치워 멸종시키고, 부족 간 싸움과 식인 행위로 자신들의 사회를 붕괴시켰다. "가축이라고는 닭밖에 없다."라고 다이아몬드는 썼다.

과학자, 작가, 사진사, 관광객은 이 섬에 몰려들어 아무 말 없는 거대한 석상들만 쳐다보았을 뿐 닭장은 대체로 무시했다. 이 섬의 원주민들은 거대한 석상을 조각하지 않을 때에는 곡식을 재배하고 닭을 돌보는 정교한 방식에 따라 닭장을 지은 듯하다. 수백 개에 달하는 닭장이 섬 전체에 퍼져 있다. 이 닭장은 빈틈없이 쌓아올린 돌무더기인데, 닭장마다 돌문이 달린 자그마한 입구가 있다. 닭장들은 담장이 쳐진 정원의 일부이거나 아니면 그 근처에 있는 구조물이었다. 일부 정원은 커다란 카누 모양을 하고 있었는데 거친 태평양의 바람으로부터 곡식들을 보호하기 위한 것이었다. 돌로 쌓은 벽들은 거친 기후뿐만 아니라 섬의 유일한 포식자인 쥐로부터 닭을 보호했다. 닭똥은 인근 들판에 소중한 비료가 되어주었다.

이 닭장들이 유럽인들이 도착하기 전부터 이 섬에 있었다는 결정적인 증거는 없다. 이스터 섬에서 수 년 동안 발굴 작업을 한 오리건 대학교의 고고학자 테리 헌트(Terry Hunt)는 닭장을 만든 이들이 고대 폴리네시아인일 것이라고 생각했다. 닭장들은 이 섬 곳곳에 흩어져 있는, 19세기에 지어진 목장의 담을 건설할 때 채석장 노릇을 했다. 헌트는 이런 수백 개의 돌 닭장이 원주민 인구가 줄어들던 18세기에 건설되었을 것이라고 보지 않는다. 닭은 이스터 섬 주민들에게 종교적·정치적·농업적 의미가 있었다. 이런 돌 닭장을 허물어 섬에 수입해 들여온 양떼의 울타리를 만드는 작업이 원주민들의 원성을 사서 반란을 일으키는 계기가 되었을 것이고, 이 와중에 라우틀리지가 이 싸움을 중재하게 되었던 것이다.

《총, 균, 쇠》에서 다이아몬드는 섬 주민들이 "양계 농업을 집중적으로 했다."라고 인정하면서도 이것이 어떤 큰 차이를 만들어냈으리라고는 생각하지 않는다. 닭은 물론이고 심지어 개와 돼지의 경우도 마찬가지인데, 다른 섬들의 폴리네시아인들은 단백질이 풍부한 고기를 "가끔씩 음식"으로 즐겼을 뿐이다. 그 대신 곡식이 그들의 생존에 필수였다. 이러한 다이아몬드의 견해는 닭이 식단에 기여한 역할을 과소평가하는 것이고 또 닭똥이 인근 들판에 비료로 사용되었다는 사실을 무시하는 것이다. 유럽인들이 도착하기 전에 양계 농업이 이스터 섬에 미친 영향에 대해서는 아주 충분한 자료가 수집되지 않았으므로 단언할 수 없다.

이스터 섬은 결코 살아가기가 수월한 곳이 아니었다. 네덜란드인이 처음 도착한 지 50년 후인 1774년 3월에 이 섬에 도착한 제임스 쿡은 이렇게 썼다.

"이스터 섬을 발견하는 영예를 두고서 나라들이 서로 싸울 것 같지 않다. 이 해역에서 이 섬처럼 영양분과 편의가 부족한 섬은 따로 또 없을 것이다."

쿡은 섬 주민이 600~700명 정도 된다고 추정했으나, 이 숫자가 50년 전 유럽인들이 처음 도착했을 때보다 4분의 1 수준으로 줄어든 것임은 알지 못했다. 헌트는 유럽인이 옮겨온 질병이 이런 급격한 인구 감소의 이유일 뿐, 원주민의 탐욕이나 우둔함이 이유가 되지는 못한다고 주장했다.

섬의 원시림은 네덜란드 사람들의 방문 이전에 이미 사라졌다. 헌트는 쥐가 종려나무 씨앗 껍질을 갉아먹은 흔적을 발굴했는데, 이러한 쥐들이 숲을 파괴하는 주범이었을 것이다. 쿡이 이 섬을 방문하는 동안에 한 선원은 "그들이 쥐를 먹는다는 사실을 확인했다. 나는 어떤 남자가 쥐를 들고 있었는데 손에서 놓기 싫은 눈치였다."라고 했다. 이런 식습관은 절망과 기아의 표시로 해석되었으나 태평양 전역의 폴리네시아인들이 쥐를 먹었다. 쿡의 선원들은, 다른 섬들의 주식이 질경이, 사탕수수, 호리병박, 타로감자, 고구마 등이었는데 "내가 먹어본 것 중에서 가장 맛있는 것"이었다고 말했다. 또 "우리 것과 비슷한 수탉과 암탉도 있었는데 단지 덩치가 좀 작고 숫자도 적었다."라고 했다. 쓰러진 거대한 석상들에 매혹되어서, 영국인들은 후대의 많은 고고학자들과 마찬가지로 돌로 된 닭장 안은 들여다보지 않았을 것이다.

↞

과학자들은 남아메리카의 서해안에서 크리스토퍼 콜럼버스 이전 시대의 닭 뼈를 발견했다고 주장했는데, 만약 이것이 사실이라면 인류의 역사는 다시 써야 한다. 1978년 닭 뼈가 목에 걸려 버지니아 병원에 입원한 영화배우 엘리자베스 테일러의 경우를 제외하고, 닭의 연골이 이토록 많은 신문에 보도된 적이 없었다. "왜 닭은 태평양을 건넜을까?"라고 2007년 6월 5일자 《뉴욕 타임스》는 물었다. "반대편인 남아메리카에 도착하기 위해서. 어떻게? 폴리네시아인의 카누를 타고서. 그 카누들은 유럽인들이 대륙에 정착하기 100년 전에 이미 도착했다."라고 신문은 썼다.

이 뉴스는 신구 세계가 1만 년 이상 서로 떨어져 있다가, 서양이 아닌 동양의 힘으로 구세계와 신세계가 교역을 시작했다는 과학적 증거였다. 다시 말해 바하마 해변에 도착한 에스파냐 사람들이 아니라 칠레 해안에서 닭 교역을 한 폴리네시아 사람들이 나뉘어 있던 신구 세계를 이어주었다는 이야기다.

이 닭 뼈는 에스파냐 안달루시아 자치구역인 엘아레날(El Arenal)에서 발견되었는데, 엘아레날은 에스파냐어로 '모래땅'이라는 뜻이다. 엘아레날은 발파라이소(Valparaiso)라는 칠레 도시에서 남쪽으로 400킬로미터쯤 떨어진 곳에 있는 황량한 아라우코 반도에 있다. 현장에서 작업하던 고고학자들은 1400년까지 7세기 동안 사람들이 살았던 이름 없는 마을을 발견했다. 이 마을의 주민들은 조개, 퀴노아, 개구리, 오리, 옥수수, 여우, 야마의 사촌인 과나코 등을 요리할 때 사용한 솥, 병, 접시, 사발 등을 뒤에 남겼다. 이들이 남긴 물품 가운데에는 88개의 닭 뼈도 들어 있었다.

전통 역사에 따르면, 콜럼버스 이전에 아메리카 대륙에서 닭 잔치를 하는 것은 불가능하다. 신구 세계를 봉쇄하던 베링해협이 열릴 무렵, '갈루스 갈루스'는 여전히 남아시아 밀림에 서식하는 신경질적인 야생 조류였다. 만약 콜럼버스 이전의 닭이 정말로 존재한다면 구세계와 신세계의 사람들이 빙하시대 말기 이후, 그리고 콜럼버스 도래 이전에 서로 만났다는 뜻이 된다. 2007년 현재 그런 닭 뼈를 발굴하여 정체를 파악한 고고학자는 없다. 물론 유럽인들이 아메리카 대륙에 도착했을 때 그곳에 닭이 이미 있었다고 암시하는 매력적인 증거들은 많다.

난파한 일본 선원들이나 중세의 아일랜드 수도자들이 닭을 아메리카 대륙에 수입했을 수도 있는 후보들이다. 닭은 500년에 스웨덴에 도착했고, 아이슬란드의 번식업자들은 인기 높은 변종이 10세기에 바이킹족과 함께 도착했다고 주장한다. 13세기 후반의 것으로 소급되는 닭 뼈 두 개가 아이슬란드에서 발견되었다. 그러나 바이킹들이 뉴펀들랜드의 대서양 해안에다 세운 정착촌에서는 닭의 증거가 발견되지 않는다. 북아메리카 원주민들이 콜럼버스의 도래 이전에 닭을 키웠다는 증거도 없다. 닭이 신세계에 처음으로 도착했다는 사실이 문서로 확인되는 시기는 1493년이다. 이해에 콜럼버스는 오늘날의 아이티와 도미니카공화국인 히스파니올라로 2차 항해에 나서면서 카나리아 제도에서 200마리의 암탉을 가져와 최초의 신세계 양계장을 개설했다. 그러나 그 직후 기근이 닥쳐왔고, 섬에 남은 닭들은 식용으로 도살되거나 포식자나 질병에 희생당했을 것이다.

에스파냐의 정복자 에르난 코르테스(Hernán Cortés)가 이끄는 부대는 1519년에 멕시코에 도착했다. 코르테스가 아스테카 제국을 해체하면서 에스파냐 왕 카를 5세(Karl V)에게 보고한 기록에 따르면 이곳 원주민들은 공작만큼이나 큰 닭을 튀겨서 시장에 내다 팔고, 또 그 닭을 오늘날 멕시코시티의 중심부에 있던 몬테수마의 개인 동물원 야생동물들에게 먹이로 주었다. 대리석과 벽옥(碧玉) 타일로 지은 이 동물원에는 아스테카 왕을 위한 호화로운 집이 있는데, 독수리, 작은 매, 야생 고양이 등에게 닭을 먹였다. 하지만 코르테스가 말한 닭은 신세계의 유일한 사육 조류인 칠면조를 말하는 것이었으리라.

코르테스는 대도시 테믹시탄(Temixitan)의 장터에서 "사람들이 닭, 유럽자고새, 메추라기, 야생 오리, 기타 모든 종류의 새를 판매하는 것"을 보았다. 그는 중요한 품목인 칠면조를 언급하지 않았는데, 아마도 이것을 닭으로 분류했기 때문일 것이다. 고대 메소포타미아 사람들이 닭을 가리켜 "인도에서 온 검은 아프리카자고새"라고 했던 것처럼, 코르테스는 칠면조를 유럽에서 흔히 보는 닭으로 생각했을 가능성이 있다. 중부 멕시코의 나우아틀어를 쓰는 아스테카 사람들은 에스파냐를 가리켜 '닭의 나라'라고 했다. 왜냐하면 그 새가 외국인들과 함께 왔기 때문이다. 아스테카 사람들이 이 두 종을 뚜렷이 다른 것, 그리고 닭을 외국종으로 본다는 표시다. 코르테스 이전의 멕시코에서는 닭 뼈가 발견되지 않았으므로, 닭은 정복자들과 함께 왔을 가능성이 높다.

남아메리카에 1,500년 이전에 닭이 존재했는지 보여주는 증거는 불확실하다. 한 포르투갈 항해가가 그해에 우연히 남아메리카의 리우데자네이루에서 북쪽으로 800킬로미터 지점에 도착했을 때, 그는 많은 새들을 봤다고 보고했으나 닭에 대해서는 언급하지 않았다. 암탉을 보여주면 몇몇 현지인들은 겁먹은 표정을 지었다. 20년 뒤, 페르디난드 마젤란(Ferdinand Magellan)과 함께 최초로 세계 일주 여행에 나선 이탈리아 모험가 안토니오 피가페타(Antonio Pigafetta)는 브라질 해안에 도착하여 낚싯바늘 하나를 닭 여섯 마리와 바꾸었다. 피가페타는 이런 말도 덧붙였다.

"포커 테이블에서 킹 다이아몬드 카드를 내놓자 그들은 닭 여섯 마리를 주면서 나를 속였다고 생각하는 눈치였다."

1527년, 에스파냐 탐험대는 리우에서 남쪽으로 약 1,100킬로미터 떨어진 산타카타리나에 정박했다. 그때 선원들이 병에 걸렸다. 선장은 160 킬로미터 이상 떨어진 브라질 내륙으로 사람을 보내 낚싯바늘, 칼, 거울 등을 주고서 환자들을 위한 닭과 여러 음식을 얻어오게 했다. 초창기 유럽 방문자들이 보고한 토종닭이 과연 닭인지 여부는 알아내기 어렵다. 남아메리카 정글에는 봉관조가 서식한다. 이 새는 몸집이 큰 닭을 닮았고 부분적으로 길들어 있다. 1848년 생물학자 앨프리드 러셀 월리스 (Alfred Russell Wallace)는 아마존 강을 탐험하면서 봉관조들이 원주민 마을을 마음대로 오가는 것을 보았다.

"이 새들은 둥지에서부터, 때로는 알에서부터 인간의 손에서 커왔기 때문에 숲으로 도망칠 위험은 거의 없었다."

베네수엘라에서 한 싸움닭 번식업자는 더 크고 단단한 잡종을 만들기 위해 봉관조와 닭을 교배한다고 내게 말했다. 그러나 생물학자들은 이 두 종의 진화적인 거리 때문에 교배에 성공할 가능성을 의심했다.

아마존 닭들의 존재에 대한 흥미로운 보고서는 16세기 독일의 정복자인 니콜라스 데 페데르만(Nicolas de Federman)에게서 나왔다. 그는 황금을 발견하려는 비인가 탐험에 나서서 1530년에 북쪽의 오리노코 분지를 탐사했다. 25년 뒤에 발간된 책에서 그는 베네수엘라 밀림에서 수탉이 우는 소리를 들었다고 주장했다. 현지인들은 이 새가 큰 집을 타고서 남쪽 대양에서 왔다고 말했다. 역사학자들은 닭이 대서양 쪽에서 포르투갈 배를 타고서 밀림 속으로 들어온 것으로 해석했다. 하지만 페데르만의 정보원들은 태평양 쪽에서 온 폴리네시아 카누를 가리켰을 가능성이 높다.

이보다 이태 전에 프란시스코 피사로(Francisco Pizarro)는 남아메리카의 서쪽 가장자리인 안데스 산맥에 도착했다. 반세기 뒤에 잉카제국을 상대로 정복전을 펼친 이 베테랑은 페루에서 "카스티야의 흰 닭 몇 마리"을 만났다고 회상했다. 그러나 1세기 가까이 발굴이 진행되었음에도 불구하고 콜럼버스 이전의 닭들에 대한 고고학적 증거는 발견되지 않았다. 그러나 일부 학자들에 따르면 패배당한 황제 아타우알파(Atahuallpa)의 이름이 닭을 가리키는 케추아어와 관련이 있다고 한다. 리마의 한 박물관은 2,000년 된 테라코타 그릇을 전시하고 있는데 모양이 볏, 육수, 꼿꼿이 선 꼬리 등 수탉을 많이 닮았다. 미술사가들은 이것이 실제로 당시에 살았던 닭을 묘사한 것인지, 아니면 현지의 도공(陶工)이 상상으로 만들어낸 작품인지 확실하지 않다고 말한다.

확실한 것은, 닭이 새로 아메리카에 도착했다면 그 대륙에 아주 빠르게 적응했다는 것이다. 1580년대에 한 예수교 수도사는 원주민들이 양과 소를 피하고 개와 닭을 기른다고 썼다. 그들은 개들과 함께 사냥을 했고 닭들은 아주 조심스럽게 다루었다. "여자들은 닭을 등에 업고서 자식처럼 키운다."라고 그는 썼다. 또 그 새들이 포르투갈에 있는 것보다 "훨씬 크다."라고 적었다. 아마도 봉관조 종류를 닭으로 착각했을 가능성이 많다. 닭들은 곧 널리 퍼졌고 들고 다닐 수 있어서 세금을 내는 수단으로 쓰였다. 일부 브라질 원주민들은 포르투갈 사람들에게 닭으로 대금을 지불했고, 암탉과 달걀은 에스파냐가 장악한 지역에서는 정규 세금 납부 품목이었다.

16세기가 끝나갈 무렵, 저지대에서 가져온 달걀은 볼리비아, 페루, 멕시코의 산간지대와 고원에서 화폐로 사용되었다. 닭들은 유럽, 아프리카, 아시아로부터 남아메리카와 중앙아메리카에 도착했다. 남아프리카 출신의 반투족 노예들은 1575년경에 브라질에 아프리카 닭을 가져왔다. 이러한 유전자의 뒤섞임은 신세계 닭의 근원을 알아내고자 하는 유전학자들에게 아주 까다로운 도전이 되었다. 이 때문에 엘아레날 닭 뼈의 발견과 연대 측정이 전 세계의 주목을 받았던 것이다.

이 닭 뼈들은 발굴 대장의 산티아고 집에서 2년 이상 먼지를 뒤집어쓰고 있었다. 그러다가 리사 마티수스미스(Lisa Matisoo-Smith)라는 이름의 뉴질랜드 고고학자가 칠레에 회의차 참석하러 왔다가 이 뼈에 대한 이야기를 들었다. 2006년 1월에는 칠레에 있는 리사의 동료가 산티아고 공항에서 뼈 하나가 든 비닐 가방을 리사에게 내밀었다. 오클랜드 대학교의 실험실로 돌아온 리사는 이 표본을 다시 박사 과정의 제자인 앨리스 스토리(Alice Storey)에게 넘겼다. 앨리스는 이 뼈를 세 조각 냈다. 한 조각은 독립적인 방사능 탄소 연대 측정을 위해 웰링턴의 연구소에 보냈는데, 그 닭이 1304년에서 1424년 사이에 살아서 움직였다는 결과가 나왔다. 두 번째 뼈는 DNA 추출을 위해 오클랜드의 매시 대학교로 보냈다. 한편 앨리스는 세 번째 뼈를 가지고서 자신의 집 실험실에서 DNA 추출 작업을 하기로 했다.

그 당시 태평양 닭들의 전형적인 유전자 구성이 어떻게 되는지 아무도 알지 못했다. 그래서 리사의 연구 팀은 기원전 1000년에서 기원후 1500년 사이의 폴리네시아 닭 뼈 37개를 수집하여 이들의 DNA를 비교하기로 했다. 그들은 또 칠레 원주민이 기르던 아라우카나의 깃털도 뽑았다. 이 닭은 귓볼에 깃털 다발이 있고, 꼬리 깃털은 없으며, 연푸른색 혹은 연녹색 알을 낳는 특이한 닭들이었다. 일부 번식업자들은 이런 독특함은 콜럼버스 이전의 닭들이 갖고 있던 특질이 후대에 전해진 것이라고 생각한다. 폴리네시아의 오래된 닭 뼈들 중 약 3분의 1에서 DNA 배열이 나왔다. 이스터 섬에서 발굴된 뼈들도 포함되었는데, 아메리카 대륙의 해안에서 서쪽으로 3,200킬로미터쯤 떨어진 곳이므로 폴리네시아인들이 남아메리카와 접촉할 때 징검다리로 사용했을 것으로 짐작된다.

엘아레날 닭 뼈는 통가, 아메리칸사모아, 이스터 섬의 오래된 뼈들에서 DNA 배열과, 그리고 살아 있는 아라우카나의 DNA와도 아주 유사했다. 이스터 섬의 표본은 고대 칠레 닭의 표본과 단지 하나의 기본쌍만 달라서 거의 같은 닭이라고 보아도 무방하다. 이런 여러 정보의 조각들은 딱 들어맞는다. 이에 따라 2007년 논문은 "고대 폴리네시아의 단상형(單相型: 한 개의 염색체상에 다형의 유전자 자리가 조밀하게 연쇄하여 존재하는 경우, 동일 염색체상에 연쇄하는 각 유전자 자리의 대립유전자 조합―옮긴이)이 현대의 칠레 닭들에서도 여전히 유지되고 있는 것이다."라고 결론지었다. "유럽산 닭이 도입된 지 600여 년이 지났지만, 이 유전자 배열은 고대 태평양 선조들의 유전자 배열에서 거의 벗어나지 않았다."

오스트레일리아에 사는 남아메리카 유전학자인 하이메 공고라(Jaime Gongora)는 이 결과에 회의적이다. 공고라는 시드니 대학교에서 가르치고 있는데 콜롬비아의 농촌에서 닭들과 함께 자랐다. 그는 어린 시절 왜 아라우카나는 푸른 알을 낳을까 의아했던 것을 떠올렸다. 앨리스 스토리가 닭 뼈를 분석하는 동안, 공고라는 동아시아 유전자의 흔적을 가진 남아메리카 닭들의 유전자 배열을 연구하고서 이런 혼합은 1930년경에 이루어진 것이라고 결론 내렸다. 마티수스미스와 앨리스 스토리가 자신들의 1차 연구 결과를 그에게 알려주었을 때 그는 1492년 이전의 연대에 대해서는 회의를 품고 있었다.

시드니 거리에 나가면 폴리네시아 사람으로 오해받을 법한, 땅딸막한 체구의 사내 공고라는 대학교 근처에 있는 태국 식당에서 나와 만났다. 식사하는 동안 그는 우리가 나누어 먹던 새우 요리를 가리켰다. 우리가 식사를 하고 술을 마실 때, 우리는 우주의 빛이 지구의 대기권을 때릴 때 생기는 방사성 동위원소 탄소 14, 혹은 방사성 탄소라고도 하는 것을 흡수하게 된다. 이 탄소는 하늘, 땅, 물에 스며 들어가 있다. 시간이 흐르면서 이것은 전자와 방사능을 잃어버리게 된다. 이런 부패 과정에서 유기 물질이 얼마나 남았는가를 따짐으로써 과학자들은 목탄, 씨앗, 뼈 조각의 연대를 정확하게 파악해낼 수 있다. 그러나 대양은 아주 깊은 바다 속에 있는 아주 오래된 물을 불과 최근의 표면 물과 뒤섞는다. 방금 새우 요리를 먹은 사람의 방사성 탄소 연대를 알아보면 몇 그램의 체중 증가와 더불어 나이를 몇 년 더 먹은 것으로 나온다. 과학자들은 이것을 가리켜 해양 저장소 효과(marine reservoir effect)라고 부른다. 그러면서 공고라는 만약 엘아레날 닭들이 바다 가까운 곳에 살았다면 그 닭들은 해물을 먹었을 것이고, 그리하여 그들의 뼈는 콜럼버스 이전의 연대인 것처럼 측정될 수 있다고 추측했다.

"만약 닭들이 어부의 집에서 살았다면 어부가 잡아온 물고기를 먹었을 것입니다."

그러나 마티수스미스와 앨리스 스토리의 논문은 이런 효과를 감안하지 않았다.

공고라와 남오스트레일리아 소재 애들레이드 대학교의 앨런 쿠퍼(Alan Cooper)를 포함한 다른 사람들은 유전자 분석을 그리 신뢰하지 않는다. 41마리의 현대 칠레 닭에서 나온 혈액 표본 속에서 이들은 그 닭들이 유럽산 닭과 공통되는 단상형을 가지고 있음을 발견했다. 엘아레날 닭 뼈는 전 세계적으로 발견되는 가장 흔한 DNA 배열을 가지고 있다. 일부 학자들은 그 뼈가 앨리스 스토리의 분석 과정에서 현대의 유전 물질로 오염이 되었으리라고 의심한다. DNA 염기서열 결정법(DNA sequencing)에는 이런 오염의 위협이 늘 존재한다. 하와이 고고학자인 헌트는 당초 마티수스미스 연구팀에 소속되었으나 공고라의 증거가 설득력 있다고 생각한다.

닭 뼈에 대한 논쟁은 계속되었다. 마티수스미스, 스토리, 칠레의 동료들은 동위원소 분석을 이용하여 엘아레날 닭들이 해물이 아니라 옥수수 같은, 땅에서 나는 사료를 주로 먹었던 것으로 확정했다. 이들은 오염이 있었다는 사실을 부정하고 공고라와 그의 동료들의 분석을 받아들이지 않았다.

"우리의 결과를 부정할 수 있는 자료를 내놓은 사람은 아무도 없습니다."

마티수스미스가 최근 나에게 말했다. 그러나 그녀의 팀은 엘아레날 닭들을 아라우카나와 연결시켰던 주장은 철회했다. 후자의 닭은 공고라가 주장한 것처럼 대체로 21세기의 닭인 것처럼 보이기 때문이다. 별도의 분자생물학자 연구팀은 그때 이후 현대 닭들의 DNA 연구는 닭들이 신세계에서 두 가지 단계로 퍼져나갔음을 보여준다고 주장했다. 이것은 초창기에는 폴리네시아 태평양의 닭이 들어왔고 그 다음은 대서양을 통하여 에스파냐 사람들에 의해 수입되었다는 이야기를 뒷받침한다.

닭이 태평양 혹은 대서양을 통해 처음 아메리카에 도착한 사실 여부를 제쳐놓는다 하더라도, 이러한 논쟁은 폴리네시아인들이 콜럼버스 이전에 신세계에 도착했을 가능성을 새로운 각도에서 살펴보게 한다. 최근의 유전자 연구는 고구마가 안데스 고원지대의 사람들에게서 폴리네시아 사람들의 손으로 건너가, 다시 서쪽으로 뉴질랜드까지 퍼졌다는 것을 밝혀냈다. 바람과 해류 연구에 따르면 이스터 섬을 떠난 폴리네시아 카누는 칠레 해안에 도착할 수 있다. 먼저 북쪽으로 에콰도르로 가는 해류를 타고서 항해하다가 이어 무역풍을 타고서 빙 돌아서 서쪽으로 갈 수 있다는 이야기다.

역사적 기록들은 태평양 연안의 남아메리카 사람들이 돛을 사용했고 또 해안에 떠 있는 무역 기지를 운영했다는 사실을 보여준다. 남아메리카 서부의 남단에 사는 부족들이 사용하는 단어, 도구, 제례의 대상, 나무 조각을 이어 만든 카누 등은 폴리네시아의 것들과 많이 닮았다. 폴리네시아의 용감한 항해자들이 지구 면적의 3분의 1을 차지하는 태평양을 탐험하여 미지의 역사를 재구성하는 데에는 닭이 중요한 도구로 등장했다.

닭은 인간만큼이나 오랫동안 하와이 군도에서 번성해왔다. 카우아이 섬에 많이 집중되어 있는 섬 신화는 음험한 수탉과 아름다운 여인이 암탉과 인간 사이를 왕복하며 변신하는 이야기들로 가득 차 있다. 한 신화에서, 레페아모아(Lepe-a-moa)라는 덕성 높은 암탉 여인이 마우이의 왕인 사악하고 강력한 수탉을 공격한다. 통치자의 바보 같은 반대자들은 투계장에서 그들의 카누, 매트, 머리장식, 심지어 그들의 뼈까지도 도박으로 잃어버린다. 그러나 레페아모아는 오아후 왕의 선수로 투계장 안에 들어서서는 마우이 수탉을 패배시킨다. "그녀는 그를 산산조각 내버리고, 싸움은 무성하게 날아오르는 깃털의 구름 속에서 끝났다."라고 한 신화는 서술한다.

하와이 전통 문화에서 닭은 오랫동안 왕족과 마법의 함의(含意)를 갖고 있었다. 카메하메하(Kamehameha) 왕의 승리를 축하하는 18세기 노래는 이렇게 말한다.

"하와이는 투계장이고, 이 땅 위에서 잘 먹인 수탉들이 싸운다."

여기서 수탉은 곧 섬의 추장을 가리킨다는 것을 알 수 있다. 하와이에서 작업하는 고고학자들은 오래된 상류 계급 가문의 집에서만 닭 뼈를 발굴하고 평민의 집에서는 거의 발굴하지 못한다. 태평양에 정착한 용감한 모험가들은 문서를 남기지 않았고 유물도 아주 드물기 때문에, 이런 귀중한 연골들은 그 모험의 시대를 들여다볼 수 있는 중요한 단서가 된다. 현재 과학자들은 이런 단서들을 종합하기 시작했다.

폴리네시아 닭 뼈들이 많이 나오는 발굴지는 카우아이 해변 위쪽에 있다. 마카우와히(Makauwahi) 동굴은 태평양을 만나는 높은 절벽들 사이와, 소형 요트 타는 사람들이 좋아하는 모래 고운 해변 근처의 움푹 들어간 공간에 형성된 석회석 동굴이다. 저 멀리 하우푸 산이 우뚝 솟아 있는 것이 보이는데 이 뾰족한 봉우리는 쿠 신과 히나 여신의 거주지다. 고대 창조 신화에 따르면 히나 여신은 알을 낳았고 거기서 닭이 태어났다.

동굴은 거대한 절임 항아리다. 지난 수천 년간의 지질학적 변화, 생물적 침입, 주변 풍경을 계속 바꾸고 또 그 섬의 역사를 대부분 주관해온 인간들의 파도 등을 간직하고 있다. 고고학자 데이비드 버니(David Burney)는 우연하게도 태평양 전역에서 가장 풍부한 화석 유적지를 발견했다. 1992년 그는 관광객들의 발자국을 따라서 걷다가 비좁은 공간이 뚫려 있는 어떤 암벽과 18미터 높이로 솟아오른 거대한 타원형 바위를 발견했다. 그때 이후 그는 바위 밑의 검은 진흙층을 탐사했다. 최근에 나온 영화 〈캐리비안의 해적*Pirates of the Caribbean*〉에서 잭 스패로 선장이 동굴 입구에서 밑으로 떨어져 내리기 전에, 그 역을 맡은 배우 조니 뎁에게 버니는 이 일대를 구경시켜 주기도 했다.

산들바람이 불어오는 어느 날 아침 내가 현장에 도착해보니, 버니는 연초록 찌꺼기들로 뒤덮인 깊은 구덩이 바닥에서 작업을 하고 있었다.

그는 검은 침전물을 양동이에 가득 채운 후 6미터 높이의 알루미늄 사다리를 올라와 자원봉사자에게 양동이를 건네주었다. 이 걸쭉한 진흙을 모래사장으로 가져가 그물망 상자에 쏟으면 진흙이 밑으로 빠지면서 뼈와 조개껍질을 남겼다. 잘 기른 회색 수염처럼 깔끔한 모습인 버니는 나보고 사다리 아래로 내려오라고 말했다. 내가 아래로 내려가기 시작하자, 그는 내가 현재 범선의 선원들이 물물 거래한 유리와 쇠못이 발견된 지층을 통과하고 있으며 이어 4세기 전에 쓰나미가 가져온 큰 바위들이 있는 지층을 지나고 있다고 말했다. 그 돌들을 치우는 것은 아주 힘든 작업이었으나 이 덕분에 선사시대의 지층이 후대의 손때를 타지 않았다. 사다리를 3분의 2쯤 내려갔을 때, 그가 멈추라고 소리쳤다.

"여기가 닭 뼈들이 발견된 지층입니다."

그는 내 코 바로 앞의 검은 지층을 가리키며 말했다.

"이 뼈들은 현대의 것과 전혀 섞이지 않았다고 확신합니다. 여긴 켄터키 프라이드치킨이 전혀 없다고 봐야지요."

여러 세기 동안 손때 묻지 않고 또 오염되지 않은 닭 뼈를 발견한다는 것은 대단한 작업이다. 닭 뼈들은 전통적인 마을에서는 하루 혹은 이틀 이상을 버티지 못한다. 개, 쥐, 다른 동물들이 남아 있는 부분을 먹어치우기 때문이다. 또 벌레와 흙이 아주 미세하게 남아 있는 것마저도 해치워 버린다. 버니는 땅이 산성이면 뼈는 부식하고 씨앗은 화석이 된다고 말했다. 만약 알칼리성이면 뼈는 화석이 되고 식물은 부식해버렸다. 그런데 이 동굴에서는 알칼리성 석회석과 산성 지하수가 서로를 중화시켰다.

"이곳은 골디락스 존(Goldilocks zone: 우주에서 생명체가 거주 가능한 영역을 말한다—옮긴이)입니다. 완벽한 페하(pH: 수소 이온 농도 지수)를 유지하고 있지요. 그러니까 두 타입이 모두 보존되는 겁니다. 기본적으로 여기 있는 것은 모두 보존됩니다. 한장 한장 고스란히 남아 있는 일기장처럼 말입니다."

버니가 말했다.

우리는 사다리를 올라가서 금방 절벽 가장자리로 고개를 내민 뜨거운 태양 아래로 나와서 곧 그늘로 들어갔다. 하얀 테니스 모자를 쓴 은퇴한 여성이 직사각형 상자 속에서 6밀리미터 간격의 그물망을 들고서 진흙을 분류하고 있었다.

"작은 달팽이 같은 것은 소용없고 닭 뼈나 씨앗 같은 것만 추려내도록 하세요."

버니가 작업 중인 여성에게 말했다.

"문제는 사람들이 한 번에 너무 많이 골라내려 한다는 겁니다."

그가 내게 말했다. 그 여자는 정원의 수도 호스를 가져와서 진흙을 용해하기 시작했다. 그녀가 작업을 끝내자 우리는 호스를 가져와 무릎까지 달라붙은 진흙을 씻어냈다.

버니는 발견한 닭 뼈들을 남오스트레일리아의 애들레이드 대학교로 보냈다. 하와이에서 그곳까지는 8,000킬로미터 거리로, 예전 같았으면 범선으로 몇 주가 걸렸지만 요즘은 비행기로 열 시간이면 간다. 그 뼈들은 애들레이드 대학교의 멋진 식물원 한가운데에 있는 건물에 도착했다. 최근까지만 해도 오래전에 죽어버린 표본에서 가느다란 DNA 가닥을 추출하는 것은 공상과학 소설에나 나오는 이야기였다. 그러나 이제 연구조사자들은 해저에서 퍼 올린 3만 2,000년 된 해조류, 8만 년 된 원시인, 70만 년 전에 살았던 말들에서도 DNA를 추출하고 있다. 이 기술 덕분에 인간의 동반자인 닭은 인류가 지구상을 돌아다닌 과정을 이해하는 데 중요한 지표가 되었다.

이 작업이 어떻게 이루어지는지 알아보기 위해 나는 오스트레일리아의 고대 DNA 연구소를 방문했다. 젊고 얼굴이 동그란 여성 페기 매퀸(Peggy Macqueen)이 입구에서 맞아주었다. 그녀는 하얀 머리를 짧게 깎고 있었고 검은 옷을 입었다. 그녀는 내가 도착하기도 전에, 이미 내게 샤워를 하고 깨끗한 옷으로 갈아입으라고 말해놓은 터였다. 나는 현관에 붙은 자그마한 탈의실에 카메라와 전화기, 노트북, 펜 등을 맡겼다. 이런 엄격한 절차는 내 것이든 아니든 상관없이 내 손과 머리카락, 내 숨결 등에 붙어 있는 무수한 유전자 암호로부터 표본을 보호하기 위함이었다. 아주 미세한 달걀 샌드위치 찌꺼기도 버니의 닭 뼈를 분석하는 작업에 혼동을 일으킬 수 있기 때문이다.

매퀸은 홀 아래쪽으로 나를 데려가더니 계단을 올라가 탈의실로 들어섰다. 그곳에서 우리는 하얀 전신 작업복, 얼굴 마스크, 장갑을 착용했다. 우리는 탈의실 한가운데에 있는 무릎 높이의 벤치에 앉아서 옷을 입었다. 그리고 그녀는 마지막 단계 지역에 이르러 내게 두 번째로 라텍스 장갑을 끼게 했고 실험실에 들어가기 직전에 마지막으로 세 번째 장갑을 끼게 했다.

마침내 우리는 공기 차단 공간을 지나서 실험실 안으로 들어섰다. 방 안으로 들어서면서 나는 가려지지 않은 내 얼굴에 약한 공기가 획 하고 지나가는 것을 느꼈다. 실험실 안의 기압은 오염을 예방하기 위해 실외보다 약간 높게 설정되어 있었다. 우리가 들어선 방은 하얀 벽, 카운터, 두 대의 컴퓨터가 전부였다. 실험실에 들어서면 흔히 만날 수 있는, 절반쯤 차 있는 커피 컵들, 서류판, 절반쯤 입을 벌린 배낭 등은 보이지 않았다.

매퀸은 나를 반대편 쪽 통로로 나가는 철문으로 안내했고 그 문을 열자 식당의 냉장고만 한 크기와 형태, 온도 조절 장치를 갖춘 방이 나왔다.

사방 벽은 작은 방들로 가득 들어차 있었고 그 자그마한 공간마다 비닐 봉지와 상자가 가득 차 있었다. 시베리아 들소, 파타고니아 검치호랑이, 가장 덩치가 큰 포유류 육식동물인 자이언트 쇼트페이스드 베어(giant short-faced bear)의 뼈들이 영화 〈쥐라기 공원Jurassic Park〉처럼 부활을 기다리고 있었다. 자이언트 쇼트페이스드 베어는 미국 숲 속을 돌아다녔을 때 몸무게가 1,600킬로그램에 가까웠다. 이 세 종은 약 1만 2,000년 전에 인간의 손에 멸종된 동물들이다. 조류만을 다룬 부분도 있었다. 냉장실 반대편에는 태평양 지역에서 보내온 수십 개의 닭 뼈들만 모아놓은 공간이 있었다. 이 뼈들은 바누아타, 이스터 섬, 그리고 나보다 먼저 하와이를 출발하여 이곳에 와 있는 마우카우와히 동굴 등의 뼈들이었다. 닭은 여기서 다른 새들과는 다른 취급을 받았다.

홀 아래로 내려가서 우리는 자동차 세차장의 끝부분처럼 송풍기들이 있는 방으로 들어갔다. 그 너머의 커다란 방이 겉 표면에 묻어 있는 화학물질을 제거하기 위해 매퀸이 연골을 씻는 곳이었다. 그녀는 연골의 한 부분을 잘라서 상자형 복사기 크기인 미세 분쇄기(Mikro-Dismembrator)에 집어넣었다. 그러자 그 기계는 10초 만에 그 뼈를 갈아서 아스피린 파우더보다 미세한 가루로 만들었다. 이것을 그녀는 효소 용액에다 집어넣었다. 이 용액은 유기 물질을 분해하여 거기서 나오는 기다란 DNA 가닥을 아주 작고 관리 가능한 크기로 잘라준다. 그것을 부화기에서 섭씨 54도로 밤새 구운 뒤에, 원심분리기에서 5분 동안 1만 rpm으로 돌려서 다양한 요소로 분해한다. 이어 그녀는 분자 급의 물을 첨가하여 같은 표본을 다시 한 번 원심분리기에 돌린 후 그 결과를 한 시간 정도 배양한다.

"이렇게 하면 약간 손상된 자그마한 파편에서 아주 깨끗한 DNA를 얻게 됩니다."

매퀸의 목소리는 마스크 때문에 약간 웅얼거리는 것처럼 들렸다.

"그런 다음에 DNA를 확대하는 거지요."

우리는 실험실에서 가장 제한된 지역인 세 번째 방으로 들어갔다. 일련의 유리벽들이 쳐진 방들인데 창문 밖으로 식물원에 핀 장미가 내다보였다. 책상, 의자, 그리고 길고 비좁은 카운터만 있는 노란 방은 오로지 동물 DNA 자료만을 위한 방이었다. 여기에서 매퀸은 폴리머라제 연쇄반응(PCR, Polymerase chain reaction)이라는 기술을 사용하여 자그마한 하위 등급 DNA를 수천 개 혹은 수만 개 만들어낸다. 심하게 손상된 뼈에서 나온 DNA라 할지라도 비교적 쉽게 분석될 수 있다. 1980년대 초에 개발된 이 기술 덕분에 PCR 발명자는 노벨 화학상을 받았다. 모든 살아 있는 동물들의 유전자 코드를 읽어낼 수 있는 수단을 발명했다는 것이 수상 이유였다.

"이제 마지막으로 DNA를 테스트 관에다 넣고 이것을 깨끗하게 한 후 기계에다 집어넣는 겁니다. 그리고 문을 닫으면 그때부터 확대 DNA가 되는 겁니다."

매퀸이 말했다.

그 다음 일은 씻고, 씻고, 좀 더 깨끗이 씻는 것이다. 이 방 안에 가능한 한 사라진 DNA가 남아 있지 않게 하기 위하여 책상, 카운터, 의자, 기타 모든 것을 깨끗이 씻어야 한다. 한 표본에서 나온 보이지 않는 가닥들이 문을 통해서 들어온 다음 표본을 오염시킬 수 있으므로 이런 사전 예방조치가 필수였다. 그녀는 실제 연구에 돌입하기보다는 청소에 더 많은 시간을 투자했다. 그녀는 남들로부터 떨어져서 효율적으로 일해야 했다. 화장실을 가려면 지금까지 해온 절차를 다 다시 반복해야 했다. 이처럼 철저하게 제약을 두고 있기 때문에 이곳에 하루에 들어올 수 있는 횟수도 일정하게 제한되어 있다. 커피와 그녀가 좋아하는 초콜릿 등 모든 음식과 음료는 금지되어 있다. 실험실 건물조차 나머지 캠퍼스로부터 격리되어 식물원 한가운데에 있다. 이것은 오염을 막으려는 또 다른 조치다.

일단 DNA가 안전하게 복사되면 그녀는 일부는 냉장고에 집어넣고 나머지는 관에 넣어서 10분 떨어진 거리인 생물학 건물로 가져간다. 최근까지도 그녀는 무더운 날에는 서둘러서 가야 했다. 더운 날씨는 표본을 손상시킬 수도 있기 때문이다. 하지만 요즘은 이 귀중한 자료를 안정시켜 주는 새로운 화학 약품을 사용하기 때문에 그녀는 식물원을 통과하여 천천히 캠퍼스로 가도 된다. 그렇지만 이 일은 여전히 까다롭고 때로는 짜증이 나기까지 한다.

"이 오래된 뼈들에서 미토콘드리아 DNA를 얻는 것은 어려운 일이에요."

매퀸은 무의식적으로 카운터를 두 번째로 닦아내며 말했다.

"어떤 표본이 시도해볼 만한 가치가 있는지 결정을 해야 합니다."

우리는 방호복을 벗었고 매퀸은 외투를 입고 가죽 배낭을 메더니 나를 캠퍼스가 마주보이는 실험 사무실로 데려갔다. 식물원의 카페에서 그녀는 자신이 북부 오스트레일리아의 농장에서 소와 닭과 함께 컸다고 말했다. 나중에 그녀는 농촌의 가난한 사람들을 위해 양계를 권장하는 개발 프로그램에 들어가 동남아시아에서 일했다. 그곳에서 사람들은 덩치가 크고 가슴이 불룩한 서구 닭을 도입했다. 그 닭들은 지난 세기에 유럽산과 아시아산을 교배하여 얻은 품종이었다. 라오스와 캄보디아의 현지인들은 알을 덜 낳는 작고 마른 토종닭을 더 좋아했다.

"그들은 토종닭이 더 맛있다고 말했어요. 그건 맞는 말이었지요."

그녀가 말했다. 프로그램은 실패했고 그녀는 전직했다.

그녀는 동남아시아에 근무하던 시절 닭이 그들에게는 음식 이상의 의미라는 것을 발견했다. 닭은 오락, 종교적 의례, 도박 등 다목적으로 활용되었다. 고대 폴리네시아에서 닭의 고기와 알은 장거리 여행에서 신선한 음식의 원천이었다. 하지만 동남아시아의 다른 많은 부족민들과 마찬가지로 폴리네시아인들은 달걀을 많이 먹는 사람들이 아니었다. 그보다는 닭 뼈를 꿰매기와 문신 새기기 도구로, 깃털을 장식용으로, 수탉을 도박의 도구로 활용했다. 투계는 주된 오락이었지만 동시에 종교적 의례와도 관련이 있었다. 타히티 섬에는 '루아이파토아(Ruaifaatoa)'라는 투계의 신이 있고, 이곳에서는 닭이 인간과 동시에 창조되었다는 전설도 있다.

매퀸은 나를 앨런 쿠퍼(Alan Cooper)의 사무실로 안내했다. 쿠퍼는 고대 DNA 연구소의 소장인데, 12년 전에 이 연구소가 발족했을 때 DNA를 다루는 엄격한 절차를 수립한 사람이다. 뉴질랜드 사람인 쿠퍼는 부스스한 머리에 소년 같은 얼굴을 한 남자였고 마치 다음 회의에 늦을 것을 우려하는 사람처럼 재빨리 말을 했다.

"태평양은 참으로 다루기가 난감합니다."

쿠퍼는 말했다. 고고학자들이 볼 때, 이 방대한 지역은 결코 낙원이 아니다.

"인간의 뼈들이 충분히 있는 것도 아니고, 보존 상태도 좋지 않으며, 작업하기도 어려운 곳입니다."

그래서 동물들의 뼈가 인간의 이동을 파악하는 데 더 좋은 대체 수단이 된다. 왜냐하면 동물 뼈는 인간 뼈보다 더 흔하고, 인간 뼈를 건드리면 무덤 속의 조상들이 화를 낼 거라고 두려워하는 현지인들을 당황하게 만들 필요도 없기 때문이다. 폴리네시아 정착민들이 모두 동일한 식물과 동물을 휴대한 것은 아니었다. 예를 들어 이스터 섬에서는 선사시대의 돼지나 개 뼈들은 발견되지 않았다.

"그리고 쥐들은 정말 골치 아픈 놈들입니다."라고 쿠퍼는 말했다. 쥐들은 섬들 사이를 오가는 배에 몰래 들어가서 이 섬, 저 섬을 돌아다녔고, 그래서 쥐들의 유전적 특징은 닭보다 훨씬 뒤죽박죽이다.

닭은 태평양 지역에 인간들이 정착한 과정을 추적하는 데 가장 좋은 방법이라고 쿠퍼는 말했다. 적색야계의 고향에서 동쪽 가장자리에 해당하는 발리 서쪽에서 발견되는 닭 뼈는, 인간이 그 닭을 배에 태워 함께 이동했다는 확실한 표시다. A, B, C, D라는 숫자가 부여된 단상형을 가지고 DNA 배열을 조립함으로써, 분자생물학자들은 태평양을 가로질러 서쪽에서 동쪽으로 이동하는 점들을 연결시킬 수 있다. 데이비드 버니가 발굴해낸 오래된 뼈들은 아주 희귀하므로, 조사 연구는 유럽인 도래 이전의 유전자를 갖고 있을지도 모르는 현대 닭의 DNA 표본을 포함한다. 쿠퍼의 팀은 122개의 현대 닭 표본과 22개의 오래된 표본에서 DNA를 추출했는데, 오래된 것이든 현대의 것이든 대다수가 D라고 지정된 단상형을 공유한다는 것을 발견했다.

D 그룹을 공유하지 않는 것들은 대부분 E 단상형을 가지고 있었는데, 가까운 시대에 외부 세계와의 접촉이 많았던 인구 조밀한 지역에서 나왔다. 매퀸이 솔로몬 제도에서 남동쪽으로 960킬로미터쯤 떨어진 바누아투 오지 마을에서 가져온 표본 타입이었다. 버니가 마우카우와히 동굴에서 발견한 네 개의 오래된 닭 뼈들, 그리고 이스터 섬의 선사시대 유적지에서 나온 여섯 개의 표본도 역시 D 타입이었다. 이 D라는 단상형은 네 개의 특정한 유전자 배열을 종합하는데, 이로 인해 연구 조사자들은 닭들이 서쪽에서 동쪽으로 이동해간 과정, 나아가 인간이 이동해간 과정을 추적할 수 있다.

"폴리네시아 닭들은 조상 닭의 유전자 패턴을 오늘날의 집닭에서 여전히 발견할 수 있는 몇 안 되는 사례 중 하나다."

쿠퍼와 동료들은 2014년 논문에서 이렇게 주장했다. 이 닭들은 콜럼버스 이전의 닭들이 갖고 있던 순수한 유전적 자료를 아직도 보유하고 있을 가능성이 있다.

쿠퍼의 팀은 사람들이 두 가지 주된 경로를 따라 이동했다는 것을 발견했다. 첫 번째 경로는 뉴기니에서 폴리네시아권의 북쪽 끝인 미크로네시아로 이동하는 것이다. 일단 그들이 미크로네시아에 도착하면 여러 자그마한 섬들에 그대로 정착했을 것이다. 필리핀에서 동쪽으로 2,400킬로미터 떨어진, 괌의 격리된 미크로네시아 섬에 사는 현대 닭들은, 다른 태평양 섬들의 닭들과는 공유되지 않는 단상형 D의 독특한 형태를 보유하고 있다. 반면에 다른 괌 닭들은 필리핀, 일본, 인도네시아에서 발견되는 하위 그룹에 연결되어 있다. 미크로네시아는 폴리네시아권의 주류에서 벗어나 있었다. 이와는 반대로, 이스터 섬과 하와이의 오래된 닭들은 뉴기니, 솔로몬 제도를 통과하여 그 다음에 동쪽으로 나아갔다. 버니가 발견한 닭들의 조상은 멜라네시아를 통해서 왔다. 이것은 광대한 섬 집단으로 솔로몬 제도를 포함하고 또 동쪽으로 피지까지 내뻗는다.

이런 발견 사항에다 태평양 전역에서 고고학자들이 발굴한 뼈, 도자기, 유물의 연대를 종합하면, 인간이 크게 도약했다가 발전이 멈추었다는 사실을 알 수 있다. 최초의 가장 긴 발전의 중단은 뉴기니 동쪽에 있는 솔로몬 제도인데, 이 섬들은 그 다음 섬들로부터 320킬로미터 이상 떨어져 있다. 람세스 대왕이 이집트의 옥좌에 앉아 있고 최초의 닭들이 이집트에 들어왔던 기원전 1200년에 이르러, 초창기 폴리네시아인들은 대양을 건너 피지까지 진출했다. 그들은 거기서 한동안 머물다가 다시 기원전

900년경에 사모아와 통가에 정착했다. 동쪽으로 연이어진 이동에 또 다른 긴 발전의 중단이 있었다. 폴리네시아 탐험가들은 세계에서 가장 큰 바다의 한가운데에서 엄청난 공허를 직면했던 것이다. 그리하여 겨우 기원후 11세기가 되어서야 남태평양 중심부의 소시에테 제도에 사람들이 정착했다. 마지막 비약적인 이동은 일반적으로 생각해온 것보다 몇 세기 뒤인 13세기경에 이루어졌는데, 폴리네시아 사람들이 마침내 하와이 군도와 이스터 섬에 도착한 것이다.

폴리네시아권을 만들어낸 문화의 근원은 아직도 신비의 상태로 남아 있다. 고고학자들은 이를 '라피타(Lapita)'라고 부르는데, 뉴기니와 뉴질랜드 중간쯤에 있는 뉴칼레도니아 섬에서 1950년대에 발굴한 어떤 유적지에서 나온 이름이다. 그때 이후 고고학자들은 이 지역 일대에서 유사한 유물을 가진 수백 개의 유적지를 발견했다. 유물로는 돌도끼, 고구마, 사탕수수, 호리병박, 타로감자, 바나나, 대나무, 울금, 돼지, 쥐, 개, 닭 등이 있다. 달팽이 같은 밀항자도 있다. 사람들은 대나무 기둥 위에 세운 집에서 살았고, 토기에다 음식을 구웠고, 낚시를 했다. 그러나 이런 물건, 식물, 동물 전통이 어떻게 결합되었는지, 이 사람들은 어디에서 왔는지, 그들은 언제 어떻게 다른 주요한 섬들로 이동했는지 등은 여전히 뜨거운 논쟁의 주제다.

한 가지 견해는 이러하다. 라피타 사람들은 중국에서 쌀농사를 짓던 이주자다. 그들은 바다를 건너 타이완으로 왔고 다시 남쪽으로 이동하여 필리핀과 인도네시아를 거쳐, 뉴기니같이 사람들이 내륙에서 농사를 짓던 섬들을 우회하여 곧바로 대양으로 나섰다. 다른 견해는 라피타 사람들이 인도네시아와 필리핀 사이에 있는 여러 섬들에서 왔으며 동쪽으로 퍼져나가 멜라네시아에 도착했고 이어 태평양으로 들어섰다는 것이다.

세 번째 견해는 폴리네시아인들이 멜라네시아로 여행하지 않았으며 그 지역의 자생 민족이라고 주장한다. 오래된 언어 이론을 바탕으로 이런 의견의 불일치가 나오고 있는데, 이는 고고학적 자료가 얼마나 희소한지 잘 보여준다.

쿠퍼의 팀은 집닭들이 초창기에 필리핀에서 라피타 물품 속에 들어 있었다는 흥미로운 암시를 한다. 단상형 D에 들어 있는 유전적 하부 그룹 4개가 필리핀 남부의 자그마한 섬인 카미긴에 사는 현대 닭에서 발견되었다. 한 필리핀 대학원생은 카미긴 섬에서 나온 500개의 현대 표본과 10개의 오래된 표본을 가지고 있는데 그는 이 닭들을 동남아시아 본토나 인도네시아의 닭들과 연결시키고 싶어 한다. 그러면 신비한 초창기 폴리네시아 사람들의 근원을 정확하게 짚어낼 수 있을 것이다.

단상형 D는 일본에서 필리핀 그리고 인도에 이르는 싸움닭 종과 관련이 있기 때문에, 투계는 닭이 본거지를 벗어나 널리 퍼지는 데에 주요한 원인이었을 것이다. 고대에 닭의 싸움 능력이 고기와 달걀의 기능을 제압했을 가능성은 과학자들의 흥미를 불러일으켰다. 그런데 필리핀 사람들처럼 싸움닭을 열심히 키우는 사람들은 지구상에 따로 없을 것이다. 16세기 이래 필리핀 열도는 세계에서 가장 다양한 품종의 싸움닭을 길러내는 본고장으로 알려져왔다. 심지어 오늘날의 필리핀에서도 투계는 에스파냐의 투우 못지않게 전통 생활의 핵심을 차지하고 있다. 오늘날 산업이 발달한 대부분의 지역에서는 잊히고 무시되고 있지만, 투계는 닭이 전 세계로 퍼져나가는 촉매제 노릇을 했다.

마닐라의 투계 산업

투계의 슈퍼볼은 월드 슬래셔 컵(World Slasher Cup)이다. 투계 대회는 메트로 마닐라에 속한 케손시티 중심가에 있는 대경기장에서 열리며 닷새에 걸쳐 총 648번의 경기가 벌어진다. 크로뮴(크롬)으로 만든 날렵한 경기장 입구에는 약 10.5미터 높이의 대형 수탉이 뜨거운 바람에 휘날리면서 공연장 안에서 벌어지고 있는 행사를 널리 홍보했다. 수탉 두 마리가 싸우는 장면을 실은 포스터 옆에는, 깊게 파인 푸른 드레스를 입은 미녀를 앞세워 제50회 미스 필리핀 대회를 알리는 광고가 나붙어 있었다. 이 경기장에서는 아이스 스케이트 연예공연단인 아이스 커페이즈(Ice Capades)가 막 공연을 마쳤고, 다음에는 가수 디온 워윅(Dionne Warwick)이 곧 공연을 할 예정이었다. 하지만 지금은 관중 2만 석의 경기장에서, 필리핀의 전통 오락이며 권투 다음으로 인류의 가장 오래된 관람 스포츠인 투계 대회가 열리고 있었다.

1975년에는 이 경기장에서 조 프레이저(Joe Frazier)가 무함마드 알리(Muhammad Ali)에게 도전하는, 바로 그 전설적인 세계 헤비급 챔피언 복싱 경기인 '마닐라의 스릴러(Thrilla in Manila)'가 열렸다. 해마다 벌어지는 슬래셔 컵 대회에서는 두 마리의 싸움닭이 기다랗게 휘어진 강철로 된 며느리발톱을 달고 죽을 때까지 싸움을 벌인다. 대형 스크린 덕분에 경기장 맨 위층에서도 이 싸움을 쉽게 볼 수 있다. 내가 현장에 도착했을 때 투계장 주위에는 네 명의 남자가 있었다. 그중 두 명은 입에 담배를 물고 다리 사이에 닭을 앉힌 채 조용히 쪼그려 앉아 있었다. 다른 두 사람은 심판이었다. 온통 남자뿐인 수천 명의 구경꾼들은 일어서서 소리를 질러댔고 공중에 팔을 내두르며 서로 의사소통을 했다. 이들의 소음은 거의 귀를 찢어놓을 지경이었다.

어느 순간, 쪼그려 앉아 있던 두 사람이 수탉을 풀어놓자 두 싸움닭은 서로 경계하며 접근했다. 길쭉한 깃털이 목 밑에서 무지개색 우산처럼 솟아올랐다. 두 닭이 열 감지 미사일이 목표물에 접근하는 속도로 상대방에 달려들자, 투계장 주위의 소음은 갑자기 사라졌다. 깃털, 다리, 번쩍거리는 강철 발톱이 대형 화면을 가득 채웠다. 1분도 안 되어 경기는 끝났다. 하얀 깃털의 승자는 죽어버린 상대의 몸통 옆에서 의기양양한 울음소리를 내질렀다. 경기에 진 사람들은 페소화(peso 貨)를 소낙비처럼 내던졌고 그러는 동안 확성기에서는 〈호랑이의 눈Eye of the Tiger〉이라는 노래가 시끄럽게 울려 퍼졌다.

"여기 일반석에서, 사람들은 경기당 10 내지 100 달러의 돈을 겁니다."

투계장 가이드로 따라온 롤란도 루송(Rolando Luzong)이 말했다. 우리는 관중들의 숫자가 줄어드는 일반석 중간쯤에 앉아 있었다.

"하지만 투계장 바로 옆에 있는 저기 저 특별석에서는 1,000 내지 1만 달러가 걸리지요."

루송은 링 바로 옆에 있는 VIP석을 가리키며 말했다. 648번의 경기가 벌어질 때마다 수십만 달러의 돈이 이 손에서 저 손으로 건너간다. 경기가 끝나고 가장 많은 점수를 딴 싸움닭의 주인은 3만 5,000달러의 상금을 받고 그 다음날 마닐라 신문들의 스포츠난에 환호의 기사와 사진이 실린다. 그러나 루송은 진짜 큰돈은 다른 사람들에게 돌아간다고 말했다. 정작 큰돈은 미래의 챔피언을 만들고자 하는 사람들에게 우승한 싸움닭의 씨를 제공하는 번식업자와 전국적으로 수만 마리에 달하는 싸움닭용 강철 발톱, 보조 식품, 샴푸, 기타 특별 식품을 판매하는 회사들이 만진다는 것이다.

루송도 투계업으로 생계를 이어가고 있었다. 그는 도박이나 번식을 하는 것이 아니라 기자, 웹사이트 개발자, 홍보 전문가, 투계산업 컨설턴트 등으로 일을 하며 돈을 번다. 그는 선더버드 사료를 홍보하는 연붉은 셔츠를 입고 있었는데 전 세계 절반의 나라들이 불법이라고 매도하는 이 스포츠를 적극적으로 판촉하는 사람이다. 검은 머리카락, 약간 수그린 자세, 얼굴처럼 둥그런 배 등이 특징인 중년의 사내 루송은 이 사업에 좀 늦게 뛰어들었다. 서른이 다 되어갈 즈음, 그는 싸움닭 잡지의 기자로 들어갔고 투계의 도박 측면보다는 '라운드헤드(Roundhead)', '부쳐(Butcher)', '스웨터(Sweater)' 등 싸움닭 변종들의 독특한 이름에 더 관심을 갖게 되었다. 루송은 그 뒤 마닐라의 롤리곤 메가 투계장에서 10년간 홍보 담당 총책으로 근무했고 그 후 지배인 자리까지 승진했다.

우리가 또 다른 게임을 구경하는 동안 그가 규칙을 설명해주었다. 우선 서로 경기력이 비슷한 닭들 가운데 무게를 달아 공정한 경기가 되도록 한다. 그런 다음 권투선수의 글로브처럼 인공 며느리발톱을 싸움닭의 왼쪽 발에다 부착하고서 보호대를 감아둔다. 싸움닭들은 어릴 때 발톱을 잘라 없앤다고 했다. 투계장 관리자와 싸움닭 소유자들은 승자에 대한 베팅 수치에 동의하고, 각 싸움닭은 경기장의 절반씩을 차지한다. 이것이 내부 베팅이다. 이길 것으로 예상되는 새의 링사이드는 '메론(Meron: 필리핀어로 '있다'라는 뜻)'이라고 불리고, 반대 사이드는 왈라(Wala: 필리핀어로 '없다'라는 뜻)라고 불린다. 이것은 싸움닭의 주인이 한 사람은 모자를 쓰고 다른 사람은 맨 머리로 경기에 임하여, 구경꾼들이 어느 주인의 닭에 돈을 걸었는지 금방 알게 하려는 전통에서 왔다. 21세기의 스마트 아라네타 경기장에서는 메론과 왈라가 권투 경기장 크기의 링 위에 매달려 있는 커다란 전광판에 표시되어 있다.

투계장 안에는 한 번에 네 사람만 들어갈 수 있다. 두 명의 싸움닭 조련사, 심판 하나 그리고 보조 심판이다. 필리핀 전역에 퍼져 있는 2,000여 개의 투계장에서 조련사는 곧 소유주다. 그러나 커다란 노름 돈이 오가는 대규모 투계 대회에서는 전문가들이 고용된다. 이 전문가는 투계장 안으로 들어가 경기에 임하는 두 싸움닭의 화를 돋우어 흥분된 상태로 만들어놓는데, 여기에는 경기 외의 또 다른 닭이 동원된다. 이어 구경꾼들은 어느 닭에 돈을 걸까 판단한다. 일단 내부 베팅이 완료되면, 투계장 주위의 베팅 담당 관리자들이 양팔을 크게 벌려 관중석에 앉아 있는 사람들에게 돈을 걸라고 요청한다. 필리핀은 국민 대다수가 가톨릭 신자인데, 베팅 관리자의 양팔을 벌린 모습이 그리스도를 닮았다고 하여 그를

'크리스토스(Kristos)'라고 부른다.

바로 이것이 내가 첫 번째 경기 직전에 들었던 소음이었다. 사람들이 크리스토스를 상대로 돈을 걸거나 아니면 특정 숫자의 페소를 의미하는 잘 알려진 손짓으로 그들 사이에서 돈을 거는 동안 소음은 더욱 높아진 다. 한편 투계장에서는 강철 발톱 보호대를 제거하고 싸움닭을 풀어놓는 다. 경기가 시작되는 순간 모든 베팅은 중지된다.

"내가 본 경기 중에서 가장 빨리 끝난 것은 8초였습니다."

저 아래 투계장에서 싸움닭이 상대방을 향해 달려드는 것을 보면서 루 송이 말했다. 만약 경기가 10분이나 계속되면 무승부 처리한다. 하지만 대부분의 경기는 2분 내에 끝난다. 한 닭이 쓰러져서 카운트를 해야 되 면, 심판은 두 닭을 동시에 잡아서 쳐든다. 이때 한 닭이 상대를 쪼는데 상대방은 그렇게 하지 못한다면, 쪼는 닭이 승자가 된다. 둘 다 죽어버리 면 더 많이 쫀 닭이 승자가 된다.

투계 경기에서는 대부분 한 마리의 닭만 살아서 밖으로 나간다. 대형 화면이 경기 장면을 자세히 중계하는 데도 피는 그다지 볼 수 없다. 가끔 청소팀이 핏방울 몇 점을 닦아낼 뿐이다. 죽은 패자는 인정사정없이 끌 려 나가고 상처 입은 승자는 특별석 뒤에 마련된 임시 치료소로 데려가 서 수의사에게 치료를 받게 한다. 수의사는 진통제를 투약하고 찢어진 부분을 꿰매어 앞으로 또 다른 경기에 나갈 수 있게 해준다. 하지만 두 번 이상 싸우러 나오는 싸움닭은 특별한 존재다. 여러 번 승리한 싸움닭은 새로운 가계를 형성시키기 위해 사람들이 백방으로 찾아다니는 존재다. 이런 닭의 주인은 명성과 행운을 함께 누릴 수 있다.

"세 번 이기면 원하는 만큼의 암탉을 소유할 수 있습니다."

루송이 내게 말했다.

싸움닭은 여러 번 이기기 전에는 무명이나 다름없다. 승리하면 1점, 비기면 0.5점, 지면 점수가 없다. 투계는 사실 닭이 하는 것이 아니라 인간이 하는 것이다. 10년 전에 유행했던 〈배틀보츠*BattleBots*〉나 〈로봇 전쟁 *Robot Wars*〉 같은 영화에 나오는 로봇 투사들과 마찬가지로, 닭은 그 주인의 자아를 확장해놓은 것이다.

그날 저녁 수천 명의 구경꾼 중에서 나는 딱 한 명의 여자를 보았다. 그녀는 디자이너 안경, 몸에 꽉 끼는 티셔츠, 유행하는 청바지 등을 입고 앞쪽에 앉아 있었는데 자신감 넘치는 노련한 도박사 같았다. '정상회담 농장'이라는 문구가 새겨진 똑같은 노란색 셔츠를 입은 열두 명의 하와이 사람들도 함께 관람석에 앉아 있었다. 특별석에는 도커스 바지에 폴로셔츠를 입은 몇 명의 미국인들이, 단추로 채우는 칼라가 달린 셔츠에 고급 구두를 신은 필리핀 남자들과 함께 앉아 있었다.

"저들은 상원의원, 하원의원, 회사 사장, 기타 대기업 관계자들입니다."

루송이 말했다.

"지금 도박 이상의 사업이 벌어지고 있어요. 사업을 계약한다거나 정치적인 결단 같은 것이 이루어지고 있습니다. 힘 있는 자들은 동료애 따위를 만들지요. 여기 와서 함께 참관하는 것은 정치적인 경력에 도움이 됩니다."

슬래셔 컵 대회는 고급 글로벌 투계 산업이다. 이 경기에 싸움닭 한 마리를 입장시키려면 1,750달러가 드는데, 이것은 필리핀의 일반적인 6개월분의 임금보다 많은 액수다. 부유한 소유주들은 이보다 훨씬 많은 돈을 가지고 있다. 그들은 양계 농장을 가지고 있고 마리당 1,000달러가 훨씬 넘는 싸움닭 수백 마리를 관리하는 상근 조련사를 두고 있다. 게다가 그들은 값비싼 사료와 보조 식품을 사들인다.

"지난해 우리 회사의 매출은 8천만 달러였습니다."

선더버드 사료 회사의 루송은 말했다.

"그리고 우리 회사는 막 의약품 판매도 시작했지요."

백신, 항생제, 비타민, 기타 보조 의약품은 모두 현대 싸움닭 생활의 필수품이다. 닭의 항문에다 고춧가루를 집어넣는 전통적인 방식은 사라지고 대신 값비싼 스테로이드와 다른 체력 강화제가 자리를 잡았다.

미국의 프로 야구나 프랑스의 투르 대회처럼, 현대 필리핀 투계 산업은 기업 후원자들과 성적을 높여주는 의약품의 그물망 사이에 자리 잡혀 있다. 밝게 불 켜진 경기장 내 매점들, 시끄럽게 울려 퍼지는 녹음된 음악, 화장실의 깨끗한 변기 등은 경기장에 아주 현대적인 분위기를 부여한다. 그러나 대중석에 앉아 있는 관중들은 노동자 계급, 즉 캐나다의 하키 게임, 영국의 럭비 게임, 브라질의 축구 게임 등에 가면 늘 만나볼 수 있는 그런 사람들이다. 투계장의 진정한 매력은 투계장 내에서 벌어지는 싸움이 아니라 링 밖에서 벌어지는 도박에 있다.

루송은 마닐라 전역에 들어선 화려한 카지노에서 벌어지는 도박에 비하면 투계는 훨씬 덜 타락한 형태의 도박이라고 말했다.

"여기서는 두 싸움닭 중 어느 하나를 선택합니다. 50대 50의 기회가 있는 거지요."

그 순간 경기가 끝났고 폐소화가 소낙비처럼 공중에서 흘러내렸다.

"싸움닭을 풀어놓기 전까지는 베팅을 취소할 수도 있습니다. 새들을 풀어놓으면 거기에 인간의 개입은 있을 수 없지요. 그리고 싫으면 언제든지 떠날 수 있습니다."

하지만 이와는 생판 다른 이야기들도 있다. 해외 건설 현장에서 힘들게 번 돈을 투계 도박에 빠져서 다 날린 시골 젊은이도 있다. 가장이 투계 도박을 잘못 하는 바람에 집안이 가지고 있던 자그마한 땅뙈기가 날아가 버리기도 한다. 아버지가 기르는 수탉이 잘 짜인 식단에 지속적인 관심과 배려를 받고 아름다운 음악과 에어컨 바람을 즐기는 동안, 정작 아들은 절반에도 못 미치는 대접으로 만족해야 한다. 마닐라의 광범위한 빈민가에 살고 있는 수백만 명의 사람들에게, 투계는 사회경제적 사다리에서 가난으로 재빨리 굴러 떨어지는 가장 빠른 길을 제공한다.

↞·↞

투계가 이처럼 많은 관심을 끌어온 데에는 아주 오랜 역사가 있다. 5세기 전에 안토니오 피가페타(Antonio Pigafetta)는 이렇게 썼다.

"필리핀 사람들은 커다란 닭을 키우는데 일종의 미신 때문에 닭을 먹지는 않고 투계용으로 기른다. 투계 경기에는 많은 판돈이 걸리는데 이기면 돈은 닭의 주인에게 돌아간다."

피가페타는 태평양을 건너 필리핀 해안에 처음 나타난 서양인 페르디난드 마젤란 선원의 일원이었다. 투계는 16세기 에스파냐에서 인기가 높았지만 그 무렵 필리핀에서도 이미 강박적으로 집착하는 현상이 나타났다. 배고프고 허기진 마젤란 일행이 1521년 이곳에 도착했을 때, 현지인들은 보트를 노 저어 와서 "달콤한 오렌지, 종려 술 한 항아리, 그들 나라에도 닭이 있음을 알리기 위한 수탉 한 마리" 등을 제공했다고 피가페타는 회상했다. 그 수탉은 식용이 아니라 투계용으로 기르는 것인 듯했다.

마젤란은 필리핀 사람들의 환대를 무시하고는 현지인과 싸움에 돌입했고, 그 와중에 창에 찔려 죽었다. 피가페타는 에스파냐로 간신히 돌아온 유일한 배 빅토리아호에 탑승한 열여덟 명의 선원 가운데 하나였다. 피가페타의 배가 힘들게 인도양을 지나 서아프리카 해안으로 올라오는 동안, 에르난 코르테스는 멕시코에서 아스테카 제국을 무너뜨렸다. 10년 뒤 프란시스코 피사로와 부하 군인들은 남아메리카의 안데스 산맥에 자리 잡은 잉카 제국을 공격했다. 에스파냐는 곧 신세계의 거대한 황금과 순은 매장량을 확보했고, 엄청나게 인간의 노동력을 희생시켜가며 그 보물을 생산했다.

에스파냐는 중국 시장과 수마트라 같은 동남아시아 시장에 가까운 거점을 필요로 했다. 이들 시장에서는 번성하는 서구 소비자들이 아주 좋아하는 향료, 비단, 기타 사치품들이 판매되었다. 중국은 외국인들에게 문호가 닫혀 있었다. 그러나 중국의 상인들은 신세계의 금과 은을 원했다. 서부 태평양의 주요 해로에서 중간 지점에 위치한 필리핀은 동양에서 지위를 굳히고 싶어 하는 가장 부유한 유럽 국가 에스파냐의 군사적, 경제적 요충지였다. 코르테스 자신이 조직한 탐험대를 위시해 첫 세 번의 식민화 시도는 처참한 실패로 돌아갔다. 그러나 네 번째는 성공하여 16세기 말에 이르자 에스파냐는 중국과 상업 조약을 맺었고 마닐라에 잘 축성된 항구를 가질 수 있었다. 에스파냐 갤리선들은 아메리카 원주민들이 파낸 신세계 은을 가득 싣고 아카풀코에서 마닐라까지 항해했다. 거기서 그들은 중국 상인들과 거래했다. 이 수익 높은 거래는 3세기 가까이 지속되었고 에스파냐는 필리핀을 점령한 덕을 단단히 보았다.

마드리드에서 지구 절반 거리나 떨어져 있는 데다 수십 개의 인종이 사는 수백 개의 섬들로 구성된 식민지를 통치하는 것은 먼 곳에 있는 에스파냐 통치자들에게 꽤 까다로운 문제였다. 1600년대에, 필리핀 현지의 수도사들과 민간 행정관들은 신세계에서 써먹었던 방법을 그대로 베껴 쓰면서 식민지 전역에 봉건제 비슷한 제도를 실시했다. 섬들에 흩어져 있는 주민들을 도시로 모아들여, 그들을 감시하고 그들에게 세금과 노역을 부과하는 일을 쉽게 만들었다. 필리핀 사람들의 고질적인 투계 중독은 에스파냐 행정관들에게 중요한 세수의 원천이면서 그들을 통제하는 수단이었다. 그리스도교를 통하여 정신적 부를 함양시키고 투계를 통하여 물질적 부를 키워주어라. 이것이 에스파냐 식민 당국의 통치 방식이었다. 투계는 주민들을 도시로 끌어들일 수 있고 또 이 아시아 교두보를 자급자족하게 만드는 세원을 확보하게 해주었다. 심지어 오늘날에도 거의 모든 필리핀 마을에는 교회, 읍사무소, 투계장의 3대 건물이 들어서 있다.

이 나라를 방문하는 외국인들은 현지인들이 이 스포츠에 기울이는 열광에 깜짝 놀란다.

"유럽 사람들에게 이 광경은 아주 혐오스럽다."라고 19세기 독일 여행가는 비웃었다.

"투계장 주위의 링에는 땀을 뻘뻘 흘리는 원주민들로 꽉 들어차 있다. 그들의 얼굴은 추악한 열정의 흔적을 그대로 드러냈다."

그는 "믿기지 않을 정도의 거액"을 거는 것에 충격을 받았고 이 나라의 만연한 도둑질, 노상강도, 해적, "망해버린 노름꾼들"을 따라다니는 다수의 해악 등을 비난했다.

투계에 대한 열정은 아카풀코와의 무역을 통하여 라틴아메리카의 에스파냐 제국으로 퍼져나갔다. 투계는 로마 시대 이래로 에스파냐에서 인기가 있었지만, 현재의 멕시코, 콜롬비아, 베네수엘라까지 퍼져나간 것은 필리핀의 투계 열기였다. 필리핀의 투계들은 온 세상으로 수출되었다. 몇몇 역사학자들에 따르면 플로리다 주 키웨스트의 "방랑하는 닭"

은 쿠바에서 왔지만 실은 마닐라와 싸움닭 거래를 통하여 에스파냐에서 온 것이다.

1700년대 초에 이르러 에스파냐 정부는 최고가의 입찰액을 써내는 사람에게 필리핀 투계장의 운영권을 정기적으로 허가했다. 싸움닭 허가와 싸움닭 판매 액수는 19세기 필리핀에서 식민지의 가장 중요한 수출품인 담배보다 더 많은 매출을 올렸다. 1861년 마닐라가 투계 허가에서 올린 수입은 연간 10만 달러가 넘었다. 그해에 마드리드로부터 일요일과 축일에는 투계를 허용한다는 특별 칙령이 내려왔다. 시간은 미사 끝나고 일몰 전까지였다.

"이것은 악습인데도 법은 일요일과 휴일에는 허락을 하고 있습니다!"

한 미국인 선교사가 분노하며 말했다.

"투계는 에스파냐 점령 시대의 유산입니다. 수도사와 사제들이 전국적으로 많은 투계장을 소유했고 또 개량된 토지의 10분의 1을 소유했었지요."

선교사는 비판을 이어갔다.

"그들은 식민지 사람들이 주중에는 일을 하고 일요일 아침에는 필리핀 도시의 중심지인 포블라시온에서 미사를 거행하고 나머지 시간에는 투계장에서 도박을 하면서 가진 돈을 다 잃게 만들었습니다. 이렇게 하여 식민지 사람들은 에스파냐 통치자들에게 점점 더 빚을 지게 되었어요."

이 정책은 마침내 역풍을 불러일으켰다. 에스파냐에 반발한 필리핀 저항운동의 지도자 호세 리잘(José Rizal)은 이 스포츠를 좋아하지 않았다. 그가 펴낸 감동적인 책,《나를 건드리지 마시오*Touch Me Not*》(1887)에서, 그는 투계를 아편 흡입에 비유했다. 리잘은 유럽에서 교육받은 시인이자 조각가, 의사였으며 여러 언어에 능통했다. 그는 낙후된 전통인 투계를 경멸했다.

"가난한 사람들은 일하지 않고 돈을 벌려고 자신이 소유한 얼마 되지 않은 돈을 가지고 투계장에 간다. 또 부유한 사람들은 파티를 하고 감사 미사를 올린 뒤에 남은 돈을 가지고 오락을 즐기기 위해 투계장에 간다."

그러나 그는 식민지의 수백 개 섬들의 거의 모든 도시에서 정기적으로 벌어지는 이 행사가 혁명 운동에 영감을 주고 또 지원 세력이 될 수 있다는 걸 알아보았다. 투계 덕분에 많은 필리핀 사람들이 자유롭게 정기적으로 만날 수 있었다. 또 투계들은 에스파냐라는 거대한 동물을 공격하는 데 필요한 용기를 불러일으키기도 했다. 리잘은 모두가 이길 거라고 예상한 수탉이 말라빠진 수탉에게 진 순간을 떠올렸다. 관중들 사이에서 함성이 터져 나왔다.

"이런 일은 국가 간에도 마찬가지입니다."

리잘은 썼다.

"큰 나라를 상대로 승리를 거둔 작은 나라는 그 후 그 승리를 계속 노래 부릅니다."

에스파냐 관리들은 1896년에 리잘을 처형했고 그는 독립의 대의에 목숨을 바친 순교자가 되었다. 그의 희생에 대한 존경심을 표시하기 위하여 리잘의 사망일에는 법에 의해 투계가 금지되었다. 3년 뒤, 한 제국으로부터 자유를 추구하던 이 나라는 또 다른 괴수와 유혈 게릴라전을 벌이게 되었다. 미국은 이 신생 국가가 독립을 주장하기도 전에 필리핀을 합병해버렸다. 새로운 정복자들이 볼 때, 투계는 필리핀 사람들에게 자결권을 부여해서는 안 되는 또 한 가지 사유가 되었다.

"투계 같은 야만적인 스포츠를 좋아하는 사람들에게 어떻게 자치권을 부여할 수 있겠는가?"

필리핀 도덕 진보 동맹(Moral Progress League)의 회장인 W. A. 킨케이드는 말했다.

1900년의 미국 국무장관의 보고서에 의하면, 킨케이드는 필리핀 각지를 돌면서 "이 악덕에 대한 증오심을 주입하기 위해" 애쓰는 미국 변호사였다. 하지만 그 당시 투계는 널리 퍼진 인기 높은 스포츠였고 미국 대부분의 지역에서도 합법이었다. 새로운 통치자들의 환심을 사려고 하는 필리핀 정치가들은 이 변화의 바람에 재빨리 반응했다.

"투계는 이제 너무 널리 퍼져서 그냥 스포츠나 오락으로 그치지 않는다. 이것은 사실상 악덕이며 이 뒤에는 범죄, 패가망신, 무한정의 착취 기회가 뒤따른다."

미국이 임명한 필리핀 팡가시난 주의 주지사 이사벨로 아르타초(Isabelo Artacho)는 같은 보고서에서 말했다.

"이러한 형태의 도박을 광범위하게 금지하는 법률이 가능한 한 빨리 제정되어야 한다."

투계장은 많은 사람들과 개종 후보자를 찾아다니는 미국 개신교 선교사들을 끌어당겼다. 한편 미국 정부는 이 전통을 조잡하고, 낡고, 위험한 행동으로 매도하는 영어 교과서를 배부했다. 이 싸움에 최종적으로 동원된 무기는 미국인이 애호하는 스포츠인 야구였다.

"야구는 필리핀 청소년들이 본능적으로 좋아하는 놀이에 적극 참여시킬 뿐만 아니라 과거의 문명에서 전해져 내려온 불운한 요소들을 제거하는 데 필요한 단체 정신도 함양해준다."

한 자선단체는 1916년에 말했다. 물론 여기서 말하는 불운한 요소들 중 가장 잘못된 것은 투계였다. 1941년에 도착한 일본인 침략자들도 이 관습을 야만적이라고 생각하여 뿌리 뽑으려 했다. 하지만 이런 도덕적 노력은 별 효과를 거두지 못했다.

　그동안 다른 나라들이 이 스포츠를 범죄시했지만, 필리핀 사람들은 국민적 오락으로 투계를 유지해왔다. 미국 작가 월리스 스테그너(Wallace Stegner)가 1951년에 필리핀을 방문했을 때, 야구는 이 나라의 오래된 전통을 치유하지 못했다.

　"키 작은 필리핀 사람이 몇 달 동안 수탉을 훈련시켜서 투계장에서 상대방 수탉과 맞붙어 싸우게 하는 광경을 보지 못했다면 당신은 필리핀 사람을 제대로 알지 못하는 것이다."라고 월리스는 썼다.

　"그는 그가 가진 돈을 다 건다. 아내의 적금도 훔치고, 페소를 모으려고 아이들의 셔츠도 팔아먹는다. 만약 그가 이긴다면 영광스럽다. 그러나 첫 번째 경기에서 그의 수탉이 멱을 잘린다면, 당신은 철학자가 재앙을 받아들이는 태도를 보게 될 것이다."

　이런 스토아주의는 투계의 끈덕짐 문화의 일부가 되었다. 내가 월드 슬래셔 컵에서 본 그 어떤 패자도 분노, 좌절, 혹은 후회를 표시하지 않았다. 이런 패자들이 몇 분 사이에 수천 명이 생기는데도 그랬다.

　이 전통의 강인한 지구력은 심지어 필리핀의 독재자 페르디난드 마르코스(Ferdinand Marcos)도 이겨냈다. 마르코스는 1965년부터 시작하여 20년 동안 이 나라를 약탈하면서 계엄령을 내리고 반대파를 투옥해왔다. 자신의 통치에 음모를 꾸미는 세력이 다수가 모이는 것을 두려워하여 마르코스는 1970년대 중반에 이 스포츠를 제한하려고 시도했다. 하지만 고문관들의 압력을 받아 그는 뒤로 물러섰다. 마르코스의 아내 이멜다(Imelda)는 어떤 투계 행사를 후원했는데, 이 행사의 우승자는 신형 메르세데스벤츠를 선물로 받았다. 이 스포츠에 가해진 금지 정책 중 성공을 거둔 것은 선거일과 순교자 리잘 추모일에 투계와 주류 판매를 금지한 것뿐이었다.

1990년대에 이르러 마닐라 같은 도시의 발전과, 또 위성 텔레비전이나 쇼핑몰 같은 오락 시설이 늘어나면서 농촌에 뿌리를 둔 투계를 어둠 속으로 몰아넣을 것처럼 위협했다. 그런데 1997년 중앙정부는 투계 영업 허가권을 현지 당국자들에게 이양했다. "그것이 더 많은 투계장과 더 많은 경기의 수문을 열었습니다. 영업 허가권에는 상당한 세금과 뇌물이 따랐습니다."라고 루송은 말했다. 선출된 관리들은 투계장 허가를 받을 수 없지만, 그들의 친구와 친척들은 받을 수 있었다. 지방 정부가 그 수입을 챙기면서 위축되던 스포츠가 다시 달아올랐다. 200만 명의 필리핀 사람들이 투계장, 호텔, 식당, 선박 회사 등을 통하여 투계 산업으로부터 직접 혜택을 보았다. 루송은 말했다.

"만약 이걸 중지시킨다면 엄청난 경제적 문제가 발생할 겁니다. 이 산업은 정부보다 더 많은 인력을 고용하고 있어요."

물론 다소 과장된 말이겠지만, 스마트 아라네타 경기장에 모여든 수천 명의 도박사들을 보고 있노라면 아주 황당한 소리로는 들리지 않는다. 이 산업은 부유한 외국인들을 끌어들이는 한 가지 방법이다. 도박에 미친 아시아는 과거 그 어느 때보다 오늘날 돈이 많다. 중국 관광객들은 태국 국경에 인접한 습한 캄보디아 도시의 카지노에 몰려들고 있다.

"마카오 섬은 동양의 몬테카를로라고 스스로 뻐기고 있다."

심지어 이슬람국가 말레이시아도 6,000개의 호텔 객실을 자랑하는 거대한 산상 위락 단지를 자랑하고 있다. 투계에 열광하는 사람들은 고급 리조트를 짓는 개발업자들처럼 정치나 경제력 따위는 갖고 있지 않다.

현대의 카지노 산업은 호텔, 식당, 쇼핑몰 없이도 즐길 수 있는 게임을 일종의 위협으로 생각한다. 오지 마을의 투계장에서 나오는 수입을 징수하는 것도 정부로서는 어려운 일이다. 현대의 서구인들이 투계를 야만적 스포츠로 보는 시각 또한 이 산업을 옹호하기 어렵게 만든다. 게다가 남 아시아의 동물 권리 단체들도 서서히 영향력을 강화해나가고 있다. 그 결과 닭이 처음 사육된 지역에서는 투계가 수세에 몰려 있다.

오늘날 투계와 필리핀의 관계는, 정부 간섭 없이 자금을 운영할 수 있는 개인 비밀 계좌와 스위스의 관계와 비슷하다. 부유한 말레이시아 사람들과 인도네시아 사람들은 도박을 하기 위해 필리핀으로 오고, 미국인들은 싸움닭을 팔아먹기 위해 이곳에 온다. 투계는 미국의 모든 주에서 불법이다. 그러나 미국은 필리핀 사람들보다 더 많은 싸움닭을 수출한다.

"대부분의 미국 사람들은 번식업자인데 그들의 닭을 판촉하기 위해 이곳을 찾아오지요."라고 말하며 루송은 특별석을 턱으로 가리켰다.

"여기에서는 닭 관련 질병이 별로 없고 그래서 닭들은 더 튼튼해져요."

몇몇 관측통에 의하면 미국 닭들은 이미 1920년대에 필리핀에 등장했다고 한다. 미국 관리들이 이 스포츠를 박멸하려고 애쓰던 때에 주로 미군 병사들이 가져왔다. 필리핀 닭들은 적색야계를 닮아서 금방 알아볼 수 있다. 하지만 미국산 변종은 덩치가 크고 또 몸 색깔이 한 가지뿐이다.

미국 싸움닭 번식업자 협회는 수천 명의 회원을 자랑하고 이들은 수십만 마리의 싸움닭을 기른다. 그들은 싸움닭 한 마리를 1,000달러 혹은 2,500달러까지 받고 판매할 수 있으므로 싸움닭 산업은 수백만 달러짜리 사업이다. 동물 권리 행동가들은 이 협회가 싸움닭 규제 입법을 저지하기 위해 모금을 하고 있다고 주장하나, 협회 대표자는 그 주장을 부인했다. 루송은 약 100명의 미국인들이 월드 슬래셔 컵에 참가하기 위해 마닐라를 방문 중인데, 그들은 대부분 도박사가 아니라 번식업자라고 말했다. 그들을 좀 소개시켜달라는 나의 요청을 루송은 들어주지 않았다. 내가 직접 접근한 몇몇 미국인들은 나와 일정한 거리를 두려 했다. 그들은 두려워할 만한 이유가 있었다. 몇 년 전 싸움닭 번식업자 월리 클레먼스(Wally Clemons)는 필리핀의 투계 잡지인 《피트 게임스 *Pit Games*》와 인터뷰를 했는데, 그 직후 경찰이 그의 인디애나 농장을 급습하여 그를 체포하고 또 수탉 200마리를 압수했다. 그래서 미국 싸움닭 번식업자들은 가능한 한 몸을 낮추려고 애쓰고 있다.

이와는 대조적으로 필리핀에는 투계에 대한 조직적 반발이 전혀 없다. 이 나라의 동물 복지 협회는 이 문제를 아예 비켜가고 있다. 동물 학대 금지법에 닭을 포함시키려는 입법가의 노력은 잽싸게 묵살되었다. 2008년에 닭 양복을 입은 사람을 포함한 소규모 시위대가 월드 슬래셔 컵이 열리는 아라네타 경기장 앞에 모여서 이 대회의 동물 학대에 대해 시위를 벌였으나 경찰이 곧 이 시위대를 해산시켰다. 하지만 루송은 경계심을 늦추지 않았고 인쇄물, 텔레비전, 인터넷 미디어 등을 활용한 캠페인을 적극 벌이면서 투계 산업의 입장을 더욱 공고히 하는 데 힘썼다.

투계 산업을 옹호하는 데 열을 올리면서, 루송은 서양의 동물 권리 운동가들은 1세기 전 도덕을 내세워 투계 산업을 철폐하려 했던 제국주의자들의 또 다른 버전이라고 비방했다. 그는 필리핀의 투계가 에스파냐의 투우와 마찬가지로 국민적인 정체성을 드러내는 본질적인 일부분이라고 주장했다. 이 스포츠는 탐욕스러운 에스파냐의 행정관, 위선적인 미국 방해꾼들, 잔인한 일본 군대, 필리핀의 온갖 독재자들을 다 물리치고 살아남았다. 사료를 마구 먹여 두 달 안에 도살하는 서양 공장의 닭들과는 다르게, 싸움닭은 높이 평가되고 있고 또 적어도 2년은 잘 먹이고 훈련시킨 끝에 비로소 투계장에 들어선다.

"그런 다음 닭들은 에어컨 달린 서버번 차를 타고 가서 역시 에어컨이 나오는 경기장에서 싸웁니다."

루송은 앞좌석을 손으로 찰싹 내리치며 말했다.

"싸움닭은 이 세상에서 가장 운이 좋은 새들일 겁니다."

필리핀 투계장에서는 연간 약 1,500만 마리의 싸움닭이 죽어 나간다. 승리한 사람들은 죽은 닭을 집으로 가져가서 저녁 끼니로 삼는다. 월드 슬래서 컵 경기 도중 죽은 수탉들은 대형 무덤에 매장된다. 루송이 볼 때 이 경기는 투견 쇼와 별반 다르지 않다.

"개들은 술수를 부리도록 훈련을 받습니다. 수탉들은 싸움을 하도록 훈련을 받아요. 둘 다 이기기 위해 게임을 하는 것은 똑같습니다."

이어 루송은 수탉에게는 살해 본능이 있고 우리 인간과 마찬가지로 수탉은 경쟁하여 이기고 싶은 타고난 전사라고 말했다. 그러나 알다시피, 적색야계는 싸우기보다 도망치기를 좋아하지 않는가! 내가 루송에게 수탉들의 살해 본능은 인간이 선택하여 주입한 것이라고 지적하자 그는 대화의 초점을 바꾸었다.

투계는 전쟁보다는 덜 파괴적인 방식으로 공격 심리를 해소시킨다고 그는 조용히 말했다.

"당신도 보다시피 우리는 아주 사랑스러운 민족입니다."

그는 양팔로 투계장 내부를 한번 감싸 안으며 말했다.

"우리가 닭들에게 우리 대신 나쁜 짓을 하도록 시키기 때문에 우리는 이처럼 온순한 민족이 된 건지 모릅니다."

루송은 손목시계를 내려다보았다. 밤 10시가 지난 시각이었고 그는 집의 식구들에게 어서 돌아가고 싶은 표정이었다. 그의 식구들은 투계에 관심이 없다.

"내 아이들은 요리된 닭만 봅니다."

그는 조그마한 플라스틱 좌석에서 몸을 일으키며 한숨을 내쉬었다.

"한번은 집에서 닭을 잡았는데, 아이들이 쳐다볼 엄두도 내지 못하더군요."

우리는 관중들 사이를 비집고 나와 텅 빈 로비로 들어섰다. 대륙, 언어, 세기가 다르듯이, 방법, 전통, 의례, 구체적인 신념 등도 다르다. 하지만 이 모든 것을 관통하여 한 가지는 동일하다. 닭은 우리를 대신하여 나쁜 짓을 한다. 닭은 우리를 우리 자신으로부터 구제하기 위해 죽는다.

수탉의 볏(comb)은 이 새의 가장 뚜렷한 특징이다. 이것은 열을 방출하고, 잠재적인 라이벌에 대하여 경고를 발동하고, 암탉을 흥분하게 만들기도 한다. 적색야계 수컷의 경우, 관모(冠毛)라고도 부르는 털볏(crest)이 빨갛고 톱날 모양이며, 이를 홑볏(single comb)이라고 부른다. 그러나 다른 닭들 사이에는 장미볏(rose comb), 쿠션볏(cushion comb), 버터컵볏(buttercup comb), 완두볏(pea comb), 호두볏(walnut comb), V자 볏, 오골계의 왕관형 볏 등 다양한 변형이 있다. 이런 다양한 형태의 볏은 저마다 특정한 역사를 갖고 있다. 화려한 버터컵볏은 중세 유럽 시대에 시칠리아와 노르망디를 통치했던 왕가가 개발한 품종이다. 크기가 작은 완두볏은 열을 많이 보관하므로 차가운 날씨에 제격이다. 볏의 색깔은 회색에서 연푸른색까지 다양하다.

웁살라 대학교의 레이프 안데르손은 인간의 선택에 의해 변경된 이런 신체적 특징이 닭의 초기 길들이기 과정에 대한 단서를 제공한다고 보았다. 가령 장미볏 수탉은 홀볏 닭보다 암컷을 수태시키는 데 어려움을 느낀다. 안데르손은 왜 볏이 자그마한 프랑스 베레모를 닮은 것처럼 보이게 하기 위해 그처럼 많은 돈을 들이는지 의아했다. 그와 열아홉 명의 협력자 팀은 새로운 유전자 도구를 활용하여 볏을 만들어내는 데 작용하는 대립유전자를 살펴보기로 했다. 대립유전자는 염색체의 특수한 위치에 자리 잡은 유전자의 일부다. 이 유전자는 코일처럼 감긴 DNA의 한 조각이다. 안데르손과 그의 팀은 장미볏을 만들어내기 위해서는 유전자가 다른 위치로 점프해야 한다는 것을 알아냈다. 이런 위치 변경은 건강한 정자를 보장하는 메커니즘을 흔들어놓는다. 이 연구는 연구 조사자들이 인간 남자들의 낮은 수태 능력을 이해하는 데에도 도움을 줄 것으로 보인다.

장미볏의 장점은 투계장에서 상대방 수탉이 잡아채기가 어렵다는 점이다. 앤더슨은 또한 수탉의 뺨에 매달린 육수도 싸움닭은 적색야계나 다른 길들어진 변종에 비하여 짧다는 것을 발견했다. 연구 조사팀은 다음과 같은 직접적인 유전적 증거를 제공했다. 인간은 수탉이 투계장에서 승리하는 가능성을 높이기 위해 닭의 유전자를 바꾸어놓았고, 심지어 그 때문에 낮은 번식률을 갖게 되었다.

적색야계는 덩치가 큰 외부의 침입자들을 상대로 암탉과 새끼들을 치열하게 보호하려 하지만, 이 야생 닭은 위험에 부딪치면 대적하는 것 못지않게 달아날 가능성도 높다. 따라서 싸움닭을 키우려면 도망가지 않고 남아서 싸우며, 적들보다 신체가 큰 닭을 선택할 필요가 있었다. 일부 학자들은 투계가 남아시아에서는 종교적 실천으로 시작되었다고 추측한다. 씨족이나 마을은 그들의 신성한 수탉을 다른 집단의 수탉과 싸움 붙였을 것이다. 예를 들어 태국 북부에서, 조상신 피(phi)를 모시는 의례는 종교적 성격의 투계를 포함하는데, 이는 고대의 관습을 반영하는 것이다.

투계가 사육을 하는 데 주요한 동력이었다면, 닭이 남아시아 전역에 퍼지고 이어 세계의 다른 지역들로 널리 퍼진 것은 투계라는 스포츠와 결정적인 관계가 있다. 고대에도 오늘날의 미국인 싸움닭 번식업자 같은 이들이 있었을 것이다. 그들은 소중한 싸움닭을 휴대하고 장거리를 여행하면서, 닭들만 데리고 온 것이 아니라 도박이라는 습관을 다른 사회에도 널리 퍼트렸을 것이다.

기록에 남아 있는 초창기의 투계는 기원전 517년 중국에서 벌어졌다. 그 경기는 공자가 살아 있던 당시 그의 고향인 노나라에서 거행되었다. 그 무렵 투계는 이미 정교한 규칙을 갖춘 왕실의 스포츠였다. 닭들은 당시 이미 중국에서 지난 9세기 동안 존속해왔다. 닭들은 금속으로 된 며느리발톱을 부착했는데 어떤 경우에는 이 발톱에 겨자를 뿌려 미끄럽게 만들기도 했다. 두 경쟁 씨족 사이의 경기는 결국 전쟁으로 이어졌다. "전쟁의 재앙은 결국 수탉의 발톱에서 시작되었다."라고 고대의 기록은 전한다.

서구의 명확한 초창기 증거도 이 당시의 것이다. 예루살렘 밖에 있는 무덤에서 발굴자들은 싸우는 자세를 취한 수탉을 보여주는 자그마한 인장을 발견했다. 그 수탉은 '왕의 하인'이라고 불리는 야아사냐의 소유였다. 마아가 집안의 아들로 같은 이름을 가진 남자가 구약성경 〈열왕기〉와 〈예레미야〉에 언급되어 있다. 그는 기원전 586년 바빌론 사람들이 예루살렘을 공격했을 때 군대의 지휘관이었다. 바빌론의 공격으로 솔로몬의 신전은 파괴되었고 유대인의 상류층들은 바빌론으로 잡혀갔다. 이 유물은 그 시대의 것으로 보인다. '왕의 아들'이라는 이름을 가진 여호아하스 소유의 싸움닭 인장도 같은 시기의 것으로 보이나, 출처가 어디인지는 알려져 있지 않다.

지중해 연안에 있는 아슈켈론 항구의 블레셋 사람들도 투계를 길렀던 것으로 보인다. 발굴팀이 잘 발달된 며느리발톱이 달린 다수의 수탉 뼈를 발견했기 때문이다. 그 무렵 블레셋인들은 암탉도 활용한 것으로 보인다. 암탉의 뼈들은 알을 많이 낳기 위해 높은 수준의 칼슘을 복용했음을 보여준다.

투계는 그리스도 이전의 몇 세기 동안 중국과 서구에서 종교와 비슷한 역할을 했다. 기원전 4세기에 집필된 중국의 도교 저작도 왕을 위해 싸움닭을 기르는 데 많은 시간과 노력을 들였다는 이야기를 전한다. 이 도교 저서는 정신적 성숙에 도달하기 위해서는 인내심이 필요하다는 비유를 들면서 이 이야기를 전하고 있다. 또 고대 그리스에서 아테네 사람들은 디오니소스에게 바친 극장에 모여 투계 경기를 보았다. 두 수탉이 싸우는 광경을 보고서 그리스 군대가 더 규모가 큰 페르시아 군대와 싸워서 이길 수 있도록 영감을 불어넣기 위한 것이었다. 술과 노래의 신인 디오니소스에게 바친 신성한 극장에서 닭들은 대사제의 의자를 장식했다.

시간이 흘러가면서 정신적 싸움은 좀 더 세속적인 사건으로 바뀌었다. 이것은 예식으로 시작된 투우가 서서히 세속적인 오락으로 바뀐 과정과 비슷하다. 기원후 1~2세기에 투계는 구세계의 두 제국인 서양의 로마와 동양의 중국에서 마을 사람과 군인, 귀족들을 즐겁게 하는 오락이었다. 이 스포츠는 여러 계급의 사람들이 만나고, 돈을 걸고, 수탉이 날것의 용기를 보여주는 것을 관람하는 공공의 장소를 제공했다.

19세기 초에 이르러 수탉 두 마리를 죽을 때까지 싸움 붙이는 투계는 거의 모든 지역에서 성행했다. 그러나 기이하게도 서부와 남부 아프리카에서는 이 경기가 발을 붙이지 못했다. 인도에서 영국 장교들은 이슬람 왕자의 수탉을 상대로 투계를 했다. 1806년에 중국을 방문한 영국인 여행객은 당나라가 망한 지 1,000년이 지났는데도 "투계는 여전히 인기 높은 스포츠 중 하나"라고 적었고 또 유럽처럼 상류 계급 사람들이 폭넓게 즐긴다고 부기했다. 그러나 지역적으로 많은 차이가 있었다. 가령 일부 번식업자는 기다란 며느리발톱을 쓰는데 다른 업자는 짧은 것을 썼고, 또 어떤 번식업자는 천연 며느리발톱을 사용했다. 하지만 투계는 전통적으로 남자들, 거의 언제나 남자들이, 종족이나 계급과 무관하게 어울리는 곳에서 벌어졌다. 19세기 초에 버지니아를 방문한 한 유럽인은 흑인 노예들이 백인 주인 못지않게 투계에 많은 돈을 거는 것을 보고서 깜짝 놀랐다.

이 스포츠를 영국인처럼 좋아하는 민족도 없을 것이다. 그들은 로마인이 도착하기 전에 이미 투계를 하고 있었는데 이 관습을 페니키아 상인에게서 받아들였을 것으로 보인다. 한때 영국 마을에서는 오늘날 필리핀 전역에 투계장이 있는 것처럼 투계장이 흔했다. 헨리 8세(Henry VIII)는 16세기에 자신의 주요 주거지인 런던의 화이트홀 궁전에 왕실 투계장을 건설했다. 16세기에 대부분의 장원은 수백 혹은 수천 마리의 수탉을 기르면서 그들 고유의 투계장, 조련사, 각종 사료와 싸움 전략 등을 갖춰놓고 있었다. 제임스 1세(James I)도 싸움닭 번식업자를 후원했다. 윌리엄 셰익스피어가 잘 알고 있었듯이 글로브극장은 배우들을 위한 무대라기보다 수탉들의 싸움터였다. "이 투계장이 프랑스의 광대한 들판을 대신할 수 있을까?" 하고 《헨리 5세*Henry V*》의 서곡에서 코러스는 묻는다. 글로브극장의 제일 싼 자리는 피트(pit)라고 했는데, 바로 여기서 수탉들이 싸웠다. 때때로 많은 닭들을 피트에 풀어놓았는데 그러면 맨 마지막에 오로지 한 마리만이 남았다. 바로 여기서 **배틀 로열**(battle royal: 한 사람이 남을 때까지 여러 명이 동시에 경기하는 것―옮긴이)이라는 어구가 나왔다. 일기작가 새뮤얼 피프스(Samuel Pepys)는 1663년에 런던의 투계장에 갔다가 의원이 빵집 주인 및 양조장 주인과 함께 돈을 거는 것을 보았다.

"그리고 이 모든 사람들은 하나같이 욕설을 하고 저주를 퍼붓고 돈을 걸었다."

피프스는 수탉들을 불쌍하게 여겼고 가난한 사람들의 손실에 경악했다. 하지만 다른 사람들은 그 경기에서 영감을 얻었다. 17세기 초에 나온 어떤 책은 투계가 남자들을 더 용감하고 사랑스럽고 근면하게 만든다고 주장했다.

"이 자그마한 새들의 용기를 쳐다보는 것은 놀라운 일이다. 그들은 상대방이 쓰러져 그 자리에서 죽을 때까지 싸운다."

소설가 대니얼 디포(Daniel Defoe)는 1724년에 이렇게 썼다. 그 시대의 어떤 스코틀랜드 작가는 유럽의 유혈적인 전쟁을 가져오는 왕실의 투쟁을 대신하여 "수탉 전쟁"으로 결론을 내는 것이 어떻겠느냐고 제안했다. 1780년대에 뉴캐슬어폰타인에서는 일주일 동안 투계 경기가 열려 수탉 1,000마리가 숨졌다.

윌리엄 호가스(William Hogarth)의 1759년 판화는 아이러니컬하게도 〈왕실의 스포츠*Royal Sport*〉라는 제목이 붙어 있는데, 혼란스러운 런던의 투계장을 보여준다. 그림에서는 두 마리 수탉이 빙빙 돌며 싸우는 광경을 한 눈먼 귀족, 소매치기들, 그리고 온갖 다양한 사람들이 넋을 놓고 바라보고 있다. 그리고 한 프랑스 신사가 이 야만적인 광경을 한심스럽다는 표정으로 쳐다보고 있다. 오늘날 미국, 유럽, 기타 산업국들에서 투계를 금지하는 것은 동물에게 죽을 때까지 싸우도록 강요하는 잔인성 때문이다. 호가스의 그림은 다른 관심사를 드러낸다. 그의 그림 속에서 드러난 문제는 동물 학대가 아니라 인간의 어리석음, 방탕함, 그리고 탐욕이다. 영국 의회는 1833년 런던의 투계를 금지했는데, 그 이유는 닭들을 보호하기 위한 것이 아니라 무법적이고 무질서한 인간의 행동을 중지시키려는 것이었다.

영국의 의원들은 20세기 초 필리핀에 도착한 미국 선교사들과 오늘날의 인도네시아 입법가들처럼 서로 다른 사회 집단의 많은 남자들이 한데 모여 몇 시간씩 술을 마시고 노름을 하는 것을 두려워했다. 농촌 지역에서는 이런 행동이 전혀 주목받지 못했지만, 급속히 산업화하는 경제 체제에서 이런 모임은 비생산적이고 나아가 전복적인 것으로 여겨졌다. 19세기의 런던, 20세기의 마닐라, 21세기의 자카르타 같은 새로운 도시들에서, 가난한 사람들은 부자들로부터 격리되어 있었고 공장 생활은 신속함을 요구했으며 도박은 도덕적 결함의 표시였다.

"동물의 권리 신장에 관한 오래된 이야기는 노예제와 동물 학대를 수천 년 동안 해오다가 갑자기 정신을 번쩍 차린 빅토리아 시대 영국인들의 이야기만큼이나 영웅적이고도 단순한 이야기다."

이 운동을 연구해온 영국의 젊은 역사가 로버트 보디스(Robert Boddice)는 이렇게 말했다. 싸움닭 번식업자가 동물들에게 잔인한 것이 아니라, 투계를 즐기는 사람들이 고상한 멋이 없다는 소리였다. 산업 시대에 신사는 하급 계층의 사람들과 섞여서는 안 되고 노동자들은 정의상 일을 해야 마땅했다. 19세기 영국과 미국에서 투계 금지 운동의 전면에 나선 사람들은 상류와 중류 계급의 여성들이었고 이들은 금주 또한 적극적으로 추진했다. 도박과 음주는 집에 남아 있는 여성들에게 가난과 학대를 의미했고, 새로운 사회적 사다리에서 위로 올라가는 일을 방해했다.

영국 의회는 1835년에 잉글랜드와 웨일스 전역에서 투계를 금지했고 2년 뒤에는 빅토리아(Victoria) 공주가 동물 학대 예방 협회의 후원자가 되었다. 공주는 여왕이 되자 1840년에 협회 이름 앞에 로열(royal)이라는 수식어를 넣게 했다. 하지만 투계는 계속되었고, 투계장은 좀 더 으슥한 곳으로 옮겨갔다. 주로 노동자 계급의 열광자들이 투계장을 찾았고 대부분의 귀족들은 이 스포츠를 포기했다. 비록 투계는 오래전에 그 지위와 합법성을 잃어버렸지만, 여우 사냥은 2005년까지 허용되었다.

법적인 관점에서 보자면 미국인들은 영국에 비해 좀 더 늦게 투계 사업을 포기했다. 투계는 승마 못지않게 인기가 높았고 특히 남부 지역에서 널리 사랑을 받았다. 조지 워싱턴(George Washington)은 1752년 군사적 문제를 논의하기 위해 버지니아 주의 왕실 주지사와 윌리엄스버그에서 식사를 한 후, 인근 요크타운에서 자신이 말한 '주요 투계 경기'를 보았다. 같은 해 버지니아 주도의 윌리엄 앤 메리 칼리지는 재학생들에게 투계 경기 출입을 금지했는데, 이는 그 경기가 아주 인기가 높다는 증거였다. 이 스포츠의 인기를 감안하여 오늘날 미국의 민속촌 격인 콜로니얼 윌리엄스버그는 두 마리 싸움닭인 행키 딘과 루시퍼를 보관하고 있지만, 이 닭들은 버지니아 법에 따라 투계가 금지되어 있다.

버지니아 주 의회는 1740년에 투계를 불법 행사로 지정했으나, 그래도 번식업자들은 해외에서 싸움닭을 계속 수입해왔다. 조지아 주도 1775년에 투계를 금지했고 대륙 회의도 투계 스포츠를 불법화했다. 신생 미국에서 투계는 영국적 야만성의 잔재로 인식되었으나, 인기는 지속되었다. 싸움닭이 신생 미국의 공식 인장의 일부로 들어갈 뻔한 순간이 있었다. 1782년 28세의 화가 윌리엄 바턴(William Barton)은 그가 제안한 인장의 윗부분에 싸움닭을 집어넣었다. 그러나 의회는 독수리를 집어

넣은 디자인을 채택했다.

토머스 제퍼슨(Thomas Jefferson)의 노예였던 사람들의 증언에 따르면 제퍼슨은 투계와 경마를 하지 않았다. 군사 영웅이며 테네시 주의 정치가인 앤드루 잭슨(Andrew Jackson)은 열렬한 도박사이면서 투계 팬이었다. 그에 맞서서 대통령 유세를 벌였던 사람들은 잭슨의 이런 면을 비난했다.

"그의 열정은 끔찍합니다."

잭슨이 대통령 유세에 나섰던 1824년에 제퍼슨은 대니얼 웹스터(Daniel Webster)에게 잭슨의 취미를 비난했다. 잭슨은 유세 중에 자신은 인생의 새로운 장을 넘겼으며 지난 13년 동안 투계장에는 전혀 출입하지 않았다고 말했다. 에이브러햄 링컨(Abraham Lincoln)은 이 스포츠를 반대하는 것을 못마땅하게 생각했다. 그는 이렇게 말한 것으로 알려져 있다.

"하느님께서 그분의 모습으로 창조하신 지적인 인간은 공공연하게 싸우고 또 죽이지만 세상은 이를 인정하듯 바라봅니다. 그러니 나는 닭들에게 그런 특혜를 부여하지 못하겠다는 이야기가 좀 납득이 가지 않습니다."

19세기 동안 투계에 대한 열정은 계속하여 쇠퇴해왔다. 마크 트웨인(Mark Twain)은 투계 경기를 보고서 구경꾼들이 "즐거움의 광란 속에서 무아지경이 되는 것"을 경이롭게 생각했다. 그는 투계를 "비인간적인 오락"이라고 말했다. 하지만 이런 말을 덧붙였다.

"그러나 여우 사냥에 비해서는 훨씬 더 점잖고 훨씬 덜 잔인한 스포츠라고 생각한다. 수탉들은 이 싸움을 즐기기 때문이다. 그들은 사람들에게 즐거움을 주면서 동시에 자신들도 즐거움을 느낀다. 하지만 여우는 그렇지 못하다."

　여성 단체는 투계, 음주, 다른 형태의 도박 등을 싸잡아서 공격했다. 그리하여 미국의 여러 주들은 투계를 금지하는 법을 통과시키기 시작했다. 1920년대에 이르러 투계는 깡패와 밀주꾼들의 사업이 되었으나, 오클라호마 같은 농촌 주들에서는 여전히 인기가 있었다. 신문의 스포츠면을 개발한 미디어 재벌인 윌리엄 랜돌프 허스트(William Randolph Hearst)는 캘리포니아에서 투계를 금지하는 운동을 벌여서 성사시켰다.

　2008년에 루이지애나 주가 투계를 금지하는 법을 통과시키면서 미국에서는 합법적인 투계는 더 이상 벌일 수 없게 되었다. 투계는 애팔래치아 지역과 히스패닉 공동체에서 여전히 인기가 높지만 법적으로는 대부분의 주들에서 중죄에 해당한다. 그러나 노스캐롤라이나의 산간 지대를 접경으로 둔 테네시의 코크 카운티에서는 투계 스포츠가, 은밀히 진행되긴 하나 아주 흔하다. 최근에 테네시 주가 부정부패 수사의 일환으로 두 곳의 대규모 투계 영업장을 급습했다. 그 기습 작전 중 하나를 지휘했던 토머스 패로(Thomas Farrow)는 한 기자에게 말했다.

　"마치 냉전 시대에 소련의 심장부에서 스파이 활동을 하는 것 같았죠. 우리에게 우호적인 사람들은 없었습니다."

　패로는 말을 이었다.

　"낮에는 모두들 교회나 직장에 갔기 때문에, 그곳은 노먼 록웰(Norman Rockwell, 1894~1978: 미국의 잡지 표지 화가로서 평화로운 농촌 풍경을 많이 그렸다―옮긴이)의 지역사회 같았어요. 하지만 해가 떨어지면 그들은 모두 흡혈귀로 변했습니다."

　2013년 테네시 주 의회의 공화당 의원인 존 런드버그(Jon Lundberg)는 주의 투계 금지법을 좀 더 강화하려고 했다. 현재는 투계가 사소한 비행으로 여겨져 50달러의 벌금형만 받는다. 런드버그는 이것을 벌금과 실형을 병과(倂科)하는 중죄로 다루는 투견과 같은 수준으로 끌어올리려 했으나 실패했다. 그 직후 나는 주 의회 옆에 있는 그의 내슈빌 사무실에서 그를 만나 대담했다. 그는 반대자들의 태도에 분노하고 있었다. 그들은 투계가 앤드루 잭슨이 즐겼던 스포츠이고 따라서 비난해서는 안 되는 테네시 전통이라고 주장했다는 것이다.

"노예제 또한 앤드루 잭슨이 옹호했던 테네시의 전통이었습니다."

그는 냉소적인 어조로 말했다. 런드버그는 이런 느슨한 법규 때문에 테네시가 조직범죄가 판치는 곳이 되지 않을까 우려했다.

"우리는 경제적 유인책을 마련했습니다. 하지만 이게 사람들을 테네시로 끌어들일 수 있을 것이라 생각하지 않습니다."

잭슨이 그의 '열정' 때문에 비난을 받은 지 150년 이상이 흘러서, 투계는 잠시 2014년의 격렬한 예비 선거에서 중심 화제로 떠올랐다. 미 상원의 소수당 대표인 미치 매코넬(Mitch McConnell)과 경쟁자로 나선 티파티(Tea Party: 미국에서 정부의 건전한 재정 운용을 위한 세금 감시 운동을 펼치고 있는 시민 중심의 신생 극우 보수 단체―옮긴이)의 매트 베빈(Matt Bevin) 사이에 벌어진 논쟁이었다. 매코넬은 투계 스포츠에 참가한 사람들의 벌금을 높이는 농촌 법안을 지지했다. 하지만 미국 싸움닭 번식업자 협회의 회장은 이 조치가 매코넬의 정치적 미래를 '파괴'할 것이라고 경고했다. 베빈은 몇 달 투계를 지지하는 대회에 참석하여 이렇게 말했다.

"투계가 이 주의 문화유산인데 이를 비난하는 것은 내가 보기에 좋은 생각이 아닙니다. 나는 이런 발상을 지지하지 않습니다."

그의 대회 참석과 논평은 전국적인 비난을 불러일으켰는데 유세전 비디오가 나왔을 때 그 비난은 더욱 거세졌다. 그 비디오에서 베빈은 어린 시절 닭의 두 발을 묶고서 머리 위에서 대롱거리게 한 후에 닭의 목을 싹 둑 베었다고 말했다.

"때로는 닭다리가 순식간에 사라지기도 했지요."

그가 농담하듯 말하자, 관중들 사이에서 불안을 담은 웃음이 터져 나왔다.

마닐라를 방문했을 때 나는 루송에게 신세계의 투계 사업에 대해서 물었다. 그는 슬픈 듯이 고개를 흔들더니 멕시코, 콜롬비아, 미국의 투계 스포츠는 점점 더 마약 거래와 조직범죄와 관련되어 그러잖아도 국제적으로 나쁜 명성이 더욱 악화되었다고 말했다. 다른 유혈 스포츠와 마찬가지로, 투계는 언제나 도박과 음주하는 사람들과 관련을 맺었다. 따라서 투계 스포츠가 존속해온 이래, 상대방을 이기기 위해 독약, 마법적인 주문, 기타 지저분한 기만술이 계속 동원되어왔다. 하지만 오늘날은 하이테크 마약과 고액의 노름 돈이 일반적 규칙이 되었다.

카라카스 빈민가 외곽에서 로렌소 프라히엘(Lorenzo Fragiel)이라는 싸움닭 번식업자는 베네수엘라의 수도에서 당황스러운 변화가 벌어지고 있다고 내게 말했다. 수도 내에 열두 개 정도의 투계장이 있다는 것이다.

"번식업자의 형제회 같은 것은 더 이상 존재하지 않습니다."

뻣뻣한 검은 콧수염을 기른 날씬한 기계공인 프라히엘이 말했다.

"번식업자들은 서로 예의 주시했습니다. 꽤 우호적이었지요."

투계장 바깥에서 벌어지는 게임은 더 격렬하다.

"싸움이 벌어지고 유리 조각이 난무하지요."

그는 고개를 흔들면서 말했다.

"술도 엄청 마셔댑니다."

투계장의 소유주는 입장료를 받고 수탉 소유주는 게임당 수수료와 심판비를 내야 한다. 하지만 진짜 돈은 맥주를 파는 데서 나온다.

프라히엘은 자그마한 농가 한쪽 구석에 세운 광대한 닭장에서 35마리의 싸움닭을 키운다. 각각의 싸움닭은 좀 넓은 개인 닭장 안에 들어 있다. 시원한 바람이 불어왔고 바닥은 깨끗한 톱밥을 깔았고, 대부분의 양계장에 가면 나는 암모니아 냄새도 나지 않았다. 어떤 닭들은 적색야계 같은 겉모습을 하고 있었다. 볼로스(Bolos)라는 변종은 꼬리가 없고, 파푸호스(Papujos)라는 종은 뺨에서 자그마한 깃털이 자라고 있었다. 그는 30년 전 열두 살 때 대부가 첫 닭을 건네준 이후로 수탉을 번식시키고 싸움시켜왔다.

"이건 돈 되는 사업이 아니에요."

그가 웃으며 말했다.

"일종의 열정이랄 수 있지요."

그가 가능성 있는 새로운 투사를 한 마리 고르면 그 닭은 몇 달 동안 환경에 적응하는 훈련을 받는다. 그는 상대 닭이 투계장에서 잡아채지 못하도록 자기 닭의 볏을 떼어낸다. 또 닭을 면도시켜 열대의 더위에 고통을 받지 않게 해주고, 뾰족한 며느리발톱을 제거해준다. 상처 딱지가 아물고 닭이 한 살쯤 되면, 농장에 마련한 임시 투계장에서 훈련에 돌입한다. 그는 닭들에게 특별한 사료와 비타민만 준다. 그 사료는 그가 적어준 처방에 따라서 그의 어머니가 만든 것이다.

"각각의 번식업자는 자기들만의 독특한 식단이 있어요."

그가 말했다. 그는 불안해하거나 아파하는 닭을 위해 가끔 특별 먹이를 섞어서 준다.

프라히엘은 닭의 능력을 시험해보기 위해 투계 인형을 사용한다. 나중에 그는 닭을 투계장에 넣어 다른 닭과 경기를 벌이게 한다. 하지만 두 닭의 부리를 잘 감싸고 또 날카로운 인공 며느리발톱에 보호대를 달아 부상을 입지 않도록 한다. 대부분의 수탉들은 생후 14개월이 되어야 비로소 싸움에 나설 수 있다. 베네수엘라의 전통은 거북껍데기로 만든 짧은 인공 며느리발톱을 사용하는 것이다. 이는 다른 나라에서 사용되는 날카로운 강철 발톱과는 좋은 대조를 이룬다. 그러나 거북은 오늘날 보호받는 종이기 때문에 이제는 플라스틱 발톱을 사용한다. 그는 며느리발톱을 하나 선반에서 꺼내 내게 건네주었다. 그건 내가 마닐라에서 보았던 치명적인 기다란 강철 발톱과 비교해볼 때 아주 가볍고 가늘고 또 날이 뭉툭했다.

"여기에는 많은 콜롬비아 번식업자들이 있습니다. 그들은 점점 더 기다란 며느리발톱을 사용하고 있어요."

프라히엘이 한숨을 내쉬며 말했다. 그런 발톱을 사용하는 경기는 공격적이고 또 피가 낭자한다고 그는 덧붙여 말했다. 기다란 며느리발톱을 사용하는 경기는 빨리 끝나고 2분 이상을 끌지 않는다. 하지만 베네수엘라 투계 경기는 15~20분이 걸린다. 한 닭이 다른 닭을 죽이는 데 시간이 오래 걸리기 때문이다.

그는 한쪽 구석의 닭장으로 나를 끌어당겼다. 그곳에는 싸움 중에 부상을 당한 흑백색 닭 한 마리가 회복 중이었다.

"싸움닭의 생애가 끝나는 방법은 하나뿐입니다."

그가 말했다.

"바로 죽음이지요."

그러던 중 프라히엘의 아들이 닭장 안으로 걸어 들어왔다. 열두 살 소년은 시끄러운 닭 울음소리에 익숙해져 있는 듯했다.

"아들놈이 흥미가 있다면 그건 좋아요."

번식업자는 흘낏 아들을 한번 쳐다보았다.

"하지만 난 이것을 누구에게도 강요하지 않겠어요. 이걸 하려면 반드시 열정이 있어야 하니까요."

19세기에 들어와 투계는 영국에서 쇠퇴하기 시작했다. 닭들이 도시의 대규모 인구를 먹여 살리는 새로운 역할을 부여받았기 때문이다. 그러나 투계는 다음 세기에도 사라지지 않을 것이다. 투계는 필리핀, 베네수엘라, 켄터키와 테네시의 오지에서 여전히 활발하게 존속하고 있다. 도시들이 생겨나고, 비디오 게임 같은 대체 수단이 발달하고, 동물 학대에 대한 인식이 널리 퍼지고 이에 대해 엄격한 기준이 적용되는 대부분의 나라들에서 투계는 앞으로 천천히 쇠퇴할 일만 남았다. 게다가 도시에서는 살아 있는 닭은 보이지도 않고 얻어 볼 수도 없다. 차라리 로봇들을 서로 싸우게 하는 것이 더 깨끗하고 간단하다.

하지만 우리가 일상적으로 사용하는 어구나 표현에서는 이 오래된 스포츠의 망령이 아직도 감추어져 있다. '우리는 어떤 일에 소질이 없을지 모른다(We might not be cut out for a job)'라는 표현 중 'cut out'은 싸움닭의 깃털을 베어내는 관행에서 온 것이다. 그러나 우리는 아직도 '배틀 로열'로 싸울 수 있고 투계의 용기를 보일 수 있으며, 수탉처럼 뻐기면서 확신을 가질 수도 있다. 또 상대가 거꾸러질 때까지 필사적인 노력을 할 수도 있다. 투계의 도덕적·법적 지위가 무엇이든, 우리는 배와 항공기를 조종할 때에는 반드시 칵핏(cockpit: '조종석' 또는 '투계장'의 두 가지 뜻이 있다—옮긴이)에서 해야 한다.

무대 위에 등장한 거인들

이 복 받은 날 나는 상하이 닭을 찾아내 사고 말 것이다.
내 땅을 또다시 저당 잡히는 한이 있더라도.
—허먼 멜빌(Herman Melville), 〈꼬끼오Cock-a-Doodle-Doo!〉

닭을 주문해보자. 희거나, 검거나, 아니면 여러 색이 뒤섞였던 색을 선택해보자. 그런 뒤 크기를 선택하자. 세라마밴텀(Serama bantam)은 키가 고작 20센티미터에 무게는 340그램이 채 되지 않는다. 저지자이언트(Jersey Giant) 닭은 무게가 9킬로그램을 넘기도 한다. 바닥에 서서 식탁에 올려놓은 음식을 먹을 수 있을 정도로 키가 큰 말레이닭은 바로 다음 날에 받을 수 있게 배송되기도 한다. 이제 기질을 선택해야 하는데, 고약한 싸움닭이냐 온순한 버프오핑턴(Buff Orpington)이냐는 전적으로 당신의 의향에 달렸다. 알을 많이 낳는 닭, 살이 많은 구이용 닭, 혹은 일반적인 다목적 용도의 닭을 사고 싶다면 각각 화이트레그혼, 코니시크로스 (Cornish Cross), 혹은 바드록(Barred Rock) 종을 순서대로 선택하면 된다.

이런 다양성은 새로운 현상이다. 13세기에 마르코 폴로(Marco Polo) 가 중국의 닭은 고양이같이 털이 있고 덩치가 크며 맛 좋은 달걀을 낳는 다고 적었을 때, 이를 진지하게 받아들이는 서양인들은 극히 드물었다. 1800년까지도 영국의 조류학자들은 그들 나라에 있는 고작 5종의 닭만 을 인정했다. 게다가 당시 영국의 닭들은 대부분 작고 앙상하고 성질이 고약했다. 하지만 그때에 이미 닭들은 고향 남아시아에서 세계 곳곳으로 퍼져나갔는데, 아프리카의 희망봉부터 알래스카의 베링해협까지 발길 이 안 닿은 곳이 없었다. 그렇지만 닭은 여전히 지역 조류일 뿐이었다. 동 양과 서양의 닭은 지금껏 서로 만나지 못했고 그래서 미래의 닭은 아직 태어나지 않았다.

그러다가 1842년에 에드워드 벨처(Edward Belcher) 함장이 배로 세 계 일주를 마친 뒤 영국으로 돌아왔다. 그는 숙달된 탐험가, 애완동물 상 인, 항해사, 전쟁 영웅인 동시에 영국 해군에서 가장 미움을 받는 사람이 었다.

"그와 같은 능력을 보여준 어떤 장교도 이렇게 심한 개인적 반감을 불 러일으키지는 못했다."

《옥스퍼드 영국 인명사전*Oxford Dictionary of National Biography*》은 과장 없이 이런 결론을 내렸다. 마찬가지로 매우 진지하게 참고할 만한 책《캐 나다 인명사전*Canadian Biography*》에서도 벨처는 다음과 같이 서술되어 있다.

"성마르고 호전적이고, 남을 흠잡는 성미 탓에 그는 상관, 부하 가릴 것 없이 남들과 지극히 껄끄러운 관계를 유지했다."

선원들은 계속하여 벨처가 부하를 학대한다고 고발했고, 항해사들은 그와 함께 일하는 것을 피하려고 안간힘을 썼으며, 그의 젊은 아내 다이애나는 신혼 첫날밤에 남편이 고의로 자신에게 성병을 옮겼다고 공개적으로 비난하고 나섰다.

벨처는 자신처럼 성미가 고약하고 복수심 강한 성격의 증조부가 매사추세츠 식민지 총독을 지낼 정도로 유서 깊은 보스턴 가문의 출신이었지만, 미국 독립 혁명이 일어나자 캐나다로 피신했다. 역사의 기묘한 우연인지, 벨처 가문의 닭 문장은 미국 국새(國璽)의 원형으로 채택될 뻔했으나 결국에는 닭을 누르고 독수리가 채택되었다. 나폴레옹전쟁이 한창일 때, 벨처는 열세 살의 나이로 영국 해군에 들어갔다. 20대가 되어서는 바다에서 4년을 보냈고, 알래스카에서 아프리카까지 여러 바다를 돌아다니면서 장교단의 기대주로 떠올랐다. 1831년, 벨처는 부하 장교들을 물도 없이 순찰 내보내고, 또 신호에 복종하지 않았다는 이유로 장교 후보생의 머리에 총을 들이대고 위협한 혐의로 해군 법정에 소환되었다. 그러나 판사들은 그에게 무죄를 선고했다.

그로부터 얼마 지나지 않아 다이애나는 남편 에드워드를 민사 법원에 고발했다. 에드워드의 동료 장교는 에드워드가 결혼할 때 자신이 성병에 걸렸다는 것을 알고 있었다고 주장했고, 다이애나를 진찰한 의사는 그녀가 성병이 옮은 것은 물론이요 구타까지 당했다고 말했다. 판사는 다이애나의 이혼 소송을 기각했지만, 그녀는 에드워드와 함께 살기를 거부했다. 다이애나는 가장 많이 팔린 자신의 책 《바운티호(號)의 반란자들*The Mutineers of the Bounty*》에서 경멸하는 남편을 모델로 하여 사악한 블라이 함장을 그려냄으로써 문학적인 복수를 했다.

법적으로 모든 혐의를 벗었음에도 벨처는 해군의 당파적인 세계에서 친구와 협력자를 거의 만들지 못했다. 그는 이후 아일랜드 해를 조사하는 업무를 맡았는데, 당시 대영제국이 급속도로 확장하고 있었다는 사실을 감안하면 그 자리는 한직임이 분명했다. 하지만 1836년 설퍼(Sulphur)함의 함장이 장기간의 태평양 조사 임무로 칠레에 파견 중일 때 병에 걸려 쇠약해지자 벨처에게 기회가 찾아왔다. 그는 남아 있는 연줄을 총동원하여 비어 있는 자리에 임명을 받았다. 그해 10월, 비글(Beagle)호를 타고 5년 동안 전 세계를 항해한 젊은 찰스 다윈이 영국으로 돌아왔고, 벨처는 109명의 선원을 태운 380톤짜리 설퍼함의 책임자로 부임하기 위해 대서양을 건넜다.

함장 직에 부임하기 위해 파나마 지협을 건너면서, 그는 자주 걸음을 멈추고서 3.6미터 길이의 악어를 포함하여 식물, 동물, 광물 등을 수집했다.

"그 사람은 자연사에 굉장한 애착을 가지고 있더군요."

나중에 한 장교는 술회했다.

벨처의 선실은 박물관 같았다. 그는 다윈보다 3년 늦게 갈라파고스 제도에 상륙했는데, 그곳의 생태적 다양성을 발견하고 깜짝 놀랐다. 벨처는 결국에 세계 최초 국립 공공 박물관인 대영박물관에 50종 이상의 견본을 기증했다. 한 영국 동물학자의 이름이 벨처가 항해 중에 발견한 유독한 바다뱀에 붙여졌는데, 이는 속사정에 정통한 사람의 은근한 농담일지도 모른다. 어쨌든 그 뱀은 세계에서 가장 치명적인 파충류다. 다윈은 나중에 그 뱀을 자신이 처음 발견했다고 주장했지만, 벨처가 설퍼함을 타고 항해한 이야기를 서술한 책을 보고는 슬며시 그 주장을 철회했다. 벨처가 대영박물관에 기증한 것 중에는 적색야계 수컷도 있었다.

벨처의 태평양 조사 임무는 당시 세계에서 가장 강력하고 부유하고 인구가 많은 국가인 중국 청나라와 제1차 아편전쟁을 시작하던 시기와 일치한다. 서양인들은 비단, 도자기, 차 같은 훌륭한 제품을 사들이길 갈망했지만 청의 황실은 오늘날의 광저우인 광둥(廣東)의 남부 항구 한 곳에서만 무역을 할 수 있게 했다. 청 당국은 은으로 제품 값을 지불하라고 요구했지만, 영국 상인들은 은 대신 인도에서 재배한 아편으로 제품 값을 내놓기 시작했다. 이에 경쟁자 상인들에게 뒤지지 않으려고 미국 상인들도 터키에서 생산된 더 싼 아편을 중국으로 운송하기 시작했다. 1830년 후반, 이 위험하고 중독성 있는 마약의 가격은 급락했고 수백만의 청나라 사람들은 값싼 아편의 유혹을 이기지 못하고 아편을 흡연하는 버릇을 들이게 되었다.

1839년 설퍼함이 태평양을 건너고 있을 때, 베이징의 황제는 광둥 항을 봉쇄하고 수천 개의 아편 상자들을 압수한 뒤 바다에 던져 없앴다. 그후 수개월 뒤, 영국 해병대가 피해 보상을 요구하며 중국 땅에 진주했다. 벨처는 교전이 한창일 때 중국에 도착했다. 1841년 1월, 광둥에서 떨어진 주장(珠江) 강 삼각주에서 벨처가 지휘하는 두 함선이 청의 함대를 침몰시켰다. 그로부터 보름 뒤 그는 새로 즉위한 빅토리아 여왕을 위해 홍콩이라는 한적한 어촌을 점령했다. 그리고 이 보호받던 심해 항구는 전쟁을 치르기 위한 중요한 해군 기지로 빠르게 탈바꿈했다. 나중에 벨처는 홍콩의 드높은 성벽 아래에서 항복 교섭에 참가하는 영국 대표단의 일원이 되었다. 1842년 8월, 양측은 협정을 체결했고 그 결과 청은 서양인들에게 남부 항구들을 개방해야 했다.

같은 달, 벨처는 영국으로 귀환했다. 6년 동안 본국을 떠나 있던 그는 붉은 머리칼도 가늘어지고 해풍에 그을린 검은 피부를 가진 43세의 중년이 되었다. 여러 공적을 세웠는데도, 벨처는 학대당한 자신의 부인을 안쓰러워하는 많은 친지들 때문에 런던 응접실에서 환영받지 못했다. 하지만 그는 자신의 비참한 사회적 지위를 개선하는 데 도움이 될 법한 희귀 동물들을 가지고 있었다. 그는 여왕 부부에게 바칠 귀중한 선물을 가져왔고 그 선물은 앞으로 산업 세계의 궤적을 바꾸어놓게 된다.

↞·↞

먼 땅에서 온 이국적인 동물들은 스물셋의 빅토리아 여왕을 기쁘게 했다. 그녀는 "열대의 군주들"로부터 온 사자, 호랑이, 표범 등 자신이 "일련의 야만국 선물"이라고 부른 것들을 보며 즐거워했다. 여왕은 진상 받은 동물들 대부분을 리젠트 파크(Regent's Park)의 런던 동물원에 하사했다. 당시 런던 동물원은 유럽에서도 손꼽을 정도의 광범위한 동물을 수집하여 전시했고, 이는 성장하는 대영제국의 부와 권력을 잘 보여주었다.

여왕은 동물원을 정기적으로 방문했다. 5월에 짧게 동물원 유람을 다녀온 뒤 그녀는 일기에 이렇게 기록했다.

"오랑우탄이 차를 준비하고 마시는 장면은 실로 굉장했다. 그는 자신의 말과 명령으로, 관련된 모든 일을 해낸다. 소름끼치고, 곤욕스럽고, 불쾌할 정도로 오랑우탄은 사람을 닮았다."

이런 논평은 곧 분출될 진화론과 관련된 논란의 전조가 되었다. 여왕이 본 것과 같은 유인원을 본 다윈은 같은 달에 산호초에 관한 책을 출판했지만, 실제로는 가슴속에 몰래 품고 있던 종의 발전에 관한 급진적인 이론을 주장하는 초고를 작성 중이었다.

빅토리아 여왕은 서커스도 사랑했는데, 특히 자칭 "라이언 킹(사자 왕)"이라고 하는 잘생긴 미국인이 등장하는 쇼를 좋아했다. 이 미국인은 채찍을 휘둘러 사자를 복종하게 하고, 사자의 입을 벌려 거기에 자신의 머리를 밀어 넣고, 사자가 혀로 자신의 반짝이는 부츠를 핥게 하기도 했다. 런던에서 사자 왕의 서커스가 열렸을 때 여왕은 여러 번 관람하러 갔다. 그녀는 한번은 공연이 끝나자 무대 뒤로 가서 굶주린 동물들이 사료를 먹는 장면을 지켜보기도 했다. 길들어진 가축은 동정의 대상이지만 야생 동물은 복종시켜야 하는 대상이었다.

여왕과 젊은 남편 앨버트 공(Prince Albert)은 외풍이 심한 버킹엄 궁보다 수도에서 약 30킬로미터 떨어진 윈저 성을 더 좋아했다. 버킹엄 궁은 아무리 말을 하고 지시를 내려도 신하와 하인들이 무례하게도 나태한 모습을 보였고 살기에도 불편했기 때문이다. 그 전해에 여왕은 윈저 성에 애완견 우리를 만들라고 지시했다. 늘어나는 콜리, 테리어, 그레이하운드 등 애완견들을 키울 공간이 필요했기 때문이다. 영리한 남편의 제안 덕분에, 여왕의 애완견들은 갓 조리된 음식과 자동으로 채워지는 물그릇, 새로운 우리에서 올라오는 증기 열을 누리며 즐겁게 지낼 수 있었다.

1842년 9월 말, 여왕에게는 기분 전환이 특히나 환영할 만한 일이었다. 남편과 함께 스코틀랜드에 처음으로 방문한 뒤 돌아오던 그녀는 세 번째로 임신한 상태였고, 그로 인해 경험할 입덧과 몇 달의 감금과도 같은 생활이 몹시 꺼려졌던 것이다. 거기다 독일 태생의 앨버트 공은 여전히 많은 영국 백성들에게 굉장히 미심쩍은 사람으로 보였다. 앨버트 공은 여왕이 총애하는 여자 가정교사가 여왕에게 영향을 주고 있음을 경계하였고, 이에 여왕을 설득하여 가정교사를 쫓아내는 데 성공했다. 또한 여왕은 영국 정부로부터 멜버른 경(Lord Melbourne)과의 서신 교환을 중단하라는 압력을 받고 있었다. 전 총리였던 그가 후임 총리의 많은 방침에 반대하고 있었기 때문이다. 하지만 멜버른 경은 여왕에게 아버지 같은 존재였다. 그러는 동안 파업 노동자들은 새로운 산업 경제를 침체로 몰아넣는 위협적인 세력이 되어가고 있었다. 거기다 여름에는 세 번이나 여왕을 암살하려는 시도가 일어났다.

이런 와중에 어느 가을날 윈저 성에 도착한 마차에서 내린 암탉 다섯 마리와 수탉 두 마리는 여왕 부부를 놀래키고 또 즐겁게 했다. 그 닭들은 익숙하게 보아왔던 전형적인 작고 앙상한 영국 닭이 아니었다. 이 닭들에 '타조 닭'이라는 별명이 붙는 데는 그리 오랜 시간이 걸리지 않았다. 길고 노란 다리는 털이 없었고, 윤이 나는 풍성한 갈색 깃털은 우아한 검은 꼬리가 있는 부분까지 이어졌다. 타조 닭들은 검은 눈을 지니고 머리를 몸 쪽으로 딱 붙이고 있었다. 또한 이 닭들은 태도도 조용하고 차분하고 당당하여 2,000년 전 로마인들이 들여온 영국 닭 도킹(Dorking)처럼 주의 산만하고 성미 고약한 점이 거의 없었다.

여왕 부부가 선물 받은 닭은 '베트남의 상하이 닭(Vietnamese Shanghai fowl)'이나 '코친차이나(Cochin-China)'로 명칭이 혼용되었지만 실은 말레이시아에서 유래한 것이었다. 당시 서양의 동아시아 지리에 관한 지식은 자세하지 않았다. 벨처는 여왕 부부에게 진상한 선물과 동행하지 않았다. 악평이 자자한 과거 행적 때문에 여왕을 만나기란 불가능했기 때문이다. 게다가 그는 선물한 닭들의 유래에 관한 서면 자료를 남기지 않았다. 벨처는 그저 항해 일지에 동남아시아에 있는 수마트라 섬 북단에서 닭을 구입했음을 기록했을 뿐이다. 하지만 그는 베트남 연안으로 나아가기도 했고 중국 남부에 머무르며 시간을 보내기도 했다. 기원이 어쨌든, 벨처의 이국적인 닭들은 획기적인 존재였다. 이 닭들은 앞으로 닭을 세상 어디에서나 볼 수 있는 농가 앞마당의 하찮은 존재에서 가장 중요한 존재로 탈바꿈시켜 놓는, 일종의 선발대였다.

빅토리아 여왕과 앨버트 공은 즉시 이 기묘한 닭들을 거두기 위해 새로운 새장을 짓기로 결정했다. 여왕의 조부인 조지 3세(George III)가 마련한 새장이 있었으나 작고 무너질 것 같은 모양새라 바꿀 필요도 있었다. 공교롭게도 조지 3세는 보스턴 주민들을 자극하여 벨처의 충성스러운 친영파(親英派) 가문이 매사추세츠를 떠나 캐나다로 도피하게 되는 원인을 제공한 왕이었다. 독일에서 새장이 있는 저택에서 자란 앨버트 공은 1840년 사촌인 빅토리아 여왕과 결혼할 때 관상용 새들을 가지고서 영국으로 건너왔다. 여왕 부부가 벨처로부터 기묘한 닭을 받은 해 12월에 영국 정부는 윈저 성의 새로운 양금장(養禽場: 가금류 사육장)과 낙농장 건설에 520파운드의 예산을 쓸 것을 승인했다.

여왕 부부는 윈저 성 동쪽의 260만 제곱미터 크기의 휴양지 홈 파크에 새로운 건물을 짓기로 했다. 그곳은 에드워드 3세(Edward III)가 사슴을 사냥하고 올리버 크롬웰(Oliver Cromwell)이 군대를 훈련하던 유서 깊은 장소였다. 새로 지을 새장은 여왕의 애완견 우리와 가까웠고, 여왕이 일전에 고압적인 어머니인 켄트 공작부인에게 주거지로 내준 프로그모어 하우스에서 쉽게 산책 나갈 수 있는 거리였다. 홈 파크와 그에 인접한 그레이트 파크의 관리자인 부군 앨버트 공은 여왕에게 진상된 닭과 다른 새들의 거처가 될 구조물의 설계와 공사를 감독했다.

"나는 산림 감독관, 건축업자, 농부, 정원사를 겸한 사람이라네."

그는 자신을 한때 이렇게 묘사했다. 앨버트 공은 현대적 영농에 깊은 관심을 보였는데, 이는 빅토리아 여왕의 동물 사랑과 딱 들어맞는 취미였다.

여왕 부부는 새로운 건설 공사의 과정을 면밀히 살폈다.

"우리는 아침 식사를 하고 새로운 새장이 어떻게 되어가나 보려고 농장으로 걸어갔다."

여왕은 1843년 1월 말의 일기에 이렇게 적었다. 그해 말이 되자, 공사는 거의 완성 단계였다. 이 기발한 구조물은 반(半)고딕 양식이었는데 정교한 박공과 꼭대기 장식을 갖추고 있었고, 꼭대기 장식 위에는 거울을 댄 육각형의 비둘기장이 있었다. 이를 본 한 방문객은 이렇게 말했다.

"비둘기들은 거울을 바라보며 즐거워했다. 그리고 그 앞에서 계속해서 털을 고르고 몸을 추슬렀다."

건물 위에는 큰 풍향계가 설치되었고, 다시 그 위에는 수탉 장식을 매달았다. 건물은 중앙실과 두 개의 부속 건물로 구성되었는데, 이 부속 건물에서 새들이 홰에 앉고 번식하고 알을 낳을 수 있도록 했다. 당시 전형적인 작고 어두운 우리와는 깜짝 놀랄 정도로 대조되는 멋진 새장이었다.

1842년에 창간한 시사 주간지 《일러스트레이티드 런던 뉴스*Illustrated London News*》는 크리스마스 전에 여왕의 새로운 새장에 관하여 독자들에게 살짝 알려주었는데, 기자는 새장의 설계에 관해 이런 글을 썼다.

"그곳의 초식 거주자들은 더없이 훌륭한 편의시설을 누리고 있다."

널찍하고 잘 건조된 따뜻한 홰는 야생화, 산사나무, 검은 딸기나무의 잔가지로 만들었고, 흰 이끼는 "새들이 원래 살던 정글"의 것을 모방했으며 기생충의 출입을 막았다. 건물에 설치된 염관(焰管)은 온기를 제공했다. 건물 바깥에는 높은 철조망이 세워져 낮 동안 새장 역할을 했다. 관목들은 시원한 그늘을 만들었고, 베란다는 차가운 비로부터 귀중한 새들을 보호했다.

이 복합 건물은 급식소, 산란용 헛간, 동절기 거처, 동물 병원 외에도 여러 마당과 작은 들판을 두었는데, 전부 잔디와 자갈길이 배치되어 있었다. 우람한 느릅나무들은 겨울바람으로부터 마당을 보호해주었다.

"농장의 아늑한 여가 분위기를 조성하는 데에, 폐하께서는 엄청난 근면함과 굉장히 훌륭한 취향을 남김없이 드러내셨다."

이것은 취재 기자가 내린 결론이었다. 신문 기사가 나던 날 아침에도, 여왕 부부는 그 복합 건물에 들렀다. 여왕은 일기에 "일부 가금(家禽)은 굉장히 훌륭하고 살이 올랐다."라고 기록하며 감탄했다.

같은 주, 런던 사람들은 찰스 디킨스(Charles Dickens)의 새로운 중편 소설《크리스마스 캐럴*A Christmas Carol*》을 사들이느라고 아주 바빴다. 디킨스의 소설은 산업혁명 와중에 런던의 노동자 계급이 맞이한 끔찍한 궁핍상을 여실히 드러냈다. 이 이야기에 등장하는 크래치트 집안은 가난하고 어려운 삶이지만 크리스마스에 영국의 전통 명절 음식인 작은 거위를 어렵사리 마련한다. 개과천선한 스크루지가 가금류 판매상에게 주문한 것은 칠면조였다. 하지만 1843년 윈저 성의 크리스마스 식탁에서 이야깃거리가 된 것은 거위도 칠면조도 아닌 닭이었다. 한 신문의 기사에 따르면 윈저 성에 초대받은 손님들은 코친차이나 영계를 대접받았는데, 홈 파크의 왕실 새장에서 직접 길러 살찌운 닭이었다. 이 품종은 어린 닭이었는데도 무게가 약 3킬로그램이나 나갔는데, 이는 영국 토종닭보다 두세 배쯤 더 무거운 것이었다.

곧 이 이국적인 닭들과 그들의 자손은 다른 유럽 왕가에 분양되었다. 1844년 봄, 앨버트 공의 삼촌인 벨기에 왕국의 레오폴드 2세(Léopold Ⅱ)가 빅토리아 여왕과 함께 홈 파크의 새장을 방문한 뒤, 이 "희귀하고 특이한" 아시아 출신 닭의 알들이 포장되어 브뤼셀로 수송되었다. 그해 여름이 되자 빅토리아 여왕은 복합 건물에 관해 이런 기록을 남겼다.

"테라스, 분수, 방이 건설되어 더욱 커진 이곳은 지금 정말로 아름답다."

작은 방에서 여왕 부부는 차를 마시며 뿜어져 나오는 분수와 함께 새들을 바라볼 수 있었다. 이들은 가을이 되자 쌀밥을 곁들인 닭 요리를 좋아하는 프랑스 왕 루이 필리프(Louis Philippe)를 초대하여 복합 건물에서 식사를 하기도 했다. 하지만 그곳은 빅토리아 여왕이 일기에 적은 것처럼 "굉장히 잘 길들인 가금에게 먹이를 주며" 부부가 함께 시간을 보내기 좋은 사적 장소였다.

젊은 여왕 부부가 닭에 매료된 모습을 본 대중들은 자연스럽게 닭에 관심을 가지기 시작했고 그들을 따라 하고 싶어 했다. 1844년《숙녀를 위한 영농: 양금장, 낙농장, 양돈장 안내서Farming for Ladies; Or, a Guide to the Poultry-Yard, the Dairy and Piggery》라는 책을 낸 저자는 여왕 부부의 새장을 직접 보고서 부부의 관심이 현재로서는 순전히 여흥과 오락을 위한 것이라고 결론을 내렸다. 하지만 저자는 양금장을 세운 장기적 목표는 왕실 식탁에 정기적으로 식재료 공급을 하기 위한 목적도 있다고 덧붙였다.

"여왕 폐하의 자애로운 후원 덕분에 도입된 외래종이 우리 토종 가축을 개선하는 데 굉장한 도움이 되리라는 점은 의심할 여지가 없다."

그렇지만 저자도 밝히듯 닭은 서민들에게는 너무도 값비싼 가축이었다.

"런던에서 가금류의 가격은 일반적으로 너무 높다. 도시 사람들 중 수입이 빠듯한 사람은 닭고기를 식탁에 좀처럼 올리기 쉽지 않을 것이다."

↞·↞

카이사르가 기원전 55년 군대를 이끌고 영국에 상륙했을 때, 이미 닭은 그곳에 있었다. 이어 그는 영국에서는 닭을 식용으로 삼는 일이 위법이라는 기묘한 사실을 알게 되었고, 그곳 사람들이 닭을 "여흥과 오락을 위해" 기른다는 것도 알게 되었다. 즉, 그들은 닭을 종교와 도박 목적으로 활용했다. 로마인들은 영국해협을 넘어 그들이 기르던 닭을 가져왔는데 그 가운데에는 오늘날 도킹이라 불리는, 발가락이 하나 더 있는 닭도 들어 있었다. 이 닭은 구워서 먹기도 했지만 배를 갈라 창자를 보고 점을 치거나 투계에 활용하고 의식의 희생 제물로 바치기도 했다. 로마인들은 행운이 있기를 빌며 닭의 오른발을 가지고 다녔고 정력 증강을 위해 수탉의 고환을 먹기도 했다.

영국에서 발견된 것으로서 손으로 쓴 문서 가운데 가장 오래된 문서는 하드리아누스 방벽 근처에서 발견된 빈돌란다(Vindolanda) 서판(書板)인데, 이는 카이사르가 영국에 침공해 오늘날의 스코틀랜드에서 켈트족 일파인 픽트족을 로마령 영국에서 몰아낸 시기보다 2세기 뒤의 것이었다. 그 목판들 틈에는 주둔군 지휘관이 노예에게 장을 봐오라고 준 목록도 있다. 노예는 닭 20마리를 구하러 지역 시장에 파견되었는데, 주인으로부터 "품질이 좋고 값도 괜찮으면 100개나 200개 정도 달걀을 사오너라."라는 말도 들었다. 라틴어 속담 '달걀에서 사과까지'는 영어의 '처음부터 끝까지'와 같은 말인데, 이를 통해 로마인들이 달걀 요리로 식사를 시작하여 과일로 식사를 마쳤음을 알 수 있다. 또한 그 말을 통해 로마 제빵사들이 달걀을 활용해 커스터드나 케이크를 처음으로 만들지 않았나 추측해볼 수도 있다. 로마인들이 있는 곳에는 닭이 있었다. 로마령 영국에서 어떤 망자(亡者)들은 닭과 함께 매장되기도 했다.

닭과 달걀을 먹는 것은 5세기 이후 로마가 영국 섬을 포기하면서 줄어들었지만, 그 후 중세 초기에 수도원이 증가하면서 다시 반등했다. 6세기 베네딕트 수도회의 규칙은 수도사들이 다리 네 개 달린 동물의 고기를 먹는 것을 금지했고, 따라서 가금류와 그 알은 중요한 식재료로 떠올랐다. 오리와 거위는 점점 더 커지고 살이 올라 더 큰 알을 낳았지만, 중세 영국 양금장의 식구들 중 절반 정도는 닭이었다. 아무튼 대부분의 장원(莊園)과 수도원은 닭을 키웠다. 흉작이나 소가 질병에 걸려 기근이 생기면 닭은 유용한 대체재가 되었다. 음식 연구가 앤 윌슨(Anne Wilson)은 닭을 가리켜 "중세의 가난한 사람들을 위한 새"라고 했다.

셰익스피어의 시대에 이르기까지 닭은 저렴하게 살 수 있었다. 3~4펜스만 주면 한 마리를 살 수 있었는데, 그 정도는 당시에도 아주 적은 금액이었다. 닭은 그저 많은 선택지 중 하나일 뿐이었다. 메추라기, 느시(두루미목 느시과에 속하는 중대형 수렵조류—옮긴이), 왜가리, 핀치(참새목 되새과 새의 총칭—옮긴이), 산비둘기, 갈매기, 해오라기, 개똥지빠귀, 청둥오리, 도요새 등 풍부한 식재료가 있었기 때문이다. 13세기 런던에서는 작은 식당에 들어가 18펜스만 내려놓으면 구운 왜가리를 통째로 가지고 나올 수 있었다. 18펜스라면 여전히 대단하지는 않은 금액이다. 하지만 인구가 늘고 농지가 확대되면서, 야생 조류는 부족해졌고 농부들은 돼지와 소를 많이 기르기 시작했다. 그리하여 자연스럽게 거위 고기, 돼지고기, 소고기가 선택지가 되었다. 한 역사가가 계산한 바로는 1400년이 되자 닭은 동부 영국에서 소비되는 고기의 10퍼센트밖에 되지 않았다.

"형편이 되는 사람이라면 닭고기 대신 거위나 소, 양 등 살이 붉은 고기(red meat)를 소비했다."

예일 대학교의 사학자 필립 슬래빈(Philip Slavin)의 말이다. 그는 또한 닭은 중세 후기 농장 경제에 "상대적으로 사소한 기여"를 했을 뿐이라고 덧붙였다.

그와 대조적으로 백조나 꿩은 왕실을 위해 엄격하게 보존되었다. 1429년 런던에서 열린 헨리 6세(Henry VI)의 대관식 만찬에는 공작새 고기가 역시 일품 요리로 나왔다. 다행히 여러 다른 요리도 함께 준비되었는데, 색이 화려한 공작새는 맛이 없기로 악명 높았기 때문이다. 이런 경향은 상류층에서는 지속되었지만 빅토리아 시대에 이르자 영리한 만찬 준비자들은 식단에서 화려한 공작을 빼버렸다. 16세기가 되자 신세계에는 칠면조가, 아프리카에는 뿔닭이 들어왔다. 17세기 초반에는 비둘기 요리가 유행했는데 그들이 국방에 기여했을 뿐만 아니라 만찬 식탁에서도 많은 이바지를 했기 때문이다. 비둘기는 맛있는 고기를 제공했고 또 배설물에는 화약을 제조하는 데 필수 요소인 질소까지 풍부하여 당시 성장하기 시작한 영국 해군과 육군에 많은 도움을 주었다. 닭과 달걀은 여전히 요리 세계의 하층부에 머물렀다. 1800년대 초기에 나온 한 농업 안내서는 닭과 달걀의 수익을 비웃으며 이렇게 적고 있다.

"농부의 장부에 들어가기엔 너무나 하찮다."

진짜 농부들은, 그러니까 남자들은 양과 소를 키웠다.

1801년, 영국 의회는 지주에게 땅에 울타리를 치도록 격려하는 법률을 통과시켰다. 이러한 사유화의 촉구는 소작료를 높이는 효과를 가져왔다. 이후 몇십 년 동안, 가난하고 땅 없는 농부들은 농촌을 떠나 급속히 팽창하는 도시로 가서 공장으로 몰렸다. 1825년, 런던의 인구는 135만 명으로 한 세기가 넘게 세계에서 가장 큰 대도시였던 베이징의 인구를 넘어섰다. 식료품 가격은 점점 올랐다. 영국 성직자이자 통계학자인 토머스 로버트 맬서스(Thomas Robert Malthus)는 곧 닥칠 재앙을 경고했다. 식량이 줄어들고 인구가 늘어난다는 것은 결국 "빈곤한 사람들은 무조건 이전보다 더 악화된 상황에 처하게 된다는 것이고, 심각한 곤경을 겪는다."는 뜻이었다. 맬서스는 궁극적으로 식량 공급의 한도 안에서 인구가 유지될 수 있는 유일한 방법은 기아, 전쟁, 전염병, 산아 제한, 독신 등의 조합이라고 주장했다.

오늘날 인구 통계학자들은 사회가 산업화되면 사람들이 고향을 떠나

도시로 향하는 현상을 보이면서 출산율이 급락한다는 점을 알고 있다. 게다가 수입이 증가하고 여성의 혼인 시기가 늦어지고 양성이 평등하게 교육받게 됨으로써 출산율은 꾸준히 감소한다. 공중위생 수단은 유아 사망률과 전염병 감염을 줄이고, 기술 혁신은 식량 공급을 늘리며 새로운 운송 체계는 증산된 식량을 더욱 널리 배급하고 유통시킨다. 20세기 초의 미국과 21세기 중국에 그렇듯 이러한 현상은 빅토리아 여왕 시기의 영국에도 해당되었다. 하지만 그 시기 영국에서는 아무도 이런 사실을 몰랐다. 맬서스의 단호한 경고는 질병과 굶주림으로 가득한 빈민가에 수백만이 밀려들면서 곧 현실로 등장할 것처럼 보였고, 찰스 디킨스는 이런 상황을 장편소설로 기록하느라고 바빴다. 혁명, 혼돈, 혹은 종말이 가까이 다가온 것처럼 보였다.

1842년 여름 벨처가 영국에 돌아왔을 때, 50만 명에 이르는 노동자들이 기본적인 생필품 가격은 오르는데 감봉이 된 것에 항의하는 파업을 하고 있었다. 폭력적인 혁명을 피하고 영국의 새로운 공장이 제국 전역에 판매할 완제품을 대량으로 찍어내게 하기 위해서는 적절하고 알맞은 식량 공급이 반드시 필요했다. 앨버트 공은 새로운 기술을 활용하여 국가의 심각한 식량 상황을 개선하자는 주장을 앞장서서 옹호했다. 그의 교사 중에는 아돌프 케틀레(Adolphe Quetelet)가 있었는데, 케틀레는 맬서스와 동료이기도 했다. 앨버트 공은 맬서스와 케틀레가 창립한 통계학회의 왕족 후원자였다. 제2의 조국에 실질적인 혜택을 주기 위해, 앨버트 공은 여왕이 동물에 흥미를 갖는 일을 더욱 격려했다. 그는 아버지에게 보낸 편지에서 이렇게 생색냈다.

"농업은 왕실에서 격려할 필요가 있습니다. 그렇지만 빅토리아는 자연스럽게 격려하는 것을 잘 하지 못하지요."

영국 농업의 변화는 이미 레든홀(Leadenhall) 마켓에서 명백히 일어나고 있었다. 그곳은 고대 론디니움(로마인들이 런던을 침략했을 때 템스 강 하구에 지은 요새 이름—옮긴이)의 로마식 바실리카(대성당)와 포럼(대광장) 위에 세운 거대한 석조 건물인데, 2,000년 전에는 이곳에서 행상인들이 살아 있는 닭을 팔았다. 오늘날 레든홀 마켓은 고급 상점가이지만 14세기까지만 해도 영국 가금 산업의 중심지였다. 거위 무리는 외진 농장에서 나와서 혹은 프랑스에서 들여온 달걀을 내리는 템스 강 근처에 정박한 배에서 내려서 런던의 거리들을 끼룩거리며 걸어갔다. 1840년대가 되자 레든홀은 세계에서 단일 규모로는 가장 큰 가금 시장이 되었다. 도시 가금류의 3분의 2를 팔았고, 품목에는 거위, 오리, 칠면조, 비둘기, 엽조(獵鳥), 닭이 포함되었다. 하지만 레든홀 마켓의 악명 높은 혼란, 불결함, 소음은 대체로 사라졌다. 새로 부설된 철도 덕분에, 동물들은 멀리 떨어진 농장에서 도축되어 신선한 상태로 수도에 도착했기 때문이다. 여왕 부부도 이국적인 닭을 받기 몇 달 전 처음으로 열차 여행을 경험했다. 살아 있는 동물을 운송하고, 관리하고, 돌보는 과정에서 겪는 어려움과 비용을 생각하면 그야말로 급진적인 혁신이었다. 냉동은 여전히 그로부터 한참 뒤의 일이지만, 이런 변화는 오늘날 슈퍼마켓에서 보는 비닐 랩에 싸인 고기를 향한 커다란 진일보였다.

그 시대에는 매년 400만 마리의 가금류가 레든홀과 다른 런던 시장에서 팔렸고 런던 사람들은 막대한 달걀을 소비했지만 영국 농장은 도저히 그만한 물량을 공급할 수가 없었다. 대부분의 가금은 아일랜드, 네덜란드, 벨기에, 특히 가금 산업이 오래전부터 크게 발달한 프랑스에서 배로 실려왔다.

"12일간의 성탄절에" "세 마리 프랑스 암탉을" 보낸다는 그 시대의 유명한 관용어구는 영국이 얼마나 프랑스 가금에 의존했는지를 잘 알려준다(〈12일간의 성탄절*The Twelve days of Christmas*〉은 서구 문화권에서 대중적으로 부르는 크리스마스 캐럴로, 가사에 '세 마리 프랑스 암탉'이라는 구절이 반복된다—옮긴이). 영국의 인구가 치솟으면서, 수입도 마찬가지로 치솟았다. 영국인들은 1830년 약 6천만 개의 수입 달걀을 먹었고 1842년에는 9천만 개 이상을 먹었다. 달걀은 또한 가죽을 부드럽게 하는 데도 사용되어 한 공장에서만 어린이용 장갑을 생산하는 데 연간 8만 개의 달걀을 소비했다. 앨버트 공은 영국이 기본적인 식품에서 외국에 이렇게 의존한다는 사실을 심각하게 걱정했다.

1843년 윈저 성의 새장이 거의 완성되자, 여왕 부부는 왕실 가금류 관리인으로 제임스 월터(James Walter)를 임명했다. 월터는《일러스트레이티드 런던 뉴스》로부터 "닭의 언어, 기질, 질병을 이해하는 신중한 관리인"이라는 칭찬을 받기도 했다. 한 커다란 그림은 10여 마리의 비둘기에 둘러싸인 월터를 묘사했는데, 그중 두 마리는 경쟁하듯 그의 모자 꼭대기에 올라앉으려 하고 있었다. 그는 관리인으로 임명된 즉시 카이사르의 군대가 데려온 도킹 같은 종을 아시아에서 건너온 타조 닭들과 교배시킬 수 있는지 번식 실험을 시작했다.

1844년 9월 28일 주간지《버크셔 크로니클*Berkshire Chronicle*》은 다음과 같이 보도했다.

"순종 도킹을 개선하기 위해 코친차이나와 교배할 필요가 있었고 이에 따른 준비를 마쳤다. 한 도킹종 암탉은 중국에서 온 닭들과 얼마간 시간을 보냈는데, 최근 한 주에 두 번, 혹은 세 번 알을 낳는 습관이 생겼다. 달걀은 두 배 크기이거나 노른자가 두 개 들어 있었다. 월터스(《버크셔 크로니클》잡지 자체의 오기임) 씨는 두 개의 노른자가 든 달걀을 부화하는 실험을 하기로 결정했고, 여러 다른 달걀과 함께 도킹 암탉으로 하여금 이것을 품게 했다. 그 결과 한 달걀에서 두 마리의 병아리가 나왔다. 하나는 순종 코친차이나 수탉이었고, 다른 하나는 도킹 암탉이었다. 5일이 지난 지금 두 마리 모두 건강 상태는 좋다."

왕실의 닭에 관련된 기사는 광범위한 관심을 끌어 모으기 시작했다. 빅토리아 여왕이 오랑우탄을 방문한 뒤 3년이 지난 1845년 6월 14일, 리젠트 파크의 동물원에서 런던의 첫 가금 대회가 열렸다. 런던에서 처음으로 대대적인 애완견 대회가 열린 것이 이로부터 30년이나 지난 뒤의 일이었으므로, 소규모로 치러진 이 행사는 이 자체로 매우 신기한 사건이었다. 농업 전시회는 동물 애호가들보다는 주로 농부들을 위해 계획되었다. 애완동물은 주로 상류층이 즐기는 사치였다. 참가자들은 정원 뒤쪽에 마련된 곰의 우리를 지나쳐 걸었다. 그 계절에 영국의 날씨는 몹시 습했는데, 참가자들을 보호할 천막 따위는 전혀 없었다. 가금 대회라고 해야 고작 10여 품종의 닭이 출품되었는데, 일부는 에스파냐와 마데이라 섬에서 온 것이고 최소 하나는 중국, 하나는 말레이시아에서 온 것이었다. 하지만 대부분의 출품 닭들은 영국 토종닭이었고, 얼룩덜룩한 색의 도킹이 상을 받았다.

유럽의 습한 날씨는 6월을 넘어 7월까지 이어졌고, 이때 기괴한 질병이 돌기 시작해 레오폴드 왕이 다스리던 벨기에 지방의 감자 수확량이 뚝 떨어지기 시작했다. 감자는 전 유럽 대륙의 농촌에 사는 가난한 이들의 주요 식량이었다. 썩은 작물에서 풍기는 악취와 파괴적인 포자가 바람에 실려왔고, 곧 프로이센과 프랑스에서도 작물이 병들기 시작했다. 이 질병은 9월에 잉글랜드 남부의 와이트 섬에도 나타났는데, 여왕 부부는 당시 그곳에 마련한 오스본 하우스에서 휴가를 즐기는 중이었다. 여왕은 50년 이상의 세월이 흘러간 뒤 그곳에서 생을 마감하기도 했다.

"어느 아침에 날이 좋아 남편과 함께 해변을 걷는데, 아이들이 즐겁게 뛰어놀고 있었다."

여왕은 9월 13일의 일기에 이렇게 적었다. 바로 그날, 감자마름병이 처음 아일랜드에서 보고되었다. 이는 유럽에서 기아 40년대(1840~49년 의 대기근 시대—옮긴이)라 기억하는 시기의 시작이었다.

+·+

당시 아일랜드는 빅토리아 여왕의 통치를 받았고, 800만 인구의 거의 절반이 압도적으로 농촌에 몰려 살았는데 이들은 신세계에서 오는 덩이줄기 작물(감자 등)을 주요 식량으로 삼아 생계를 의존했다. 아일랜드인들의 삶은 그러지 않아도 이미 힘들었다. 대부분이 부유한 잉글랜드나 스코틀랜드 지주들이 소유한 땅에서 그들은 소작농으로 농사를 지으며 근근이 살고 있었기 때문이다. 재앙으로 끝난 가을 추수 직전에, 1845년 정부 보고서는 이렇게 보고했다.

"아일랜드인들이 습관적으로 묵묵히 견뎌온 궁핍을 적절히 서술하는 것은 거의 불가능하다."

총리인 로버트 필 경(Sir Robert Peel)이 임명한 위원회는 이런 논평을 했다.

"많은 지역에서 아일랜드인이 유일하게 먹을 수 있는 식량은 감자이고, 유일한 음료는 물이다. 침대나 이불은 희귀한 사치품이다."

한 잉글랜드 귀족은 수상에게 아일랜드 농부들은 1천 제곱미터의 감자밭에서 나오는 감자에 전적으로 생명을 의존한다고 경고했다.

"농부에게서 그것마저 빼앗거나 소유한 것마저 확실치 않다는 생각을 품게 만들면, 그가 나라의 평화를 유지하는 데 무슨 관심을 보이겠습니까?"

11월 6일, 윈저 성에서 여왕 부부는 아침 식사를 하고 새장에 들른 뒤 음울한 여름 이후 찾아온 이례적인 화창하고 따뜻한 날을 환영하며 마차 드라이브를 즐겼다. 여왕은 필 총리로부터 아일랜드의 상황이 처음 우려했던 것처럼 나쁘지 않다는 보고를 받고 안심했다.

"사실, 나는 그런 두려움이 과장되었다고 생각했다."

여왕은 일기에 이렇게 적었다. 하지만 네덜란드, 스웨덴, 덴마크, 벨기에가 재빨리 곡물을 수입하고 자국의 곡물 가격을 규제하는데도 영국 의회는 계속 망설이기만 했다. 이로부터 한 달하고 하루가 지난 뒤, 좌절한 앨버트 공은 답답해하면서 정부가 뭉그적거리며 아무 조치도 취하지 않는다고 준엄하게 비판하는 서신을 보냈다.

"감자의 절반이 썩어서 사라졌소. 남은 것들도 보장할 수 없는 상황 아니오."

그는 이렇게 항의했다.

그해 겨울, 나중에 반역죄로 추방당한 아일랜드 언론인 존 미첼(John Mitchel)은 아일랜드 사람들의 곤경에 분노하면서 이렇게 경고했다.

"그들이 직접 씨를 뿌리고 수확한 옥수수가 배에 무겁게 실려 잉글랜드로 건너가는 것을 보면서, 그들은 아일랜드에서 지독한 기근이 시작되는 것을 맥없이 지켜보기만 해야 했다."

런던에서는 이런 배들을 산업화된 영국의 심장부에 필수적인 물자를 공급하는 루트라고 여겼다. 식량을 제공하는 아일랜드가 없다면 공장 노동자들은 식량 부족에 직면할 것이고 그렇게 되면 쉽게 혁명이 터져 나올 수 있기 때문이었다. 그러는 동안 많은 토지를 소유한 지주 계급은 외국에서 오는 곡식과 식품에 매기는 높은 관세를 철폐하는 법안에 반대했다. 아일랜드에서는 옥수수와 곡물 이상의 것이 유출되고 있었다. 1841년, 아일랜드는 추정치로 15만 마리의 소, 40만 마리의 양, 100만 마리의 살아 있는 돼지를 잉글랜드로 보냈고 도축한 40만 마리의 돼지는 고기와 베이컨의 형태로 잉글랜드에 보냈다.

닭도 수치는 알려지지 않았지만 마찬가지로 수출되었다. 당시 한 영국 작가는 이런 글을 남겼다.

"달걀 또한 굉장히 중요한 상품이다. 잉글랜드 시장에 물품을 가장 많이 공급하는 곳은 아일랜드다."

1835년에 7,200만 개의 달걀이 잉글랜드로 운송되었다. 이 수치는 기근을 겪던 1840년대 내내 증가하여 1850년대 초반이 되자 추정치로 1억 5천만 개에 이르렀다. 이때 런던과 리버풀만 각각 2,500만 개의 달걀을 소비했다.

1846년 2월 23일, 영국 상원은 아일랜드의 상황을 개탄했는데, 그들은 문제의 핵심인 아일랜드의 굶주림에 초점을 맞추지 않고 그 지역의 무법 상태만 한탄했다. 그러는 동안 절박한 아일랜드인들은 썩은 감자를 먹었는데 이로 인해 끔찍한 위장병을 앓았다. 불안정한 사회 상황은 코크 주까지 번졌다. 구제 위원회는 남아 있는 깨끗한 감자로는 4월까지밖에 버티지 못한다고 경고했다. 가난으로 허덕이는 아일랜드에 최신 농업, 산업, 과학 진보 등의 정보를 제공하기 위해 창립된 왕립 더블린 학회(The Royal Dublin Society)는 감자마름병에 관해 쓴 논문 중 최고 수작에게 금메달과 20파운드를 수여하는 방안을 표결에 붙이기로 결정했다.

이어 학회 임원들은 봄에 있을 대규모 전시회 계획을 다루었다. 전시회에서는 영국 각지에서 온 소와 다른 가축들이 크기와 아름다움을 평가받을 터였다. 왕립 더블린 학회의 후원자가 된 지 얼마 안 된 앨버트 공도 아일랜드의 수도에서 열릴 전시회에 왕실의 외래 닭과 교배종 닭 일부를 실어 보낼 계획을 교배사 월터와 의논했다.

하지만 남아 있는 감자로 4월까지 버티지 못했다. 3월이 되자 식량 때문에 폭동이 일어났다. 아일랜드에 영국 대표로 나가 있던 헤이츠버리 경(Lord Heytesbury)은 폭동자들에게 진정할 것을 권고했는데, 이런 상황에서도 곡물, 쇠고기, 가금류는 영국 시장으로 계속 수출되었다. 3월 23일, 앨버트 공은 교배종 암탉 세 마리와 수탉 한 마리를 윈저 성에서 더블린으로 운송할 새장을 설계하는 월터를 도왔는데, 그날 아일랜드의 골웨이에서 한 사람이 굶어죽었다. 앞으로 수백만의 사람들이 굶어죽어 나갈 터였고, 또 다른 수백만의 사람들은 가난과 기아에 찌든 채로 아일랜드에서 도망칠 터였다. 극심한 기근을 견디고 살아남은 생존자들은 병들고 굶주리고 숨 가쁜 상태로 캐나다와 미국으로 가는 낡은 배에 올라탈 터였다.

첫 번째 아사자의 소식은 런던에 알려지지 않았지만, 코친종 닭이 아일랜드로 향한다는 소식은 널리 알려졌다. 한 런던 신문은 4월 17일 네 마리의 이국적인 닭들이 더블린에 "아무런 상처도 입지 않고" 도착했다고 보도했다. 지주들과 부농들은 더블린 박람회장에 월터가 선보인 여왕의 출품작을 보고 경외심을 표시했다. 넋이 빠진 관람객들 앞에서 월터는 베시라는 암탉이 103일 동안에 94개의 알을 낳기도 했다고 말했다. 그 절반만 되어도 주목할 정도인데 월터가 말한 기록은 당시에는 그야말로 이례적인 것이었다. 물론 회의론자들도 있었다. 월터의 주장을 듣고 한 회의론자는 이런 농담을 던졌다.

"하지만 그 말이 사실이라면 무한한 향상이 가능하다는 것이 아닌가. 발육 촉진과 추가적인 영양 공급으로 한 알에서 두 마리 닭이 나오는 암탉을 만드는 게 가능하다면, 1분에 몇십 개의 알을 낳는 암탉을 만드는 것도 가능할 것 아니오. 마치 퍼킨스 씨의 증기 총이 총알을 마구 쏟아내듯이 말이오."

당시 가금류 애호가 월터 딕슨(Walter Dickson)은 이런 논평을 했다.

"여왕 폐하의 닭들은 거대한 크기와 무게로 돌풍을 일으켰다. 수탉의 깊고 풍성한 울음소리가 사람들을 놀라게 했음은 물론이다. 모두가 그 닭을 가지고 싶어 했지만, 달걀과 닭에는 엄청난 가격표가 붙었다. 하지만 아름다움과 관련해서 그 닭들은 아무것도 자랑할 것이 없다. 수탉도 못났지만, 암탉은 더 못났다."

그러나 어떤 전시회 참가자는, 대회에 출전한 살진 소가 안 먹고 우리에 남겨둔 순무를 굶주린 지역 주민이 뛰어 들어와 훔쳐가는 것을 보고 기겁하기도 했다.

월터는 세 개의 금메달을 가지고 윈저 성으로 떠나기 전 헤이츠버리 경에게 여왕 폐하께서 하사하셨다는 말과 함께 교배종 닭들을 전달했다. 헤이츠버리 경은 선물 받은 닭 중 두 마리를 더블린의 가금 사육자 제임스 조지프 놀란(James Joseph Nolan)에게 선물했다. 놀란은 교배종 닭의 커다란 달걀과 맛 좋은 육질에 깊은 인상을 받았고, 이처럼 품종이 향상된 닭이 아일랜드 전역에 번지는 기근과 아사를 막을 수 있다고 확신했다. 돼지도 사람과 마찬가지로 감자 줄기를 먹었으나, 감자 기근 때문에 빠르게 굶어 죽거나 아니면 그전에 도살당했다. 하지만 그와 대조적으로 닭은 사람이 소화할 수 없는 잡초나 곤충을 먹었다. 아일랜드의 상황은 심각해서, 잡초가 아닌 나뭇잎이나 풀은 이미 사람들이 뜯어먹는 중이었다. 놀란은 닭이야말로 굶주림에 대항하는 필수적인 방어 수단이라고 주장했다. 감자 마름병이 돌아 아일랜드가 최악의 시기를 겪고 있는데도, 지주들이 계속해서 100만 파운드의 값어치가 있는 닭과 달걀을 잉글랜드로 수출하는 것을 보고 놀란은 심한 역겨움을 느꼈다. 놀란은 1850년에 이런 글을 남겼다.

"상류층은 가난한 사람들을 괴롭히는 짓을 그만두고 생산적인 품종의 닭을 새로 들여와 소작농에게 달걀을 공급해야 한다. 이렇게 되면 닭은 빠르게 번식할 수 있고, 지주들은 존경과 사랑을 받게 될 것이다. 더불어 지주들이 가진 땅의 원동력인 소작농이 대서양을 건너 미국으로 가버리는 일도 사라질 것이다."

하지만 그것은 너무 늦은 제안이었고 최소한 아일랜드에는 해당되지 않았다. 뉴욕과 보스턴의 빈민가는 이미 기근에서 도망쳐 끔찍한 여행에서 살아남은 아일랜드 사람들로 붐볐기 때문이다. 아일랜드의 인구는 절반으로 줄어들었고 지금도 빅토리아 통치 초기의 수준을 회복하지 못하고 있다. 이는 정치적으로나 생물학적으로나 재앙의 영향이 오래 지속된다는 음울한 증거다. 농촌 지방의 가난한 사람들을 구제하기 위한 놀란의 가금 활용 방안은 앞을 내다보는 발상이었고, 기아가 덮친 1840년대 이후 10년 동안 많은 사람들이 그의 주장을 되풀이하여 말했다. 현대적인 닭의 토대를 마련한 주체는 회한에 찬 아일랜드 지주 계급도, 후회하는 영국 정부도 아닌 '더 팬시(the fancy)', 다시 말해 뒷마당에서 닭을 키우는 애호가들이었다. 이는 오늘날의 닭 키우기 운동을 상대적으로 초라하게 만들 정도로 열기가 뜨거웠다.

1845년에서 1855년 사이 10년간, 영국과 미국은 이국의 닭에 완전히 매료되었다. 그러나 이런 일시적 유행은 대부분의 경제 거품 현상과 비슷했다. 많은 사람들은 곧 환멸을 느꼈고 동시에 투자된 돈을 잃어 전보다 가난해졌다. 하지만 이 유행은 다윈의 진화론 설명에 도움을 주었고, 여성의 삶에 변화를 가져다주었으며, 오늘날 인류가 즐겨 먹는 현대 산업의 치킨이 나타나게끔 했다.

"일어나는 동안 해로웠던 사건은 때때로 나중에 훌륭한 결과를 남긴다."

영어로 출간하는 정기간행물에서 최초로 여성 편집장이 된 엘리자베스 와츠(Elizabeth Watts)는 말했다. 와츠가 언급한 해로운 사건이란 1840년대 후반 수천 명의 영국 투자자들을 비탄에 빠뜨린 철도 거품 붕괴였다. 심지어 다윈과 소설가 샬럿 브론테(Charlotte Brontë)도 철도 관련 회사들이 무더기로 도산할 때 투자 손실을 보았다. 와츠는 그런 투기로 인해 새로운 철도가 부설되어 여행이 더욱 편리해졌다는 말도 덧붙였다. 닭에 전념한 첫 정기 출판물 《가금 신문The Poultry Chronicle》의 편집장으로서, 와츠는 당시 '암탉 열풍'이라고 조롱받던 현상이 나중에 치킨 산업을 일으킨 것이, 초창기의 철도 투기 현상이 나중에 철도 여행의 편의성을 가져온 것과 서로 비슷한 현상이라고 지적한 것이었다.

미혼의 진취적인 사업가였던 그녀는 런던의 고급 주택지 햄스테드에 살았다. 와츠는 일찍이 코친차이나를 소유하고 있었고 닭 열풍이라 불리는 현상에서 주도적인 역할을 했다. 1854년, 와츠는 자신이 가진 코친 닭 일부를 이스탄불에서 온 술탄(Sultan)종과 교환했다. 그녀는 이런 기록을 남겼다.

"닭들이 증기선으로 도착했다. 여행은 길고 거칠었다. 불쌍한 닭들은 이리저리 구르고 딱 달라붙어 한 덩어리가 되어 있었다. 이런 혼란스러운 모습은 일찍이 보지 못한 것이었다."

보스포루스해협의 둑에 있는 오스만제국 술탄의 튤립 가득한 정원에서 배회하던 수입된 닭들은 런던에서 곧바로 화제로 떠올랐다. 발가락까지 내려온 눈같이 하얀 깃털과 말불버섯 같은 볏은 언론에서 큰 인기를 끌었다. 다윈은 나중에 와츠가 묘사한 술탄에 대해 읽고서 감탄했다는 말을 전하기도 했다.

여왕 부부의 별난 취미로 시작한 일이 이제 나라 전체에 유행으로 번졌다. 《가금 신문》의 한 사설은 이런 글을 남겼다.

"철도로 여행하면, 가금은 주변 자리에 앉은 사람들의 대화에서 주제로 떠오른다. 다른 객차에서 들려오는 수탉의 울음소리는 당신에게 인사를 건넬 것이고, 창가의 훌륭한 코친차이나 닭은 당신에게 자신만의 아름다움을 드러내 보일 것이다. 친구를 몇 년 동안 만나지 못한 사람이 있다면, 당신은 그를 가금 대회에 가면 만날 수 있을 것이다. 혹은 출전자 명단에서 그의 이름을 찾을 수 있을 것이다."

감자 기근이 발발하기 전 더블린에서 개최되었던 1846년의 전시회는 '더 팬시' 현상에 불을 붙였다. 당시 한 작가는 이런 글을 남겼다.

"달걀은 무상으로 분배되었다. 여왕 폐하와 앨버트 공의 자비로운 호의는 너무도 잘 알려졌다. 이제 그 종은 쉽게 얻을 수 있다."

당시 개항한 지 얼마 안 된 상하이의 항구에서, 영국 선원들은 코친이나 상하이 같은 새로운 종을 구입했고, 날렵한 쾌속 범선은 이를 영국으로 실어왔다. 키가 크고 추한 원저 성의 닭들과는 달리, 이 닭들은 짧은 다리에 난 깃털, 작고 부드러운 꼬리, 베개처럼 부푼 넓은 몸을 자랑했다. 이 닭들은 제각기 검고 희고 아름다운 담황색 신체를 드러냈다. 깃털은 마치 부드러운 구름 같았다. 새로 들여온 닭들은 영국의 닭보다 평균적으로 무게가 두 배는 더 나갔다. 산만한 도킹과 다르게 수입된 닭들은 차분하고 온화했다.

수집가들은 열성적으로 다음 쾌속 범선이 도착하기를 기다렸다. 1848년 12월, 영국 전역의 닭과 돼지 애호가들이 공업 도시인 버밍엄에 모였다. 와츠의 간행물이 언급했듯이, 당시에도 가금 애호는 여전히 "좋은 결과가 전혀 생겨나지 않는 한가한 변덕"으로 널리 간주되었다. 여하튼 전시회에는 거대한 인파가 몰렸다. 19세기 한 가금 역사가는 당시를 이렇게 기록했다.

"코친차이나들은 무대 위에 등장한 거인들 같았다. 그들은 모습을 드러냈고, 관중들을 정복했다. 모든 방문객이 집으로 돌아가 타조처럼 크지만 사자처럼 울고, 양처럼 온화한 새로운 닭의 이야기를 전했다."

새로운 닭은 머지않아 귀금속만큼 비싼 값이 되었다. 1년 뒤 두 번째 버밍엄 쇼에서는 한 상인이 120마리의 닭을 팔아 오늘날 미화 5만 달러에 해당하는 돈을 벌어들였다. 빅토리아 여왕이 닭장을 지은 10년 뒤, 《타임스》는 이런 기사를 실었다.

"가금 대회는 대부분 대규모로 전국에서 개최되고 있다."

여름에 개최되는 런던의 유명한 바살러뮤 전시회에서, 구매자들은 '마리 앙투아네트', '더 리젠트', '리슐리외'라는 이름이 붙은 화려한 코친차이나를 덥석 사갔는데, 각각 오늘날 미화 2,500달러에 달하는 높은 몸값을 자랑했다. 당시 한 작가는 "사람들은 정말로 코친 닭에 미친 것처럼 보였다."라고 썼다.

《펀치Punch》라는 풍자 잡지는 거대한 닭에 목줄을 매달아 산책하는 여성들의 모습을 만평으로 실으며 당시의 유행을 호되게 풍자하기도 했다.

앨버트 공이 후원한 1852년의 런던 전시회는 5,000명이 넘는 사람을 끌어 모았다. 이 전시회에서는 평범한 닭을 좀 더 이국적으로 위장하기 위해 깃털을 착색하거나 목털을 손질한 닭도 나왔는데, 이 때문에 구매자들은 속아 넘어가지 않도록 주의를 기울여야 했다. 절도를 막기 위해 배치된 형사 여덟 명은 전시회에서 오가는 사람들을 철저하게 감시했다. 들리는 소문으로는 가금 사기꾼 조직이 전시회에서 활동하고 있다는 것이었다. 한 여성 구매자는 코친 닭 한 쌍을 오늘날 미화 2,000달러에 해당하는 돈을 주고 사들였다. 현재 가치로 미화 8만 달러 이상의 금액이 단 하루 만에 전시회에서 이 손에서 저 손으로 건너갔다. 《타임스》는 "새로운 열기의 유혹이 전염병처럼 사람들 사이에서 맹위를 떨치고 있다."라며 동요했다. 1855년이 되자, 이 열기는 식었고 닭의 가격은 급락했다. 그해 8월, 《가금 신문》은 조용히 《가정 원예The Cottage Gardener》에 흡수되었다.

"닭들은 비상식적으로 높은 평가를 받았기 때문에 몸값이 떨어졌다."

와츠는 그의 잡지가 다른 잡지에 합병되기 얼마 전의 기사에서 이렇게 썼다. 하지만 그녀는 커다란 덩치에 알을 빠르게 낳는 닭들을 "모두가 쉽게 구할 수 있게 될 것"이라고 자신 있게 예측했다. 아시아에서 건너온 닭을 작고 성미 고약한 도킹과 교배하여 사육하자, 닭은 곧 중세 영국에서 오래 선호되었던 거위나 오리보다 우위를 차지하게 되었다. 닭은 거위나 오리보다 한층 다양한 먹이를 먹었고, 작은 공간에서 사는 것에도 잘 적응했으며, 1년이라는 장기간의 관점에서 보면 더 많은 알을 낳았다. 닭은 거위보다 온순했고 비둘기보다 더 많은 고기를 제공했다. 심지어 고루한 《타임스》도 이런 여러 가지 가능성들을 알아보았다. 그 신문은 이렇게 보도했다.

"코친차이나가 우리가 이전에 식용한 것보다 더 훌륭하고 값싼 품질의 닭이라고 볼 때, 이런 '열기'는 나름대로 소임을 다했다고 볼 수 있다."

할러퀸의 칼

무수히 많은 가금 품종 가운데 어떻게 원조가 되는 종을 찾을 수 있을까?
얼마나 많은 일이 벌어졌고 얼마나 많은 사건이 일어났는가?
인간의 관심, 더 나아가 지나친 변덕이 너무나 많은 품종을 번식시켰다.
이러니 종의 근원을 추적하는 일이 지극히 어려워졌다.

— 뷔퐁 백작(Comte de Buffon), 《조류 자연사*The Natural History of Birds*》

영국 자연사박물관의 조류 큐레이터인 조앤 쿠퍼(Joanne Cooper)는 나를 의심스러운 눈초리로 바라보았다.

"아무도 다윈의 닭들을 보러 오지 않아요."

런던 북부에 있는 마을 트링의 오래된 빅토리아풍 건물에 딸린 흉물스런 콘크리트 별관은 조류학의 바티칸 같은 곳이다. 이곳에서는 시대의 반항아이자 별난 은행가 라이오넬 월터 로스차일드(Lionel Walter Rothschild) 남작이 1937년에 죽기 전까지 모은 나비와 새들의 표본이 보관되어 있다. 종의 개수로만 10만 종이 넘고, 표본 수로는 200만 개가 넘는, 실로 엄청난 규모다. 이제 일반에 공개된 박물관은 이것 말고도 대영제국 전성기 동안 주로 수집한 30만 개에 이르는 새의 가죽과 수천 개에 이르는 새의 골격, 박제를 보관 중이다.

나는 말총머리를 하고 안경을 쓴 쿠퍼의 안내를 받아 보안 시설을 통과하여 텅 빈 회랑으로 들어섰다. 어깨 너머로 그녀는 내게 다윈에게 흥미를 느끼는 연구자들은 전형적으로 다윈이 비글호를 타고 순회하던 중 갈라파고스 제도에서 수집한 핀치나 그 이후 진화 작용을 이해하기 위한 노력의 일환으로 키우고 연구했던 비둘기들을 보여달라 한다고 말했다. 1859년 출판된 다윈의 책 《종의 기원On the Origin of Species》은 비둘기에 관한 이야기로 시작한다. 그는 상세하게 비둘기와 남아메리카 핀치의 부리 사이에 존재하는 미세한 차이를 설명한다.

한 세기 반 전에 다윈이 이 박물관에 닭의 사체를 기증한 뒤로, 다윈의 닭들은 다윈 자신이 이 평범한 닭들에서 논쟁적인 진화론을 정립하는 데에 큰 영감을 받았다는 이야기와 함께 대체로 잊혔다. 이국적인 닭들을 비싼 값으로 사들여서 집 뒷마당에서 키우는 '더 팬시' 현상이 한창일 때, 이 현상을 주도적으로 이끌던 사람에게 고무된 다윈은 전 세계로부터 온 닭의 견본을 찾았고, 이들의 특징을 세심하게 연구한 뒤 무엇이 오늘날의 닭을 만들었는지 논의하는 열띤 논쟁에 적극적으로 뛰어들었다.

현대 닭에 관한 연구는 까다로운 한정된 목표에 집중되었다. 예를 들면 과학자들은 450그램 정도의 사료로 30그램의 닭고기를 더 얻는다든지, 수만 마리의 닭을 밀어 넣은 수용 시설에서 병의 전염을 예방한다든지, 혹은 알에서 나올 닭이 암탉인지 수탉인지 감별하는 값싼 방법을 알아낸다든지 따위의 목표에 몰두했다. 그러나 1800년대 중반, 이 분야는 신학자, 철학자, 아마추어 사육사, 생물학자로 붐볐다. 무신론자와 신앙심 깊은 사람, 노예제 폐지론자와 옹호론자가 맞붙는 격렬한 문화 전쟁의 중심부에는 바로 이 닭이 존재했다.

닭의 현대적 정체성은 한 세기 전 스칸디나비아 반도의 웁살라라는 도시에서 구체화되었다. 그곳에는 스웨덴 동식물 연구가 칼 폰 린네가 살았는데, 그는 닭에게 매혹되었다. 계몽운동의 중심인물이자 작은 도시에서 대학 교수로 근무하던 린네는 볼테르, 요한 볼프강 폰 괴테, 장 자크 루소의 존경을 받았다. 린네는 소박한 2층 집 뒤에 있는 커다란 정원에서 자그마한 닭 무리를 키웠다. 그의 집은 오늘날에도 여전히 오래된 도시의 변두리 구석에 남아 있다. 학생들은 널찍하고 햇볕이 잘 드는 린네의 2층 서재에 몰려 그의 강의를 들었다. 린네는 종종 건강에 좋고 요리에 사용하기도 좋은 닭의 특성을 많이 들려주었고, 스웨덴 닭의 다양한 품종을 늘어놓기도 했다. 또 닭에 얽힌 민간전승도 많이 알려주었다. 그는 심지어 수탉을 거세하는 방법도 설명해주었다.

린네는 오늘날에도 여전히 사용되는 분류 체계를 만들었을 때, 동남아시아의 메콩 강 입구에 산다고 전해지던 야생 닭 이외에 집닭도 포함시켰다. 이 야생종은 오늘날 우리가 적색야계라고 부르는 바로 그 닭이었다.

린네의 동물 왕국에서, 닭은 척삭동물문(脊索動物門)으로 나뉘었다. 사람과 그 외 척추동물들처럼 척추를 가지고 있기 때문이다. 강(綱)은 조류다. 우리가 새라고 부르는 1만 가지의 종이 여기에 포함된다. 닭의 목(目)은 닭목(Galliformes)이다. 여기에는 하늘보다 땅을 더 좋아하는 칠면조 같은 무거운 종이 다수 들어간다. 닭의 대가족으로는 꿩과(Phasianidae)가 있다. 꿩과에는 모든 종류의 꿩과 유럽자고새, 메추라기, 공작이 포함된다. 이 동물들이 같은 취급을 받는 이유는 다리에 며느리발톱이 있고, 땅딸막한 몸과 짧은 목을 가진 특정한 외관을 공유하기 때문이었다. 네

가지 종류의 밀림 닭은 꿩아과(Phasianinae)로 나뉘는데 여기에는 티베트꿩, 미카도꿩, 흄부인의 꿩 같은 매력적인 이름의 새들이 포함된다.

라틴어로 수탉을 뜻하는 닭속(Gallus)은 네 가지 자매 종의 야생 닭으로 구성된다. 적색야계와 그 외 닭들은 별개의 종인 '갈루스 갈루스(Gallus Gallus)'라고 불렸고, 일부 생물학자들은 농가 마당의 닭에게 '갈루스 갈루스 도메스티쿠스(Gallus Gallus Domesticus)'라는 명칭을 부여했다.

멧닭과 집닭을 함께 분류했다고 해서 린네가 닭이 야생 닭으로부터 진화했다고 주장하는 것은 아니며, 단지 서로 교배할 수 있을 정도로 충분히 유사하다는 뜻이었다. "하느님께서 창조하시고, 린네는 체계화한다."라고 린네는 말했다. 당시 유대인과 그리스도교인이 차이가 없다고 본 대부분의 유럽인처럼, 린네도 성경의 〈창세기〉를 따라 창조 첫 주 동안 하느님께서 야생의 동식물과 길들인 동식물을 만드셨다는 믿음을 충실히 따랐다. 따라서 종은 변하지 않는 것이었다. 예를 들면 말과 당나귀는 교미할 수 있지만, 그 사이에서 태어난 노새는 자손을 가질 수 없다는 것이 그 증거였다.

뷔퐁 백작으로 알려진 프랑스 동식물 연구가 조르주루이 르클레르(Georges-Louis Leclerc)는 공개적으로 〈창세기〉와 린네에 맞선, 그 시대의 몇 안 되는 인물이었다. 린네나 뷔퐁은 같은 해인 1707년에 태어났지만 철저히 다른 세계에서 살았다. 프랑스 태생인 백작은 파리에서 호화롭게 생활하던 귀족이었는데 지구가 성경에서 말하는 것보다 훨씬 더 오래되었다는 자연사 서술을 남겨 다른 이들을 아연실색하게 했다. 다행히 그는 혁명 전 프랑스에 살았던 데다 사회적 연줄도 있고 개인적인 매력도 풍겨서 교회의 징벌을 피할 수 있었다. 뷔퐁은 고정된 종이라는 개념에 정면으로 도전하지 않았지만, 린네의 체계가 지나치게 임의적이고 제한적이라고 생각했다. 뷔퐁은 종 안에서도 엄청난 변화가 가능하다고 지적했다. 그는 이런 말을 남겼다.

"인간 사이에도 라플란드인, 파타고니아인, 코이코이족, 유럽인, 아메리카인, 흑인(Negro)이 있다."

뷔퐁은 닭의 다양성은 인간보다 훨씬 더 뚜렷하다고 말했다. 그는 믿을 만한 소식통으로부터 한 아시아 닭의 뼈가 "흑단처럼 검다"는 소식을 들었다. 이는 중국 남부와 베트남에서 발견되는 몽족이 키우는 닭을 언급한 것이었다. 그 닭은 검은 깃털은 물론이고 고기와 피도 검었으며 육질이 뛰어나고 약용 효과도 좋아 귀한 대접을 받았다. 뷔퐁은 이런 변화는 틀림없이 인간이 개입한 결과라고 생각했다. 그는 하느님으로부터 나온 불변의 피조물은 이럴 수 없다고 판단했다.

뷔퐁은 이렇게 말했다.

"닭은 인류의 가장 오래된 동반자 중 하나다. 삼림의 야생에서 끌어낸 최초의 종들 중에서 닭은 인류에게 이익을 주는 동반자가 되었다."

야생 닭은 여전히 인도의 숲에 존재한다면서 그는 이렇게 말했다.

"거의 모든 곳에서 길들인 닭이 야생 닭을 몰아냈다."

뷔퐁은 야생동물에서 진화한 집닭이 인간의 동반자가 되었다고 말한 거나 다름없지만, 그런 변화를 가져온 과정이 구체적으로 무엇인지에 대해서는 설명하지 않았다.

다윈이 태어나던 1809년까지 종들 사이에 변화가 일어난다는 개념은 별로 주목을 받지 못했다. 프랑스 동식물 연구가 장 바티스트 라마르크(Jean Baptiste Lamarck)는 한 종이 다른 종으로 바뀔 수 있으며, 그것이 삶을 더 복합적으로 만드는 신비한 힘의 일부라고 주장했다. 라마르크는 환경이 종의 특성을 결정한다고 힘주어 말했다. 두더지는 눈이 필요 없고 새는 치아가 필요 없다는 것이었다. 그는 개별 동물이 다음 세대로 이런 특성을 전달할 수 있다고 주장했다. 예를 들면, 기린이 높은 나무에 달린 잎사귀를 향해 목을 길게 내뻗을 수 있는 특징 따위가 자식 세대로 유전될 수 있다는 것이었다. 비평가들과 라마르크의 동료들, 성직자들은 라마르크의 이론에 결함이 있고 매우 불경하다며 맹렬히 공격했다. 이러던 중 많은 사람들의 이목을 끄는 일이 발생했다. 나폴레옹이 나일 강을 따라 이집트를 정복하는 중에 가져온 동물 미라를 유명 프랑스 과학자인 조르주 퀴비에(Georges Cuvier)가 면밀히 검토한 것이다. 그는 따오기와 고양이가 현대의 변종들과 전혀 차이점이 없다면서 종은 고정된 것이고 따라서 라마르크는 중대한 실수를 저지른 것이라고 다소 부정확한 결론을 내렸다.

아무튼 성경에서 설명하는 것보다 세계가 훨씬 오래되었고 생명도 훨씬 다양하다는 증거가 자꾸만 늘어갔다. 게다가 구약성경의 〈창세기〉는 닭을 구체적으로 거명한 것도 아니었다. 탐험가, 정복자, 식민지 개척자가 유럽으로 꾸준히 가져오는 생물들이 모두 '창세기'에 창조되었다면, 상상도 할 수 없을 정도로 크고 넓은 노아의 방주가 필요할 것 같았다. 새로운 학문인 생물학은 이런 견본들 중심으로 발전했다. 이런 발견 사항들은 종교적 신념에 도전하는 것이었지만, 동시에 노예제를 정당화하는 데 활용되기도 했다.

1840년대 후반, 수십 마리의 낯설고 진기한 아시아 닭이 유럽과 미국으로 퍼져나갔다. 몇몇 과학자들은 닭의 놀라운 다양성으로 보아 이들의 선조는 하나 이상일 거라고 주장하면서, 이는 인간이라는 종도 여러 다른 뿌리를 가질 수 있음을 보여주는 것이라고 했다. 필라델피아의 퀘이커 교도이자 의사인 새뮤얼 조지 모턴(Samuel George Morton)은 집닭과 뿔닭이 각자 번식 능력 있는 자손을 가질 수 있다고 주장했다. 이 주장은 나중에 미심쩍은 주장으로 판명 났지만, 모턴은 당시에 따라서 백인과 흑인도 마찬가지로 서로 다른 인간의 종에서 나왔다고 역설했다. 미국 남부의 노예제 옹호자들은 이러한 모턴의 발견을 널리 홍보했다.

한 용기 있는 남부 사람이 모턴의 이러한 주장을 반박하려고 직접 가금류 실험에 나섰다. 루터교도이자 아마추어 조류학자인 존 바흐만(John Bachman)은 모든 닭이 단일 조상을 가지고 있다는 주장을 폈다. 이 찰스턴에 사는 목사는 암탉 열풍이 대영제국에 휘몰아칠 때 런던 동물원에서 적색야계를 유심히 관찰한 바 있었다. 그는 1849년에 이런 기록을 남겼다.

"그 닭들은 집닭과 모든 점에서 거의 흡사했다. 여러 종의 집닭이 있는데, 그 사이에 가져다 놓으면 좀처럼 구별하기 어려울 것 같았다."

존 목사는 여러 종의 멧닭으로 교배 실험을 해본 결과, 두 개의 서로 다른 종은 번식 가능한 자손을 낳을 수 없다는 사실을 증명했다. 그는 이어 닭의 이러한 특성과 마찬가지로, 인간의 특성도 같은 종 안에서 굉장히 다양한 변종이 있다는 결론을 내렸다.

역사의 흥미로운 기연인지 몰라도, 다윈은 에이브러햄 링컨과 같은 날에 태어났다. 다윈은 과학 회보, 학회, 학술지에서 소개되는 이론들의 분분한 논쟁을 면밀히 관찰했다. 자신의 비글호 탐험 과정에서 노예제의 끔찍한 결과를 직접 목격한 뒤 다윈은 열렬히 노예제를 반대하게 되었다. 그는 진보적인 과학 개념이 노예제라는 만행을 옹호하는 구실로 동원되는 상황을 보고서 질겁했다. 다윈의 채울 수 없는 호기심은 종종 당시 일반적이었던 계급, 인종, 전문적 영역을 초월했다. 그는 에든버러에 사는 한 아프리카인에게 돈을 내고 박제술(剝製術)을 배우기도 했는데, 다윈은 그 아프리카인이 "굉장히 유쾌하고 지적인 남자"였다고 기억했다.

다윈의 편견 없는 사고는 다른 사람들이 열등하거나 하찮다고 여기는 종들로까지 확대되었다. 그는 따개비를 조사하는 데 7년 세월을 들이기도 했다. 다윈은 당시 인명사전에 '농부'로 등재되기도 했다. 그는 또 사회적 혹은 경제적 지위와는 관계없이 아마추어 번식업자들이 종과 관련된 정보를 쥐고 있는 절대적 원천이라고 생각했다. 그래서 보잘것없는 재산을 가졌지만 엄청난 전문 지식을 가진 어떤 독실한 교구 목사가 다윈에게 갑각류 동물은 때려치우고 가금에 집중하라고 촉구했을 때, 다윈은 결국 그 조언을 따르기도 했다. 그 덕분에 다윈은 자신의 진화론을 설득력 높은 이론으로 만드는 데 필요한 구체적 증거를 얻을 수 있었다.

←·←

닭은 오늘날 다른 모든 새들보다 많은 개체수를 보이지만, 조류학자들 사이에서는 소홀히 대접받고 있다. 나무 탁자에 앉아 수단에서 온 박제된 물총새를 검토하는 두 중년 여성을 지나칠 때, 큐레이터인 조앤 쿠퍼는 내게 말했다.

"길들인 동물들은 별로 가치가 없었어요. 하지만 다윈이 핵심 원리를 세우는 데 필요했던 건 좀 더 작은 길들인 동물이었어요."

'더 팬시' 현상이 끝나가던 4년 동안 열광적으로 연구에 몰두했던 다윈은 관심을 비둘기와 닭에 집중했다. 가두고 빠르게 기를 수 있는 작은 동물들은 자연도태의 장기적 효력을 보여주는 훌륭한 사례였기 때문이다.

다음 층으로 향하는 비상구 계단통을 올라가면서, 쿠퍼는 다윈이 가죽보다는 주로 골격을 연구 대상으로 삼았다고 말했다. 그녀는 이렇게 설명했다.

"골격은 현재 있는 그 상태로 충분하죠. 하지만 가죽을 준비하려면 내장을 제거하고, 뇌와 눈을 꺼낸 뒤 다시 꿰매어 붙여야 해요."

쿠퍼와 나는 가죽만 저장하는 별관에 도착했다. 비좁은 통로마다 황백색의 캐비닛이 두 줄로 나란히 놓여 있었는데, 나는 중간에 캐비닛 숫자를 세다가 포기하고 말았다. 형광등이 밝은 황색 바닥을 비추었지만 넓은 공간은 다소 음침한 분위기를 풍겼다. 쿠퍼는 망설이지 않고 거침없이 한 통로로 걸어 나아가 바닥이 꽤 깊어 보이는 서랍을 당겨서 열었다.

서랍 안에는 열두 마리 정도 되는 새들이 금속제 관에 누워 있었다. 새의 발에는 각기 영안실에서 붙이는 꼬리표가 달려 있었다. 새의 가죽은 바람 빠진 풍선 같았다. 쿠퍼는 어떤 새의 가죽에 손을 뻗었는데, 꼬리표에 "A. R. 월리스가 수집함. 1862년"이라고 적혀 있었다. 깔끔한 손 글씨는 그 닭이 말레이 반도의 말라카에서 온 적색야계임을 확인해주었다. 동식물 연구가 앨프리드 러셀 월리스는 싱가포르와 쿠알라룸푸르 사이에 있는, 이 적색야계 종이 토착 지역으로 삼는 곳의 최남단 근처에서 이새를 만났다. 월리스는 동남아시아를 여행하던 중 독자적으로 그 나름의진화론을 정립했고, 해당 주제에 관한 그의 논문은 1858년 런던에서 열린 한 회의에서 다윈의 논문과 함께 발표되었다.

서랍의 아래 칸에는 두 마리의 박제된 적색야계가 있었는데 너무도 생생하여 한 세기가 지났음에도 언제라도 숲으로 날아갈 듯했다. 윤기 없는 회갈색 암탉들과 현란한 색을 지닌 수탉들은 등을 대고 누워 있어 부리가 하늘을 향했다. 그 칙칙한 흑백의 보관실 환경에서, 수탉들이 보여주는 다채로운 색깔은 눈부셨다. 목 주변으로 쏟아지는 황금색 깃털, 몸 전체를 덮고 있는, 덧댄 것 같은 훌륭한 감청색 깃털은 물론이고 절묘한 주황색에서 노란색으로 밝아지는 깃털과 보라색이다가 꼬리 쪽으로 가면서 검은색으로 변하는 깃털 등이 매우 아름다웠다. 다른 서랍에는 1939년도 견본이 있었는데 꼬리표에 "길들인 뿔닭과 집닭의 교배종"이라고 적혀 있었다. 또 다른 서랍에는 목에 털이 없는 크고 무거운 닭들이 있었다. 해당 서랍의 겉면에는 "언론에서는 주기적으로 이 닭이 닭과 칠면조의 교배종이라고 보도했으나, 사실이 아님."과 같은, 견본에 관한 설명서가 표지에 적혀 있었다. 때때로 종(種)은, 그저 종일 뿐인 것이다.

에드먼드 솔 딕슨 목사와 다윈은 1848년 '더 팬시' 현상이 속도를 내자 편지를 주고받기 시작했는데, 두 사람은 그전에는 다소 기이할 정도로 유사한 세계에서 살았다. 딕슨과 다윈은 모두 막 40세를 눈앞에 두고 있었고 17년 전에는 케임브리지 대학교 크라이스트 칼리지를 졸업했다. 또한 자연 세계를 향한 강렬한 관심을 추구하는 방법으로 시골에서 목사가 되는 것을 둘 다 고려한 바 있었다.

다윈이 가문의 부유함을 멀리하고 다른 길을 걷게 된 계기는 비글호의 선장으로부터 갑작스러운 초대를 받아 세계 일주를 하게 된 덕분이었다. 다윈이 그 유명한 5년의 항해를 위해 출항한 지 얼마 지나지 않아 딕슨은 목사가 되었다. 다윈이 파타고니아를 배회하고 갈라파고스의 핀치를 수집할 동안, 딕슨은 결혼하여 런던에서 약 160킬로미터 떨어진 조용한 시골 교구로 이주했다. 작은 마당이 딸린 수수한 집에서 지내던 딕슨은 충동적으로 몇 마리의 닭을 사들였다. 한편 다윈은 영국으로 돌아온 뒤 1842년 9월에 아내와 함께 런던 남부 켄트 주의 완만하게 파도치는 듯한 시골 지역에 땅을 사서 정착했다. 같은 달에 에드워드 벨처 선장도 빅토리아 여왕에게 동남아시아에서 나온 닭을 진상품으로 바쳤다.

딕슨은 당시 출간된 가금 사육에 관한 몇 가지 책이 모순되는 조언을 하고 있어 당혹스러움을 감추지 못했다. 닭의 행동과 번식 습성을 관찰한 뒤, 그는 닭이 "유전되는 형태와 본능이 어떻게 전달되고 어떻게 중단되는지를 관찰할 수 있는 최고의 종"이라고 확신했다. 갑작스럽게 아내가 사망한 뒤, 딕슨은 허전함을 달래기 위해 닭 연구에 몰두했고 그의 전문 지식은 동식물 연구가들의 작은 세계에서 주목을 끌기 시작했다.

1844년, 영국에서 어떤 익명의 작가가 《창조에 관한 자연사의 흔적 *Vestiges of the Natural History of Creation*》이라는 얇은 책을 출판했다. 이 책은 항성들에서 시작하여 식물에 이르기까지 모든 것이 이전의 형태에서 발전한 것이라고 주장했다. 익명의 작가는 이를 "자연스러운 과정"이라고 보았는데 요약하면 종이 진화한다는 뜻이었다. 이 책은 베스트셀러가 되었다. 앨버트 공은 빅토리아 여왕에게 이 책을 읽어주었는데, 아마도 새장의 쉼터에서였을 것이다. 곧 이 책을 비판하는 사람들이 생겨났고 그 가운데는 딕슨도 있었다. 그는 이 책의 과학적 방법에는 결함이 있으며 결론은 신성모독이라고 주장했다. 딕슨은 다른 종의 닭은 번식할 수 있는 병아리를 낳을 수 없다고 보았고, 따라서 종은 변하지 않는 고정된 것임을 증명하기 위하여 일련의 실험에 착수했다.

다윈은 1848년 10월 식물학자인 친구 조지프 돌턴 후커(Joseph Dalton Hooker)에게 편지를 보내, 둘이 잘 아는 찰스 라이엘(Charles Lyell)이 여왕에게 작위를 받고 스코틀랜드 발모랄에 새로 마련된 여왕의 휴식처를 방문하여 시간을 보냈다는 소문을 전했다. 이어 다윈은 자신이 하고 있는 따개비 연구를 상세히 설명했는데, 지나가는 말로 이렇게 전하기도 했다.

"나는 종에 관한 연구는 별로 한 게 없지만, 일류 연구자와 진심으로 서신을 왕래하기 시작했다네."

다윈은 새로 부화한 병아리들이 다 자란 닭과 같은 특성을 보이는지 알아봐주겠냐고 일전에 딕슨에게 요청한 바 있었다. 딕슨은 존경받는 과학자를 도와주게 되어 기쁘다면서 즉각 동의했다. 그는 다윈에게 따개비는 젖혀두고 닭 연구에 좀 더 힘을 쓰라고 말하기도 했다.

두 달 뒤, 딕슨은 새로 완성한 가금을 다룬 자신의 책에 헌사를 적어 다윈의 집 다운 하우스로 보냈다. 이 책은 딕슨의 다른 유명한 지인 찰스 디킨스에게도 배송되었다. 그 시점은 여러 혁명이 일어났으나 용두사미로 끝나고 말았던 1848년의 끝 무렵이었다. 바로 이해에 군주제는 휘청거렸고, 시내 곳곳에 시위용 바리케이드가 세워졌으며, 마르크스와 프리드리히 엥겔스(Friedrich Engels)는 《공산당 선언*Manifest der Kommunistischen Partei*》을 출판했다. 비록 열렬한 지지자들을 거리로 이끌어내지는 못했지만, 딕슨의 《관상용 및 길들인 닭: 그 역사와 관리*Ornamental and Domestic Poultry: Their History and Management*》는 이 영국 목사가 세상을 향해 내놓은 생물학적 선언이었다. 이 책은 '더 팬시' 현상을 최고조로 끌어올리는 계기가 되고 또 딕슨 자신이 심사위원으로 참가하기도 한, 버밍엄 쇼가 개최되던 바로 그달에 출판되었다.

크리스마스 날, 여왕 부부가 윈저 성에서 장식용 상록수에 둘러싸여 손님들에게 닭고기를 접대하며 또 다른 닭의 유행을 전파시키던 그때에, 다윈은 시베리아에 관한 책을 마무리했지만 "따분하다"라고 일기에 썼고, 자연사박물관들에 관하여 쓴 또 다른 책은 "포괄적"이라고 적었다. 그는 또한 딕슨의 장황한 책을 읽었지만 의견 제시는 삼가겠다고 말하기도 했다. 닭이란 종에 관하여 상세한 해설을 담은 딕슨의 책은 닭을 관리하고 먹이를 주는 일에 대하여 명확한 지침을 제공했다. 딕슨은 "최근에 유행 중인 이론 가운데 인간이 길들인 품종이 야생동물들과 이종 교배한 결과라고 주장하는 황당무계한 이론이 있다."라고 말했는데, 그가 쓴 책은 이런 이론에 대한 단호하고 박식한 거부였다. 딕슨은 종이 변화할 수 있다는 개념을 단호하게 비판했다. 이런 비판은 집닭과 뿔닭 같은 별개의 종을 서로 교배시키면 번식이 가능한 자손을 낳지 못한다는 그의 실험에 근거한 것이었다. 딕슨은 각각의 종은 다른 종과 결코 공유할 수 없는 본질적 특성의 우리에 갇혀 있고, 따라서 그것들을 교배시켜 새로운 종을 만들어내는 것은 불가능하다고 주장했다. 그에게 구약성경의 〈창세기〉는 창조의 시작이자 끝이었다. 닭의 다양한 변종들은 전해진 그대로 영원할 것이며, 이는 인간의 개입보다는 창조주의 힘에 의해 만들어졌다는 것이다.

딕슨은 심지어 자신의 주장을 강화하기 위해 동료의 주장을 인용하기도 했다.

"다윈 씨는 엄청난 근면함과 누적된 경험으로 획기적인 사항을 발견했는데, 그것은 즉 '생명 체계의 다른 어떤 것보다도 생식 체계가 외부 조건의 변화에 훨씬 더 민감하게 반응한다'는 점이었다. 다윈 씨의 발견으로 내 의심은 더욱 굳어졌다."

다시 말해서 동물의 생식 체계에 관한 주장은 얼토당토않다는 것이었다. 이는 효과적인 생식 체계를 가진 별개의 두 종 사이에서 교배종이 만들어지는 일은 거의 불가능하다는 뜻이었다.

다윈은 딕슨이 보낸 책을 읽으며 종이 불변한다는 그의 강력한 주장에 밑줄을 그었다. 그는 많은 길들인 종이 야생종의 후예일 것이라고 생각하면서 책의 마지막 부분에 달린 빈 페이지에 이렇게 적었다.

"그럼에도 불구하고 나는 길들인 닭들이 이종 교배가 아니면 존재할 수 없다고 생각한다."

이어 다윈은 자신의 그런 논평에 줄을 그어 지웠다. 해가 넘어가서 3월이 되었을 때에야 그는 겨우 딕슨에게 본심과는 다른 서평을 보낼 수 있었다.

"굉장히 훌륭하고 재미있는 책입니다."

다윈은 이렇게 속을 감추었다. 하지만 종의 변화에 관한 공개적인 논의를 막으려고 하는 딕슨의 시도를 흥미롭다고 생각했다.

그 후에도 두 사람은 계속해서 장문의 서신을 교환했다. 서신의 내용은 주로 딕슨의 번식 실험에 관한 것이었는데, 지금은 대부분이 분실되었다. 하지만 다윈은 어느 순간부터 병을 이유로 내세우면서 딕슨과 거리를 두었다. 딕슨은 그해 봄 다윈에게 보낸 편지에서 이렇게 썼다.

"어서 쾌유하셔서 겨울이 오기 전에 제가 당신이 발견한 지식을 알게 되는 기회와 영광을 얻게 되기를 진심으로 기원합니다."

그러나 너무도 비슷했지만 너무도 다른 견해를 가진 두 사람이 만났다는 기록은 발견할 수 없다. 다윈은 곧 닭과 비둘기가 자연도태라는 자신의 주장을 뒷받침해준다고 생각하기 시작했다.

·↞·↞

에드먼드 솔 딕슨은 이후 몇 년이 흐르는 동안 점점 신랄해졌다. 그는 야생동물을 길들어진 야수로 바꿀 수 있다는 생각을 가리켜 "어릿광대를 콜럼바인으로 바꿀 수 있다는 할러퀸의 칼"처럼 황당무계한 이야기라고 일축했다(할러퀸은 영국 무언극의 주인공으로서 오로지 그의 충실한 애인인 콜럼바인의 눈에만 보이는 존재다. 할러퀸의 임무는 이 세상을 춤추듯 돌아다니면서, 그의 칼을 사용하여 어릿광대의 악행을 좌절시키는 것이다—옮긴이). 1851년, 그는 집닭이 적색야계로부터 나올 수 없다고 주장하며 이런 말을 덧붙였다.

"전지전능하신 하느님께서는 인류에게 가축을 길들이고 이용하고 먹을 수 있게 하셨다."

딕슨에게 이종교배의 이론은 과학적인 관점에서도 틀릴 뿐만 아니라 종교적 관점에서도 '심각한 이단'이었다.

다윈은 자연도태를 통해 종의 변화가 일어난다는 주장을 확실히 준비하지 못했기에 공개적으로는 조용히 지냈다. 하지만 믿을 만한 육촌 윌리엄 다윈 폭스(William Darwin Fox)에게는 이렇게 투덜댔다.

"딕슨 그 사람은 모든 품종의 닭이 원래 창조된 그대로라고 너무도 완강하게 주장한단 말이야. 그리고 자신과 반대되는 쪽에서 겪는 고충은 아예 무시해버린다고."

1855년, '더 팬시' 현상의 거품이 꺼지자 다윈은 따개비는 뒤로 밀어두고 닭을 수집하고 검토하는 방향으로 진로를 바꾸었다. 배워야 할 것이 많이 있기는 했지만, 그는 박식하면서도 신랄한 딕슨과 더 이상 연락하지 않기로 했다. 다윈은 육촌에게 2월에 보낸 편지에서 이와 같은 언급을 남겼다.

"도킹에 세 가지 변종이 있다는 것도 모르고, 각각 어떻게 다른지도 모를 정도로 나는 그동안 너무 무지했어. 그렇다고는 해도 딕슨 씨가 그토록 고집불통이라는 점은 내겐 참 불쾌한 일이지."

영국에 갑작스럽게 유입된 새로운 닭 품종의 거래가가 떨어지자 다윈은 좀 더 적당한 값에 닭을 수집할 수 있게 되었다. 그의 육촌 폭스는 조류를 기르는 것에 동의했고, 처음에는 주로 비둘기를 키웠으나 이후 다윈은 비둘기가 아닌 닭의 견본을 요청하기도 했다. 엘리자베스 와츠가 출판물 사업을 그만둔 그해 8월, 다윈의 집에 첫 적색야계가 도착했다. 멋진 수염을 기른 조류학자 에드워드 블라이스(Edward Blyth)가 캘커타에서 "덩치가 좋은 벵골 야계 수컷"을 보낸 것이었다.

훌륭하지만 문제가 많은 과학자였던 블라이스는 다윈보다 거의 10여 년 전에 자연도태에 관한 개념을 제시할 뻔했다. 그는 익명의 저자가 《창조에 관한 자연사의 흔적》에서 주장한 견해를 공개적으로 옹호하여 딕슨의 분노를 자아냈고, 동시에 다윈의 관심과 찬탄을 얻기도 했다.

아시아에서 20년 동안 멧닭의 네 가지 종을 모두 관찰한 뒤, 블라이스는 집닭의 조상에 관한 확고한 견해를 갖게 되었다. 그렇지만 린네의 분류와 바흐만을 비롯한 다른 학자들의 연구에도 불구하고 닭의 기원은 미결 문제로 남았고 다윈은 이에 관한 해답을 찾아내길 갈망했다. 블라이스는 실론야계가 집닭의 기원이라고 생각하는 주장을 일축했다. 1830년대 실론야계를 처음으로 목록에 올린 것은 프랑스의 동식물 연구가 르네 프리메베르 르송(René-Primevere Lesson)이었다. 그는 전쟁 영웅이자 조지 워싱턴의 정신적 아들이라 할 수 있는 라파예트 후작의 이름을 따서 실론야계에 '갈루스 라파예티(Gallus lafayetii)'라는 이름을 붙였다. 이 닭은 인도 남동부 해변에서 떨어진 실론 섬에서만 활동하는 종이었다. 프랑스의 동식물 연구가 피에르 소네라(Pierre Sonnerat)는 회색야계에 자신의 이름을 따서 '갈루스 소네라티(Gallus sonnerati)'라는 이름을 붙였는데, 이 닭 역시 실론야계와 유사하게 인도 남부라는, 상대적으로 작은 서식지에서만 발견되었다. 이 종의 수탉이 내는 울음소리는 농가의 수탉이 내는 소리와는 상당히 달랐다.

아시아 동남부 자바 섬에서 발견된 녹색야계는 농가에서 보던 집닭들과는 다르게 홑볏, 육수, 목 깃털이 없었기에 블라이스는 그들이 현재의 집닭의 조상이 아닐 것이라고 생각했다. 그는 적색야계가 조상일 가능성이 가장 높다고 판단했다. 적색야계는 다섯의 아종을 포함하는데, 오늘날 파키스탄 북부에서 인도네시아의 자바 섬에 이르는 광대한 영역에서 살고 있다. 각각의 아종은 그 광대한 영역의 서로 다른 구역에 집중되었다. 이 쉽게 적응하는 닭에 관하여 블라이스는 이런 논평을 남겼다.

"적색야계는 무수히 많은 변종을 가진 집닭의 부류에 절대적으로, 본질적으로 부합한다. 청둥오리가 집오리가 되고, 야생 칠면조가 길들인 칠면조가 된 경우와 완전히 같다!"

수탉의 볏에서도 이런 유사성은 드러났고, 블라이스는 적색야계에 관해 이런 말을 남기기도 했다.

"많은 농가의 집닭들과 깃털 하나하나마저도 부합한다."

1855년 12월, 블라이스는 캘커타에서 다윈에게 편지를 보냈는데, 당시 보르네오에 살던 앨프리드 러셀 월리스가 갓 발표한 논문에 관한 기막힌 소식을 적었다.

"내 생각에는 월리스가 일을 잘하고 있는 것 같네. 그의 이론에 따르면 다양한 길들인 동물의 종들이 발전하여 독특한 종이 되었다는 걸세."

다윈은 월리스의 연구에 그다지 감명 받지 않았다고 고백했지만, 이후 몇 달 동안 견본을 수집하는 속도를 끌어올리고 관련 연락처를 늘려가며 자연도태에 관한 자신의 책을 집필했다. 런던 남부에서 열린 가금 전시회를 구경하던 다윈은 언론인이자 가금 애호가인 윌리엄 테게트마이어(William Tegetmeier)를 만났다. 다윈은 이 사람을 만난 자리에서 견본을 구입하는 데 도움을 줄 것을 간청했고, 이렇게 하여 그는 다윈의 주요 중

개자이자 협력자가 되었다.

다윈은 전 세계적으로 접촉의 그물망을 던졌다. 그는 한 선교사에게 "동아프리카의 가축들에 관한" 정보를 제공해달라고 끈덕지게 졸랐다. 또한 1856년 3월, 다윈은 오스트레일리아로 이주한 예전 하인이자 조수에게 "중국, 인도, 태평양 제도에서 들여온 닭, 비둘기, 오리 중 기묘한 것"이 있다면 보고하고, 그것들의 가죽을 보내라고 요청하기도 했다. 그는 대영박물관에 틀어박혀 닭의 역사 연구에 몰두했고, 닭의 기원에 관한 실마리를 찾기 위해 100년도 더 된 중국 백과사전에서 닭에 관한 항목을 번역시킬 정도로 열중했다. 다윈이 3월 15일 폭스에게 보낸 편지에는 이렇게 적혀 있다.

"오늘 아침에는 저번에 받은 훌륭한 코친 수탉을 세심하게 조사했지. 깃털의 수에서 여러 중요한 차이가 있더군. 상당히 구별되는 종이 아닌가 하고 짐작했어."

닭을 향한 그의 지적 욕구는 굉장했다. 그해 가을, 시에라리온 내륙에서 온 살아 있는 닭들이 다윈에게 도착했다. 아프리카 해안 지방 닭들은 토종이 아닐 것이라고 염려하여 그가 내륙의 닭을 보내라고 했던 것이다. 다윈은 어떤 닭 공급자에게 편지를 보내 이렇게 말하기도 했다.

"그나저나 죽은 말레이종 수탉을 하나 얻어다 주실 수 있다면 대단히 기쁘겠습니다."

이후 다윈의 다운 하우스(Downe House) 앞에 "랑군(미얀마의 수도)이라는 딱지가 붙은, 출처가 의심스러운 수탉 한 마리"를 포함한 살아 있는 닭들과 닭의 골격들이 도착하기 시작했다. 집배원이 이런 생소한 배달 물품을 보고서 어떤 생각을 했을지는 누구라도 궁금했을 것이다. 한 편지에서 다윈은 이렇게 말했다.

"조만간 도착할 페르시아 닭을 기다리고 있다."

하지만 이런 견본들을 부쳐오는 비용이 만만치 않았다. 페르시아 닭들을 가져오는 것만 오늘날의 값으로 따지면 미화 500달러 정도의 돈이 들었다.

11월이 되자 다윈은 테게트마이어에게 말했다.

"이젠 정말로 내가 세계의 닭을 판단할 수 있는 재료를 마련했다는 생각이 드는군요. 세계 곳곳에 있는 닭에 얼마만큼의 차이점이 있는지 이제 알 수 있어요."

집닭의 조상인 종을 시원하게 알아내고 또 적색야계 기원설을 내놓은 블라이스의 주장을 점검하기 위해 그는 닭들을 이종교배하기 시작했다. 그는 사육하는 닭과 특정 멧닭에 공통된 특성을 분리함으로써 닭의 기원을 확인하고 그것을 근거로 하여 딕슨 같은 비판자들을 침묵시키고자 했다.

다윈이 1859년 출판한 《종의 기원》에서 닭에 관한 언급은 거의 없지만, 그는 닭의 모든 종이 적색야계로부터 비롯되었다는 이론은 블라이스의 공로라고 인정했다. 다윈은 인위 도태, 즉 사육에 관해 논의를 확장하는 것을 거의 10년가량 미루었다. 《사육·재배되는 동식물의 변이The Variation of Animals and Plants under Domestication》는 《종의 기원》보다는 덜 알려졌지만, 인간과 자연이 어떻게 협력하는지에 관한 다윈의 급진적 시각을 잘 제시한다. 인간과 자연은 때로는 조화롭게 때로는 거북하게 때로는 우연히 동식물을 만들거나 개조했다. 인간은 무(無)에서 생명을 창조할 수 없지만, 다른 기후와 토양이 있는 곳으로 데려가고, 먹이와 주거지를 제공하고, 의식적이든 무의식적이든 어떻게, 언제, 무엇과 교배를 시킬 것인지 선택하는 것으로써 하나의 종에 변화를 일으킬 수 있었다.

다윈은 어떻게 닭이 그런 터무니없는 변형을 가질 수 있는지, 또 어떻게 여전히 같은 조상의 자손일 수 있는지와 같은 난처한 질문에 달려들었다. 고대부터 번식업자들은 개량을 위해 최고의 닭을 선택하는 법을 알고 있었다. 옷처럼 동물에도 유행이 나타났다 사라졌다. 신기함을 사랑하는 마음은 일부 영국인들로 하여금 마지막 척추뼈가 사라진 '꼬리뼈 없는' 닭을 만들어내게 했다. 그러는 동안 인도인들은 곱슬곱슬한 깃털을 가진 닭을 길렀다. 새로운 닭의 일부는 소중하게 여겨져 세심하게 보존되었다. 예를 들면 고대 로마인들은 발가락이 하나 더 있고 흰 귓불을 지닌 닭을 좋아했는데 그 닭은 오늘날까지 보존되고 있다. 이런 번식은 문서 기록이나 일류 전문가를 필요로 하지 않는다. 다윈은 이런 기록을 남겼다.

"필리핀에서는 싸움닭의 아종이 자그마치 아홉 개나 되는데 모두 잘 보존되고 이름도 지어져 있다. 분명 별도로 번식되었을 것이다."

인간의 통제는 제한적이고, 딕슨 같은 열광적인 신자는 무의식적 혹은 비조직적인 도태를 간과했다. 닭은 닭장을 벗어나 농부들이 잠들었을 때 교미했다. 이런 일은 심지어 가장 잘 통제되는 실험실에서도 일어났다. 유전자 다이얼의 눈금판을 돌리는 자연도태는 동물의 외양과 습성을 변경할 수 있으며 심지어 농가 마당에서도 그 과정은 계속하여 작용한다. 그리하여 다윈이 "이례적이고 유전적 특이성"이라고 말한 특징을 지닌 우발적인 닭이 태어난다. 새로운 특성이나 또 다른 닭의 변종을 만들어내는 일은 대부분 사람의 손에 의한 것이다. 종의 어떤 특성이 번식되는 것을 막는 일도 또한 인간이 개입한 것이다. 다윈은 이렇게 간추려 말했다.

"내 판단으로는, 어떤 단일 조상으로부터 모든 변종이 유래했다고 믿는 것은 타당하며 거기에 극복하지 못할 곤경은 없다."

말라카에서 월리스가 수집한 적색야계의 아종 '갈루스 갈루스 반키바(Gallus gallus bankiva)'는, 다윈의 결론에 따르면 닭의 고대 조상이 될 가능성이 가장 높은 후보였다. 그가 언급한 바로는 이 멧닭과 가장 닮은 집닭은 말레이 반도와 자바 섬의 싸움닭이었다. 크기, 색, 골격, 심지어 볏까지 이 적색야계의 아종과 굉장히 흡사했다. 그 지역의 사람들은 집닭과 싸움을 붙이기 위해 멧닭 수컷을 붙잡아두었고, 이 멧닭들은 말레이 반도에서 처음으로 길들어져 인도로 수출되었을 가능성이 있었다. 영국 국립 도서관에서 다윈이 참고한 중국 문헌은 이런 생각을 뒷받침했다. 그 사료에 집닭의 기원을 동남아시아라고 암시하는 글귀가 있었던 것이다. 다윈은 닭의 근본이 되는 조상을 정확히 적시했을 뿐만 아니라, 사람이 멧닭을 길들인 지역까지도 밝혔다. 하지만 그는 닭의 역사를 완벽히 밝혀낼 "충분한 재료가 존재하지 않는다."라고 아쉬워하며 인정했다.

딕슨이 다윈의 자료를 활용하여 종은 불변이라고 주장했던 것처럼 다윈은 딕슨의 자료를 활용하여 그와는 정반대되는, 종은 변한다는 주장을 폈다. 딕슨 목사의 실험은 적색야계와 다른 멧닭의 이종교배가 번식 불가능한 후손을 낳는다는 점을 밝혀냈다. 후에 런던 동물원에서 회색야계와 적색야계를 교배하여 500개의 달걀을 대상으로 결과를 관찰하는, 딕슨의 것보다 규모가 큰 실험이 있었는데 소수만이 불임으로 드러났으며, 적색야계는 심지어 집닭과 교배하여 번식 가능한 후손을 낳을 수 있었다. "이런 이유로 적색야계는 가장 흔히 볼 수 있는 집닭의 조상 자리를 안전하게 차지할 수 있다."라고 다윈은 결론을 내렸다.

1868년《사육·재배되는 동식물의 변이》가 출판되기 몇 달 전, 다윈은 자신의 집에서 연구를 위해 쓰던 모든 닭의 뼈들을 챙겨 런던의 자연사 박물관에 기증했다.

"심지어 책이 출판되기도 전에 치워버린 것이었죠. 관련 연구가 모두 끝나자 다윈이 얼마나 안도했을지 느껴지지 않나요?"

골격 보관소로 향하는 계단으로 나를 안내하며 조앤 쿠퍼가 말했다. 그곳 역시 앞서 본 것과 같은 캐비닛들로 가득했다. 그녀는 내게 어떤 벽에 기대어 놓은 긴 탁자에서 잠시 기다리라고 몸짓을 했다. 이 큐레이터가 돌아오는 모습은 바쁜 카페테리아에서 빈 그릇을 치우는 웨이트리스를 연상시켰다. 그녀는 살을 깨끗이 발라낸 닭의 잔해 여섯 개 정도를 올려놓은 큰 쟁반을 가져오는 중이었다.

각 잔해는 직사각형의 플라스틱 상자에 담겼는데 슈퍼에서 구운 통닭을 담아놓는 플라스틱 상자보다 조금 더 튼튼한 정도였다. 쿠퍼는 하나씩 탁자에 내려놓은 뒤 골격을 더 가져오기 위해 발걸음을 돌렸다. 나는 플라스틱 상자 안의 뼈들을 응시했다. 일부는 숫자와 이름이 표시되어 있었다.

"저게 바로 다윈의 글씨네요."

쿠퍼가 돌아와 여러 상자를 올려놓은 쟁반을 내려놓으며 말했다. 150년 전에 시에라리온의 내륙에서 다윈의 다운 하우스에 도착한 수탉이었다. 코친 암탉과 꼬리 없는 닭, 말레이시아 암탉과 싸움닭 수컷, 작은 밴텀 닭도 있었다. 맨 끝에 있는 상자에 담긴 골격은 대부분의 다른 집닭들보다 눈에 띄게 작았다. 나는 상자의 뚜껑을 열고 안을 자세히 들여다보았다. 작은 쪽지가 있었는데 잉크가 여전히 진하게 남은 우아한 손 글씨가 적혀 있었다.

'찰스 다윈 씨를 위한 벵골 야계 닭의 뼈.'

블라이스의 서명도 있었다. 다리뼈 부분에 다윈은 단 하나의 단어만을 작은 글씨로 새겨놓았다.

"야생."

←·←

많은 닭 애호가들은 아주 작은 세브라이트밴텀과 거대한 중국 오골계가 단일 조상으로부터 나왔다는 다윈의 주장을 조롱했다. 최근인 2008년에도 어떤 주요 뉴스는 "새로운 연구가 닭의 야생 기원에 관하여 다윈의 주장이 틀렸음을 입증하다."라고 보도했다. 연구실은 린네의 집 바로 밑에 있을 정도로 가까웠던 움살라 대학교의 레이프 안데르손을 포함한 연구팀이 집닭의 황색 가죽은 적색야계가 아닌 회색야계에서 유래했다는 것을 추적하여 밝힌 것이다. 하지만 이런 특성은 최초 사육이 일어난 지 한참 뒤에 추가된 것일 수도 있기에, 다윈은 여전히 옳을 수 있다.

닭의 조상을 정확히 기술하는 문제는 여전히 풀리지 않은 많은 수수께끼를 남겨놓고 있다. 멧닭은 한 번, 혹은 여러 번 사육된 것인가? 그렇다면 어디에서? 언제? 왜? 150년이 지났지만 이런 사항들은 지금도 열띤 논쟁의 주제이며, 인간에 관한 더 큰 미해결의 질문들을 일으킨다. 일례로 사육이 단 한 번 일어난 뒤 닭이 남아시아와 전 세계로 퍼져나갔다면, 도시와 대상(隊商)이 나타나기 훨씬 오래전에 인간들이 동물뿐 아니라 상품과 아이디어들도 분주하게 거래했다는 뜻이 된다. 하지만 닭과 사람이 다른 시간대와 장소, 예를 들면 베트남, 말레이시아, 인도에서 동반자 관계를 형성했다면, 선사시대의 사람들은 다른 곳에서 고안된 기술보다는 그들 현지의 기술로 이런 관계를 맺었다고 보아야 한다.

중국, 인도, 동남아시아 국가들은 모두 자랑스럽게 자국이 최초의 닭이 살았던 고향이라고 주장한다. 고대 닭의 뼈 실물이 이런 논쟁을 끝낼 수 있을 것이다. 고고학자들은 방사성 탄소 분석을 활용하여 오래된 닭 뼈의 연대를 몇 세기 오차의 범위 내에서 추정할 수 있게 되었는데, 동남아시아의 습하고 산성을 지닌 토양에서는 2,000년 이상 된 닭 뼈가 전해지지 않는다는 것을 밝혀냈다. 최소 4,000년 전에 이미 집닭이 있었다는 주장을 뒷받침하는 뼈와 문자 정보는 동남아시아보다 서쪽으로 수천 킬로미터 떨어진, 오늘날 인도와 파키스탄 지역에서 발견되었다.

뷔퐁 백작은 닭의 기원을 밝혀낼 수 있다는 생각에 회의적이었고 다윈 자신도 비관적이었다. 하지만 오늘날의 생물학자들은 다윈의 측정자나 측경 양각기(캘리퍼스)와는 비교도 안 되는 강력한 도구로 무장하고 있다. 생물 게놈 해독은 종의 기원과 시간의 흐름에 따른 종의 변화에 관하여 오랫동안 밝혀지지 않은 정보를 제공한다. 유전자를 활용하여 닭의 역사를 풀어내려는 최초의 진지한 시도는 1990년대에 있었는데, 이는 세계에서 가장 오래된 세습 군주 자리의 계승 서열 2위인 사람이 시도한 작업이었다.

현재 일왕인 아키히토(明仁)처럼 그의 차남인 아키시노노미야 후미히토(秋篠宮文仁)도 생물학자다. 아버지가 해파리 포식자를 전문 영역으로 삼았다면, 그의 둘째 아들은 어머니가 제2차 세계대전의 여파가 몰아칠 때 왕가를 먹이기 위해 처음으로 구입한 닭들에게 어린 시절부터 매료되었다. 동남아시아에서 현지 조사를 수행한 뒤, 후미히토와 공동 연구자들은 적색야계의 미토콘드리아의 DNA 영역을 추출했다. 이는 닭이라는 종의 역사와 관련하여 추적자 역할을 하던 적색야계 암컷에 의해 전해진 유전 정보였다.

후미히토가 속한 연구팀이 1994년 내린 결론은 닭이 태국에서 단 한 번 사육되었다는 것이었다. 이 연구는 후미히토의 박사학위 논문의 근거를 형성했고 8년 뒤 어떤 독자적인 연구 집단은 그의 팀이 내린 결론이 사실임을 확인했다. 하지만 20년 뒤 그 이론은 붕괴되기 시작했다. 미국 생태학자 레어 브리스빈이 후미히토 연구팀이 견본으로 사용한 적색야계가 방콕 동물원에서 나온 것이며 사육된 잡종일 가능성이 높다고 지적한 것이다.

2006년, 중국 쿤밍(昆明) 동물학 연구소의 리이핑(李義平)이 이끄는 연구팀은 적색야계와 집닭의 수많은 견본에서 미토콘드리아의 DNA를 추출하여 아홉 개의 개별 클레이드[Clade, 계통군(系統群): 한 공통 조상에서 유래한 종들의 집합을 말한다—옮긴이]를 발견했다. 이 클레이드들의 분포는 한 번보다는 여러 번의 사육이 있었음을 시사했다. 중국 남부, 동남아시아, 인도 아대륙에 살던 고대인들은 개별적으로 적색야계를 사육했으며, 고유의 유전 형질을 지닌 별개의 계통을 만들어냈다는 것이 리이핑 연구팀의 주장이었다. 핵 DNA를 활용한 2012년의 한 연구는 미토콘드리아 유형보다 훨씬 자세하게 생물에 관한 자료를 제공했는데, 닭은 복수의 기원을 지닌다는 주장을 뒷받침했다.

후미히토는 이 새로운 자료를 수긍했다. 물론 그가 나와 이야기를 나눈 적은 없다. 일본 왕족과 면담하는 일은 쉽지 않기 때문이다. 하지만 그의 견해에 익숙한 사람이 내게 이렇게 말해주었다.

"이전에 저는 닭의 사육이 동남아시아의 대륙 부분에서 발생했으며 그곳으로부터 닭이 확산되었다고 생각했습니다. 하지만 최근의 연구를 살펴보면 닭은 인도, 중국 남부, 인도네시아 같은 복수의 장소에서 사육되었을 가능성이 더 높습니다. 어쨌든 단 한 곳에서 일어났다는 생각은 들지 않는군요."

하지만 다른 유전학자들은 후미히토의 견해가 정당하다고 생각한다.

그들은 아주 많은 분석 연구에 의하면 닭이 실제로 동남아시아에서 비롯되었으며 그다음 아시아의 다른 부분으로, 그다음 전 세계로 퍼져나갔다고 주장한다. 그러나 이를 반박하는 결정적 자료가 있다. 영국 노팅엄 대학교의 생물학자 올리버 하노트(Olivier Hanotte)는 젊은 동료 조람 음와차로(Joram Mwacharo)와 함께 아시아, 아프리카, 남아메리카에서 수천 마리에 이르는 집닭의 혈액을 채취하여 분석하면서 몇 년을 보냈다. 다른 동료와 잡기 어려운 닭을 잡아다 주는 마을 아이들의 도움으로, 두 사람은 5,000개 이상의 현대 닭에 관련된 유전자 염기서열을 수집했다.

닭의 혈액에서 닭의 역사를 추적하는 일은 대단히 복잡했다. 닭이 수천 년 동안 대양과 대륙을 건너 이리저리 이동하면서 게놈이 뒤죽박죽되어 순서가 계속 뒤섞였기 때문이다. 노팅엄 대학교에 마련된 연구실에서, 하노트와 음와차로는 지극히 복잡한 연구 보고서를 파워포인트로 보여주었다. 그들의 게놈 지도는 여섯 개의 주요 단상형 혹은 유전 집단을 보여주는데, 다수의 화살과 막대기가 혼란스럽게 배열된 모습으로 연결되어 있었다.

"단 한 번의 사육으로 이런 거대한 다양성을 어떻게 설명할 수 있겠습니까?"

손발이 가늘고 긴 하노트가 뮤지컬에서나 들어볼 법한 억양으로 빠르게 말했다. 닭의 게놈이 보여주는 복잡성은 각기 다른 장소에서 복수의 사육이 있었음을 시사했다.

하노트는 이런 복잡성이 실제로 적색야계의 여러 야생 아종이 서로 교배하고 때로 잡종을 생산한다는 점에 기인한다고 생각한다. 적색야계의 다섯 아종 중 세 가지가 동남아시아에서 비롯되었다. 또한 집닭이 가장 다양한 지역도 마찬가지로 그곳이었다. 우리가 서쪽으로 그러니까 적색야계가 서식하는 서쪽 경계인 파키스탄으로 옮겨가면, 이런 뚜렷한 다양성들은 줄어들었다. 다시 말해 교배에 의한 화려한 변종이 아니라 원래의 종 그대로의 수수한 상태를 유지하는 것이다. 바로 이 때문에 영국이 점령한 인도 아대륙의 땅에서 온 닭보다는, 동남아시아와 중국 남부에서 온 닭들이 빅토리아 여왕을 황홀하게 하고, 딕슨을 매료시키고, 다윈의 호기심을 불러일으켰던 것이다.

멧닭과 집닭 모두에서 나타나는 이런 유전적 다양성은 이 지역이 야생 밀림 닭의 본고장이라는 유력한 지표다. 하노트와 음와차로는 또한 같은 지역에서 생물학자들이 '개체군 병목 현상'이라 부르는 일이 벌어졌다고 정확히 지적했다. 즉, 먼 옛날 닭의 유전적 다양성이 갑자기 줄어들었다는 것이다. 이는 초기에 사육된 닭이 어느 시점에 동남아시아의 어떤 지점에서 그 지역 전체로 퍼져나갔다는 징후다. 하노트는 병목 현상이 1만 8,000년 전에 시작되어 8,000년 전까지 이어졌다고 추정한다. 새롭게 사육된 닭은 소수로서 동남아시아의 마을로 이동했다가 결국 인도 아대륙으로 퍼져나갔다. 하노트는 또한 5,000년 전에 닭의 개체수가 남아시아에서 먼저, 그 이후 그 밖의 지역에서 급속하게 증가했다고 생각했다.

이는 닭과 인간이 본래 지금의 우리가 닭을 기르는 이유와는 굉장히 다른 이유로 협력했음을 보여주는 것이다. 처음에 길들어진 닭은 고기와 달걀을 얻기 위해 사육되지 않았다. 이미 1854년에 한 가금 학자 집단은 이런 기록을 남겼다.

"초기에 식량을 얻을 목적으로 닭을 사육했다는 생각에는 어떠한 근거도 없어 보인다."

동남아시아 토착민들은 닭과 관련된 풍부한 전통을 매우 잘 유지했다. 예를 들면 베트남, 라오스, 버마, 중국 남부에 흩어져 살던 팔라웅족은 닭을 길렀지만 죽여서 고기를 얻거나 달걀을 가져가지 않았다. 대신 그들은 닭의 창자, 장기, 뼈를 점치는 데 사용했다. 비슷하게 버마 북부의 카렌족도 점치는 용도로 닭을 사용했다. 그들은 도축한 닭의 대퇴골에 대나무 조각을 집어넣고서 거기에 생기는 각도를 따라 걸어가면 보이지 않는 영혼이 머무르는 신비한 영역에 닿을 수 있다고 믿었다. 버마와 가까운 인도 북동단에 사는 푸룸 쿠키족은 마을을 짓는 데 좋은 장소가 어디인지 알기 위해 기도를 한 뒤 수탉을 희생시켰다. 그리고 닭이 쓰러지는 모습을 보고서 그곳이 좋은 장소인지 아닌지를 판단했다. 그 지역 전체에 사는 많은 부족이 달걀을 던지는 관습이 있었는데 깨진 달걀 껍질 조각이 곤란한 상황에서 벗어나는 명쾌한 길을 안내한다고 믿었기 때문이다. 이런 닭의 신비한 특징에 관한 믿음은 농업의 도래 이전에 나타난 현상이었다. 농업의 시대가 되자 사람들은 보통 식용으로 닭을 기르기 시작했다.

움살라 대학교에서, 안데르손과 공동 연구자로 구성된 연구팀은 닭의 여러 다른 개체군이 적색야계에는 없는 돌연변이 유전자 형태를 갖고 있다는 점을 최근 발견했다. 이 약간의 DNA는 갑상선을 자극하는 특정 호르몬을 생산한다. 그 결과 이런 유전 암호를 지닌 닭은 빠르게 살이 오를 수 있었다. 이 돌연변이는 닭의 진화 과정에서 중요한 단계가 되었다. 오래전 어떤 남아시아의 마을에서 빨리 성장하고 더욱 자주 알을 낳는 성질을 지닌 닭이 태어났는데, 이 닭은 특별 번식 대상으로 선발되었다.

하지만 식량으로서의 닭은 나중에야 생각해낸 것이었다. 오래전 사람이 숲에서 닭을 데려오거나 꾀어냈을 때, 닭은 값싼 점심 식사 이상의 의미를 지니고 있었다. 닭은 신비하면서도 실용적인 동물이었던 것이다. 점치는 재료가 되는 것은 물론, 고유의 섬세한 뼈는 바느질이나 문신 도구, 혹은 작은 악기를 만드는 데도 활용되었다. 수탉의 훌륭한 깃털은 옷의 장식으로 이용할 수도 있었다. 닭은 건강에 좋다고 널리 알려진 데다 타고난 싸움꾼 기질은 사람에게 유흥 거리를 제공했다. 또한 신에게 바치는 제물로서도 몸집이 작고 빨리 번식하는 닭은 참으로 이상적인 동물이었다.

개, 고양이, 소와 같은 친숙한 포유동물과는 다르게 닭은 거의 외계인 같은 특성을 간직했다. 수탉은 작은 체구와 어울리지 않게 자기 영역을 방어할 때는 맹렬했고 심지어는 무서울 정도였다. 닭이 지닌 파충류 같은 발과 보송보송한 깃털은 참으로 불안한 조합이었다. 실룩실룩 움직이는 모습은 닭에게 불안한 로봇 같은 특징을 부여했다. 수탉이 다수의 암탉을 상대로 왕성하게 성욕을 발산하는 모습은 어떤 사람에게는 인상적으로, 다른 어떤 이들에게는 혐오스럽게 받아들여졌다. 사람은 닭과 오랜 관계를 맺어오며 감탄과 혐오, 매혹과 공포 사이를 오갔다. 이런 양극단 감정의 병존은 하느님, 성별, 젠더, 그리고 관능적이고 기괴하다고 여겨지는 모든 것을 향한 인간의 양극적인 태도를 고스란히 반영하는 것이다.

작은 왕 바실리스크

"왜 수탉이 울지 않는 거지?" 그는 혼자 중얼거렸다.
이후로도 그는 같은 질문을 불안한 표정으로 반복했다.
마치 수탉의 울음소리가 구원을 향한 마지막 희망인 것처럼.
— 주제 사라마구(Jose Saramago), 《예수복음*O Evangelho segundo Jesus Cristo*》

수탉(cock)은 음경(cock)이 없다. 이것은 불교의 선문답이 아니다. 수탉은 정말로 음경이 없다. 더 정확하게 말하자면 잃어버렸다. 다른 것도 아닌 인간 음경의 동물학적 대역인 수탉에게 음경이 없다는 사실은 참으로 기이하다. 어떻게 닭의 음경이 사라졌는지에 관한 수수께끼는 최근 풀렸다. 하지만 헌신적인 소수의 조류 음경 연구가들 사이에서는 여전히 수탉의 음경이 사라진 이유를 놓고 논쟁이 계속되고 있다.

　닭이 교미하는 것을 살펴보면, 무심한 구경꾼은 닭의 교미가 포유동물의 행동과 유사하다고 생각하게 된다. 수탉은 암탉의 뒤에서 등에 올라타, 발톱으로 암탉의 등을 단단히 잡은 뒤 부리를 사용해 암탉의 머리를 붙든다. 그러고는 잠시 뒤 등에서 뛰어내린다. 교미에 걸리는 시간은 필리핀의 투계장에서 싸움닭이 나가떨어지는 시간보다 더 짧다. 그처럼 멋대가리 없는 사건이기는 하지만 그래도 두 닭은 '배설강(排泄腔) 키스'를 한 것이다.

'하수관'이라는 뜻을 지닌 라틴어 '클로아카(cloaca)'에서 유래한 배설강은 상당히 분주한 기관이다. 모든 조류, 파충류, 양서류가 그렇듯 닭에게 배설강은 단일 비뇨기 말단이자 소화관이며, 번식을 담당하는 1인 다역의 기관이다. 인간 남성처럼 수탉도 두 개의 고환을 지녔다. 하지만 인간처럼 외부에서 달랑거리는 것이 아니라, 체내의 콩팥 아래 숨겨져 있다. 건강한 수탉은 사정할 때마다 80억 개 이상의 정자를 생산할 수 있고, 이 정자들은 수탉과 암탉이 배설강을 뒤집어 서로 맞댈 때 암탉의 난관으로 이동한다. 이 과정은 고작 몇 초밖에 걸리지 않는다. 정자는 교미 후 한 달 동안 난관에 머무르면서 하나뿐인 난소로 들어가 계속 수정을 시킨다.

조류 중에 몇 안 되는 종이 음경을 가지고 있는데, 주로 물새가 그렇다. 예를 들면, 오리는 기다란 나선형의 음경을 갖고 있다. 게인즈빌에 있는 플로리다 대학교의 마틴 콘(Martin Cohn)이 책임을 맡고 있는 연구팀은 왜 오리와 닭이 이런 면에서 다른지를 조사했다. 그들은 수정란에 작은 구멍을 낸 뒤 수오리와 수탉의 배아를 관찰했다. 첫 9일 동안의 성장 과정에서는 두 배아에서 모두 음경이 발달하기 시작했다. 그 뒤로는 수탉의 음경 발달이 멈추고 오그라들기 시작했다. 9일째 되는 날, 수탉 배아는 아래로 기울어진 음경이 될 기관을 오그라들게 하는 단백질을 생산하기 시작했다. 그 단백질은 닭의 초기 발달 과정 중 처음 난 치아를 잃게 하는 작업에도 관여했고, 부리의 모양과 깃털에도 영향을 미쳤다. 궁극적으로 이런 세포들을 죽여버린 것은 화학물질이었다. 연구자들이 수탉의 음경이 될 기관을 촉진시키는 다른 단백질로 그 부위를 뒤덮자 기관은 계속 성장했다. 수오리의 음경도 세포를 죽이는 닭의 단백질을 뒤덮자 음경도 따라서 오그라들었다.

콘은 이 같은 기관의 상실은 치아나 날개 같은 다른 신체 부위를 제거한 결과라고 생각했다. 이런 특정한 파괴 단백질은 분명 조류의 진화에서 중요한 역할을 수행했으며, 음경의 상실은 그저 부수적인 효과일 뿐이었다. 다른 생물학자들은 이러한 변화가 암탉이 스스로 선택한 결과라고 추측했다. 즉 거친 삽입을 동반하는 교미보다 상호 협조적인 배설강 키스로의 진화를 암컷이 선호했다는 것이다. 수오리들은 비협조적인 상대에게 강압적인 교미를 하는 것으로 악명이 높다. 사정이 이렇다 보니 때때로 교미 과정에서 암컷을 익사시키는 일도 일어난다. 이러한 암수 양성의 대결은 번식의 가능성을 축소시켰다. 시간이 흐르면서 닭을 포함한 조류 대부분의 종은 더 작은 음경을 가진 수컷을 선택했다. 하지만 오리, 거위, 백조는 예전처럼 음경을 유지했다.

닭을 포함하여 대부분의 조류에서 음경이 사라진 경위는 우리에게 진화에 관하여 더 많은 사항을 알려준다. 예를 들면 뱀이 어떻게 다리를 상실했는지, 인간의 생식기에서 무엇이 선천적 결손 증세, 특히 자궁 기형에 영향을 미치는 원인이 되는지 등을 살펴볼 수가 있다. 이런 연구는 생식기관에서 일어나는 선천적인 결손 증세를 출산 전에 고칠 수 있는 실질적인 방법을 이끌어낼 수 있다.

"독자 여러분, 생식기야말로 진화론적으로 자동차 타이어가 도로와 만나는 곳입니다."

애머스트에 있는 매사추세츠 대학교의 생물학자 퍼트리샤 브레넌

(Patricia Brennan)은 인터넷 신문《슬레이트*Slate*》에 위와 같은 글을 남겼다. 그녀의 논평은 일부 매체 평론가가 격분하며 대체 연방 정부의 세금이 왜 닭의 음경 연구에 들어가야 하느냐고 격렬히 항의한 데 대한 답변이었다.

"번식에서 왜 일부 개체가 다른 개체보다 더 성공적인지 온전하게 이해하기 위해서 생식기를 관찰하는 것보다 더 나은 방법은 없습니다."

음경의 상실은 또한 궁극적으로 닭에게 닭목 밖의 다른 일반적인 농가 가금류보다 약간 더 높은 번식률을 갖게 했다. 음경을 잃은 대신, 닭은 온 세상으로 퍼져나갈 수 있는 기회를 얻었다.

생물학은 왜 우리가 자주 사용하는 비속어 'cock(남자의 음경)'이 실제로는 음경도 없는 수탉(cock)을 가리키는 단어인지 그 이유를 설명하지 못한다. 캐나다인, 오스트레일리아인, 영국인, 그 외 영어 사용자들은 수탉을 가리킬 때 망설이지 않고 'cock'이라는 단어를 여전히 사용하고 있다. 하지만 미국인들은 이런 나라들의 사람들이 아무렇지도 않게 그 단어를 입에 올리면 얼굴을 붉힌다. 18세기 뉴잉글랜드 지방의 청교도들은 닭의 울음소리에서 파생했을 가능성이 높은 단어인 'cock'을 미국인의 어휘에서 아예 빼버렸다. 'cock'은 "꼬꼬댁 울다."라고 해석되는 고대 아리아어 '칵(kak)'에서 나왔다고 한다

아무튼 그들은 크리스마스를 화려하게 즐기는 사람을 사악하다면서 징벌하는 사람들이었다. 청교도들은 성행위(sex)를 반대하지 않았고 그래서 로마 가톨릭 성직자들의 독신 상태를 혹독하게 비판했지만, '콕'처럼

이중적 의미를 가지면서 대개 그 가운데 한 의미가 섹스와 관련되는 단어는 심신을 타락하게 만든다고 본 모양인지 이 단어를 잘 참아주지 못했다. 200년 전 엘리자베스 여왕 통치 시대의 어떤 시는 "나에게 점잖은 수탉(cock)이 있네."라는 시구로 시작하여 "녀석은 매일 밤 내 연인의 침실에 앉아 쉬네."라는 시구로 끝난다. 여기서 'cock'을 음경으로 해석할 수도 있음은 물론이다.

닭과 관련된 이런 음란한 전통은 몇 세기 동안 계속되었다. 1785년 출판된 《고전 비속어 사전*Classical Dictionary of the Vulgar Tongue*》은 "수탉이 다니는 좁은 길(cock alley)"은 "여자의 음부"를 뜻한다고 풀이했다.

미국 식민지에서는 독립 혁명 바로 직전에 좀 더 온건한 'rooster(수탉)'라는 단어가 'cock'을 대체했고, 곧 북쪽에서 남쪽으로 퍼져나가기 시작했다. 'rooster'는 고대 영어에서 집닭이 앉던 횃대에서 유래한 단어였다. 신생 독립국 미국에서 건초 더미를 뜻하는 'haycock'은 'haystack'으로, 풍향계를 뜻하는 'weathercock'은 'weathervane'으로, 수도꼭지를 뜻하는 'water cock'은 'faucet'으로 바뀌어 사용되었다. 심지어 바퀴벌레를 뜻하는 'cockroach'도 그냥 'roach'가 되었다. H. L. 멘켄(Henry Louis Mencken)은 자신의 책 《미국식 언어*American Language*》에서 다음과 같이 냉소적인 논평을 남겼다.

"1838년이 될 때까지 빅토리아 여왕은 영국에서 즉위도 하지 않았지만, 외설적인 언어에 저항하는 빅토리아 여왕 시대의 조류는 이미 19세기가 시작하자마자 미국에서 맹위를 떨치고 있었다."

'cock'이란 단어는 "해부학적으로 상스러운 의미"를 획득했기에 배제해야 한다는 것이었다. 하지만 영국에서 같은 단어는 고유의 영예로운 이중적 의미를 그대로 유지하고 여전히 사용되었다. 빅토리아 여왕 시대에 들어선 지 한참 되어서도, 영국 의사들은 남성의 음경을 가리킬 때 프랑스어에서 받아들이고 라틴어에서 기원한 최신 유행의 'penis'보다 'cock'을 더 선호했다.

수탉(cock) 고유의 아주 호색한 습성 덕분에 "해부학적으로 상스러운 의미"를 얻었을 가능성이 높다. 거기다 수탉이 낯익은 암탉보다 새로운 암탉을 선호한다는 연구 결과도 있었다. 과학자들은 이 외설적인 습성을 '쿨리지 효과'라 불렀다. 1920년대 미국 대통령 캘빈 쿨리지(Calvin Coolidge)와 영부인이 따로 떨어져 양계장 시찰을 하고 있을 때였다. 쿨리지 부인은 교미에 정신이 팔린 수탉 한 마리를 보았고, 양계장 사람으로부터 저런 행동을 하루에 수십 번도 한다는 이야기를 듣고 차분하게 이런 말을 남겼다.

"대통령께서 오시면 그대로 말씀해주세요."

부인의 말을 전해들은 쿨리지가 수탉이 같은 암탉만 상대로 교미하느냐고 묻자, 수탉은 다양한 상대를 선호한다는 관계자의 답변이 돌아왔다. 대통령은 그러자 이렇게 말했다.

"그렇다면 지금 해준 답변을 내 아내에게 좀 전해주시오."

닭의 놀라운 번식력은 오랫동안 인간에게 깊은 인상을 남겼다. 오늘날의 이라크 지역에서 2~7세기의 몇백 년 동안에 편찬된 《바빌로니아 탈무드Babylonian Talmud》는 결혼하는 남녀 앞에서 암수 한 쌍의 닭을 들고 서 있는 유대 풍습에 관해 언급했는데, 이 전통은 중동 일부 지역에서는 아직도 유지되고 있다. 이런 의식은 번식만을 나타내는 것이 아니었다. 그리스 신 제우스는 미소년 가니메데스에게 살아 있는 수탉을 주었고, 아리스토텔레스 시대의 나이 든 아테네 귀족들은 자신의 청년 애인에게 닭을 선물하기도 했다. 델로스 섬의 고대 아폴론 신전 근처에 서 있는 기

등은 의심할 여지없이 성적인 함의를 품고 있다. 아리스토텔레스 시기까지 거슬러 올라가는 그 거대한 기둥은 해부학적으로 정확하면서도 육중하게 발기한 남근과 고환을 떠받치고 있다. 바로 그 밑에 수탉이 조각되어 있는데, 수탉의 머리와 목은 남근의 모양을 따서 묘사되어 있다. 예술사가 로레인 베어드(Lorrayne Baird)는 이렇게 썼다.

"고대 유물을 통해 볼 때, 수탉은 남성적 성적 충동의 아이콘이자 상징 역할을 했음을 알게 된다."

고전 예술에서 수탉은 에로스 신의 마차를 끌었고, 아레스와 아프로디테가 성교하는 모습을 지켜보았으며, 메넬라오스가 트로이의 헬레네를 납치하는 것을 지켜보았다. 베를린 박물관에는 기원전 500년의 것으로 추정되는 그리스 꽃병이 있는데, 꽃병 표면에 검은 옷을 입고 수탉 차림을 한 남자들이 한 줄로 서서 파이프 연주자를 뒤따라가는 모습이 묘사되어 있다. 꽃병 근처에는 수탉 모습을 한 남자의 작은 청동상이 하나 서 있다. 이 상은 초기 로마 시대에 제작된 것으로서 베수비오 산 근처에서 발굴되었다. 동상의 남자는 높게 솟은 볏을 쓸어 넘긴 모습이 마치 펑크 머리를 한 모호크족 같다. 그는 너무도 즐거운 나머지 입술이 귀에 걸렸고 거대한 육수는 가슴까지 축 늘어졌다. 그는 또한 허리에 두른 천을 옆으로 젖히면서 자신의 몸통만큼 길고 육중한 남근을 드러내놓는다. 사내는 오른손으로 음경을 높이 쳐들고 있어서 강력한 발기의 힘을 더욱 강조하고 있다.

바티칸 유물 보관소에 수장되어 대중에게 공개되지 않은 것 가운데 제작 시기가 미상인 작은 청동 흉상이 있다. 이 청동상은 상체는 인간 남성이지만 머리는 수탉의 형태인데, 부리의 자리에 해부학적으로 정확한 형태의 육중한 음경이 달려 있어서 얼굴 대부분을 차지한다. 흉상의 바닥에는 그리스어로 "세계의 구세주"라는 어구가 새겨져 있다. 18세기에 한 추기경이 이 청동상을 보고 기겁하여 불평을 늘어놓기 전까지, 이 흉상은 약 1세기 정도 전시되어왔다. 진품인지는 의심스럽지만, 한 독일인의 수집 품목에는 이와 유사한 흉상이 들어 있는데 고대 그리스 사원에서 발굴된 것이라 한다. 이런 사실은 수탉을 구세주로 보는 개념은 최소 소크라테스 시기까지로 거슬러 올라간다는 것을 보여준다.

염소나 개 등 농가의 많은 가축들이 기운차지만, 왕성한 성적 능력과 별개로 수탉하면 떠오르는 것은 해가 떠오르고 있음을 알리는 독특한 능력이다. 고대인들에게 새벽은 생명 그 자체의 창조와 재창조에 연결된 종교적인 사건이었다. 아리스토텔레스는 이렇게 글을 남겼다.

"자연 속에서 인간은 인간을 낳는다. 하지만 그 과정은 태양열을 전제로 한다."

수탉과 관련된 태양신들의 목록은 아주 길다. 그리스의 아폴론, 레토, 아스테리아부터 유명한 로마와 페르시아의 신 미트라, 그리고 조로아스터교의 아후라 마즈다까지 이 목록에 들어간다. 하워드 카터가 왕가의 계곡에서 발견한, 닭을 명확하게 묘사한 최초의 이집트 도자기는 어쩌면 아멘호테프 4세의 태양 숭배와 연관이 있을지도 모른다. 또한 메소포타미아의 아수르에서 발견된 상아 통에 새겨진 그림은 나중에 바빌론 최후의 왕이 되는 나보니두스가 지지하던 샤마시 신(神)과 닭 사이에 연관성이 있음을 암시한다.

예수의 시대에 이르러 수탉 그림은 페르시아에서 이집트, 영국에 이르는 사원들에서 흔하게 발견되었다. 터키와 영국의 무덤들에서는 제물로 바쳐지고 남은 수탉의 잔해가 발굴되었다. 2세기의 지리학자 파우사니아스(Pausanias)는 남부 그리스를 지나며 이런 말을 남겼다.

"이곳의 사람들은 수탉이 태양을 모시고 있으며, 태양의 떠오름을 예고 한다고 단언한다."

심지어 오랫동안 닭을 불결한 동물로 생각해온 유대인 사이에서도 수 탉의 울음은 축복 기도의 시간을 알리는 신호였다. 과거 유대인들의 아 침 기도는 이랬다.

"낮과 밤을 구별할 수 있는 지능을 수탉에게 주신 주님을 찬미하세."

고대 중국과 일본에서는 수탉이 태양을 상징한다고 여겼다. 기원전 1 세기 티투스 루크레티우스 카루스(Titus Lucretius Carus)는 〈사물의 본성 에 관하여De rerum natura〉라는 장시(長詩)에서 이렇게 썼다.

아아, 날뛰는 사자들이여,

너희는 감히 수탉을 마주하여 바라보지 못하리라

그는 밤을 물리칠 날개를 지니고 있으니.

이런 풍부한 전통을 고려하면, 초기 그리스도교에서 가장 중요한 동물 상징으로 수탉이 부상한 사실은 너무나 당연하다. 예수는 양과 물고기에 비유되었고, 성령은 비둘기로 상징되었다. 사자, 황소, 독수리는 네 명의 복음 저자 중 세 명을 상징했다. 심지어 공작도 성인들을 상징하는 데 동 원되었다. 하지만 이 모든 동물들을 제치고, 전 세계 수천이 넘는 교회 첨 탑과 반구형 지붕 위에서 때로는 가장 높이 달린 십자가보다도 더 높게 수탉 모형의 풍향계가 반짝거렸다. 그것은 예수가 십자가형에 처해지는 날 수탉이 두 번 울기 전 베드로가 스승 예수를 세 번 부인할 것이라는 예 수 자신의 경고를 널리 상기시키는 물건이었다. 빛을 예고하는 닭의 습 성과 부활의 약속은 그리스도교 전통에서 깊이 연결되어 있다. 예수의 탄생, 베드로의 부인, 예수의 부활은 수탉이 울 때 일어났다고 전해진다. 4세기의 유명한 찬송가에서 닭은 "새벽의 전령"으로 불렸으며, 사람을 예수처럼 "소생시켰고", 병들고 졸리고 나태한 사람들을 깨웠다. "창조주는 일종의 신성한 수탉이 되었다."라고 베어드는 썼다.

수탉과 새로운 종교 사이의 연관성은 서양 그리스도교의 중심인 로마에서 가장 강력하게 강조되었다. 그곳의 초기 그리스도교 개종자들의 무덤에는 성스러운 싸움에 참여한 닭의 모습이 새겨져 있었다. 베드로는 기원후 1세기에 바티칸 언덕에서 십자가형을 당했다. 한 역사학자는 그가 옛 로마의 신 야누스가 담당하는 문지기 역할을 했기에 처형당했다고 보았다. 고대 에트루리아의 신앙에 따르면 야누스는 태양이고 수탉은 새벽을 예고하는, 그 신의 신성한 새였다. 열쇠는 야누스의 상징이었다. 라틴어로 이 신의 이름 야누스(Janus)는 '아치 지붕이 덮인 통로(archway)'를 뜻했다. 또한 야누스는 천국의 문에서 보초를 서는 신이었다. 복음에서 예수는 '바위'라는 뜻의 이름을 지닌 베드로에게 이렇게 말했다.

"내가 네게 천국의 열쇠를 주겠노라."

바티칸과 닭의 관계는 심지어 더욱 심원한 뿌리를 가지고 있다. 오늘날 성 베드로 대성당은 아나톨리아의 대모신(大母神)인 키벨레의 신전 터에 자리 잡고 있다. 이 여신을 예배하는 종교는 그리스도교가 뿌리를 내리기 시작하던 당시에 이미 로마에서 인기가 높았다. 야누스 혹은 베드로와는 다르게, 그녀는 천국보다는 저승의 열쇠를 쥐고 있었다. 그녀의 신관(神官)들은 거세된 남자들로서 '갈리(Galli)'라 불렸는데, 이는 라틴어 'rooster', 고대의 왕, 아나톨리아의 어떤 강(江), 나아가 이 모든 것들의 조합을 나타내는 말이었다. 한 학자는 이런 글을 남겼다.

"rooster(수탉)—cock(수탉, 음경)—phallus(남근)'의 성적인 연계는

이미 갈리 사이에서 내부적으로 농담처럼 통용되었고, 나중에는 로마 시민이 그들을 조롱하기 위해 그 연계를 사용하기도 했다.["갈리는 갈리아 주민들로서 주로 지금의 프랑스에 해당하는 갈리아 트란살피나(이탈리아 사람이 볼 때 알프스 저쪽)와 북부 이탈리아인 갈리아 키스알피나(알프스 이쪽) 지방에 거주한 대종족을 가리킨다─옮긴이]

시인 유베날리스(Juvenalis)는 갈리아 사람들은 수탉처럼 고환이 제거되었다고 말했다. 젠더를 넘나드는 갈리아 사람들은 여자처럼 옷을 입고 행동했다는 것이다. 키벨레의 성지는 로마 황제 콘스탄티누스 1세(Constantinus I)가 옛 성 베드로 대성당을 건설한 뒤인 4세기에도 계속 유지되면서 숭배를 받았다. 옛 대성당과 키벨레 사원 근처에는 거대한 오벨리스크가 세워져 있었는데 이집트의 헬리오폴리스에서 로마로 가져온 것이었다. 이 기념물은 37년 로마 황제 칼리굴라(Caligula)에 의해 태양신에게 다시 헌정되었는데 이때는 베드로가 오벨리스크의 그늘 속에서 십자가형을 받기 약 30년 전이었다.

6세기 후반에 이르러, 교황 성(聖) 그레고리우스 1세(Gregorius I)는 성 베드로와 수탉의 연계를 고려하여 수탉이 그리스도교의 가장 적합한 상징이 되었다고 포고했다[그레고리우스라는 이름은 '경계하고 있는(vigilant)'이라는 뜻을 지닌 그리스어에서 온 것인데, 닭의 행동과도 관련이 된다]. 영국의 수도사이자 학자인 비드(Bede)는 몇십 년 뒤 이런 글을 남겼다.

"수탉은 세상의 밤이 가져온 어둠 이후에 새벽을 기다리는 올바른 사람의 영혼과 같다."

9세기가 되자, 거대한 도금 수탉이 옛 성 베드로 대성당의 종탑에서 반짝거리며 빛났다. 이 수탉은 마치 신자들에게 깨어나라고 요구하는 것 같았다. 성직자들은 "전능하신 주님의 수탉들"이라고 불렸다. 10세기가 되자 교황의 칙령에 의해 전 세계의 모든 그리스도교 교회는 제일 높은 곳에 수탉 풍향계를 달게 되었다.

1102년, 제1차 십자군 전쟁이 끝나갈 무렵에 예루살렘의 유럽인들은, 전설에 따르면 베드로의 배신이 일어났다고 하는 파괴된 5세기의 비잔티움풍 예배당을 다시 짓고 '갈리칸투(Gallicantu)'라는 이름을 붙였다. 이곳은 대제사장 가야파의 재판소이기도 했다. 갈리칸투라는 이름은 수탉의 울음이라는 뜻이었다. 1930년대에 다시 건설된 이 건물 안에는, 가느다란 기둥의 양편에 예수와 베드로가 서 있고 그 기둥 위에 수탉 한 마리가 앉아 있는 그림이 걸려 있다. 건물 밖의 마당에는 앞서 언급한 복음의 장면을 기념하기 위한 조각상이 하나 서 있다. 돌기둥 위 높은 곳에 서 있는 수탉의 모습은 섬뜩할 정도로 고대 바빌로니아 인장과 그리스 꽃병에 그려진 수탉의 모습과 유사하다.

제1차 십자군 전쟁이 일어나던 때, 성직자들 사이에서 수탉은 총애를 잃었다. 그들이 점점 닭을 음탕하고 육욕을 못 이기는 동물로 보았기 때문이다. 그럼에도 불구하고 닭은 일반인들에게는 해악으로부터 사람을 보호해주는 동물로 인기를 끌었다. 닭 그림이 새겨진 부적과 주문은 교회의 금지에도 불구하고 여전히 사용되었다. 뱀의 다리와 수탉의 머리를 가진 사나운 생물을 보여주는 마법의 부적은 그리스와 로마 시대까지 거슬러 올라가는데, 고대 유대인과 페르시아인은 물론이고 중세 그리스도교인 사이에서도 인기가 있었다. 수탉을 강력한 동물로 여겨온 오래된 역사는 그리 빠르게 지워지지 않았다.

14세기에 들어와 욕설을 퍼부을 때에는 종종 신(God)이나 예수(Christ)가 들어갈 자리에 수탉(cock)을 넣어 사용했다. 영국 시인 제프리 초서(Geoffrey Chaucer)의 작품에 나오는 인물들은 욕할 때 "수탉의 뼈(cock's bones)"운운했다. 원시 화학자인 연금술사들은 달변의 능력에서부터 여성이 남편을 성적으로 만족시켜주는 능력에 이르기까지 "무엇이든 얻게 하는", 수탉의 머리 안에 들어 있다고 생각하던 강력한 돌을 찾기 위해 노력했다. 그들은 종종 수탉을 태양의 상징이자 남성적인 근원으로, 암탉은 달의 상징이자 여성적인 근원으로 보았다. 닭을 관찰하며 연금술사들은 아리스토텔레스부터 내려오던 교리(教理)와 같은 생각, 즉 여성은 남성의 정자가 지닌 생명력을 받아들이는 비옥한 터전이라는 생각을 물리치고, 여성을 그 이상의 존재라고 주장하기 시작했다. 교회의 가르침에 대항하는 이 급진적인 개념은 현대 발생학(embryology)의 기초를 놓는 데 이바지했다.

그리스도교와 관련된 수탉의 역할이 마지막 흔적을 보인 곳은 1600년경에 집필된 셰익스피어의 《햄릿Hamlet》이었다. 크리스마스 시기에, 덴마크 엘시노어 성에서 경계를 서던 한 보초병은 이렇게 말한다.

"새벽을 알리는 닭이 밤새 울기에 유령이 감히 돌아다니지 못한다네. 그러면 밤은 안전해지는 거지."

10년 뒤 로마 남쪽 파가니라는 도시에서 여러 마리의 암탉이 목제 성모상을 쫀 뒤로 기적적인 치유 현상이 발생하자 그 이후에 이 도시는 닭이 쫀 성모상을 기념하는 교회를 봉헌했다. 하지만 종교개혁은 숭배의 받침대 위에서 불안정하게 비틀거리던 수탉을 밀어냈다. 17세기가 되자, 사람들은 마녀들이 부정한 악마 의식을 저지르면서 그 의식에서 닭을 제물로 사용한다고 고발했다. 닭은 어둠의 조짐이자 사탄의 도구로 인식되었고, 종종 악마와 함께 묘사되거나 아니면 악마 그 자체로 묘사되었다. 참으로 극적인 전환이었다. 스위스 바젤 시청의 코트(건물 내부에 흔히 유리지붕이 덮여 있는 툭 트인 공간—옮긴이)에 벽화를 작업하던 신교도 화가들은 지옥의 생생한 장면을 묘사하면서, 인간 크기의 수탉 모습을 한 사탄이 교황과 수녀를 포함한 악인을 고문하는 모습을 그려 넣었다.

"수탉들은 사악한 근친상간을 저지른다."

1612년 영국의 부목사 헨리 피첨(Henry Peacham)은 비역, 마술, 살인을 하지 말라고 경고하면서 이렇게 말했다. 고대 페르시아 왕들이 쓰던 톱니 모양의 왕관에 영감을 주었던 수탉의 볏은 이제 같은 이름을 가진, 익살꾼의 우스꽝스러운 모자로 다시 태어났다. 1590년 이후 등장한《말괄량이 길들이기*The Taming of the Shrew*》에서, 셰익스피어는 활발하고 야한 말싸움에서 이런 변화를 활용한다.

"당신 가문의 문장(crest: '털볏'이라는 의미도 있음 ―옮긴이)이 뭐죠?"

케이트는 구혼자가 되려고 하는 페트루치오의 가문 문장을 우스꽝스럽게 취급하면서 좀 보여 달라고 한다.

"어릿광대 모자(coxcomb: '볏'이라는 의미도 있음 ―옮긴이)인가요?"

하지만 페트루치오는 짧고 빠르게 답변한다.

"이런, 나는 볏이 없는(combless) 수탉이니 그럼 케이트가 내 암탉이 되어주시오."

여기서 볏(comb)은 할례를 받지 않은 음경의 포피로 해석될 수도 있다. 일부 셰익스피어 학자들은 이 대목을 다음과 같이 해석한다. 페트루치오가 아내가 될 사람 앞에서 발기하고 있으므로 포피가 보이지 않고 그래서 볏이 없다고 했다는 것이다.

서양에 근대의 새벽이 밝아올 때, 한때 자랑스럽고 신성한 존재였던 닭은 여전히 성(性)과 연결된 존재였으나, 점점 육욕과 조롱의 상징이 되어갔다. 17세기, 철저한 성적 금욕주의가 가톨릭과 개신교를 가리지 않고 유럽과 미국으로 퍼져나갔다. 옛 성 베드로 대성당이 무너지면서 키벨레 성지의 잔해를 드러냈을 때, 1,000년 동안 종탑에서 우쭐거리던 청동 수탉은 바티칸 유물 창고로 좌천되었고, 오늘날에도 여전히 그곳에서 먼지를 뒤집어쓰고 있다. 1626년, 칼리굴라의 오벨리스크가 성 베드로 광장 중앙에 놓인 채로 새로운 대성당이 하느님에게 봉헌되었다. 30년 뒤, 교황 알렉산데르 7세(Alexander VII)는 "사람들 사이에 미신이 돌고 있다."라고 하면서, 신임 교황이 로마의 성 요한 라테란 성당에 있는 반암(斑岩) 기둥 맨 위에 놓인 청동 수탉을 받아드는 오래된 의식을 금지했다. 이 닭은 예루살렘에서 베드로가 예수를 모른다고 했을 때 울었던 바로 그 수탉이라고들 말했다.

이 시기에 이르러 시계 제조공들은 완벽하게 기계적으로 종을 울리는 시계를 만드는 일에 몰두했다. 그것이 완성되면 수탉의 울음은 축복보다는 폐해가 될 것이었다. 서양의 구교와 신교 모두에서 사악하다고 경멸받는 음경 없는 수탉은 이제 고귀하지도, 신성하지도 않은 존재로 추락했다. 그렇다고는 해도 수탉이 대중의 생활에서 완전히 근절될 수는 없었다. 심지어 뉴잉글랜드 지방도 마찬가지였다. 청교도 목사 코튼 매더(Cotton Mather)는 1721년 "신성한 수탉의 교회"라고 알려진 보스턴의 한 교회를 봉헌했다. 이 교회에 달린 165센티미터에 78킬로그램에 이르는 도금 풍향계는 바다에 나가 있는 선원들에게 보스턴의 걸출한 랜드마크가 되었다. 19세기 후반 폭풍에 뜯겨져 나갈 때까지, 이 풍향계는 중국에서 보스턴 항으로 이국적인 닭을 가져오는 쾌속 범선들을 인도하는 등 여러 가지 도움을 주었다.

오늘날 '치킨(chicken)'이라는 영단어는 '비겁'과 같은 말이다. 이 21세기 개념은 고대인들을 놀라 자빠지게 하고, 최근의 조상들을 어리둥절하게 만들며, 오늘날의 프랑스인들을 언짢게 할 것이다. 어쨌든 수탉은 프랑스의 국가적인 상징으로 남아 있기 때문이다. 거기다 프랑스의 수탉은 미국 민주당의 상징인 당나귀보다 마스코트로서의 역사가 더 길다.

다양한 여러 단체가 수탉을 마스코트로 사용하고 있다. 베네수엘라의 공산당이 파블로 피카소(Pablo Picasso)가 그린 수탉 도안을 사용하며, 로버트 무가베(Robert Mugabe)가 이끄는 짐바브웨 아프리카 민족동맹(Zimbabwe African National Union), 베를린의 신교도 학생연맹 등도 수탉을 사용한다. 하지만 공장형 축사에서 대규모 양계 사업을 펼치는 오늘날의 세상에서 수탉의 전투 능력은 이제 필요도 없고 인정받지도 못하며 바람직하지도 않다. 그럼에도 닭의 타고난 호전성은 유서 깊은 뿌리를 두고 있다.

2007년, 한 연구팀은 6,800만 년 전에 살았던 공룡에서 단백질을 추출했는데, 이것이 닭의 단백질과 같다는 점을 발견했다. 이 공룡은 보통 공룡이 아닌 2족 보행을 하는 가장 큰 육식 동물이었다.

"연구 결과 티라노사우루스 렉스는 기본적으로 커다란 닭이었다."

한 주요 뉴스는 실제로 이런 제목으로 보도하기도 했다. 지난 10년 동안 고생물학자들은 조류가 공룡에서 진화했다는 주장을 통설로 받아들였지만, 이렇게 단백질이 발견되어 생물학자들이 조류와 공룡의 연관성에 대하여 유전적 증거를 확보한 것은 처음 있는 일이었다.

이 발견은 몬태나 주 북동부에 있는 바위투성이 악지(惡地: 덜 굳은 암석 지역이 빗물의 침식으로 인해서 경사가 가파른 비탈면 또는 톱니 모양의 능선을 무수히 만들어 통행하기가 힘든 지형 ―옮긴이)에서 시작되었다. 주로 독학한 몬태나 주의 고생물학자 잭 호너(Jack Horner)는 자신의 팀을 이끌어 그곳의 풍부한 화석 밭에서 표본을 추출했다. 엄청난 잔해와 바위 밑에서, 호너 팀은 약 90센티미터가 넘는 대퇴골을 포함한 매우 온전한 상태의 티라노사우루스 렉스를 발견했다. 화석화된 잔해는 회반죽에 둘러싸여 보호받고 있었다. 무게가 1톤에 이를 정도로 엄청나서 헬리콥터로도 통째로 들 수가 없었기에 호너의 연구 팀은 잔해를 두 동강으로 잘랐다. 이 과정에서 대퇴골이 몇 조각으로 깨졌다. 2003년, 호너는 이 조각들을 롤리의 노스캐롤라이나 주립대학교에서 근무하는 제자 메리 슈바이처(Mary Schweitzer)에게 보냈다. 그녀는 분자생물학을 활용하여 공룡의 잔해를 분석하고자 했다. 뼈와는 다르게 조직은 빠르게 분해되므로 슈바이처는 표본에서 뭔가 발견하리라고 기대하지 않았다.

메리 슈바이처는 칼슘을 보존하기 위해 배란기에 생성된 특정 조직이 잔해에 남아 있음을 발견하고는 대퇴골의 주인이 임신한 암컷이라고 말했다. 이는 처음으로 공룡의 성(性)과 관련하여 의심할 여지가 없는 증거를 발견한 사례였다. 그 다음 해에, 슈바이처는 조교에게 약산(弱酸)에 뼛조각을 담가두라고 지시했다. 화석은 일반적으로 약산 용액에서는 빠르게 용해되는 돌이지만, 이 과정은 표본을 파괴할 수도 있었다. 그러나 조교는 담근 지 오랜 시간이 지난 뒤 고무 같은 물질을 발견했다. 동일한 방법으로 다른 뼛조각들을 실험했지만 늘 같은 물질이 남았다. 슈바이처와 그녀의 조교는 심지어 혈관처럼 보이는 물질도 볼 수 있었다. 이렇게 하여 슈바이처는 처음으로 공룡의 조직을 발견했다. 호박(琥珀)에 갇힌 모기에서 추출한 피를 바탕으로 공룡 복제에 성공한 〈쥐라기 공원〉의 각본과는 다르게, 이 표본에서 DNA를 복원할 수 있는 가능성은 없다. 하지만 이 조직은 다른 비밀을 쥐고 있었다.

하버드 대학교의 화학자 존 아사라(John Asara)는 인체 종양의 단백질 서열 분석을 전공했지만, 몇 년 전에 슈바이처와 30만 년 전의 매머드 뼈에서 단백질을 확인하는 공동 연구를 한 적이 있었다. 공룡의 단백질은 아미노산 연쇄들로 구성되었는데, 일반적인 연구실 현미경으로 이미지를 그려내기에는 너무도 작았다. 하지만 아사라는 단백질에 달라붙어 그 모습을 가시적으로 만들어주는 항체를 단백질에 추가하는 방법을 알고 있었다.

슈바이처는 공룡 대퇴골 조각에서 얻은 연한 조직을 갈아 작은 바이알 병에 담은 다음, 갈색 분말이 담긴 이 병을 드라이아이스로 감싸서 아사라에게 택배로 보냈다. 아사라는 표본을 받은 뒤에 분말에서 조심스럽게 갈색 오염물을 제거했다. 내가 보스턴의 한 고층 건물에 있는 하버드의 연구실로 아사라를 만나러 갔을 때 그는 이렇게 말했다.

"300만 달러짜리 기계에 정체 모를 갈색 덩어리를 집어넣는 건 별로 내키는 일이 아니죠."

질량 분석기계는 호텔 방에 있는 냉장고 정도 크기에 상자처럼 생긴 플라스틱제 기구다. 이것은 분자와 원자의 아주 작은 질량과 농도를 측정해주었다.

아사라는 처음에 단백질을 분해하여 좀 더 관리가 쉬운 펩티드라는 분자로 만들기 위해 효소를 추가했다. 이후 질량 분석기계는 마치 뱉어내듯이 표본의 구성에 연관된 거의 5만 건에 이르는 연속체를 상세하게 보여주었다. 공룡의 DNA 염기서열에 관한 데이터베이스가 없었기에, 아사라는 이전 마스토돈(mastodon: 제3기 중기에 번성했다 멸종한 코끼리를 통틀어 이르는 말. 장비목 마스토돈과 마스토돈속에 속한다—옮긴이) 작업을 해둔 것에 근거를 두고 6,800만 년 전에 있었을지도 모르는 단백질 서열의 이론적인 모델을 만들어야 했다. 그는 또한 2004년에 발표한 닭의 단백질 서열도 가지고 있었다.

"우리는 다른 어떤 조류보다도 닭에 관하여 아주 포괄적인 데이터베이스를 가지고 있습니다."

아사라가 말했다.

그는 닭과 꼭 일치하는 티라노사우루스 렉스의 단백질 계통 여섯 개를 정확히 찾아냈다. 아사라와 슈바이처는 여태껏 발견된 어떤 조직보다 20배 이상 오래된 6,800만 년 된 연조직을 분리했을 뿐만 아니라, 세계에서 가장 오래된 단백질을 확인하고 그것이 현대의 닭 단백질과 일치한다고 주장했다. 비록 회의적인 동료들이 그들의 주장을 반박하려고 시도했지만, 아사라와 슈바이처가 2007년 《사이언스》에 실은 논문은 진화 계보에 조류와 공룡을 함께 배치하는 데 대한 논의를 종결지었다. 2년 뒤 두 사람은 8천만 년 된 하드로사우루스의 뼈에서 닭과 유사한 단백질 서열 여덟 개를 발견함으로써 자신들의 기법이 정당함을 입증했다.

역(逆)진화는 공룡과 닭과 같은 현대 조류 사이의 관련성에 관해 더 많은 이해를 할 수 있게 한다. 몬태나의 고생물학자 호너는 닭의 유전층(genetic layers)을 벗겨내고 그 안의 괴물을 드러냄으로써 자신이 '닭사우루스(chickeno-saurus)'라고 부른 것을 만들어내고 싶다고 말했다. 배아 때 사라지는 닭의 음경은, 진화가 배아 발전에서 어떻게 전개되는지 보여주는 사례다. 닭의 태아 역시 공룡처럼 세 개의 고리 발톱이 있는 발과 긴 꼬리를 가진 형태로 잠시 성장하기 시작하다 이후 해당 부분이 사라지는 모습을 보인다. 분자생물학자들이 꼬리를 제거하는 유전자의 발현을 저지할 수 있다면, 이론상으로 닭과 공룡의 잡종이 생겨날 수 있다. 다른 종에서 가져온 유전자 또한 공룡 같은 특징을 촉진하고 닭의 특징을 억누르는 데 사용될 수 있다.

돌연변이 닭들 역시 조류와 공룡 간의 진화 과정을 알아보는 단서를 제공한다. 2004년, 어떤 닭의 배아로 연구를 하던 생물학자는 발달하는 닭의 입 안에 작은 융기들이 생긴 것을 발견했다. 그것들은 인간의 턱을 만들어내는, 윗부분이 평평한 법랑질의 물질이 아니었다. 그 융기들은 소규모 악어 치아 같은, 날카로운 원뿔 형태의 구조물이었다. 그러자 생물학자는 유전적 돌연변이가 보낸 신호를 복제할 수 있는 바이러스를 만들어냈고 정상적인 닭의 배아에서 유사한 치아를 발달시키는 일에 착수했다. 그렇게 생겨난 치아는 지속되지 않고 부리 안에 흡수되었지만, 해당 실험은 암닭도 이빨이 있었던, 아주 오래전의 사라진 시대를 얼핏 엿보게 했다.

최근에는 닭의 배아에 악어와 같은 주둥이를 만들어내는 실험에 성공하기도 했다. 이 실험은 안경을 쓰고 검은 염소수염을 멋지게 기른 진화생물학자 아르카트 아브자노프(Arkhat Abzhanov)의 하버드 연구실에서 이루어졌다.

"'공룡'을 다시 만들어낸다는 목표가 훌륭한 과학적 계획인지 확신이 들지 않습니다."

내가 사무실에 들렀을 때 그가 말했다. 아브자노프는 닭 연구와 관련해서 세계에서 유일한 신병 훈련소를 운영하고 있다. 젊은 연구자들은 그곳에서 6주 동안 호된 훈련을 거친다. 그들은 생물학에서 더 큰 영광을 얻으려고 달걀을 가장 훌륭하게 이용하는 방법을 배운다.

"아주 멋진 훈련소랍니다."

아브자노프가 말했다.

닭의 배아는 단단하고 큰 데다 굉장히 예측 가능하다. 배아는 2주 동안 성장을 억제한 채 냉동 장치에 보관할 수 있다. 부화기 안에서 배아의 시간당 변화가 잘 측정된다. 단순히 두 개의 세포 두께로 구성된 작은 원반이 난해한 구조를 가진 복잡한 유기체로 변화하는 것이다. 껍질에 구멍을 하나 내고 투명한 접착테이프로 이 부분을 막으면 어떤 변화가 생기는지 관찰할 수 있다. 달걀은 영장류, 쥐, 심지어 지브라피시와도 다르게 싼 값에 살 수 있고 보관하고 조작하기도 쉽다. 아브자노프는 닭의 배아를 상대로 원하는 건 무엇이든 자유롭게 해볼 수 있다. 닭의 배아는 실험 동물 규정이 적용되는 대상이 아니기 때문이다. 그의 연구실은 작고 창문이 없다. 그저 기다란 선반 하나와 현미경 한 쌍, 빈 달걀 곽, 수탉 모양의 시계 하나가 있을 뿐이다. 내가 연구실에 들렀을 때, 한 대학원생이 배아 조직에 특정 단백질을 발현시키는 바이러스를 주입하고 있었다. 바이러스의 자줏빛을 띤 갈색 얼룩은 배아 세포가 성장하고 증식하면서 퍼져나갈 것이었고, 그다음 며칠 동안 따라가야 할 길을 이 대학원생에게 제공할 터였다. 여학생은 이런 정교한 작업이 신병 훈련소에서 가장 힘든 부분이라고 말했다.

아브자노프는 카자흐스탄이 소련 연방에 소속된 당시에 대도시에서 성장했는데, 친척의 농장에서 닭을 쫓던 어린 시절의 기억이 많았다. 이후 그는 생물학자가 되어 조류의 머리와 관련된 진화에 점점 매료되었다. 아브자노프는 갈라파고스 제도에서 온 다윈의 핀치를 광범위하게 연구했다. 핀치들은 매우 다양한 부리로 인해 특정한 생태학적 틈새 공간에서 우월적 지위를 차지할 수 있었는데, 이런 발전의 핵심 유전자가 어떤 것이었는지 그는 알아내고 싶었다. 아브자노프는 우선 부리가 어떻게 공룡의 주둥이에서 발전했는지, 이 과정이 궁금했다. 따라서 그는 닭과 악어로 눈길을 돌리게 되었다. 파충류에게는 주둥이를 구성하는 뼈가 두 개 있지만, 닭은 뼈 두 개가 융합되어 있다. 아브자노프는 닭의 형성 기간 중 다섯 번째 날에 주둥이 대신 부리를 형성하도록 지시하는 유전자를 찾아내 이 유전자가 발현하지 않도록 하는 일에 착수했다. 2011년 그는 이 작업에 성공했지만, 윤리 지침 때문에 부화는 허락되지 않았다.

과거의 DNA 표본이 없기 때문에, 닭을 이용하여 공룡을 '되돌리는 일'은 할 수가 없다. 공룡은 배아 주기의 후반부에 발달했을 많은 두개골의 특성을 가지고 있었지만, 이 정보는 티라노사우루스 렉스의 알보다 훨씬 빠르게 발달하는 달걀에서는 지워져버렸다. 아브자노프는 공룡의 유전자가 닭의 것과 어떻게 다른지 알아내려 하지만, 그의 목표는 사실 이보다 더 원대하고 실질적이었다.

"진화와 질병에 관하여 좀 더 기계론적인 견해를 찾아내고 싶습니다."

아브자노프가 말했다. 예를 들면, 조류의 머리가 발달하는 방법을 연구하면 인간 배아에서 구개파열(입천장이 갈라져 말을 제대로 할 수 없는 선천성 기형—옮긴이)을 발현시키는 유전자를 억제하는 방법을 발견할 수도 있는 것이었다.

점점 공룡들은 어떤 유전적 조작이 없었는데도 조류처럼 보이기 시작했다. 2007년, 고생물학자들은 벨로키랍토르(벨로시랩터)에서 깃혹(quill knobs: 깃털의 여포와 연결되는 섬유성 인대가 달라붙는, 조류의 척골에 있는 작은 혹—옮긴이)을 찾아냈다. 4년 뒤, 색소를 약간 포함하고 있는 실제 공룡 깃털을 보존한 7,500만 년 된 호박 덩어리가 발견되었다. 깃털은 날아가기 위한 것이라기보다는 과시적 행동을 위한 것일 가능성이 높았다. 거대하고, 뿔이 난 4족 보행 공룡인 트리케라톱스도 꼬리에 깃털이 있었다. 실제로 깃털은 비행이 가능하기 전에 생겼을 것이다. 닭의 조상이 생존하여 번창하는 동안, 왜 이 육중한 동물들은 6,600만 년 전에 멸종했을까?

현재의 모든 조류는 지구의 첫 대형 육식 동물이면서 2억 년보다도 전에 등장한, 육식성으로 2족 보행을 한 수각류에 속한다. 심지어 등장 초기에도 일부는 현대 조류에 의해 여전히 유지되는 깃털, 속이 빈 뼈, 차골을 지녔다. 새는 마니랍토란이라 불리는 수각류 공룡의 특정 부류다. 마니랍토란은 긴 팔에 세 손가락을 지닌 공룡인데 벨로키랍토르와 나무에서 살았던 미크로랍토르 구이(Microraptor gui)도 여기에 포함된다. 또 다른 마니랍토란으로는 오비랍토르사우리아가 있는데 부리같이 생긴, 이빨 없는 턱과 깃털을 지녔으며 한 번에 난관에서 오로지 한 알만을 낳았다. 이는 파충류가 아니라 조류와 비슷한 특성이다. 그런 뒤 후손을 부화하기 위해 둥지에 앉아 알을 품었다. 일부 연구자들은 심지어 이 45킬로그램에 약간 못 미치는 오비랍토르사우리아를 조류로 분류하기도 했다.

아브자노프는 조류가 자신들의 덩치 큰 친척과는 달리 계속 생존하고 번창한 이유가 작은 몸집에 있다고 본다. 체구가 작았기에 좀 더 적응이 쉽고 외부 공격에 덜 취약했다는 것이다. 오늘날의 닭은 육중한 조상이 가졌던 이빨과 거대한 발톱이 없지만, DNA 깊숙한 곳에 매력적이고 섬뜩한 파충류의 호전성을 감추고 있다. 우리는 공룡에 매료되는 것처럼 새들의 이런 호전성에도 매혹을 느낀다. 이들의 호전성이 우리에게 매력적으로 보이면서 동시에 무섭기 때문이다.

유럽에서는 1,000년의 세월이 흘러가는 동안 닭들이 가끔 일탈하여 치명적으로 변한다고 생각했다. 수탉은 무시무시한 괴물을 부화하는 알을 낳을 수 있었다. 바실리스크(basilisk)라 불리는 이 괴물은 수탉의 머리에 뱀이나 용 같은 몸을 지녔고 눈빛만으로도 상대방을 죽일 수 있었다. 최근 생물학자들은 수탉이 알을 낳는 것은 미신적인 헛소리가 아니라는 점을 발견했다.

바실리스크는 그리스어로 '작은 왕'을 뜻한다. 로마 시대의 대(大) 플리니우스(Gaius Plinius Secundus)는 바실리스크를 "머리 위에 작은 관(冠)을 쓴 뱀"이라 불렀는데 이는 1세기 인도에서 들어온, 두건을 쓴 것 같은 코브라의 머리를 보고서 한 말이었을 것이다. 수탉이 그리스도교의 상징으로 득세하고 있는 동안, 고대 그리스와 로마 세계에서 오랫동안 치료와 관련되었던 수탉과 뱀의 형상을 합친 바실리스크는 더욱 악마 같은 짐승으로 둔갑했다. 바실리스크는 중세 사람들을 무섭게 사로잡았다. 12세기 독일 신비주의자이자 동식물 연구가인 힐데가르트 폰 빙겐(Hildegard von Bingen)은 "살아 있는 것 중 바실리스크를 견딜 수 있는 존재는 없다."라고 경고했다. 바실리스크는 적그리스도의 부림을 받는 괴물이기 때문이다. 13세기 빈의 구불구불한 길에 바실리스크가 나돌아다닌다는 소식이 돌자 도시는 극심한 공포에 휩싸였다. 16세기에는 히스테리 상태에 빠진 네덜란드 마을 사람들이 수탉의 목을 졸라 죽이고 수탉이 낳아 부화시키던 달걀을 모두 박살냈다. 바르샤바 의회는 여러 사람이 지하 저장고에서 바실리스크의 공격을 받아 끔찍하게 죽자 긴급회의를 열기도 했다. 바실리스크를 물리치기 위해 한 사형수에게 거울로 된 옷을 입혀 괴물에 맞서게 하였더니 그제야 바실리스크는 궤멸되었다고 한다. 이 괴물을 겁먹게 만드는 수단은 자신의 모습을 거울에서 보는 것, 족제비, 그리고 수탉의 울음소리였다.

바실리스크에 대한 두려움 때문에 인류사에서 가장 이상한 재판이 열렸다. 1474년 8월의 어느 날 오후, 스위스 도시 바젤에서 한 판사는 11년 된 수탉이 알을 낳은 죄가 있다고 선고하고는 목을 베고 화형에 처할 것을 지시했다. 사형 집행인이 수탉의 목을 자른 뒤 몸통을 갈라 내부를 드러내자 관리들은 등골이 오싹해졌다. 세 개의 달걀이 몸에 들어 있었기 때문이다. 이후 수탉의 사체와 달걀은 화형에 처해졌다. 얄궂게도 이 도시의 상징은 바실리스크였다. 이 괴물은 심지어 오늘날에도 이 오랜 도시의 어느 곳을 가든 볼 수 있다. 분수에서 물을 뿜는 것도, 베트슈타인 다리의 입구에서 날개를 펼치고 있는 것도, 르네상스 시기에 제작된 도금 조각상의 헬멧에 앉은 것도 전부 바실리스크다. 심지어 유명한 지역 맥주 이름도 바실리스크다.

1651년에 이르러, 코펜하겐의 왕궁에 머무르던 덴마크 왕족들은 수탉이 알을 낳았다는 하인의 말을 듣고서 공포에 휩싸였다. 하지만 아마추어 동식물 연구가였던 프리드리히 3세(Friedrich III)는 냉정을 유지하고 달걀을 유심히 관찰했다. 부화하지 않자, 그는 달걀을 깨뜨리지 않고 오히려 자신의 진기한 수집품으로 보관했다. 한 세기가 지나자 바실리스크는 바보 같은 옛 이야기에 지나지 않게 되었다.

"1747년 볼테르가 출판한 소설 《자디그Zadig》에서 합리적인 등장인물인 자디그는 바빌론의 여왕에게 이렇게 말한다.

"여왕님, 자연에 바실리스크 같은 동물은 없다는 점을 아셔야 합니다."

여왕의 수행원들은 병든 왕의 건강을 치유하기 위해 이 괴물을 찾아다니는 중이었다. 바실리스크는 《해리 포터와 마법사의 돌Harry Potter and the Sorcerer's Stone》 같은 최근의 작품에서는 수탉의 겉모습을 버리고 순수한 파충류의 모습으로 다시 등장했다.

닭에서 단백질에 바탕을 둔 의약품을 생산해내는 방법을 연구하는 선두 주자로는 스코틀랜드의 로슬린 연구소가 있다. 로슬린 연구소에 근무하는 마이크 클린턴(Mike Clinton)은 닭 전문가다. 강한 스코틀랜드 억양을 쓰는 우람한 덩치의 이 학자는 헤브리디스 제도의 외진 섬에서 자랐다. 그는 섬에 있는 할머니의 농장에서 달걀을 모으고 연료로 쓸 토탄(土炭)을 채취했다. 클린턴은 수의사가 되고 싶었지만, 동물을 안락사 시키는 일보다 동물을 연구하는 것을 더 좋아했다. 성(性)의 결정 인자에 매료된 그는 어떤 요인이 수탉 혹은 암탉을 결정하는지 알아내기 위해 닭의 배아를 연구했다.

2001년, 한 가금류 조사관이 클린턴의 연구소에 전화를 걸어 영국 남부에서 아주 기묘하게 생긴 닭을 막 입수했다고 알려왔다. 이 조사관은 한 농부의 아들이 샘이라는 이름의 애완용 닭과 놀고 있는 모습을 보게 되었다. 이 닭은 보이는 각도에 따라 사만다(암컷)로도 혹은 새뮤얼(수컷)로도 불릴 수 있었다. 샘의 왼쪽은 흰 깃털이 달린 거대한 몸통에 커다란 볏, 육수, 며느리발톱을 지닌 수컷이었지만 오른쪽은 검은색 깃털만 지닌 암컷이었다. 흥미를 느낀 클린턴은 이 닭이 100만 개 중에서 하나 꼴로 나올 수 있는 좋은 표본이라고 생각하고는 이 닭을 연구실에 받아들였다. 2주 뒤 조사관은 다시 연구소에 전화를 걸어와 샘과 같은 닭을 두 마리나 더 발견했다고 알렸다.

샘과 다른 닭들은 좌우 암수한몸이라 불리는 개체였다. 좌우 암수한몸 동물은 각 면에 명백하게 수컷과 암컷의 부위를 포함한다. 바닷가재, 초파리, 나비는 때로 양성의 측면을 띠는 개체가 나타나지만, 척추동물에게는 굉장히 드문 현상이다. 양성의 생식기를 가지고 있지만 수컷 혹은 암컷 중 어느 하나의 모습을 한 남녀추니와는 다르게, 좌우 암수한몸은 진정한 성적 모자이크다.

아리스토텔레스 이래로 과학자들은 동물이 수컷이냐 암컷이냐를 결정하는 방법을 이해하기 위해 갖은 애를 써왔다. 아리스토텔레스는 남녀가 격렬한 성관계를 가질수록 남아가 태어날 가능성이 높아진다고 생각했다. 이것은 다소 황당하게 들리지만 영 터무니없는 소리는 아니다. 온도는 일부 동물들의 성별 분화에 한몫을 할 수 있기 때문이다. 예를 들면, 악어의 알이 부화하는 동안 온도가 높으면 수컷이 태어날 확률이 더 높다.

20세기에 이르러, 과학자들은 우리의 유전 하드디스크에서 상당 부분을 차지하는 성염색체가 대부분의 동물의 성별을 결정하는 열쇠라고 단정했다. 예로, 인간 남성의 압도적인 다수는 하나의 X와 하나의 Y를 가지지만 인간 여성은 두 개의 X를 가진다. Y 염색체는 인간 배아가 난소 대신 고환을 만들게 유도한다. 이런 기관들은 호르몬이라 불리는 화학적 신호를 생산하고 분비할 수 있다. 예를 들면 고환에서 테스토스테론, 난소에서 에스트로겐이 나온다. 이런 호르몬들은 다른 세포들에게 남성적 특성, 혹은 여성적 특성을 만들라고 지시한다. 생식선(生殖腺)이 고환인지 난소인지 결정하기 전에는 인간의 세포가 어떤 성별로든 발전할 수 있다.

많은 파충류와 조류 그리고 최소한 오리너구리라고 하는 포유동물만은 약간 다른 모습을 보인다. 암컷은 Z와 W 염색체를 가지고, 수컷은 Z 염색체 두 개를 가진다. 클린턴과 다른 연구자들은 인간의 성결정(性決定) 유전자와 같은 역할을 하는 조류의 유전자를 찾아내려고 몇십 년간 시도했으나 성공하지 못했다. 그 때문에 세 마리의 좌우 암수한몸 닭이 나타나자 그것들은 놀라우면서도 환영받는 선물이 되었다.

2년 동안, 클린턴과 동료들은 이 세 마리의 특이한 닭들을 위한 헛간을 마련하여 연구소의 다른 닭들과 섞이지 않게 격리 수용했다. 첫 번째인 샘은 수탉처럼 행동했고, 두 번째 좌우 암수한몸 닭은 암탉처럼 행동했다. 세 마리 중 두 마리는 오른쪽에 암컷, 왼쪽에 수컷이 더 강하게 나타났으나, 세 번째 닭은 완벽하게 균형을 이룬 암수 대칭이었다. 이 닭은 거기에 더하여 전통적인 수탉이나 암탉의 행동 어느 쪽도 나타내지 않았다. 샘은 수탉인 쪽에 고환을 지녔으나 두 번째 닭은 고환 대신 난소를 지녔다. 세 번째 닭은 암탉인 쪽에 고환과 유사한 기관을 지녔다. 연구자들이 세 마리 닭들에서 나온 세포를 배양하는 일에 실패하자, 수의사는 약물을 주입하여 그들을 안락사 시켰다. 이어진 해부에서 로슬린 연구팀은 각 닭의 양쪽에서 수백 개의 조직과 혈액 표본을 채취했다. 샘의 고환을 잘게 썬 클린턴은 샘이 건강한 정자를 생산하긴 했지만 암컷인 부분으로 전달하지 못해 난소가 달걀을 낳지 못했다는 사실을 알게 되었다. 다른 두 닭은 클린턴의 말로는 알을 낳는 수탉처럼 보였다.

단백질 약을 만드는 로슬린 연구소의 업무 일환으로 발전시킨 새로운 염색 기법 덕분에, 클린턴이 속한 연구팀은 각각의 Z와 W 세포에 따라 그 조직에 색깔을 입혀 분류했다. 클린턴은 각 닭의 한 부분은 정상이고, 다른 부분은 성염색체 손상이나 돌연변이의 징후를 보여줄 것이라 기대했다. 하지만 놀랍게도 닭들은 모두 양면의 피가 섞이는 도중에도 한 부분에 수컷 세포(Z 염색체 두 개)를, 다른 부분에 암컷 세포(Z 염색체와 W 염색체)를 지배적으로 지니고 있었다.

클린턴은 좌우 암수한몸 닭들에서 거의 모든 세포가 암수의 어떤 부분에 배정되느냐에 따라 고유의 성적 정체성을 갖는다는 사실을 알아냈다. 닭의 혈류 속을 흐르는 호르몬들이 같기 때문에, 닭의 암수 각 부분에 속한 세포가 오랜 기간 동안 성결정의 진정한 동인(動因)이라 여겨진 테스토스테론이나 에스트로겐과는 무관하게, 각자 다른 북소리에 맞추어 행진한다는 게 분명해졌다. 그것은 닭이 먼저냐 달걀이 먼저냐의 문제였다. 호르몬이 성결정을 추진하는 힘이라면, 그 호르몬을 만들어내는 기관이 아직 존재하지도 않는데 어떻게 그런 일을 할 수 있는가? 이게 어떻게 된 것인지 알아내기 위해 클린턴과 그의 동료들은 닭의 배아에 수백 회의 실험을 했다. 클린턴의 연구팀은 수탉 숙주 세포에 암탉 세포를 주입하고 그 반대도 수행했다. 하지만 주입된 세포들은 완고하게 성 역할의 변경을 거부했다. 그것은 남녀가 구분되지 않는 단계를 거치는 인간보다 닭이 성별에서 더 고정되어 있다는 뜻이었다.

샘 같은 암수 합체는, 드물지만 돌연변이는 아니었다. 샘은 두 개의 정자에 의해 수정된 두 개의 핵을 품은 비정상적인 난자가 반대의 성별을 가진 두 개의 분명한 반쪽으로 발전한 결과였다. 2010년 《네이처*Nature*》에 실린 클린턴의 놀라운 결론은, 닭이 생산하는 호르몬과는 상관없이 닭의 세포는 고유의 성적 정체성을 유지한다는 것이었다. 예를 들면 심지어 고환과 난소가 볏이나 육수를 만드는 테스토스테론이나 에스트로겐을 생산하기도 전에 닭의 성별은 이미 고정되어 있다는 이야기였다. 인간과는 다르게, 닭의 성적 정체성은 수정되는 순간에 부과되는 것이었다. 그러나 로슬린 연구소의 좌우 암수한몸 닭들은 우리 인간이라는 종에 새로운 정보를 주었다. 클린턴은 내게 이렇게 말했다.

"심지어 인간도 마찬가지라고 봅니다. 개인적으로는 남성과 여성의 차이는 호르몬과는 관계가 없고, 남성과 여성 세포에서 나타나는 타고난 차이의 결과라고 생각합니다."

이 말은 남녀에게 다르게 나타나는 장애와 질병을 치료하는 데 중요한 근거가 될 수 있다.

클린턴의 발견은 달걀 산업의 관심을 불러일으키기도 했다. 부화 전에 확인할 수만 있다면 수탉 배아를 그저 없애버리면 되기 때문이다. 닭의 성별은 수정될 때 결정되지만, 갓 태어난 병아리의 성별을 구분하기란 지극히 어렵다. 색이나 몸집이나 형태가 실제로 똑같기 때문이다. 병아리 감별법은 1920년대에 일본 기술자들이 개척한 신비로운 기술이다. 감별사는 병아리의 항문을 살짝 눌러보아 이 안에 작은 융기가 느껴지면 수컷이라고 판단한다. 하지만 이런 감별 방법을 말로 하기는 쉬워도 실제로 하는 것은 매우 어렵다. 과학자 라이올 왓슨(Lyall Watson)은 세계 최고의 감별사를 배출하는 오사카 센터에 방문했을 때 이런 말을 남겼다.

"성공적인 병아리 감별은 순간적으로 기억이 안 나는 이름이나 꿈을 기억해내려는 것과 아주 비슷합니다. 애를 쓰면 쓸수록 성공할 확률은 더 낮아지지요."

닭의 배아가 발달하는 최초의 단계에서 수탉을 감별할 수 있다면 달걀 산업은 비용을 크게 절감할 수 있다. 감별사들을 쓰지 않아도 되고 원하는 암탉들을 위한 공간을 부화기에 더 마련할 수 있기 때문이다. 이것은 또 많은 동물 보호 운동가들이 양계 산업에서 가장 큰 학대라고 생각하는 일을 중단시킬 것이다. 미국만 따져도 매년 2억 마리가 넘는 수탉 병아리들이 죽임을 당한다. 많은 문서에서 보았듯이, 수탉들은 산 채로 대형 쓰레기차에 버려지거나 톱밥 가는 기계 속으로 들어간다.

이러한 성 감별이 경제성을 띠려면 달걀 하나에 반드시 미화 1센트가 안 되는 비용이 들어가고 또 감별하는 데 걸리는 시간도 15분 미만이어야 한다. 오늘날 달걀은 대개 3주의 발달 과정 동안 부화기에서 두 번 나오게 된다. 한 번은 달걀이 수정되었는지 확인하기 위해, 이후 다른 한 번은 예방 접종을 하기 위해서다. 새로운 병아리 감별은 이 짧은 두 기간 가운데 어느 한 곳에서 이루어져야 한다. 이 방법이 완성되면 태어나고 얼마 안 되어 살처분되는 수십억 마리의 수탉을 구할 수 있을 것이다. 안타깝지만 이런 현상은 수탉이 얼마나 쓸모없는 존재인지 잘 보여준다.

꼬끼오 하고 울던 수탉은 농가 마당을 지배했고 몇천 년 동안 닭의 상징이었지만, 이제는 암탉의 시대가 밝아오고 있다. 닭 울음을 대신하는 현대의 자명종과 늘어나는 무정란 수요에 밀려 수탉의 존재는 많이 위축되었으나, 그래도 수탉은 여전히 종교적인 중요한 의무를 수행할 임무를 띠고 있다.

바발루에게 피 바치기

이 새들은 매일 나라의 관리들을 통제하고 있다.
이들은 전투 대형을 지시하거나 금지한다.
이들은 세계 제국 위에서 지엄한 명령권을 행사한다.

— 대 플리니우스, 《박물지*Natural History*》

인도네시아의 발리 섬은 삶의 모든 측면에서 아름다움과 균형을 강조하는 독특한 문화를 가지고 있다. 이곳은 또한 법으로 투계를 종교적인 행위라고 규정한, 세상에서 몇 안 되는 곳 중 하나다. 신성한 유혈 스포츠는 모순어법처럼 들릴지도 모른다. 하지만 이 섬에서 투계는 많은 모순어법들 중 하나일 뿐이다. 발리 섬은 세계에서 이슬람교 인구가 가장 많은 국가인 인도네시아에서 힌두교의 거점이 되는 곳이며 또한 오래된 문화를 자랑하는 곳이다. 그렇지만 동시에 사람들로 북적이는 해변과 소란스러운 바에 둘러싸여 있는 곳이다. 채식이라는 종교적 전통을 갖고 있지만 육류 애호가들의 천국이기도 한 발리 섬에서 수탉은 여전히 신성한 동물 지위를 유지하고 있다.

내가 처음으로 본 발리 섬의 투계는 그다지 신성하게 와 닿지 않았다.

"돈을 걸겠소?"

배싹 마른 마을 사람 하나가 싱글거리며 물어왔다. 수십 명의 사람이 임시변통으로 만든 투계장 주변에 몰려 있었다. 이 투계장은 섬의 중심부 근처에 있는 한 마을의 사원 건너편, 먼지투성이 구석에 마련되어 있었다. 두 남자가 대나무로 울타리를 둘러친 임시 투계장에 쪼그려 앉아 수탉들을 양 다리 사이에 앉혀놓고 있었다. 나를 따라온 발리의 전통 문화 연구가인 이 데와 윈두 산카야(I Dewa Windhu Sancaya)가 마을 사람의 말을 통역해주었다. 나는 돈을 걸기가 망설여졌다. 그는 고민하는 내게 사원에 '기부'한다고 생각하는 게 어떻겠냐고 세련되게 말했다. 나는 고개를 끄덕이며 닭을 선택했고, 5만 루피아를 건네주었다. 공격적으로 생긴 투계는 적색야계와 비슷했다. 덩치가 약간 더 크다는 점 말고는 거의 차이가 없었다. 1분도 되지 않아 미화 5달러에 해당하는 내 돈은 다른 사람의 호주머니 속으로 들어갔다. 대나무 울타리 근처의 비쩍 마른 남자는 승자가 집으로 가져가서 먹을 수 있게 죽은 닭의 털을 뽑는 중이었다. 성직자나 축복이나 기도는 어디에도 찾아볼 수 없었다.

발리의 종교는 정령 신앙과 힌두교에다 불교가 약간 스며든 복잡한 조합이다. 발리 섬의 비옥한 토양과 잘 설계된 논은 부(富)를 가져왔고, 지금은 폭발적으로 증가하는 관광 산업 덕분에 부가 더욱 쌓이고 있다. 하지만 정교한 의례 절차가 발리인들의 생활 중심에 자리 잡고 있다. 발리에서는 모두가 집에 머물러 조용히 지내고 심지어 공항도 문을 닫는 날이 있다. 발리인들은 지혜와 학습의 여신을 기념하기도 하는데, 그날이 되면 책들에 제물을 바치고 글로 적힌 어떤 것도 읽거나 지우는 일이 금지된다. 심지어 가축을 기리는 축제도 있는데, 이 축제의 대상이 되는 가축은 인간의 생존과 우주의 작동에 기여한다고 인정받는 동물이다. 돼지는 화사하게 장식되고, 암소는 목욕을 한 뒤 인간의 옷을 입고, 닭과 개는 주인들로부터 안녕을 기원하는 특식을 제공받는다.

내가 섬에 도착한 다음 날은 날카로운 물건을 기리는 축제일로 칼은 물론이고 자동차까지도 축제의 대상에 포함되었다. 오토바이는 휘황찬란한 꽃으로 장식되었고, 주차된 차의 보닛 위에는 향을 피운 커다란 도자기 그릇이 올려져 있었는데 그릇 안에는 바나나 한 송이와 다른 이국적인 열대 과일, 꽃과 잘 조리된 닭 가슴살이 향(香)에 둘러싸여 있었다. 발리인의 우주는 악마, 정령, 조상, 신과 여신이 복잡하게 뒤섞여 있고 이들은 모두 사람들의 관심을 요구한다. 인간들은 특정 정령이나 신의 필요를 청원하도록 설계된 의례를 통해 일종의 영적 대가족 같은 이 세계와 소통한다. 이런 체계에서는 조화를 유지하는 것이야말로 가장 중요한 목표다. 이를 위해 어떤 특정한 개인, 신, 조상, 성직자, 악마를 기리는 희생 제의가 생겨난다. 각 제의에 바치는 희생물은 그러한 대상에게 주는 선물 혹은 호소다.

그날 오후 늦게 윈두 산카야는 나를 데리고 근처 사원으로 가서 고위 성직자를 만나게 해주었다. 돌이 깔린 마당에서 한 브라만이 나와 우리를 반겼다. 그는 그을린 갈색 얼굴에 친절한 눈매를 지닌 야윈 체구의 나이 든 남자였는데, 마당 중앙에 있는, 쿠션이 놓인 대리석 평대(平臺) 위에 책상다리를 하고 앉으라고 권했다. 이다 페단다 마데 마니스(Ida Pedanda Made Manis)는 쉰 살이었고 사제 계급 출신이며 마을 사람들의 봉헌으로 살아가고 있었다. 페단다는 '막대기를 가진 자'라는 뜻이었고 마데 마니스는 대충 번역하자면 '재생(再生)한 다정스러운 사람'이라는 뜻이었다. 내가 그에게 투계를 즐기느냐고 묻자 그는 싱긋 웃었다. 그러고는 진지한 얼굴로 설명했다.

"어떤 종류의 노름이든 거기에 끼어들면 안 됩니다. 그러면 감각에 대한 집착을 극복해야 한다는 영적인 목표와는 멀어지는 것이지요."

하지만 그는 이내 미소를 지으면서 이렇게 말했다.

"그래도 젊었을 때에는 돈을 걸어보고 싶긴 했지만 그럴 형편이 되지 못했습니다."

내가 왜 닭이 희생 제물로 선택되었냐고 묻자 그는 잠시 말을 멈추었다. 사제는 여태까지 아무도 이런 질문을 하지 않았으므로 대답하기 전에 신들의 허락을 구해야 한다고 말했다. 말을 마친 뒤 그는 눈을 감았다. 조용한 가운데 따뜻한 열대의 바람이 탁 트인 공간에 살며시 불어왔다. 이어 사제가 조수에게 뭔가 속삭였다. 잠시 뒤 꽃을 쌓고 중앙에 구멍이 뚫린 중국 동전 몇 개를 얹고, 향기가 좋은 향을 담아 야자나무 잎으로 엮은 바구니가 도착했다. 사제가 내게 몸짓을 하자 원두 산카야가 내게 동전을 집으라고 말했다. 나는 망설이다 손을 뻗어서 동전 하나를 집은 뒤 매우 조심스럽게 브라만의 오른편 손바닥에 올려놓았다. 그는 주먹을 꼭 쥐더니 다시 한 번 눈을 감고 중얼거리며 기도를 외운 뒤 침묵했다. 잠시 후 사제는 다소 불안해하는 내 얼굴을 들여다보며 아주 만족스럽다는 표정으로 이렇게 말했다.

"방금 하신 질문은 마음에서 우러나온 것이로군요. 단지 일 때문이 아니네요. 이제 무엇이든 물어보셔도 됩니다."

페단다는 닭이 선호되는 이유는 그들이 땅을 이리저리 헤집고 찾아내는 어떤 것이든 먹기 때문이라고 했다. 이로 인해 닭은 악마들에게 주기적합한 희생물이지만 하늘의 신들에게 바칠 수는 없다고도 말했다. 그는 하늘의 신들에게는 오리나 다른 동물이 필요하다고 말하면서, 신성한 투계의 개념인 '타부 라(Tabuh Rah)'에 관해 설명하기 시작했다.

"'라'는 피를 뜻합니다."

고위 사제는 비썩 마른 몸을 앞으로 살짝 기울이며 말을 이었다.

"'타부'는 부타 칼라가 혼란을 일으키지 못하게 정화하는 것을 의미합니다."

부타 칼라는 인류를 괴롭히고, 육체와 정신의 질병, 사회적 혼란을 일으키는 부정적인 기운 혹은 사악한 정령을 의미했다. 흐르는 닭의 피는 부타 칼라에게 양식이 되고, 이로 인해 사악한 힘이 억제된다는 것이었다.

희생은 발리 신앙의 핵심이다. 발리 사람들은 온화하고 동정심 많기로 명성이 높지만, 불과 한 세기 전만 해도 젊은 여자들을 산 채로 장작더미 위에서 불태웠다. 한 발리 왕은 일찍이 이 섬을 방문한 어떤 서양인에게 자신이 죽을 때 140명에 이르는 여자가 불꽃에 휩싸일 것이라고 말하기도 했다. 여전히 발리 동부의 마을에서는 단검, 날카로운 등나무 막대기, 혹은 가시가 있는 잎으로 사람의 피를 뽑아 일부 의식에 쓰고 있다. 오늘날 발리에서는 주로 동물을 희생으로 바친다. 지구상에서 그렇게 많이, 또 그렇게 정기적으로 희생 제의를 실천하는 사회가 없다.

2002년 발리에서는 테러리스트들이 한 나이트클럽에 폭탄 테러를 자행해 지역 주민과 관광객 200명이 목숨을 잃는 사건이 일어났다. 이런 대학살로 생겨난 불균형을 바로잡기 위해 힌두교의 사제들은 흰색과 금색이 섞인 예복을 입고서 물소, 원숭이, 돼지, 오리, 암소, 수탉 등을 도살하여 테러로 폐허가 된 현장을 정화하려고 만든 제단에 제물들의 머리를 올려놓았다. 의식을 진행하는 사제가 죽은 돼지의 목에서 흘러나오는 피를 들이켜는 동안 다른 사제들은 바다에 띄운 배에 올라, 송아지 두 마리에 돌을 매달아 배 밖으로 던졌다. 발리 거주민 300만 명 중 대부분이 하와이 제도의 제일 큰 섬 오아후의 절반 정도 크기인 이 섬 전역에서 유사한 의식들에 참여했다. 하지만 이런 의식은 1979년에 있었던, 한 세기에 한 번 있을 법한 의식과 비교하면 아무것도 아니었다. 그때에는 뿔에 도금을 하고 등에 귀중품을 가득 실은 50마리 이상의 물소들 목에 커다란 돌을 묶어 바다에 가라앉혔다. 그동안 닭과 오리를 포함한 다른 수천 마리의 동물이 악신(惡神) 부타 칼라에 대한 희생물로 도살당했다.

발리어로 투계에 해당하는 단어는 '타젠(tajen)'인데, 이는 날카로운 칼을 가리키는 말에서 나왔다. 투계는 최소 1,000년 동안 발리에서 치러진 행사였다. 발리 섬에서 가장 오래된 비문 중 하나로 알려진, 1011년에 옛 자바어로 새겨진 비문에 따르면, 사원 인근에서 밤낮을 가리지 않고 투계가 벌어졌다고 한다. 비문의 나중 부분은 성스러운 구역에서 투계를 벌여야만 과세의 대상이 되지 않는다는 기록도 담고 있었다.

페단다는 투계 자체는 신성한 것이 아니라면서, 사원 건너편의 투계장에서 내가 목격한 닭싸움이 왜 신성한 것이 아닌지를 설명했다. 전통적으로 투계장은 완틸란이라 불리는 장소에서 벌어졌는데, 완틸란이란 마을에서 가장 크고 정교하게 지어진 건물이거나 단순한 공터를 가리키는 말이다. 고위 사제는 말했다.

"타젠이 신성한 장소에서 벌어지면 인간의 탐욕과 격정도 함께 그곳에 있게 됩니다. 타젠은 인간의 탐욕을 포함합니다. 돈을 모으는 것, 그리고 승패와 관련해서는 반드시 탐욕이 따라붙습니다."

하지만 이런 세속적인 관심사를 멀리하는 올바른 관점으로 보면 '타부 라'가 그곳에 있다고 브라만은 말했다. 투계와 '타부 라'의 구분은 내게는 여전히 모호하게 보였다. 윈두 산카야와 발리 문화의 복잡한 세계를 연구하는 다른 학자들은 나중에 그런 미묘함과 역설이 발리의 의례적 세계에 가득하다고 내게 말했다. 끊임없이 변화하는 세계는 지속적으로 다시 균형을 잡는 일이 필요하고, 발리의 의례와 신앙은 이런 변화에 적응하는 기제였다. 그런데 발리의 세상은 닭이 없다면 길을 잘못 들 것이었다. 이름난 의례 치고 닭의 죽음이 없는 경우는 상상하기 어렵다. 이에 비해 투계에서 죽어 나가는 닭은 그리 많지 않다.

우리가 페단다의 사원을 떠나자 빠르게 황혼이 깔렸다. 윈두 산카야는 나를 데리고 길을 따라 조금 내려가더니 커다란 복합 종교 시설로 들어섰다. 마을 사람들이 이곳에서 사원의 건립을 기념하는 4일간의 연례 기념행사에 참여하고 있었다. 행사용으로 띄운 산호색 구름과 연분홍색 구름들이 저무는 해를 받아 포석 마당, 우아한 정자, 높은 나뭇가지로 그림자가 드리운 층층의 탑 위에 떠 있었다. "발리 정원의 대사원"이라는 뜻인 '푸라 페나타란 아궁 타만 발리(Pura Penataran Agung Taman Bali)'는 석재 지붕을 얹은 회랑 아래에서 연주되는 가믈란(gamelan: 인도네시아 전통 음악—옮긴이) 연주단의 소리로 가득했다. 실로폰, 드럼, 징, 현악기, 대나무 피리가 저녁의 산들바람 속에서 저마다 반짝거리며 소리를 냈다. 이 저녁의 풍경은 마치 미국 중서부 교회의 소풍날 같았다. 멋들어진 실크 옷을 입은 여자들이 뷔페 상을 차리는 동안 아이들은 풀밭에 앉아 붉은 레이저 광선과 풍선을 가지고 노는.

저녁 식사가 끝나자 기도가 이어졌고 이어서 천상, 이승, 저승을 경배하는 일련의 행진이 있었다. 사제들이 구호를 외치자 여자들이 꽃과 과일을 가득 담은 육중한 제기를 가져왔다. 날이 어두워지자 100여 명의 행사 참가자들은 사원 입구의 작은 마당으로 향하는 낡은 계단으로 무리지어 내려갔다. 마침 떠오르는 달은 마당의 포석들을 은은한 우윳빛으로 씻어내렸다. 개들은 짖었고 종은 울렸다. 향에서 피어오르는 연기가 열대의 하늘로 빙빙 돌며 올라갔다. 모두가 마당으로 모이자 잡담은 그쳤고 타악기와 관악기가 연주를 시작했다.

긴 겉옷을 입은 열댓 명의 어린 소녀들이 타원형으로 놓인 엄청난 과일과 꽃 봉헌물 주위를 천천히 돌기 시작했다. 과일과 꽃들은 얼기설기 얽힌 종려나무 잎에 올려 있었다. 원두 산카야는 아직 초경을 하지 않은 소녀들만이 의식에 참여한다고 말했다. 이들의 정형화되고 경쾌한 춤은 캄보디아의 앙코르와트 사원 석벽(石壁)에 새겨진 춤추는 여자 정령 '아스파라스(asparas)'를 연상시켰다. 소녀들은 거대한 흑백 양산을 빙글빙글 돌렸다. 앉아 있던 한 사제가 구호를 외치자, 다른 사제가 오른손으로는 닭 한 마리를 붙잡고 왼손으로는 잡고 있던 종을 율동적으로 흔들었다. 이어 종을 흔들던 사제가 단검을 들고서 닭의 목을 찔러 구멍을 냈다. 그런 뒤 그는 봉헌물 위에 올린, 비어 있는 흰 그릇에 분출되는 닭의 피를 쏟았다. 두 사제는 산더미같이 쌓인 과일과 꽃, 그리고 피 옆에서 무릎을 꿇고 달걀을 던지는 놀이를 했다. 던지기는 두 달걀이 서로 부딪쳐서 깨질 때까지 계속되었다. 마침내 두 달걀이 정통으로 부딪치자 모두가 환호를 보냈다.

의식이 끝나자 아스파라스들은 다시 키득거리는 사춘기 직전의 십대들로 돌아갔다. 어머니들은 지친 딸들을 데리러 왔고, 남자들은 담배에 불을 붙였다. 군중이 흩어지자, 원두 산카야는 미소를 짓고 있는 두 사제를 내게 소개했다. 한 사람은 셔츠에 놋쇠 단추를 달고 금배지를 찬 것이 서부 영화의 보안관을 연상시켰다. 다른 한 사람은 나이가 지긋했는데 치아가 없었다. 보안관 배지를 단 사제는 닭의 피가 나흘 전 의식이 시작될 때 하늘에서 초청을 받아 참가한 신들의 경호원들을 먹이기 위한 것이라고 설명했다. 그들은 피를 먹는 지상의 악마이기 때문에 반드시 의식의 시작과 끝에 배가 터질 정도로 그 피를 먹어야 한다는 것이었다.

닭의 피는 '라자스(rajas)' 즉 "활기와 움직임을 타고 났다는 뜻"과 연관되는 반면에 돼지의 피는 무기력함과 관련이 있었다. 따라서 천신(天神)을 경호하는 악마들은 본래 닭의 혈관에서 나오는 활기찬 힘을 원한다고 했다. 닭의 피는 봉헌물에 붓거나 사원 경계 안의 중요한 지점에 X자로 뿌리는 데 사용되었다. 내가 보안관같이 생긴 사제에게 왜 닭이 그런 피의 원천이어야만 하는지를 자꾸 묻자, 그는 반드시 인간과 밀접하고, 인간의 일상생활에서 한 부분인 동물이어야 하기 때문이라고 대답했다.

"우리는 사랑하는 것을 희생해야만 하죠."

보안관 사제가 당연한 것을 말하고 있다는 듯 웃었다.

"그걸 사랑하지 않는다면 희생물이 되지 못합니다. 닭은 인류의 상징이죠. 다채로운 색깔로 등장하니까요."

흰색, 붉은색, 검은색 닭은 발리 의식에서 특히 수요가 많다. 각각의 색깔이 방향을 대표하기 때문이다. 하지만 지속적으로 변화하는 발리 신학의 흐름에서 세 가지 색깔의 닭은 또한 세 개의 인간 종족을 대표하게 되었다. 닭을 죽이는 일은 단순히 굶주린 악마들의 배를 채워주기 위함만은 아니다. 보안관 사제는 말을 이었다.

"우리는 인간이 되기 전에 동물이었습니다. 우리는 희생을 통해 동물이 내세에는 인간으로 태어나기를 기원하지요."

이런 고전적인 힌두교 설명을 따르던 그는 다른 이유를 말하기도 했다.

"오래전에는 사람 역시 희생되었습니다. 이제 모든 유혈 희생은 끝났습니다. 그래서 더 이상 사람의 피를 사용할 필요가 없게 된 겁니다."

인간에서 동물로 희생 제물을 바꾼 변화는 많은 문화권에서 발생했다. 고대 중국과 로마도 이 변화의 과정을 거쳤다. 성경에 나오는 아브라함과 이삭의 이야기에서, 하느님은 아브라함에게 아들 대신 숫양을 제물로 바치라고 명한다. 그렇다고 아무 동물이나 제물이 될 수 있는 건 아니었다. 발리 문화를 연구하는 오스트레일리아 퀸즐랜드 대학교의 젊은 미국인 인류학자 얀시 오어(Yancey Orr)는 이렇게 말했다.

"인간은 자신들의 사회적 세계에 어느 정도 가까운 동물을 희생 제물로 바치는 모습을 보입니다."

예를 들면 아브라함의 전승에서 하느님은 새끼 양의 피를 바친 아벨에게는 흡족했으나 어렵게 얻은 채소와 곡식을 바친 카인의 봉헌은 거절했다. 채소와 곡식은 믿을 만한 대체 제물이 아니었고 희생 제물로 쓰기에는 인간과 닮지도 않았고 상관도 없었던 것이다.

인도네시아는 1980년대 시민들에게 근검절약과 생산성을 장려하며 도박을 제한했고, 이 과정에서 투계 경기도 불법이 되었다. 하지만 힌두교 발리인들에게는 특례가 인정되었다. 특례에 따라 한 번의 투계 경기는 3회까지만 허용되고 닭에게 돈을 거는 일은 금지되었다. 그러나 이는 서류상의 이야기일 뿐 나는 섬 주변에서 크고 작은 투계 경기를 수십 번이나 보았다. 발리인들은 정기적으로 법을 어기는 것을 즐기는 듯했다.

하지만 그들이 싸움닭에 바치는 헌신을 하나의 기준으로 볼 수 있다면, 그들은 정말로 사랑하는 동물을 희생하고 있는 것이었다. 발리인들은 실로 공을 들여 닭을 키우는데, 먹이고 재우는 그들의 태도를 감안하면 정말로 애지중지한다고 할 정도로 야단법석이다. 고인이 된 인류학자 클리퍼드 기어츠(Clifford Geertz)는 이런 글을 남겼다.

"한동안 발리에 머무른 사람이라면 누구나 발리인들이 수탉과 그들 자신을 정신적으로 동일시하는 모습을 반드시 보게 된다.”

　수탉에 해당하는 단어 '사붕(sabung)'은 전사, 우승자, 바람둥이 남자, 강인한 사람 등의 의미를 지닌다. 이 단어는 언제나 칭찬의 말로 사용된다.

←·←

　그 행사는 경찰 장애물이 차량의 출입을 통제하는 뉴욕 브루클린의 지역 축제 같은 것일 수도 있었다. 가설무대, 구내매점, 한밤중에 떼를 지어 거리를 서성대며 유행을 좇는 군중들로 완성되는 그런 축제. 그러나 온화했던 9월 저녁의 그 가설무대는 사실 푸른색과 노란색 플라스틱 가금 상자로 만든 2층짜리 벽이었다. 구내매점은 피로 흠뻑 젖은 노란색의 길고 헐거운 비옷과 장화를 갖춘 전문 푸주한들이 서 있는 도살장이었다. 군중들은 대부분 검은 모자를 쓰고 검은 수염을 기른 창백한 남자들이었다. 그들은 살아 있는 닭을 머리 위로 쳐들어서 흔드는 중이었다.

　유대교의 속죄의 날인 '욤 키푸르(Yom Kippur)' 전날 밤 자정이 가까워지자, 사람들은 축제가 아닌 속죄를 위해 모여들었다. 점잖은 동네 크라운 하이츠에 이웃한, 킹스턴 거리와 프레지던트 거리가 겹치는 모퉁이에 모인 하시디즘(Hasidism: 널리 유대 종교 사상에 나타난 '율법'의 내면성을 존중하는 경건주의 운동을 가리키며, 좁은 의미로는 18세기 초 폴란드나 우크라이나의 유대인 대중 사이에 퍼진 종교적 혁신 운동을 말한다—옮긴이) 유대인 수백 명은 1,000년이 된 의식에 참가하고 있었다. 카파로트(kapparot), 혹은 속죄라고 하는 이 의식의 중심은 연노랑 닭이다. 이 닭은 유대력 신년 동안 그들의 영적인 건강을 튼튼히 다져줄 존재다. 이 의식의 이상적인 시간은 속죄일 동이 트기 몇 시간 전이다. 조용하고 어두운 밤에, 하시디즘 유대인들이 '신성한 자비'라 부르는 평온함을 더욱 쉽게 얻을 수 있다. 이날 밤에는 이곳은 물론이고 전 세계의 하시디즘 공동체에서 정신은 물론 육체까지 치유하는 닭의 힘이 차고 넘치게 된다. 이 힘은 거리에서 각광 받으며 반짝이는 눈부신 닭 모양의 조형물이 군중을 밝히는 힘만큼이나 생생한 것이다.

의식 참가자들은 미화 12달러를 내고 표를 산 뒤, 거리에 높게 세운 가금 상자 벽 쪽으로 걸어갔다. 상자로 된 벽에는 수천 마리의 닭이 보관되어 있었다. 남자들은 수탉을, 여자들은 암탉을 가져갔다. 한 임산부는 암탉 두 마리와 수탉 한 마리를 샀다. 자신과 어린 아들과 딸아이를 위해서였다. 참가자들은 대부분 오른손으로는 기도서를 꼭 잡고 왼손으로는 닭의 양 날갯죽지를 불안하게 붙잡고 있었다. 많은 젊은 아버지들이 불안해하면서 또 키득거리면서 이 광경을 지켜보는 아들을 위해 의식을 대신 치르고 있었다.

"어둠 속에 앉은 아이들아."

히브리어로 기도가 시작되었다. 이는 닭이 고대에 빛과 연관되었다는 점을 상기시키는 구절이었다. 참가자들은 기도를 욀 때 머리 주변에서 닭을 흔들었다.

"이는 나와 바꾼 것이며 나의 대체이며 나의 속죄다."

모두가 이런 행동을 세 번 반복하며, 총 아홉 번에 걸쳐 닭을 머리 위에서 돌렸다. 이후 수탉이나 암탉이 거의 죽어가려고 할 때 참가자는 이렇게 말한다.

"나는 길고 즐겁고 평화로운 삶을 누릴 것이다."

이 과정이 끝나면 대부분 남자인 참가자들은 닭을 들고 가 도살을 기다리는 줄에 선다. 도살장은 밝은 조명 아래 환하게 빛났고 두 명의 건장한 사내가 안에 서 있다. 두 사내는 사람들이 닭을 내밀면 엄청나게 날카로운 칼로 단번에 닭의 목을 베었다. 이들의 솜씨는 빠르고 전문적이었다. 유대교 율법에 따르면, 닭의 죽음은 반드시 신속하고 최소한의 고통만 주는 것이어야 했다. 만약 칼날이 무뎌져 닭이 빨리 죽지 못하면 그 닭은 더 이상 '코셔(kosher)', 즉 유대인의 율법에 맞는 정결한 음식이 아니었다. 푸주한들이 닭을 죽인 뒤 그 닭을 뒤로 던지면, 피가 잔뜩 묻은 길고 헐거운 비옷을 입은 조수들이 재빨리 움직여 닭의 사체를 커다란 녹색 비닐 봉투에 밀어 넣었다. 각 봉투는 이후 플라스틱 쓰레기통에 담긴 뒤 몇 킬로미터 떨어진 곳에 주차된 밴으로 질질 끌려가, 그곳에서 다시 무료 급식소로 수송된다. 제의를 치른 닭들은 전통적으로 빈민들을 먹이는 데 쓰인다.

닭은 히브리어 성경(구약성경)에서 언급되지 않았기에 음식으로서 금지되지도, 허용되지도 않았다. 이로 인해 닭이 중동에 나타났을 때 신학적인 문제가 제기되었다. 로마 유대인 작가 플라비우스 요세푸스(Flavius Josephus)는 초기 랍비들 사이에서 닭이 율법에 맞는 정결한 음식인지 아니면 불결한 것인지를 두고서 의견이 나뉘었다고 했다. 일부 학자들은 북쪽 갈릴리 지방에서는 닭이 코셔로 인정받아 식용의 대상이 되었지만, 예루살렘의 성스러운 구역에서는 금지되었다고 생각한다. 최소한 한 마리의 수탉은 사원 근처 가까운 곳에서 살았다. 사도 베드로는 예수가 죽는 날 아침 수탉이 우는 소리를 들을 수 있었기 때문이다. 〈마태복음〉에서 예수가 한 말은 당시 갈릴리에서 사람들이 닭을 사육하고 있었다는 사실을 보여준다.

"예루살렘아, 예루살렘아! 예언자들을 죽이고 자기에게 파견된 이들에게 돌을 던져 죽이기까지 하는 너! 암탉이 제 병아리들을 날개 밑으로 모으듯, 내가 몇 번이나 너의 자녀들을 모으려고 하였던가? 그러나 너희는 마다하였다."

200년경 편찬된《탈무드》중 연대적으로 더 오래된 부분인〈미슈나 *Mishnah*〉는 닭을 '타네골(tarnegol)'이라고 언급했다. '왕의 새'라는 뜻을 지닌 이 단어는 고대 아카드어에서 파생된 것인데 과거 왕족들에게 이국적이고도 선별된 선물로 주어지던 닭의 위상을 반영한 것이었다. 나중에 편찬된《탈무드》부분에서도 닭을 "최고의 새"로 칭찬했다. 히브리어로 수탉에 해당하는 단어인 '게버(gever)'는 사람을 가리키는 말이기도 했다. 결과적으로 이 흥미로운 사실은 닭의 지위를 강화했다. 하지만 '카파로트'라는 관습은 유대교 율법이나《탈무드》어느 쪽에도 언급되지 않았다. 따라서 오늘날의 이라크에 해당하는 바빌론 남부의 수라 학교에서 유대 학자들에 의해 9세기에 처음 기술된 이래 계속 논란이 되어왔다.

한 19세기 역사가는 카파로트가 "페르시아 유대인들이 초기부터 시행하던 관습"이라고 보고했다. 이는 7세기 이슬람교가 도착하기 전에 오늘날의 이란을 지배했던 닭을 숭배하는 조로아스터교에서 해당 의식이 유래되었다는 점을 보여준다. 신비주의자들과 평범한 사람들은 카파로트를 받아들였지만, 학자들은 반대로 혐오하는 모습을 보였다. 13세기 랍비들은 이 의식을 이교도로부터 유래한 "어리석은 관습"이라고 일축했고, 최근 이스라엘 의회의 한 의원은 "개탄할 일"이라며 비판했다. 카파로트는 중세 이집트와 에스파냐에서 그리 많은 지지자를 얻지 못했다. 오늘날 소수 정통파 유대교 신자들만이 이 관습을 유지하고 있을 뿐이다. 그들 중 다수가 뉴욕에 살고 있고, 그리하여 유대교 속죄일 전날 수만 마리에 이르는 닭이 트럭으로 운반된다.

심야 크라운 하이츠 지역 집회에는 랍비와 학자들이 가득했고, 나는 그들 중 몇 명에게 왜 닭이 그토록 선호되는 동물이냐고 물어보며 설명을 요청했다. 록밴드 연주자처럼 가슴까지 내려오는 긴 턱수염을 기른, 채터누가에서 태어난 하시디즘 랍비인 베릴 엡스타인(Beryl Epstein)은 내게, 일단 이 의식에 참가한다면 화분에 담긴 묘목을 흔들든 지느러미와 비늘이 달린 생선을 흔들든 기부할 돈을 가득 싸 담은 보자기를 흔들든 속죄 효과는 같다고 말했다. 붐비는 인도 위에서 서성거리는 거의 모든 참가자들처럼, 그도 높은 검은 모자에 긴 검은 겉옷을 입었다. 이는 18세기 하시디즘 신비주의 운동이 시작되었던 폴란드에서 인기 있던 복장이었다. 엡스타인이 다시 운을 뗐다.

"여기 모인 사람들은 묘목이나 생선이나 보자기를 흔드는 것이 아니라 단지 닭을 흔드는 것뿐입니다."

다른 하시디즘 유대인들 사이에서는 돈을 흔드는 일이 점점 선호되고 있지만, 엡스타인 같은 루바비치파(派)의 하시디즘 유대인들은 전통을 고수하기를 선호한다.

또 다른 랍비는 내게 수탉과 사람이 같은 단어로 불리기 때문에 닭은 인간을 훌륭히 대체한다고 말했다. 하지만 흰 수염을 기른 어떤 학자는 이에 동의하지 않았다. 그는 네 발이 달린 어떤 비사육 동물, 이를테면 사슴 같은 것도 이 의식에 사용할 수 있지만, 뉴욕에서는 단지 야생동물보다 더 구하기 쉽다는 이유로 닭을 쓰고 있다고 설명했다. 그렇지만 또 다른 이는 예루살렘 성전에 닭이 없었으므로 곧바로 선택의 대상이 되었다고 주장했다. 이들이 치르는 의식은 엄밀히 말하면 희생 제의는 아니었다. 산 짐승을 사용하기 때문이다. 동물을 죽이는 것은 의식을 치르고 난 뒤에 이루어졌다. 하지만 이는 전통적인 유대 방식을 따르는 것이었다. 기원후 70년에 예루살렘 성전이 파괴된 이후 랍비의 율법은 희생 제물을 봉헌하는 일을 금지했기 때문이다. 닭은 절대로 희생 제물로 바쳐진 동물이 아니었으므로, 카파로트를 실천하는 사람들이 이 의례를 희생과 혼동할 가능성은 낮다.

카파로트 의례 중에 실제로 무슨 일이 벌어지느냐에 관해서도 군중들 사이에서 의견이 다양했다. 엡스타인은 머리 위에서 빙빙 돌린다고 닭이 그 사람의 죄를 흡수하는 것은 아니며, 오히려 그런 생각이 회개를 불필요하게 만들 수도 있다고 했다. 오히려 그 행동은 심판의 날이 다가오고 있다는 것을 '일깨워주는' 목적을 가진다는 것이다. 즉 수탉이 고대에는 영적인 자명종의 역할을 한 사실을 언급한 것이었다. 그러나 다른 랍비들은 닭이 상징적으로 인간의 죄를 떠안는다고 생각했다. 닭이 다른 사람의 카파로트에 '재활용'될 수 없다는 사실은 닭이 상징적인 역할 이상의 것을 맡는다는 것을 드러낸다고 말했다. 의례에서 낭송하는 기도 중에는 하느님이 사람들에게 치유되라고 명령한 성경 구절도 들어 있었다.

과거에 카파로트를 논평한 대부분의 사람들은 이 의식이 이교도 기원에서 나온 것이라고 집중적으로 비판했지만 오늘날 논쟁의 중심에 있는 것은 동물 학대다. 2005년, 어떤 닭 판매처는 커다란 상자에 300마리 이상의 닭을 가득 넣고 뉴욕 브루클린의 공터에 내버렸다. '동물을 인도적으로 사랑하는 사람들(PETA, People for the Ehtical Treatment of Animals. 이하 페타)' 소속의 필립 샤인(Philip Schein)은 한 기자에게 이렇게 말했다.

"산업화된 카파로트가 인도적으로 의례가 치러지는 것을 불가능하게 만듭니다. 이곳은 그야말로 공황 상태에 빠진 닭들 수만 마리가 끔찍한 상태로 트럭에 실려 와 사람들에게 학대를 당하는, 도심 거리에 임시로 마련된 거대한 도살장이지요."

엡스타인 같은 루바비치파(Lubavitcher) 유대인들은 유대 율법에서 요구하는 대로 닭을 인도적으로 다루었다고 주장한다. 하지만 내가 현장에서 의식 참가자들이 살아 있는 닭을 다루는 모습을 보았을 때 대부분은 부상을 입히지 않고 안전하게 닭을 붙잡는 법을 알지 못했다. 한 십대 소녀는 날개 붙잡힌 닭이 격렬하게 퍼덕이자 겁에 질려 도망쳤다. 이후 나는 유대인 군중 사이를 돌아다녔는데, 몇몇 젊은 남자들이 나와 맞서서 더듬거리는 영어로 왜 사진을 찍느냐고 묻거나 사진을 찍지 말라고 명령하기도 했다. 그들의 목소리에는 적대감이 풍겨져 나왔다. 나는 그들의 분노하는 시선을 피하면서 계속 그들 사이를 돌아다녔다. 이제는 정통파 유대인들도 카파로트를 비판하고 있다. 루바비치파 유대교 신자들은 점점 유대 관습에서 고립되고 있다. 유대교의 속죄일에 속죄하기 위한 새로운 앱이 등장했는데, 이 앱은 닭 대신 디지털 염소를 사용한다.

맨해튼 섬 이스트 강 건너에 세워진 커다란 광고판은 불룩한 흰 닭을 부드럽게 안고 있는 한 젊은 하시디즘 남자를 보여주며 "카파로트에서 닭이 희생되는 일을 끝내기 위한 연맹"을 널리 홍보하고 있다. 비슷한 논쟁이 이스라엘에서도 벌어졌는데, 카파로트에 반대하는 이곳의 목소리는 더욱 노골적이다.

"카파로트는 유대의 가르침과 일치하지 않는 일입니다."

2006년 이스라엘의 전 랍비 수장 슐로모 고렌(Shlomo Goren)은 이렇게 말했다. 내가 크라운 하이츠를 방문하기 전날, 랍비 수장은 닭에게 불필요한 고통을 주지 않는다는 조건 아래에서만 닭의 사용을 허용한다고 선언했다. 이후 나는 브루클린의 보로 공원 지역에서 어떤 일이 벌어졌는지 들었는데, 크라운 하이츠에서 벌어졌던 일과 별반 다를 바가 없었다. 의례에 사용될 예정이었던 수백 마리의 닭이 10월의 의외로 더운 날씨 때문에 폐사했다. 《뉴욕 데일리 뉴스New York Daily News》는 이 사건을

"여기에는 우리 (죽은) 닭밖에 없어요!"라는 눈길을 끄는 헤드라인으로 보도했다. 많은 사람들이 살아 있는 닭이 부족한 것을 보고서 발걸음을 돌려야 했다.

크라운 하이츠의 카파로트는 아이들을 보호하고 풍요를 기원하던 의식의 한 형태로서, 닭을 희생 제물로 바치던 고대 전통과의 마지막 접점이라 할 수 있다. 중세에 들어와 이 유대 관습은 아예 성인보다는 아이를 위해 계획되었다. 한 세기 전에 시리아의 이슬람 교인들은 후손이 생존하여 번성하는 것을 보장하기 위해 닭을 희생했는데, 딸을 위해서는 암탉을, 아들을 위해서는 수탉을 바쳤다. 이 전통은 심지어 인도네시아 동부 바바르 군도로도 퍼져나갔다. 제임스 프레이저(James Frazer)는 1890년에 출판한 책《황금가지: 마술과 종교에 관한 연구*The Golden Bough: A Study in Magic and Religion*》에서 이런 글을 남겼다. 아이를 갖길 원하는 바바르 여자는 대가족의 아버지인 남자를 초대하여 자신의 머리에 닭을 올려놓고 붙잡게 한 뒤 그가 이런 기도를 반복하도록 요청한다.

"오, 태양의 정령이신 우풀레로여, 이 닭을 쓰시오. 아이를 내려주시오. 내 당신께 간청하겠소. 다시 한 번 간청하오. 아이를 내 손에, 내 손 안에, 내 무릎 위에 내려주시오."

초대된 남자는 이어 닭을 여자의 남편 머리 위에 올려놓고 붙잡은 뒤 또 한 번 그 기도를 올리고, 이어 닭을 죽인다.

종교적인 맥락에서 볼 때 닭의 치유력은 19세기 웨일스에서도 널리 받아들여졌다. 프레이저는 란데글라 교회가 마을에 간질 환자가 생겼을 때 환자의 성별에 따라 수탉 혹은 암탉을 활용하여 간질병을 닭에게 옮겨가게 하는 신비로운 의식을 수행했다고 기록했다. 19세기 유럽 중동부 지방의 유대인들은 도살된 수탉을 이용하여 간질을 치유할 수 있다고 믿었다. 이런 전통들은 다소 기괴해 보이지만, 닭이 인간의 정신 및 육체적 안녕에 필수적이었던 시기의 흔적임은 분명하다. 이제 닭의 영적 치유력이 살아남은 최후의 요새 중 한 곳은 바로 마이애미 교외다.

꒦·꒦

아칸소 주지사 빌 클린턴(Bill Clinton)이 1992년 대선에서 승리한 다음 날 아침, 대법관 안토닌 스컬리아(Antonin Scalia)는 미국 대법원 재판관 석에서 닭을 희생 제물로 바치는 행위에 대하여 심리하고 있었다.

"먹기 위해 동물을 죽이는 것은 되고 다른 목적으로 죽여서는 안 된다는 겁니까?"

그는 동물 희생을 금지한 플로리다 주법을 유지하려고 하는 변호사에게 물었다.

"재미나 희생 제물을 위해서는 안 되고 오로지 식량을 얻으려는 목적으로만 닭을 써야 한다는 거죠?"

변호사는 여기에 한 가지 예외가 있다고 답했다.

"곰한테 공격을 받고 있다면 자기 방어를 위해 동물을 죽여도 되겠죠."

이런 비현실적인 문답은 종교적인 자유를 두고 벌어진 기념비적인 대결의 구두 변론 중에 벌어진 일이었다. 미국 최고 법원의 주목을 받게 된 이 심리는 바로 희생 제의와 관련된 닭의 도살이었다. 이 문제는 에르네스토 피차르도(Ernesto Pichardo)가 교회를 세우기로 결정하면서 시작되었다. 이 사람은 쿠바에서 대중적인 아프리카-카리브해 전통의 산테리아(Santeria) 신도들을 이끄는 성직자였다. 산테리아교는 아프리카 토속 신앙과 그리스도교가 결합된 쿠바의 토속 종교였다. 피차르도는 히스패

닉계 가톨릭 공동체가 압도적으로 많은 곳에다 작은 성소와 문화 센터를 짓기 위해 플로리다 남부의 하이얼리어 시청에 허가를 받고자 했다.

1980년대 후반부터 동물, 심지어 사람을 비밀리에 희생하는 사악한 의식에 대한 공포가 미국 전역을 휩쓸기 시작했다. 한 신문은 "유혈 종교 집단이 미국 전역에 퍼지고 있다."라는 헤드라인으로 사람들에게 경고를 내리기도 했다. 그러자 쿠바에서 미국으로 망명한 산테리아 신도들은 혼란에 빠졌다. 고대 아프리카 관습에 따라 산테리아 신도들은 오리샤스라 불리는 원시 정령들을 기념하는 사적인 의식에서 정기적으로 닭, 간헐적으로 염소를 희생 제물로 올렸다. 산테리아 신도들에게 오리샤스는 가톨릭 성인들과 동등한 지위를 누리는 존재였으며 산테리아는 '성인의 길'이라는 뜻이었다.

하이얼리어의 많은 그리스도교인들은 산테리아를 악마 숭배와 같은 것으로 여겼다. 시청 공무원들은 피차르도의 요청에 공포, 혐오, 분노로 맞섰다. 시의회 의장은 직설적으로 이렇게 묻기도 했다.

"이 교회가 문 여는 것을 막으려면 우리가 무엇을 해야 하겠소?"

그들이 할 수 있었고 또 했던 것은 식량 소비를 주목적으로 하지 않는 한 동물을 희생하는 일을 범죄라고 규정한 조례를 통과시키는 일이었다. 1987년 긴급 임시회기 중에 피차르도가 이 조례에 반대한다고 발언하자 하이얼리어 주민들과 시 관계자들은 피차르도를 비웃었고, 이어 피차르도에 반대하는 사람들이 산테리아교를 비판하자 환호를 보냈다. 산테리아에 적대적인 시의회 의원이 피델 카스트로가 집권하기 전에는 쿠바에서 "산테리아를 믿는 것만으로도 감옥에 갔다."라고 주장하자 회의실 안의 많은 사람들이 박수갈채를 보냈다.

피차르도의 루쿠미 바발루 아예(Lukumi Babalu Aye) 교회는 조례가 헌법에 위배된다고 주장하며 법정으로 사건을 가져갔다. 두 하급 법원은 공동체가 동물 학대를 보호하고, 질병 확산을 제한하며, 아이들이 피를 흘리며 죽은 동물을 보고 정신적 충격을 받는 것을 막고 싶다는 하이얼리어 시의 주장을 지지했다. 따라서 1992년 후반, 피차르도와 그의 변호사들은 미국 최고위 법원으로 사건을 가져갔다.

루쿠미는 산테리아를 가리키는 다른 용어다. 산테리아는 1959년 피델 카스트로가 일으킨 혁명의 여파로 피차르도 같은 쿠바 난민이 미국으로 몰려들 때 함께 수입되었다. 1980년 쿠바의 마리엘 항에서 긴급 해상 수송 작전이 펼쳐질 때 12만 5,000명에 이르는 쿠바인들이 미국으로 건너왔고, 그들 중 대부분이 플로리다 남부에 도착했다. 쿠바 난민들은 다수가 산테리아를 믿었고, 미국적인 생활방식의 주변부에만 존재하던 이 전통은 제물을 바치는 종교 집단에 대한 공포가 급등하면서 유명세를 타기 시작했다.

대부분의 미국인은 이미 산테리아의 주된 오리샤들 중 하나와는 친숙한 상태였다. 1950년대 인기를 끈 시트콤 〈왈가닥 루시〉(원제는 I Love Lucy이나 한국에서 '왈가닥 루시'로 알려져 있다―옮긴이)에서 리키 리카르도의 주제가 제목이 '바발루(Babalu)'였기 때문이다. 바발루는 병과 치유와 연계된 대지신(大地神)이며 때로 가톨릭 성인 나사로(Lazaros)와 연결된다. 흰 암탉과 수탉은 종종 이 신의 이름으로 희생되며, 검은 암탉과 수탉은 달갑지 않은 마법을 흡수하는 데 활용되었다. 베네수엘라 카라카스의 가판대에서 물건을 팔던 한 산테리아 신도는 내게 이런 말을 해주었다.

"암탉과 수탉은 사악한 기운에 예민해서 이를 잘 빨아들이죠."

산테리아의 뿌리는 대서양을 건너 아프리카 서부 해안에 있는 오늘날의 나이지리아 지역에서 찾아볼 수 있다. 1200년경, 서부 아프리카에 일레이페(Ilé-Ife)라 불리는 정착지가 생겨났다. 이곳은 다음 두 세기 동안 아프리카 서부의 중요한 예술적·지적·종교적 중심지가 되었다. 심지어 오늘날에도 일레이페는 아프리카의 가장 큰 인종 집단 중 하나를 구성하는 3,500만 요루바족의 예루살렘으로 간주된다.

한 요루바족의 전통에 따르면, 이 세상은 일레이페에서 시작되었다고 한다. 창조신인 오두두와는 하늘에서 쇠사슬을 이 세상에 떨어뜨렸지만 이곳에 오로지 물밖에 없음을 발견했다. 따라서 신은 흙이 가득 담긴 바구니를 이 지상에 비웠고 그렇게 만든 흙더미 위에 다섯 개의 발가락이 달린 닭을 한 마리 세워놓았다. 닭은 땅을 긁는 것으로써 진흙을 퍼뜨려 좀 더 마른 땅을 만들었다. 이런 창조 신화는 여러 형태가 있으며, 그중 하나는 이런 이야기를 전한다.

"닭의 발톱이 깊숙이 파고들어간 지역에는 계곡이 형성되었다. 언덕, 고지대, 산은 발톱의 작은 틈에 의해 뒤에 남겨진 땅이다."

닭이 할 일을 마친 뒤 오두두와는 야자나무 씨앗을 하나 심었고, 그것은 이후에 자라나 신성한 나무가 되었다.

이런 일이 벌어진 장소가 바로 일레이페였다. 일레이페는 '신성한 생명' 혹은 '땅을 골고루 펴는 자'로 번역할 수 있다. 아프리카 서부 전역에서 현장 조사를 수행한 보스턴 대학교의 인류학자 대니얼 매콜(Daniel McCall)은 이렇게 썼다.

"대부분의 고대 요루바 왕국에 대한 이런 명칭은 그들이 사는 지상의 땅을 만들어준 거대한 닭을 따라 지어졌다."

요루바족의 예술은 무릎을 꿇은 사람들이 거대한 닭에게 제물을 바치는 모습을 나타낸 나무 조각들로 가득하다. 종종 닭들은 야자나무 씨앗을 저장하는 그릇의 형태로 나타난다. 매콜은 이들 중 일부가 오두두와와 그의 거대한 닭을 묘사한다고 추측한다. 바발라오(babalawo)라 불리는 중세 요루바족의 성직자들은 닭을 활용하여 자주 미래를 점치고, 병을 치유하고, 사악한 기운을 없앴다.

닭은 사하라 사막 이남에 늦게 들어왔다. 이 광대한 영역에서 닭의 존재를 처음으로 언급한 이는 1353년 지금의 말리공화국 지역을 여행하던 아랍인 모험가이자 순례자 이븐 바투타(Ibn Baṭṭūṭah)였다. 그는 이곳에서 마을 여자로부터 살아 있는 닭을 샀다. 영국의 인류학자 케빈 맥도널드(Kevin MacDonald)가 바투타의 방문보다 5세기 빠른 시기에 살았던 닭의 뼈를 발견한 1991년까지, 아프리카의 닭에 관해 그보다 더 이른 인류학적인 증거는 없었다. 이제 연구자들은 사하라 사막 이남에 최초로 부상(浮上)한 복잡한 사회들과, 그와 동시에 발생한 이 지역의 닭의 확산에 관한 이야기를 종합하려고 애쓰고 있다. 2011년 에티오피아 발굴에서, 발굴자들은 기원전 4세기에 살았던 닭의 뼈를 발견했다. 이는 닭이 처음에 이집트로부터 오거나 아니면 아프리카의 뿔(The Horn of Africa: 에티오피아, 소말리아 등이 자리 잡고 있는 아프리카 북동부를 가리키는 용어. 이곳 지형이 코뿔소의 뿔같이 튀어나와 있는 데서 유래한 이름이다—옮긴이)과 아라비아 남부를 가르는 좁은 해협을 건너온 배에 실려 향기로운 유향과 몰약과 함께 도착했음을 시사한다. 그 뒤 아랍, 인도, 인도네시아 상인들이 아프리카 동쪽 해안을 정기적으로 다니던 중세 초기에는 인도양 무역이 성행했고, 닭은 많은 수입품 중 하나였다. 유전자 분석으로 봤을 때 나이지리아 닭은 지중해의 종들이 아니라 그보다 멀리 떨어진 동남아시아의 종들과 관련이 있었다.

닭은 치열한 경쟁에 직면했지만, 천천히 사하라사막 이남의 아프리카 지역으로 퍼져나갔다. 비둘기와 아프리카자고새는 수가 아주 많았고, 뿔닭 한 종이 이미 사육되었다. 닭은 탁 트인 초원이나 돌이 많은 사막에서 번성하지 못했고 정글의 포식자들에게 취약했으므로, 아프리카의 대초원이나 밀림에 사는 사람들에게는 그다지 중요하지 않은 존재였다. 하지만 농업 공동체나 중세 초기 아프리카 서부에서 번영하기 시작한 도시들에서 닭은 그야말로 안성맞춤인 동물이었다. 해충을 먹고, 풍부한 달걀과 고기를 제공하고, 농가 마당 생활에 잘 적응하는 닭의 사회적인 특성은 선호의 대상이 되었다.

아프리카 서부에 닭이 도착한 것은 그야말로 혁명적인 사건이었다. 최소한 키리콩고에서는 그랬다. 유진 시에 있는 오리건 대학교 교수 스티븐 듀펜(Stephen Dueppen)은 북쪽으로는 사하라, 남쪽으로는 가나의 울창한 밀림이 있는 부르키나파소 공화국의 대초원에 있던 키리콩고의 자리에서 2004년부터 연구를 진행하고 있다. 로스앤젤레스 억양을 가진 야윈 30대 남성인 듀펜은 기원후 100년경 단일 농가로 시작하여 17세기에 버려지기 전 작은 정착지로 성장했던 고대 아프리카 마을의 드물고 놀라운 타임캡슐을 탐사하는 중이었다.

듀펜은 650년까지 올라가는 닭의 뼈를 발굴했고, 이 뼈는 여태까지 아프리카 서부에서 발견된 것들 중 가장 오래된 것이다. 7세기 무렵에 이르러 소를 모는 키리콩고인들은 사회의 지도적인 상류층으로 성장했다. 1000년경 한 유력 가문은 죽은 아이들을 먼 대양에서 가져온 개오지 조개껍질 같은 사치품과 함께 매장했다. 이는 문명에 관한 익숙한 이야기다. 작은 마을에서 지도적인 상류층이 생겨나고, 장거리 무역이 시작되고, 정치 및 종교 지도자가 생겨나고, 도시로 발전하고, 왕이 생기고, 제국으로 부상하는 전형적인 이야기. 하지만 1200년경 키리콩고인들은 갑자기 길을 벗어나기 시작했다.

"굉장히 극적인 변화죠."

듀펜이 말했다. 그는 자신의 발굴 현장에 나를 초대하려고 했지만, 근처에 있는 말리의 불안정한 상태와 현장 경계 근처에서 빈번하게 일어나는 납치 범죄로 인해 어쩔 수 없이 탐사 일정을 취소해야 했다. 갑자기 키리콩고인들은 격리된 단지(團地) 내가 아니라 공적인 장소에서 곡식을 빻기 시작했다. 그들은 묘지를 포장했으며, 모든 소를 처분했다. 여전히 소들이 부와 특권의 주된 원천이라 여기는 곳에서 이 마지막 결정은 심상치 않은 것이었다. 대형 동물은 종교적인 힘을 가진다. 심지어 오늘날에도 대초원 지역 대부분의 공동체에서 사람의 지위나 결혼 기회는 종종 키우는 소들의 규모에 따라 결정된다. 소떼는 거대한 목초지와 높은 수준의 조직을 요구한다. 칭기즈칸 같은 몽고 유목민들이 가축들에서 세력 판도를 확장했던 것과 마찬가지로, 이 아프리카 지역의 제국들은 거대한 가축을 키우는 문화에서 발전했다. 갑작스러운 기후 변화나 심각한 우질(牛疾)에 관한 증거가 없기 때문에, 키리콩고인들은 이런 다른 형태의 사회를 만들기로 의도적인 결정을 내린 듯하다.

이런 변화가 일어났을 때 키리콩고 마을 사람들은 제례를 담당하는 복합 단지를 건설했는데, 이곳의 건물들은 아마도 공용 곡물 저장고와 관련될 가능성이 높았다. 건축물의 바닥은 모두 벽돌로 포장되었지만, 어떤 자그마한 부분만은 포장이 되어 있지 않았다. 바로 이곳에서 듀펜의 연구팀이 최소 네 마리 닭과 염소 한 마리의 잔해, 칼 가는 돌 하나를 발굴했다.

"조상에게 바치기 위해 그들은 진흙에 희생물의 피를 조금씩 떨어뜨렸습니다."

듀펜이 설명했다. 이 전통은 최소한 현재에도 남아 있다. 듀펜이 고대의 흙더미에서 발견한 제단과 유사한 것이 인근 마을에 심지어 지금까지도 남아 있었기 때문이다.

듀펜은 닭이 있었기 때문에 그 마을이 소떼와 상류층이 주도하는 위계적인 제도를 거부할 수 있었을 것이라고 생각한다. 키리콩고에 혁명이 발생하자, 닭은 소의 확실한 대안이 되었다. 닭의 뼈는 빠르게 소의 뼈를 대체했다. 영국이나 버마나, 소는 전통적으로 남성의 영역이었다. 하지만 닭은 산업혁명 이전의 문화에서 전형적으로 여성이 통제했다. 듀펜은 키리콩고의 초기 상류 집단을 타도하는 데 여자들이 주된 역할을 했을 것이라 추측한다.

상류 지배층의 권력을 무너뜨렸을 때 키리콩고인들은 더 많은 사람들이 희생 의식에 참여하도록 유도했다. 그전까지 그런 의식은 비싼 소를 가진 소수 계층을 중심으로 돌아갔다. 이런 변화로 희생 의식의 기회가 증가했으므로, 닭의 수요와 이용 가능성이 따라서 증가했다. 현재 키리콩고인들이 살던 지역에 거주하는 브와족 사이에서도 닭은 사실상 중요한 행사에 사용된다. 인류학자들은 닭이 있어서 기도를 올릴 수 있게 되었다고 본다. 조상, 정치, 예언, 사법 절차, 탄생, 결혼, 죽음 등이 관련된 다양한 의식에서 닭을 희생하는 절차가 반드시 포함된다. 심지어 과거에는 적절하게 닭을 제물로 바치지 않으면 쇠도 녹일 수 없었다. 인근의 말리인들은 "닭을 희생하는 것은 세상을 대신하여 희생을 바친다는 뜻이다."라고 말한다.

닭은 가계에 부담을 주지 않고 제물을 바치는 일을 가능하게 했다. 듀펜은 학술지 《아메리칸 앤티쿼티*American Antiquity*》에 실은 2010년의 논문에서 이렇게 썼다.

"닭은 부의 격차를 철폐하도록 의도적으로 재창조된 평등 사회에서 풍부한 영적인 삶을 유지할 수 있는 수단을 제공했다."

다시 말해 신들과 연결되기 위해 많은 소를 가진 부호가 될 필요가 없다는 뜻이었다. 듀펜은 이어 키리콩고의 과거가 "새로운 사회를 창조하면서 평등을 다시 고안한" 독특한 사례 연구라고도 말했다.

닭으로 인한 혁명의 여파는 여전히 이 지역에서 울려 퍼지고 있다. 남자는 가진 땅이나 동물들을 팔지 않는 한 결혼할 수 없고 여자는 자유롭게 남편과 이혼할 수 있는데 이는 아프리카 서부의 많은 다른 사회들에서는 찾아볼 수 없다. 이 지역에 사는 현대인들의 평등주의적 특성은 성별로도 확장되었다. 좀 더 평등한 사회를 완성하는 것이 목표라면, 닭이야말로 거기에 소용되는 완벽한 가축이다. 듀펜은 이렇게 말한다.

"사람들은 닭에 무심합니다. 너무 흔하니까요. 하지만 그들은 다른 동물이 제공하지 못하는 많은 이득을 안겨줍니다. 값이 싸고 빠르게 번식하는 데다, 어디에나 존재하며 굉장히 융통성 있지요. 닭은 또한 그 어떤 정치 형태에서도 잘 적응합니다."

닭은 많은 아프리카 종교 전통에서 중심적인 역할을 맡았다. 콩고 분지에서 룰루아족의 여성 주술사는 죽음과 부활의 엄격한 시련을 겪는데, 이런 시련은 암탉이 그녀의 목 주변에 앉아 "죽은 영매의 영혼을 다시 이승으로 불러들이는" 힘을 부여하지 않으면 제대로 시작되지 않는다. 대서양 연안의 시에라리온에서 닭은 진실을 말하는 존재다. 닭이 분쟁으로 소원해진 친척이나 친구의 손에 올린 곡식을 쪼아 먹는다면, 그 분쟁은 해결된 것이다. 아프리카 중앙의 은뎀부족은 닭을 범죄 혐의로 고발된 사람의 유죄를 결정하는 데 활용한다. 그들은 닭의 입에 독을 놓는다. 닭이 살아남으면, 또 다른 닭의 입에 독을 놓는다. 그 닭도 생존하면, 세 번째 닭에게 독을 주고, 그 세 번째 닭마저 살아남으면 고발된 자는 무죄를 인정받는다.

부르키나파소의 남부인 키리콩고에 거주하며 농경을 하는 요루바족은 원래 자신들의 창조 신화의 중심에 토착 비둘기를 두었으나 외부에서 유입된 닭이 결국 그 자리를 대체했다. 요루바족의 속담은 자유롭게 닭에 관해 언급한다.

"매가 죽더라도 닭을 가진 자들은 눈물을 흘리지 않는다."

전통적인 요루바족의 우주에서 하늘은 그들의 조상들과 수백 명의 오리샤들로 구성된 곳이고, 그 밑의 땅은 사람과 동물로 가득한 곳이다. 미국의 하시디즘이나 발리의 힌두교 등 수많은 다른 이질적인 문화에서, 닭은 우리 인간을 신성한 치유에 연결시키는 도구나 매체로 활용된다. 닭의 피는 그런 연결을 확정한다. 많은 요르바족의 신들은 닭의 희생을 요구한다. 탄생, 결혼, 질병, 죽음은 여전히 닭의 희생을 동반하는 행사다.

닭을 희생 제물로 바치는 일과 닭을 활용하여 예언하는 일이 서양의 페르시아인, 그리스인, 켈트인, 게르만족, 동양의 동남아시아인, 중국인 사이에서 널리 실행되었다. 이 사실은 그 자체로 기억할 만한 가치가 있다. 하지만 그 어떤 사회도 고대 로마처럼 닭을 통한 예언을 조직적이고 체계적이며 복잡한 제도로 확립하고 또 중시하지는 않았다. 오늘날의 산테리아 관습은 고대 로마에서라면 아무 문제없이 할 수 있었을 것이다. 전혀 논란을 일으키지 않는 것은 물론이고, 그 관습을 법적으로 제재한다는 것은 상상도 못할 일이었을 것이다. 고대 로마에서 닭의 희생과 닭을 통한 예언은 당연히 예상되었을 뿐만 아니라 공적인 정책에서 대단히 중요한 부분이었다. 전쟁이나 평화 협정 같은 주된 논제는 모두 그런 의례 없이는 결정을 내리지 못했다.

로마의 전통은 아직도 우리 언어에 살아 있다. '전조가 좋은(auspicious)'

이라는 영어 단어를 말할 때, 우리는 다시 로마의 전통으로 되돌아가는 것이다. 'auspice(전조)'라는 말은 라틴어 'augur'에서 온 것인데, 이 라틴어는 '새[鳥] 관찰자'라는 뜻이다. 자연계를 관찰함으로써 신들의 뜻을 알아내는 점(augury)은 '새를 가리키는'이라는 뜻을 지닌 라틴어 어원에서 온 것으로 생각된다. 그렇지만 '번성하다'라는 뜻을 가진 'aug'에서 생겨났다고 보는 것이 더 그럴듯해 보인다. 단어의 기원이 어떠하든, 복점관(卜占官)은 국가가 지원하는 로마 성직자였으며, 대부분 새를 관찰하는 일을 통해 신의 계획을 알아내는 자리였다. 유명한 기원전 1세기 철학자이자 웅변가인 키케로(Cicero)는 복점관이 관록 있는 귀족 남자를 위해 마련된 소중한 직책이라고 언급했다.

키케로 본인도 복점관이었다. 국가가 중요한 일을 수행하기 전, 전문가들은 독수리, 까마귀, 혹은 다른 하늘을 나는 새들의 행동을 주목하기 위해 하늘을 살폈다. 올바로 해석한다면, 새들의 움직임으로 전쟁 시작이나 강화 제의 같은 특정 행동 방침에 대하여 신들의 호불호 여부를 밝힐 수 있었다. 어쨌든 그 시대에는 신들과 함께 하늘을 공유하던 건 새들밖에 없었다.

로마 공화국 말기인 키케로의 시대에 이르자, 자기 이익만 생각하는 정치인들은 신성한 전통인 복점을 제멋대로 찬탈했다. 일찍이 키케로는 이런 글을 남겼다.

"보통을 벗어난 일은 심지어 사생활에서도 새점[鳥占]을 물어보지 않고서는 하지 않았다."

하지만 제국의 세력 판도가 확장되면서 수도 위의 하늘을 나는 매, 독수리, 비둘기를 지켜보는 일은 너무 무계획적이었다. 야생의 새들은 날씨, 시간, 이주하는 습관에 따라 제멋대로 오갔다. 그들은 도움이 필요한 때에 항상 나타나 주는 것은 아니었다.

이와는 대조적으로 집닭은 밤낮을 가리지 않고 어느 때든 자주 상담을 할 수 있게 가까이 둘 수 있었다. 따라서 로마 정부는 점차 초점을 천상의 새에서 집 마당의 닭으로 옮기게 되었다. '풀라리우스(pullarius)'라고 불리던 새점 전문가는 포럼 근처의 사원, 군단, 심지어 선상(船上) 등에서 키우던 신성한 닭 무리를 보살폈다. 풀라리우스가 닭으로부터 예언을 얻는 주된 방법은 우리에 곡식, 빵, 케이크를 던지는 것이었다. 만약 던진 것을 닭들이 재빨리 먹는다면 논의 대상인 행동에 신의 축복이 함께한다는 뜻이었다. 하지만 먹을 것을 거절하거나 한술 더 떠서 먹을 것을 보고 소란을 피우거나 아예 외면해버린다면 그것은 불길한 징후였다.

키케로의 시대에, 로마인들은 2세기 전인 기원전 3세기의 중대한 해전이 있던 날 아침에 벌어진 일을 여전히 기억했다. 로마 군선에 실었던 신성한 닭들이 곡식을 먹길 거부하여, 바라던 점이 나오지 않자 불쾌해진 거만한 집정관은 닭들을 바다에 던져버리고 이렇게 말했다고 한다.

"먹질 않으니 그 대신 물이라도 실컷 마시게 해주자."

하지만 이어 벌어진 전투에서 로마군은 패배했다. 신성한 동물에 대한 집정관의 불경스러운 행동이 용납도 용서도 되지 않았던 것이다.

유사한 사례가 하나 더 있다. 한 고참 로마 장군은 전투를 하는 것보다 진영에 남아 수비를 하기로 결정했는데, 부대 복점관은 닭으로 점을 쳐야 한다고 알렸다. 하지만 장군은 그 말을 비웃으면서 듣지 않았고, 그와 부대 병사 대부분은 세 시간 뒤 전장에 나아갔다가 이탈리아를 뒤흔든 치명적인 지진으로 사망했다. 이와 관련하여 키케로는 이렇게 썼다.

"많은 도시가 파괴되었다. 땅은 꺼지고, 강은 상류로 흐르고, 바다는 해협을 넘어 들이닥쳤다."

고대 로마에서 닭점을 부인하는 것은 간단히 웃어넘길 일이 아니었다.

우리에 갇힌 닭을 상대로 점을 치다 보니 자연스럽게 새점을 쉽게 조작할 수 있었다. 원하는 새점의 결과를 조종하기 위해 닭들에게 먹이를 아예 주지 않거나 지나치게 많이 먹이기도 했다. 카이사르의 독재 정치에 반대하다 암살당한 로마의 노련한 정치가 키케로는 이런 종교 의식이 이기적인 법률가들에 의해 어떻게 왜곡될 수 있는지 잘 알고 있었다.

"나는 복점법이 처음에는 점술에 대한 믿음에서 확립되었지만, 차차 정치적인 편의의 관점에서 유지되고 보존되었다고 생각한다."

'sacrifice(희생)'라는 단어는 '신성하게 하다'라는 뜻을 가진 라틴어[라틴어로 희생을 뜻하는 단어 sacrificium은 sacri(성스러움) + facio(만들다)로 이루어진 말이다—옮긴이]에서 유래했다. 비둘기나 암소 같은 다른 동물들처럼, 닭도 로마에서 공적인 경우와 사적인 경우 양면에 걸쳐 정기적으로 희생되었다. 때로는 희생된 동물의 창자를 보고 개인이나 가족, 국가와 관련된 질병과 탄생, 돈 문제 따위의 성패를 점치는, 창자 점쟁이로 불리게 될 '하루스피케스(haruspices)'들도 있었다. 이들 전문가는 제물로 바친 짐승의 창자가 어떤 모양을 하고 있는가를 보고 신의 뜻을 읽었다. 제례를 올린 이후에 제물들은 대개 조리되어 의식에 참가한 성직자들과 신자들이 나누어 먹었다. 이런 고대 관행은 유대교 율법에 따른 음식인 코셔와 이슬람 율법에 따른 음식 할랄에서 여전히 반복된다. 이런 율법들은 다음의 것들을 그 밑바탕으로 한다. 인간은 살기 위해 죽여야 한다는 깨달음, 또 인간을 살 수 있게 한 신들을 향한 존경심 유지에 필수적인 일련의 방식과 기도 등이 있어야 비로소 그런 율법들을 제정할 수 있는 것이다.

물론 현재 우리가 식용 고기를 얻는 동물들의 도살과 내장 적출은 점점 도시 거주자들의 시야에서 벗어난 곳에서 일어나며 우리의 일상과도 동떨어져 있다. 심지어 대부분의 현대 코셔와 할랄 동물의 도살도 공장에서 이루어지며 기도는 종종 미리 녹음되어 무한으로 반복 재생된다. 피차르도와 그의 교회는 희생 제의를 실천할 권리를 달라고 주장함으로써 동물 학대, 마술, 종교적 자유 등의 문제가 복잡하게 뒤섞인 국가적 논쟁을 촉발했다.

산테리아 종교에 대해 오차니 렐레(Óchani Lele)는 이런 글을 남겼다.

"우리가 사는 순간적인 만족의 세계에서 희생이라는 개념은 기이할지 모른다. 하지만 우리 자신과 우리의 공동체가 향상되기 위해서는 인생의 모든 순간에서 희생을 바쳐야만 한다."

루쿠미에게, 희생은 신앙의 핵심이며 그것은 아프리카에서 대서양을 횡단한 노예선과 함께 온 것이었다.

아프리카에서 온 모든 노예들은 자신들의 특정한 전통을 아메리카 대륙으로 가져왔다. 하지만 그들은 자주 가족이나 민족과 갈라졌고 따라서 자신들이 본래 가지고 있던 전통과도 연결 고리가 약해졌다. 반란과 마술을 두려워한 백인 노예 소유주들과 정부는 이교도처럼 보이는 종교와, 주류인 그리스도교를 대체할 법한 종교를 온 힘을 다해 근절하려고 했다. 미국 남부 같은 곳에서는 산테리아 종교의 일부 관습만 살아남았지만, 쿠바에서는 종교 전체가 대부분 온전하게 살아남았다. 19세기 초반, 수천 명의 요루바족이 사탕수수 농장이 많은 에스파냐 통치하의 쿠바 섬에 강제로 끌려왔다. 아루바족은 다수인 데다 늦게 도착했고 또 아바나 주변에 집중적으로 거주했기에 그들의 관습을 대체로 금지하는 법에도 불구하고 자신들의 전통을 지켜낼 수 있었다. 아루바족은 자신들의 종교 겉에다 가톨릭이라는 허울을 덧씌우고 원시 정령이던 오리샤를 가톨릭 성인으로 대체했다. 바발루아예는 성인 나사로가 되었고, 비록 경계하는 백인들의 처벌을 피하기 위해 때로는 비밀리에 집전하기도 했지만, 닭을 희생하는 의례는 계속되었다.

피차르도는 미국 지방 법원에서 증언하던 도중에 오로지 성직자만이 단칼에 닭의 경동맥에 구멍을 내는 희생 의례를 거행할 수 있으며 이는 유대교와 이슬람교의 율법이 요구하는 바와 전혀 다를 것이 없다고 주장했다. 그는 의식이 끝난 뒤 닭의 피를 흙 단지로 흘러들게 하고 그 머리는 잘라낸다고 말했다. 브루클린에서 랍비 엡스타인이 말한 것처럼, 피차르도는 동물들을 잘 보살피고 있으며 의례 때에도 닭들이 빠른 죽음을 맞이한다고 주장했다. 이에 동물 보호 운동가들은 하시디즘 유대인들과 산테리아 신자들 모두 동물에 대한 인도적인 배려를 무시한다면서, 이 사실을 입증하는 수많은 사례를 폭로하여 반격했다.

특히 상황을 더 복잡하게 한 문제가 있다. 산테리아 신자들은 닭을 마법이나 질병을 흡수하는 존재라고 여겼기에 먹지 않고 반드시 바깥에서 썩게 내버려두었다. 따라서 마이애미 데이드 지역 청사의 환경 미화원들은 산테리아 신자들이 의식을 치르고 버린 머리 없는 닭들을 치워야만 했다. 마이애미 강을 따라 조깅하는 사람들은 주기적으로 생기는 썩은 닭들의 사체를 밟지 않도록 주의해야만 했다. 도시에 사는 미국인들에게 이는 너무도 눈에 거슬리는 광경이었다. 하지만 많은 쿠바 이민자들에게 이 죽은 동물들은 삶의 필수적인 일부였다.

1993년 6월, 독실한 가톨릭 신자인 스컬리아를 포함한 대법관 아홉 명 전원은 성스러운 의례를 거행하고자 하는 피차르도와 신도들의 권리를 강력하게 지지했다. 대법관 앤터니 케네디(Anthony Kennedy)는 만장일치 된 이 의견을 알리면서 하이얼리어 시청 공무원들을 이렇게 꾸짖었다. "하이얼리어 공무원들은 국가는 종교적 자유의 보장이라는 극히 중요한 책무를 진다는 사실을 인식하지 못했거나, 무시했던 것입니다."

케네디 대법관은 앞선 결정을 인용하며 이런 말을 덧붙였다.

"종교 의식의 일부로 동물을 희생하는 것은 역사적으로 아주 뿌리 깊은 행위입니다. 비록 동물의 희생을 거행한다는 점이 일부 사람들에게 혐오감을 줄 수 있지만, 종교적 신념은 헌법 수정 조항 제1조(종교, 언론, 출판, 집회의 자유―옮긴이)의 보호에 따라 다른 사람에 의해 용인되거나, 논리적이거나, 일관된 모습을 보이거나, 이해될 필요는 없습니다."

하이얼리어 시청의 소송 사건에 관한 판결을 내리기 얼마 전에 대법원장 윌리엄 렌퀴스트(William Rehnquist)는 취임 선서를 한 빌 클린턴을 대통령으로 선언했고, 이때는 그 어떤 새도 희생되지 않았다. 하지만 의식과 관련해 닭을 죽이는 일은 미국에서 마이애미와 그 교외에만 국한된 것은 아니었다. 미국 공원 경찰은 최근 워싱턴 주 록크리크 공원에 있는 고등법원에서 몇 킬로미터 떨어지지 않은 곳에서, 제물로 희생된 새들의 사체가 방치된 것을 발견했다. 피차르도와 그의 신도들은 재판 이후 작은 성소와 지역 문화 센터를 지었다. 이 재판 이후 다른 산테리아 성소들도 미국 전역에서 생겨났다. 그들의 종교를 둘러싸고 생긴 두려움과 의혹은 대부분 누그러졌다. 종교의 자유를 옹호했던 키케로가 아마 이 광경을 보았더라면 기뻐했을 것이다.

농가 마당의 풍만한 암탉들

정직한 아들아, 돈 대신 달걀을 준다면 받을 테냐?
— 윌리엄 셰익스피어, 《겨울 이야기*The Winter's Tale*》

미국 남부 전역의 아프리카계 미국인들 사이에서는, 예배가 끝난 후 식탁에 올라온 닭고기에 목사가 가장 먼저 손을 댔다. 시인인 마야 안젤루(Maya Angelou)는 신실했지만 대식가였던 하워드 토머스(Howard Thomas) 목사를 떠올리며 이렇게 불평했다.

"목사님은 매주 일요일 식탁에 닭이 오르면 가장 잘 익고 가장 크고 가장 맛있는 부위를 잡쳤다."

서부 아프리카인들 사이에서 닭이 맡았던 신성한 역할을 반영하기라도 하듯, 닭은 자주 '목사의 새'나 '복음의 새'라 불렸다. 노예와 이들의 후예는 현재 전 세계로 퍼져나가고 있는 미국식 치킨 사랑의 기반을 닦았다.

영국 식민지 개척자들은 1607년 제임스타운에 닭 무리를 처음 데려왔다. 12년이 지난 뒤에는 처음으로 버지니아 주의 해안에 아프리카 노예들이 도착했다. 닭은 열악한 환경에서 있는 힘을 다해 살아가는 식민지 주민들이 척박한 삶을 버텨나가는 데 도움을 주었다. 1610년 당시는 식량이 너무도 부족했고, 이에 총독은 수탉과 암탉을 포함한 어떤 가축도 허락받지 않고 도살할 경우 사형에 처한다고 선포했다. 메이플라워호가 닭을 데리고 도착한 곳이기도 한 뉴잉글랜드에서는 1623년 에드워드 윈즐로(Edward Winslow)라는 사람이 기력에 도움이 되라고 닭 두 마리를 넣고 수프를 끓여 원주민 추장에게 가져다주었다. 이 이국적인 선물을 고맙게 여긴 추장은 답례로 초기 식민지를 파괴하려던 다른 부족의 음모를 알려주었다.

하지만 닭은 식민지 미국에서 그리 널리 이용된 식품이 아니었다. 윈즐로의 농장에서 고고학자들이 발굴한 야생 조류의 잔해는 닭의 잔해보다 세 배나 많았고, 소, 돼지, 양, 염소의 뼈는 압도적으로 많았다. 버지니아 주민은 칠면조, 거위, 비둘기, 유럽자고새, 오리를 마음껏 먹었고 사슴고기, 양고기, 돼지고기, 쇠고기, 청어, 철갑상어, 조개도 즐겼다. 《미국 식음료에 관한 옥스퍼드 백과사전*Oxford Encyclopedia of Food and Drink in America*》은 이런 글을 남겼다.

"식민지의 식생활 습관에 관한 17세기와 18세기의 기록들은 대개 닭을 무시했다."

그러나 흑인 노예에게는 닭의 이런 초라한 지위가 고맙고 환영할 만했다. 1692년, 여러 노예가 동물을 판매한 수익으로 자신의 자유를 사들이

자 버지니아 주 의회는 노예가 말, 소, 돼지를 소유하는 것을 불법으로 선포했다. 노예주들은 종종 자신의 가재(家財) 노예가 사냥, 어획, 담배 재배 등의 행위를 하는 것을 금지했다. 조지 워싱턴의 집 마운트 버넌에 들렀던 사람은 이렇게 말했다.

"닭은 흑인에게 허용된 유일한 즐거움이었다. 오리나 거위, 돼지를 키우는 일은 그들에게 허락되지 않았다."

식민지 시절에 미국 남부의 넓은 농장들에서 흑인들은 취향에 맞게 닭을 사육하고 매매하고 또 식용으로 쓰기도 했다. 당시 노예는 일반적으로 채소를 키울 수 있었고, 닭은 정원에서 남는 재료, 밥찌꺼기, 간 옥수수로 만든 조악한 음식 등을 주어 키웠다. 워싱턴이 마운트 버넌에서 부리던 노예들에게 이전에 주던 옥수수 알맹이 대신 옥수수 가루를 지급하라고 지시하자, 노예들은 불평했다. 워싱턴은 이렇게 썼다.

"그들은 닭을 먹일 옥수수 껍질이 없어지자 다른 것이 부족할 때 못지않게 불만을 표시했다."

메릴랜드와 버지니아 농장의 아프리카계 흑인 구역에서 발견된 뼈의 3분의 1은 닭 뼈였다. 또한 농장의 기록은 노예에게 빈번하게 현금을 지급하고 닭을 사들였다는 사실을 보여준다. 농장주는 노예에게 닭에 관해서라면 마음대로 할 수 있는 권한을 주었다. 닭은 경제적인 가치를 무시해도 될 정도인 데다 농장 노예들을 먹이는 데 드는 식비를 줄였으며, 서부 아프리카에서 온 노예 중 다수가 조상으로부터 물려받은 훌륭한 가금 사육 기술을 지니고 있었기 때문이다. 예를 들면 버지니아의 농장주 랜던 카터(Landon Carter)는 자신의 노예인 수키(Sukey)에게 200마리의 닭을 "맡겼다."라고 말했다.

유럽의 유대인들이 그리스도교인들이 경멸해 마지않던 고리대금업에서 전문 지식을 쌓았던 것처럼, 닭 사육은 아프리카계 흑인들의 전문 분야가 되었다. 일부 농장주들은 노예들이 사업가로서 발휘할 수 있는 자유를 제한하기 위해, 노예들에게 남는 고기와 달걀을 아예 팔지 말라고 명령했다. 일찍이 1665년 메릴랜드 총독 필립 캘버트(Phillip Calvert)는 자신의 노예들로부터 닭 열 마리를 사들여 노예들의 수익을 올려주었다는 이유로 토머스 윈(Thomas Wynne)과 엘리자베스 윈(Elizabeth Wynne)을 고소했다. 한 세기가 지난 뒤, 워싱턴 장군의 이웃 제임스 머서(James Mercer)는 "흑인들은 대체로 닭 장수다."라는 글을 남겼다. 그는 또한 자신의 감독관에게 보내는 편지에서 "닭 때문에 내가 그들에게 졌다고 하는 빚을 갚기 위해 몇 미터의 리넨을 주겠다고 제의했다."라고도 했다.

당시의 전형적인 거래 방식에 따라, 토머스 제퍼슨은 1775년 자신의 섀드웰 농장에서 일하는 두 여성 노예에게 은화 두 닢을 주고 닭 세 마리를 샀다. 1800년대 초반 그가 미국 대통령 직을 수행하기 위해 고향을 떠나자, 손녀 앤 캐리 랜돌프(Ann Cary Randolph)는 할아버지가 안 계시는 동안 제퍼슨 저택을 관리하면서 이런 거래를 할 때마다 기록을 남겼다. 닭과 달걀은 노예들이 백인 가정에 파는 가장 흔한 상품이었다. 이런 가금 판매에 종사하지 않는 노예는 요리사들과 제퍼슨의 정부(情婦)인 샐리 헤밍스(Sally Hemings)뿐이었다. 이런 상업적인 거래는 사우스캐롤라이나의 쌀 농장에서도 일어나, 이곳 노예들은 종종 자신들이 먹을 식량을 스스로 키울 것으로 기대되었다. 1728년, 엘리아스 볼(Elias Ball)이라는 백인 농장주는 자신의 노예 에이브러햄(Abraham)에게 1파운드 50실링을 주고 닭 열여덟 마리를 샀다. 영리한 사업가인 에이브러햄은 주인에게 닭 한 마리를 덤으로 끼워주었다. 농장주들은 노예에게서 한 번에 70마리까지 닭을 구매하기도 했다.

1790년대 영국에서 버지니아를 방문한 아이작 웰드(Isaac Weld)는 이런 글을 남겼다.

"노예들이 사는 작은 주거지와 인접한 곳에 보통 닭을 키우는 작은 정원과 마당이 있었다. 이는 모두 노예의 소유였다. 그들의 정원에는 대개 재고가 넘쳤고, 기르는 가금류 떼도 어마어마했다."

자유인이건 노예건 그들은 농장 안팎 모두에서 광대한 닭 연락망을 만들었다. 자유흑인들은 중개상 역할을 하며 농장 밖의 세상으로 닭을 유통했다. 미국 독립 혁명 전에 버지니아에 들렀던 한 여행자는 직접 키운 닭과 농산물을 팔기 위해 그가 묵었던 숙소 앞에 잔뜩 모인 흑인들을 보고 깜짝 놀랐다고 전했다. 《사우스캐롤라이나 가제트South Carolina Gazette》 신문은 찰스턴에서는 흑인 여성들이 도시의 시장에서 "아침부터 밤까지" 닭과 달걀을 판다고 보도했다. 그곳에서 흑인들은 백인 손님을 상대로 자유롭게 높은 가격을 부르고 수익을 챙겼다. 남북전쟁 전에 남부를 다녀온 용감한 스웨덴 여성 여행자 프레드리카 브레메르(Fredrika Bremer)는 이런 글을 남겼다.

"노예들은 달걀과 닭을 팔았다. 그들은 종종 저축하기도 했다. 어떤 노예들은 몇백 달러를 가지고 있다는 이야기도 들었다."

닭은 아프리카계 흑인들 사이의 지하 경제에서 유통 화폐의 역할을 하기도 했다. 가진 닭이 많았던 한 버지니아 농장의 노예는 목수 노예에게 닭을 줄 테니 오두막집에 들여놓을 등받이 없는 나무 의자를 만들어달라고도 했다. 남북전쟁의 시대에는 이미 2세기 이상 닭과 달걀을 팔아오고 있었다. 이 번창하는 사업은 남부 오지까지 확대되지는 못했다. 그곳은 노예들의 거주 환경이 훨씬 가혹한 데다 노예가 사업가 정신을 발휘하기 어려웠기 때문이다. 남북전쟁 이전에 유행하던 사우스캐롤라이나의 노래에서는 농장 주인들이 골칫거리인 노예를 해가 뜨겁고, 닭도 없고, 옥수수도 먹을 수 없는 미시시피로 쫓아내겠다고 협박하는 노랫말이 나오기도 한다.

닭 사업을 하는 노예들은 주인들이 더 많은 닭을 먹었으면 하고 바라는 강력한 경제적 동기를 가지고 있었다. 흑인 여성들이 종종 농장의 부엌에서 요리를 했으므로, 오크라(okra)나 케일 같은 서부 아프리카 식재료가 슬그머니 농장의 식탁에 올라오기도 했다. 하지만 흑인은 물론 백인 사이에서도 선호된 남부 음식인 프라이드치킨이 생겨나도록 힘을 보탠 것은 바로 미수에 그친 노예들의 반란이었다.

1800년, 아이티의 노예들은 프랑스 주인들에 대항하여 혁명을 일으켰다. 리치먼드의 노예 대장장이 게이브리엘 프로서(Gabriel Prosser)도 같은 시기 버지니아 주 정부에 대항하여 봉기할 준비를 했다. 하지만 계획이 사전에 발각되어 그는 공모자들과 함께 수감되었다. 공술서를 작성하는 과정에서 프로서는 유명한 백인 여주인이자 요리사인 메리 랜돌프(Mary Randolph)를 아프리카계 흑인이 통치하는 새 정권의 여왕으로 세울 계획이었다고 말했다. 리치먼드 연방 보안관이었던 그녀의 남편은 이 말을 듣고 몹시 격분하여 모든 음모자들을 처형하려고 했다. 당시 대통령 선거 운동 중이던 제퍼슨은 주지사 제임스 먼로(James Monroe)에게 범법자들을 관대하게 처분하라고 조언했다. 이에 랜돌프의 반대에도 불구하고 프로서와 20여 명만 교수형을 받고 나머지 열 명은 목숨을 건졌다.

새로운 제퍼슨 행정부는 담배 가격이 붕괴되자 랜돌프를 연방 보안관 자리에서 내쫓았다. 이후 랜돌프 부부는 상당한 재산을 잃게 되었고 그러자 '몰리 여왕[Queen Molly: 몰리(Molly)는 메리(Mary)의 애칭이다—옮긴이'으로 널리 알려진 메리 랜돌프는 수지맞는 일거리를 위해 리치먼드에 하숙집을 차렸다. 이 일로 랜돌프는 유명세를 떨치게 되었고 1824년에는 최초의 남부 요리책이라고 간주되는 《버지니아 주부*The Virginia House-wife*》를 출판했다. 랜돌프가 소개한 요리법은 옛 영국 요리책을 재탕하던 기존의 요리책들을 대체하기 위한 것으로, 미국산 재료를 활용하여 영국과 아프리카의 요리 전통을 적절히 결합하고 있었다. 남부식 프라이드치킨을 만드는 방법을 가장 처음 소개한 것도 이 책이었다. 메리는 조각낸 닭을 밀가루에 묻히고, 소금을 뿌린 뒤 기름에 집어넣고서 옅은 갈색이 돌 때까지 튀기라고 조언했다.

프라이드치킨이 서부 아프리카 특유의 요리는 아니다. 한 고대 로마 조리법은 후추 등을 넣은 향신료로 닭을 튀기라고 조언했다. 스코틀랜드 하일랜드 지방의 요리사들은 솥에다 기름을 끓이고 닭을 집어넣는 오랜 전통에 따른 요리법을 신대륙으로 가져왔다. 하지만 아프리카계 흑인들이 그대로 따르거나 큰 영향을 받은 레시피는 바로 메리 랜돌프의 조리법이었다. 이것이 후일의 프라이드치킨의 원형이 되었다. 한 세기가 지나자, 할랜드 샌더스(Harland Sanders)라고 하는 미국 중서부 출신 백인이 이 요리법을 약간 변형시키고 또 압력솥을 사용하는 기술 혁신을 도입하여 오늘날 세계에서 두 번째로 수익성 높은 패스트푸드 체인 '켄터키 프라이드치킨(KFC)'을 발족시켰다. 아프리카계 미국인들이 닭을 사육하고 요리하고 현대 양계 산업의 기반을 놓은 지 3세기가 흐른 지금, 그들은 과거의 지위에서 내려와 열외된 것도 모자라 닭 도둑으로 내몰리고 있다. 그러는 동안 프라이드치킨은 전형적인 미국 음식으로 부상하게 되었다.

メリ 랜돌프가 요리책을 출판하고 25년이 지난 뒤, 맹렬한 암탉 열풍이 영국에서 뉴잉글랜드 지방으로 넘어왔다. 1만 명이 넘는 사람들이 1849년 11월 어느 추운 목요일 아침 보스턴의 퍼블릭 가든에서 열린 미국 최초의 화려한 가금 전시회에 몰려들었다. 일반 대중은 물론 정치인, 사업가, 관료들도 전시회에 모습을 드러냈다. 이 광경을 직접 목격한 조지 버넘(George Burnham)은 "도시 사람들이 전부 그곳에 와 있었다."라는 글을 남기기도 했다. 우람한 목소리가 교회 오르간에 비유될 정도였던, 당시 미국에서 가장 훌륭한 연설가 대니얼 웹스터(Daniel Webster)는 전시회장에 자바 닭 한 쌍과 함께 나타났다. 그는 연설을 하라는 요구에 등 떠밀려 연단에 올랐지만, 그의 목소리는 수탉들의 불협화음에 파묻히고 말았다. 전시회 날 어떤 남자는 한 쌍의 닭을 사는 데 13달러를 지불했는데, 이는 밀가루 두 통을 살 수 있는 가격이었다.

버넘은 미국 가금 열풍을 부추기는 데 한몫을 한 사이비 신사이자 신문 기자, 가금 번식업자였다. 보스턴에서 전시회가 열리고 한 달 뒤, 그는 감자 기근의 절정기 때 아일랜드 주지사를 지낸 헤이츠버리 경으로부터 코친차이나 여섯 마리를 구입했다. 이것은 빅토리아 여왕과 부군 앨버트 공이 지난해 봄에 윈저 성의 양금장에서 더블린의 전시회장으로 보낸 닭들과 같은 종이었다. 버넘은 이들에게 90달러를 지불했는데 이는 오늘날 2,500달러에 해당하는 큰돈이었다.

이 닭들이 보스턴에 도착하자 한 지역 신문은 "이례적이고 아주 특이하다."라고 보도했으며, 보스턴 시에 일대 돌풍을 일으켰다. 아홉 달 뒤, 버넘은 가져온 닭이 낳은 새끼들을 길러 네 마리를 65달러에 팔았다. 정말로 현명한 투자였던 셈이다. 1852년, 그는 키우던 닭 한 쌍을 떠들썩하게 선전하며 빅토리아 여왕에게 보냈다. 그러자 여왕은 고마움의 표시로 버넘에게 자신의 초상화를 보내주었고 이 일은 신문에 대대적으로 보도되었다. 당시에 공장 노동자가 한 시간에 평균 7센트를 받았는데, 코친차이나 한 쌍 가격은 150달러에서 700달러로 급등한 상태였다.

미국의 능숙한 흥행사 피니어스 바넘(Phineas Barnum) 역시 고급 닭에 매혹되어 뉴욕 주 북부에 있는 '이라니스탄'이라는 자신의 호화로운 저택에 커다란 닭장을 지었다. 이에 더하여 그는 국립 가금 협회(National Poultry Society)의 회장을 맡고 있었다. 이 단체의 부회장은 노예 해방론자였던 편집장 호레이스 그릴리(Horace Greeley)와 버넘이 맡았다. 1854년 2월, 바넘은 전국 규모의 첫 번째 가금 쇼를 조직했고, 닭에 관한 사람들의 열기를 잘 활용하여 뉴욕 브로드웨이에 있는 자신의 박물관에 많은 관중을 끌어들였다. 2월 13일자 《뉴욕 타임스》는 헤드라인을 이렇게 뽑았다. "오늘 아침 태양이 떠오르면 놀라운 닭 울음소리가 들릴 것이다."

오늘날의 가치로 대략 1만 3,500달러에 해당하는 상금 500달러를 내건 바넘은 "모든 외국산, 그리고 갓 수입된" 닭이 전시회에 출품된다고 광고했다. 전시회는 대성황이었고 군중들은 바넘에게 예정 기간보다 엿새 더 쇼 기간을 늘리라고 촉구했다. 그는 10월에도 같은 전시회를 열어 커다란 성공을 거두었는데, 이때는 미리 작곡가를 고용해 '내셔널 그랜드 폴트리 쇼 폴카(National Grand Poultry Show Polka)'라는 행사 축하곡을 아예 만들어 행사 기간 내내 이 곡을 연주하도록 했다. 전임자 버넘과 마찬가지로, 이 흥행사는 암탉 열풍으로 큰돈을 벌었다.

오고 가는 큰돈, 대규모 선전, 암탉 열풍을 둘러싼 극도로 과잉된 흥분 상태는 미국의 분별 있는 농업 언론을 불안하게 했다. 일찍이 닭은 미미한 동물이었고 주로 여자들이 관리했으며 남성적인 농장 문화에서는 곡식과 거대한 가축이 주요 관리 품목이었다. 편집자들은 "상하이, 치타공, 코친차이나, 플리머스록, 그 외에 부풀려진 여러 가치 없는 닭의 품종"에 과도한 금액을 지불하지 말라고 대중들에게 경고했다. 하지만 이 조언에 귀를 기울이는 사람은 별로 없었다. 뉴욕 주 북부의 한 신문은 코친차이나 한 쌍에 10달러, 그들이 낳은 달걀 열두 개에 4달러를 받고 판 농부가 한 해에 닭만 가지고 433달러를 벌었다고 보도했다. 1850년대에 소규모 농장을 운영하는 농부에게 그것은 거액이었다. 뉴잉글랜드의 성직자들은 치타공과 브라마종에 큰돈을 투기했고, 남부 백인들은 그들의 노예들이 새롭고 값비싼 닭의 품종에 손쉽게 접근할 수 있는 상황에 불평을 터뜨렸다. 1853년 조지아 주 서북부 도시 롬의 한 농장주는 흑인 일꾼들이 작년에만 500마리의 상하이 닭을 키웠고 또 그 가슴이 크고 무거운 닭을 "매일 풍성하게 먹어치운다."라고 말했다.

작가 허먼 멜빌은 상하이 닭 열 마리가 무려 600달러에 팔리는 과열된 암탉 열풍을 풍자했다. 그가 1853년 쓴 단편 〈꼬끼오 혹은 고귀한 수탉 베네벤타노의 울음Cock-a-Doodle-Doo! or The Crowing of the Noble Cock Beneventano〉에서, 주인공은 상하이 수탉에 지나치게 집착하여 그것을 얻으려고 자신의 농장을 기꺼이 저당 잡히려는 모습을 보인다. 멜빌은 이렇게 글을 남겼다.

"그 수탉은 그냥 수탉이 아닌 황금 독수리 같았다. 마치 육군 원수라는 말이 더 잘 어울렸다. 그런 수탉이 있을 줄이야! 오만한 크기에, 오만한 다리로 오만하게 선 모습이란. 녀석은 붉은색, 황금색, 흰색으로 모습을 드러냈다. 붉은색은 털볏에서만 나타났는데, 이 볏은 그야말로 장대하고 균형이 잘 잡혀서 마치 골동품 방패에 묘사된 헥토르의 투구 같았다. 녀석의 깃털은 눈처럼 새하얗지만 금빛의 흔적이 드러났다. 판잣집 앞에서 걷는 모습이란 어찌나 귀족 같던지. 녀석의 털볏은 꼿꼿이 섰고, 가슴은 불룩 올라왔고, 수놓은 장식 같은 깃털들은 햇빛을 받아 번뜩였다. 보폭조차 훌륭했다. 녀석은 정말이지 웅장한 이탈리아 오페라에서 등장하는 동양의 왕 같은 모습이었다."

영국에서 그랬듯, 1855년에 닭 거품은 갑자기 꺼져버렸다. 같은 시기좀 더 유명한 캘리포니아 골드러시가 갑작스레 북적거리다가 무너져버린 것과 비슷했다. 하지만 그 현상은 짧게 끝난 것치곤 아주 장기적인 영향을 미쳤다. 남북전쟁이 발발했을 때, 새로운 품종의 닭은 메이슨-딕슨선을 놓고 대치한 남북 양측의 농장들에 뿌려졌다. 눈부신 색과 훌륭한 깃털을 추구하던 수집가들은 더 많이, 더 큰 달걀을 낳는 보다 살이 많은닭과 교배하는 실험을 시작했다. 남부와 북부 간의 혈전이 종료되자, 닭에 열광한 미국인들은 오늘날 세계 닭의 압도적 다수를 차지하는 닭 품종을 만들어낼 만반의 준비를 갖추었다.

가장 흔한 현대의 품종 중 하나인 플리머스록은 1849년 보스턴 쇼에서 존 쿡 베넷(John Cook Bennett)에 의해 처음으로 선보였다. 그는 한때 자유연애를 옹호하고 마취약 클로로포름의 사용을 처음 시작했으며또 모르몬 종교 운동의 지도자이기도 했다. 베넷이 선보인 새로운 품종은 잉글리시 도킹과 아시안 코친, 말레이 품종의 유전자가 결합된 것이었다. 하지만 어떤 닭 애호가는 플리머스록을 "거의 값어치라곤 없는 잡종"이라고 일축했다. 살이 많은 닭을 만들기 위해 도미니크, 코친 혹은 자바의 유전자를 섞은 이후의 플리머스록은 살뿐만 아니라 알도 많이 낳는모습을 보였다.

1875년, 메인 주의 한 농부는 최초로 흰 플리머스록을 사육했는데 이 닭은 아시아와 유럽 품종을 교배시켜 얻은 것이었다. 그리고 이 닭이 전 세계로 퍼져나갔다. 한편, 1840년대 이탈리아에서 수입한 닭인 레그혼과 아시아 품종을 교배한 로드아일랜드레드도 등장했다. 코니시 암탉과 오핑턴 같은 영국산 품종을 교배시킨 잡종도 역시 인기를 끌었다. 일부 새로운 품종들은 대량으로 알을 낳거나 산육(産肉) 능력이 높아지는 등 특화된 모습을 보였다.

철도, 광산, 제조 공장은 산업혁명이 가속화되자 미국 북부 전역으로 퍼져나갔다. 도시 인구는 급증했고 자연스럽게 식량 수요도 급등하여 전통적인 방식의 농업은 소 키우기 같은 새로운 산업으로 대체되었다. 1880년대에 이르자, 텍사스에서 자란 소가 시카고에서 도축되어 그 고기가 뉴욕, 런던, 파리, 베를린의 식탁에 올랐다. 소몰이, 철도 운송, 도축장, 증기선 운송의 복잡한 체계는 미국산 소고기가 1세기 동안 우대를 받는 데 도움을 주었다. 돼지 가공업자들도 이런 소 키우기 산업의 일관 체계를 모방하기 위해 최선을 다했다.

하지만 닭의 경우는 달랐다. 닭은 그저 보호되는 우리만 제공하면 부엌과 정원 한구석에서도 얼마든지 생존했다. 보통 농장의 여자들이 닭들에게 남는 모이를 주고 키웠으므로, 양계업은 일정한 산업 규모를 갖출 것이라고 예상하기 힘들었다. 일부 19세기 미국인들은 고대 로마인들의 조언에 귀를 기울였다. 로마인들은 닭을 신성하다고 생각했지만, 동시에 구운 닭도 즐겼다. 기원후 1세기의 학자이자 농부인 마르쿠스 테렌티우스 바로(Marcus Terentius Varro)는 "기술과 노력으로 큰 이득을 얻을 수 있는 닭 농장을 세우려는 이들"을 위해 세심한 조언을 남겼다. 그는 200마리의 닭을 실내에 수용할 것을 권장했다. 바로는 공작과 뿔닭 역시 실내에서 키울 수 있지만, 이들은 "주로 마당에 두어 살을 찌워야 할 가금"

이라고 말했다. 하지만 그는 닭에 관해서는 이렇게 덧붙였다.

"닭은 따뜻하고 좁고, 캄캄한 장소에 가두어야 한다. 움직일 수 있고 빛까지 받으면 도무지 살이 찌지 않기 때문이다."

닭은 신성한 존재였지만, 놓아기르진 않았던 것이다.

대 플리니우스와 루키우스 콜루멜라(Lucius Columella) 같은 저술가들은 산란율, 특종 품종의 이점, 닭에게 유해한 질병, 닭을 수용하고 먹이를 주고 보호하는 방법 등에 관해 굉장히 상세하게 논술했다. 대 플리니우스는 아주 작은 축사, 즉 오늘날 우리가 배터리 케이지(battery cage: 대형 농장에서 도살하기 이전에 암탉을 잠시 가두어두는, 줄 지어 있는 비좁은 닭장─옮긴이)라 부르는 것과 비슷한 곳에 닭을 가두었고, 그 결과 닭은 끊임없이 먹이를 먹었다. 콜루멜라는 도박을 경멸했던 로마 귀족들의 정서를 이렇게 표현했다.

"우리는 그리스인들의 주된 목적, 즉 투계를 위해 매우 사나운 닭을 훈련하는 일에 관심이 없다. 우리의 목표는 종종 유산 전체를 걸었다가 순식간에 날리는 일이 벌어지는 투계 노름꾼을 양성하는 데 있는 것이 아니라, 부지런히 일하여 수입을 벌어들이는 가정적인 사람을 만들어내는 데 있다."

그렇지만 로마인이 가진 대부분의 양계 지식은 그리스의 델로스 섬에서 유래했다. 이 섬은 가내 수공업의 모범이라고 할 수 있는, 수익성 높은 양계업의 중심지였다. 로마제국의 전성기에 이르자 닭은 북적거리는 시장에서 흔하게 발견되었다. 로마의 오스티아 항구에서 나온 2세기의 돌 부조(浮彫)는, 어떤 여자가 나무 들보에 갓 도살한 닭을 거꾸로 매달아 파는 활기찬 시장 풍경을 묘사하고 있다.

로마제국에서 유일하게 전하는 요리책인 《아피키우스Apicius》는 닭을 주제로 열일곱 가지 요리법을 선보인다. 그중 한 요리법은 닭이 살아 있을 때 털을 뽑으라는 것인데, 오늘날에도 일부 중국 지방에서 사용되는 조리법이다. 이렇게 해야 고기 맛이 더 좋다고 생각했기 때문이다. 500년경 이 책을 엮은 이는 고환, 꼬리 깃털이 붙어 있는 살 많은 부분, 깍두기처럼 썬 뇌, 조리된 볏 등 닭의 모든 부분을 요리 재료에다 포함시켰다. 닭 요리는 심지어 영국과 독일에 살았던 일부 로마인과 켈트족의 무덤에까지도 들어갔다. 그리하여 닭의 뼈는 무덤 속에서 인간의 뼈와 함께 뒤섞였다. 로마제국의 붕괴로 인해 로마의 양계 산업도 자연스럽게 무너졌다. 해당 산업을 유지하고 존속하려면 유능하고 세심한 조직, 잘 건설된 건물, 훌륭하고 안전한 도로가 필요했는데, 제국의 붕괴로 이런 기반 시설들이 사라졌기 때문이다. 이후 양계 산업이 다시 활동을 시작하려면 19세기까지 기다려야만 했다.

대규모 양계 농업의 가장 큰 장애물은 번식이었다. 닭의 배아는 껍질을 깨고 나오려면 3주 동안의 시간이 필요하다. 어미 닭은 새끼의 정상적인 발달을 돕기 위해 하루에 세 번에서 다섯 번씩 알을 굴려가며 체온으로 품는다. 알의 부화를 위해 온도는 반드시 섭씨 37도에서 40도 사이에 머물러야 하고, 습도는 부화 기간에 대부분 55퍼센트 가깝게 유지되다가 알을 깨기 전 며칠 동안은 더 높은 습도를 유지해야 한다. 암탉은 알을 돌보는 데 상당한 시간을 들이기 때문에 알을 더 낳을 시간이 부족하고, 따라서 새끼를 많이 낳으려면 시간이 더 걸렸다.

이를 해결하려면 암탉을 모방한 인공 부화기를 도입해야 했다. 부화기의 등장으로 암탉은 부화에 신경 쓰지 않고 더 많은 달걀을 낳게 되었다. 하지만 서구인들은 기본적인 기술을 파악하여 그것을 유럽이나 미국 환경에 적용하는 과정이 지지부진했다. 토머스 제퍼슨은 1812년 한 친구에게 발명가들이 인공 부화기 제작에 과학적 능력을 집중시키지 못한다며 불만을 털어놓았다. 하지만 고대 이집트인들과 중국인들은 이미 기원전 4세기에 인공 부화에 성공했다. 이 방식은 양계업자가 달걀을 뒤집을 동안에, 짚과 낙타 똥을 섞어 만든 연료에 불을 붙여 큰 방을 데우거나 아니면 썩은 거름을 덮어 필요한 열을 제공하는 방식이었다. 이 기술은 처음에 중국에서는 오리 알, 이집트에서는 거위 알에 적용한 것으로 보이나 시간이 흐르면서 닭에 적용되었다. 암탉이 오리보다 더 많은 알을 낳을 수 있는 데다 부화도 빨랐기 때문이다.

중세 시대에 이르러, 유럽인들은 한 번에 수천 개에 이르는 달걀을 부화할 수 있는 나일 강 삼각주의 다중 부화실을 경탄의 눈으로 바라보았다. 하지만 이 비법은 소수의 콥트인(이집트에 사는 고대 이집트인의 자손—옮긴이) 가문들에 세대를 거쳐 철저한 비밀 속에 전승되었다. 부화기(interbator)에 해당하는 아랍어는 '닭 기계'로 해석된다. 한 메디치 가문 사람은 부화기를 설치하기 위해 한 이집트인을 르네상스 시기의 피렌체로 데려왔고, 프랑스 왕 두 명은 15세기와 16세기에 인공 번식기를 사용하여 닭을 증산하려는 사업에 자금을 댔다. 하지만 이중 어떤 것도 성공하지 못했다. 쌀쌀하고 불안정한 유럽의 기후 혹은 낙타 똥의 부족 때문이었을 것이다.

프랑스의 박식가 르네 앙투안 페르숄 드 레오뮈르(René Antoine Fer-chault de Réaumur)는 이집트를 방문하고서 이집트의 386개 부화기가 한 해에 9,200만 마리의 병아리를 부화할 것이라고 추정했다. 이는 정말로 경이로운 수치였다. 20세기가 될 때까지 어떤 서양 국가도 이러한 생산력을 보이지 못했다. 레오뮈르는 민감한 온도계가 통제하는 장작 난로로 열을 공급받는 혁신적인 부화기를 발명했다. 그 결과 부화된 닭들은 프랑스 왕 루이 15세(Louis XV)를 기쁘게 했지만, 레오뮈르의 발명품은 경제적으로는 타산이 맞지 않았다.

19세기 후반의 새로운 기술은 효율적인 부화기를 만들어내 수천 개에 이르는 달걀을 처리할 수 있게 했다. 이런 발전은 유럽인들의 서방 이주가 급증하는 시기와 일치한다. 1880년, 미국에서는 1억 마리의 닭이 1억 5천만 달러어치의 달걀 55억 개를 생산했다. 10년 뒤, 미국의 닭은 2억 8천만 마리로 늘었고 달걀 생산은 따라서 100억 개로 늘어 총 2억 7,500만 달러의 매출을 올렸다. 뉴욕에 사는 유대인들은 단일 민족으로는 닭을 가장 많이 먹는 사람들이었다. 《탈무드》는 정통파 유대교 신자들에게 안식일을 즐길 것을 요구했고, 즐기는 것에는 잘 먹는 것도 포함되었다. 하지만 쇠고기는 비쌌다. 유대인 대학살과 빈곤에서 도망친 유대인들 사이에서 생선이 가장 선호되는 식재료였고 그 다음이 아슬아슬한 차이로 닭이었다. 이런 닭 선호는 초기 양계 산업에 동력을 공급하기 시작했다. 1880년과 1914년 사이 동부 유럽에 사는 전체 유대인의 3분의 1에 이르는 200만의 유대인들이 미국 땅을 밟았고, 그중 대부분은 뉴욕 시에 자리를 잡았다.

처음에 뉴욕에 공급되는 살아 있는 닭의 대부분은 버지니아 해안에서 배로 수송되었지만, 1870년대가 되자 중서부에서 출발한 살아 있는 닭을 가득 채운 열차가 최초로 맨해튼의 구 웨스트 워싱턴 마켓에 도착했다. 인구가 늘어나는 도시에서 달걀은 그야말로 귀한 것이어서 많은 달걀이 유럽에서 수입되었다. 《뉴욕 타임스》는 1883년 기사에서 이렇게 보도했다.

"지난 아홉 달 동안 이 항구에서 받은 유럽산 달걀은 240만 개에 이른다. 달걀은 짚으로 포장되어 기다란 상자에 담겨 오는데, 각 상자에는

120다스가 담겨 있다."

아프리카계 흑인이 남북전쟁 이전의 남부에서 닭 시장을 지배했다면, 이제 유대인 특히 유대인 여성들이 미국에서 가장 큰 도시에서 가장 성공적인 닭 장수가 되었다.

유대인 주부들은 보통 시장에서 살아 있는 닭을 사서 예식에 맞는 도살을 위해 유대교 율법을 지키는 코셔 푸주한에게 가져갔다. 하지만 지극히 날카로운 칼을 써서 동물의 고통을 줄이면서 그것들의 희생을 값진 것으로 하라는 율법을 비웃기라도 하듯, 엄청나게 많은 숫자의 닭들은 고통 경감과는 전혀 다른 상황에 놓여 있었다. 1887년 한 랍비는 "진흙, 피가 강처럼 흐르는 광경"을 보고 몸서리를 쳤다. 그곳은 사람과 닭들이 이루 말할 수 없을 정도로 붐볐고, 푸주한들은 "몸을 돌릴 공간조차 없었으며" 칼날이 충분히 날카로운지 알아볼 시간도 없이 닭을 계속 죽이고 있었다. 1900년, 뉴욕에는 1,500개의 코셔 정육점이 있었고 맨해튼에는 살아 있는 닭을 실은 열차가 연간 2만 대 수준으로 들어왔다. 이 수치는 1920년이 되면서 대략 네 배가 되었다.

흑인들은 농촌 지역인 남부 오지의 학살과 빈곤에서 도망치기 시작했다. 짐 크로 법률들(공공장소에서 흑인과 백인의 분리와 차별을 규정한 미국의 인종차별 법. 1876년부터 1965년까지 존재했다―옮긴이)과 목화를 먹는 목화바구미가 1890년대에 그곳에 동시에 들어왔고, 이로 인해 어쩔 수 없이 수만 명에 이르는 흑인들은 고향을 떠나 생계 수단을 얻기 위해 산업화된 북부의 공업 도시로 몰려들었다. 그들은 그렇게 도망치는 과정에서도 모욕을 당했다. 당시 열차의 식당차는 백인만 입장이 가능했고 흑인들은 들어오지 못하게 했던 것이다. 이에 흑인들은 음식을 등짐에다 싸와야 했고, 서부 아프리카에서 유래한 튀긴 닭 전통이 그들과 함께 따라왔다.

그래서 흑인 이주민들은 그들이 타고 온 열차를 가리켜 "닭 뼈 급행"이라고 불렀다. 흑인들이 식사하고 남은 닭 뼈를 선로에다 뿌렸을 뿐만 아니라, 그들의 닭 다루는 기술과 닭을 향한 사랑을 급속히 팽창하는 도시들로 함께 가져왔기 때문이다.

도시의 닭고기와 달걀 수요가 증가하면서 그 파급 효과가 애팔래치아, 중서부, 캘리포니아 지역의 농장과, 닭 수요를 충족하는 데 주역을 담당하는 시골 여자들에게까지 미쳤다. 오늘날의 개발도상국들에서는 여자들이 주로 닭을 관리하듯이, 비교적 최근인 1930년대까지도 미국에서도 여자들이 그 일을 담당했다. 밭에서 환금 작물을 심거나 소를 몰아야하는 남자들은 어머니, 아내, 딸에게 닭 관리를 맡겼다. 이렇게 하여 닭은집 마당에서 관리하는 가축이 되었다. 닭은 남은 음식이나 부엌, 정원의버린 재료, 마당의 벌레를 먹었고 그 때문에 소규모 농장일수록 가정 근처에 있는 것을 더 좋아했다.

20세기 초에, 남부의 가금업은 캘리포니아 주나 중서부와 비교하면 한참 뒤처져 있었다. 당시 양계 사업이 옥수수와 소의 뒤를 이어 미국에서가장 수익성 높은 농산물 사업이었는데도 남부는 따라오지 못하고 있었다. 비록 노스캐롤라이나 주 농장의 90퍼센트가 닭을 보유했으나 그 숫자는 평균 22마리였다. 반면에 중서부 농장에서 키우는 닭의 숫자는 이보다 거의 세 배나 많았다. 양계는 여자의 일이라고 간주한 데다 닭 자체가 흑인들과 연관되었기에, 단기간에 이득을 올릴 수 있는 전망에도 불구하고 많은 남부 백인들은 자신의 소규모 농장을 양계 시설로 전환하려하지 않았다. 1917년 한 노스캐롤라이나 농업 연구원은 자신의 간곡한권고에 대하여 오히려 조롱을 받았을 뿐이라고 불평했다.

"양계는 대부분의 농장에서 불필요한 골칫거리로 천대받고 있다."

하지만 남부 여자들은 빠르게 수익을 올릴 수 있는 가능성을 알아보았다. 이렇게 된 것은 줄어드는 문맹률과 값싼 농업 정기 간행물의 보급 덕도 있었다. 1909년, 노스캐롤라이나 주 서쪽의 산악지대에 살던 몰리 터그먼(Mollie Tugman)이라는 한 십대 소녀는 가업을 돕기보다 닭으로 더 많은 돈을 벌겠다고 가족에게 선언했다. 소녀의 가족은 미국의 가장 열악한 장소라고 할 수 있는 바위투성이 언덕에서 옥수수를 재배하고 있었다. 몰리의 아버지와 오빠들은 코웃음을 쳤다. 몰리는 가족들의 무시하는 태도에도 아랑곳하지 않고, 열한 살 남동생과 두 마리 황소를 동원하여 마당에 울타리를 치고 닭장을 만드는 일에 착수했다. 이런 그녀의 결단에 감명을 받은 가족들은 마침내 굴복하고 그녀를 도와주었다.

몰리는 양계에 관한 정보를 전파하는 잡지 《혁신적인 농부*Progressive Farmer*》에 실린 기사에서 영감을 받았다. 이 기사에는 종종 여자들이 기고하기도 했다. 이 잡지 덕분에 그녀는 닭에게 음식 찌꺼기나 거친 옥수수를 먹이로 주는 것보다 곡식 낟알을 주는 것이 나으며, 닭이 질병에 걸렸는지 세심하게 지켜볼 필요가 있다는 점도 알게 되었다. 기르는 닭들이 알을 낳게 되자, 몰리는 물유리(이산화규소를 알칼리와 함께 녹여 만든 유리 모양의 고형 물질로 달걀 껍데기에 발라서 보존하는 데 쓴다—옮긴이)라 부르는 화학제품을 사서 달걀을 보존했고, 겨울이 되자 훨씬 더 높은 가격에 달걀을 팔 수 있었다. 다음 해 그녀는 결혼했고 이제 독자적으로 소득을 올릴 수 있게 되자 그 당시 여자로는 이례적으로 상당한 자유를 얻게 되었다.

맥퍼슨(H. P. McPherson)이라는 여성은 1907년에 닭이 채소, 버터, 우유보다 훨씬 큰 수익을 올리며 이로 인해 '의존감'을 덜게 되었다는 글을 남겼다. 그녀는 "양계를 할 수 있는 공간이 있는데도 돈을 벌지 않는 여자는 참으로 한심하다."라고 결론지었다. 1910년과 1920년 사이, 노스캐롤라이나 주의 닭과 달걀 총매출액은 두 배가 되었고, 다음 10년 동안 다시 두 배가 되었다. 닭은 미국에서 가장 빨리 성장하는 가축 산업이었다.

제1차 세계대전은 닭을 농가 마당의 부속물에서 국가 안보의 필수품으로 탈바꿈시켰다. 미군과 유럽의 민간인들에게 식량을 공급하는 사업의 책임자였던 허버트 후버(Herbert Hoover)는 미국인들에게 애국심과 수익의 두 가지 목적을 위해 마당에서 닭을 기르라고 권장했다. 《샌프란시스코 크로니클San Francisco Chronicle》은 1918년 4월의 한 기사에서 "암탉을 아끼고 기르며, 달걀과 수탉을 먹자!"라고 강조했다. 어떤 포스터는 미국 군인이 총검 소총을 들고 있고, 크고 무거운 닭이 횃대에 앉은 모습을 그렸는데 글귀는 이러했다.

"유럽에 더 많은 달걀과 쇠고기, 돼지고기를 보내자. 배에 더 많은 고기를 싣고 성조기 아래 더 많은 군인들을 보내자. 더 많은 군인을 모아 포츠담에서 아이들을 죽인 자들(나치)의 종말을 더욱 앞당기자. 남자들이여, 암탉을 챙겨라!"

또 다른 포스터는 암탉을 하나 그려놓고 이렇게 말했다.

"평시에는 유익한 취미, 전시에는 애국의 의무."

달걀 가격은 곧 두 배가 되었다.

그해 3월, 우체국은 미국 전역의 250개 부화장에서 생산된 병아리들을 특급 배송하는 데 동의했고, 이 업무는 훗날 국방부가 되는 전쟁부가 관리했다. 이 사소한 관료적 결정은 닭의 미래에 중대한 결과를 가져왔다. 그 시기에 많은 농부들이 인공 부화가 비도덕적이라고 주장했다. 병아리를 어미 닭으로부터 떼어놓기 때문이었다. 각 주의 의회에서는 6주 이하의 닭을 판매하는 일과 그것들의 우편 운송을 금지하는 문제를 두고 격렬한 논쟁이 오갔다. 하지만 전쟁부의 조치는 많은 부화장들에 광대한 전국 시장을 열어주었고 인공 부화에 대항 저항은 결국 무너졌다. 10년 뒤, 미국에는 1,000곳의 부화장이 들어섰고 대부분은 노스캐롤라이나와 미주리 주 서부에 집중되어 있었다. 미국에서 생산되는 절반 이상의 병아리가 농가 마당보다는 부화기에서 껍질을 깨고 나왔다. 캘리포니아 주의 한 기업가는 1919년 《4,200마리의 암탉으로 한 해에 1만 달러를 벌어들인 방법*How I Made $10,000 in One Year with 4,200 Hens*》이라는 책을 냈는데 곧 베스트셀러가 되었다. 이 당시의 1만 달러는 오늘날의 12만 5,000달러에 해당한다.

여자들은 이제 더 이상 여섯 마리의 닭을 키우면서 집에서 먹다 남은 달걀을 팔지 않았다. 양계 규모가 훨씬 더 커졌다. 교회 협동조합이 갑자기 등장해 달걀을 시장에 내놓고 암탉을 손질하여 도시 지역으로 보냈다. 노스캐롤라이나 주 서부의 한 직물 제조업자의 아내는 10만 개의 달걀을 처리할 수 있는 큰 부화장을 소유했다. 또 한 여성은 고기를 얻기 위한 양계에 전적으로 전념하는 새로운 사업 부문을 만들어냈다. 1923년 델라웨어 주에서 셀리아 스틸(Celia Steele)은 한 부화장에다 50마리의 병아리를 주문했다. 하지만 실수로 그녀에게 500마리가 배송되었다. 그녀는 그것들을 반송하지 않고 석탄 난로만 마련된 작은 정사각형 모양의 목재 건물에 보관했다. 그녀는 해안 경비대원으로 근무하던 남편과 함께 병아리의 몸집이 고기를 팔 수 있을 정도로 커질 때까지 먹이를 주었다. 이렇게 하여 수익이 생긴 셀리아는 대담하게도 오늘날 구이용 영계라 부르는 병아리를 1,000마리나 더 주문했다. 그 병아리들은 대부분 뉴욕의 유대인 시장으로 선적되었는데, 이곳 역시 대부분 여자들이 운영했다.

1925년, 체사피크 만(灣)과 대서양 사이에 있는 델마바 반도의 농부들은 5만 마리의 닭을 길렀다. 10년이 지나자 이 수치는 700만으로 뛰었다. 1930년대 미국 농무부(Agricultural Department)의 연구는 뉴욕에 들어오는 닭의 80퍼센트를 유대인 소비자들이 구매하며, 이 수치는 1900년 50만 마리에서 1930년 약 200만 마리로 네 배가 증가했다고 추정했다. 25년 뒤, 셀리아가 처음으로 구이용 영계를 기르던 변변찮은 목재 건물은 이제 국가 사적지 등록부에 올랐다. 1928년, 공화당 전국 위원회는 대통령 후보 후버를 지원하는 광고를 냈는데 "모든 냄비에 닭을"이라는 표제를 붙였다. 이 문구는 16세기 프랑스 왕 앙리 4세(Henry IV)의 맹세 중 일부였는데 실현되지는 못했다. 하지만 이번에는 이 말이 성사될 것처럼 보였다. 아프리카계 흑인과 시골 백인 여성은 차차 양계 산업에서 밀려났다. 대학에 양계 관련 학과가 생겨나고 월스트리트 자본가들이 변변찮은 닭으로 엄청난 수익을 창출할 수 있다는 것을 알아챘기 때문이다.

경제 대공황이 왔고 마침내 많은 남부 남자들이 부인의 조언에 귀 기울여 닭으로 눈을 돌리게 되었다. 합성 섬유와 목화바구미가 남부 전역 대다수 농부의 유일한 소득원이던 목화를 무너뜨린 상황에서 닭은 아주 가난한 가정의 연명 줄이었다. 1933년 《혁신적인 농부》의 한 호에서 언급한 바에 따르면, "작은 옥수수를 버리고 달걀 몇 개를 모으던 하찮은 잡일"로 시작했던 것이 이제는 "과학적인 사업이자 농가의 주요 소득원"이 된 것이었다. 이 즈음에는 매년 1만 량의 철도 차량들이 살아 있는 닭을 가득 싣고 북부의 산업 도시들로 향했다. 경기의 침체에도 불구하고 닭고기와 달걀은 꾸준히 유입되었던 것이다. 닭고기는 여전히 붉은 고기보다 맛도 없고 수요가 떨어진다고 간주되었고 또 가격도 더 높았다. 하지만 제2차 세계대전 직전에 이르러, 닭고기는 미국 식단의 중심부에 들어설 만반의 준비를 갖추었다.

1951년 6월의 어느 화창한 날, 1만 명의 닭 애호가들이 미래의 닭을 만들어내려는 전국적인 노력의 성과를 보기 위해 페이엇빌에 있는 아칸소 대학교 레이저백 스타디움에 운집했다. 밴드가 음악을 연주하고 군중이 환호를 보내는 가운데 미국 부통령 앨번 바클리(Alben Barkley)는 '내일의 닭' 경쟁에서 최종 우승한 캘리포니아 농부 찰스 반트레스(Charles Vantress)에게 5,000달러짜리 수표를 상금으로 전달했다.

이 상금은 광대한 새로운 산업이 부상하고 있다는 것과, 집닭이 미사일, 트랜지스터, 당시 6주 전에 최초로 실험한 수소폭탄과 어깨를 견주는 기술적 경이로 탈바꿈했음을 보여주는 것이었다. 최종 우승작으로 뽑힌 실물 닭은 이국적인 모습이나 번식 종의 순수함 때문에 선택된 것이 아니라, 양계 과학자팀이 고안한 완벽한 닭의 밀랍 모델에 얼마나 유사한지를 따져 선택되었다. 그리하여 당신이 지금 먹고 있는 샌드위치나 토르티야 같은 랩 샌드위치에 들어가는 구운 닭고기는 찰스 반트레스가 키운 닭의 후손들이다.

수소폭탄이 그러하듯이 '내일의 닭'도 제2차 세계대전의 산물이다. 쇠고기와 돼지고기는 전쟁 중 군대에 배급되었지만 민간인들에게는 닭고기로도 충분했다. 따라서 연방 정부는 닭 구입 가격을 높게 잡아 농부들이 후방의 국민들을 위해 더 많은 닭을 생산하도록 장려했다. 제1차 세계대전과는 다르게, 이제 달걀뿐만 아니라 닭고기에도 관심이 쏠렸다. 당시 구이용 영계 산업이 갑작스럽게 성장한 지 얼마 되지 않았다는 점을 고려하면 이는 놀라운 일이었다. 그 결과 쇠고기와 돼지고기의 재고가 점점 줄고 유럽과 태평양 전선의 전쟁이 고착화되는 동안 닭을 파는 암시장이 갑자기 생겨나기도 했다.

월트 디즈니의 단편 영화 〈치킨 리틀*Chicken Little*〉(1943)이 극장에서 상영되고 있을 때, 프랭클린 루스벨트 대통령은 전시 식량관리국(War Food Administration)을 구성하여 식량 부족에 대처했다. 전시 식량관리국은 지체 없이 델마바 반도의 모든 구이용 영계를 장악했다. 델라웨어 주, 그리고 메릴랜드와 버지니아 주 일부로 구성된 미국의 닭 생산 중심지는 셀리아의 구이용 영계 사업이 시작된 곳이기도 했다. 곧 닭은 부상 후 회복 중인 참전 용사들이 먹는 일반적인 식사가 되었고 남부 전역의 훈련소에서는 흑인 요리사들이 북부와 서부에서 온 수천 명의 청년들에게 프라이드치킨을 맛보는 즐거움을 선사했다. 선전 포스터들은 민간인들에게 집 마당에서 닭을 기르면 생기는 장점을 열렬히 홍보했다. 록히드사가 전투기를 제조하듯 플록히드[록히드(Lockheed)에 닭의 무리를 나타내는 단어 'Flock'을 합쳐 만든 언어유희 — 옮긴이]에서도 국방용 닭이 쏟아져 나온다는 농담도 당시 나돌아 다녔다. 하지만 일본계 미국인들이 수용소에 억류되면서 양계 산업과 관련하여 예상치 못한 위기가 찾아왔다. 병아리가 암컷인지 수컷인지 구분할 수 있는 고난도 기술을 가진 감별사 대다수가 일본계 미국인들이었는데 이제 그런 서비스를 받지 못하게 되었기 때문이다. 한 회사는 이렇게 말했다.

"전쟁 상황이었기 때문에 유능한 병아리 감별사들이 아주 부족했다."

전쟁이 끝난 무렵에 이르러, 미국인들은 전쟁이 시작되었던 때보다 거의 세 배는 많은 닭을 먹고 있었다. 하지만 이런 수요에 발맞추어 닭고기는 산업체 규모의 대형 농장에서 극적으로 증산되었다. 거대 부화장들은 수천 마리의 병아리를 쏟아냈고, 이어 농부들은 이들을 받아 도계장으로 보낼 정도가 될 때까지 광대한 헛간에서 사료를 먹여 키웠다. 그런 식으로 시장에 다량의 닭고기가 제공되었다. 셀리아가 델라웨어 주 시골의 목재 건물에 처음으로 구이용 영계를 키우던 때로부터 딱 20년이 지났을 뿐이지만, 닭고기를 얻기 위한 양계 사업은 중대한 산업이 된 것은 물론이고 국가 안보에도 영향을 미치게 되었다.

맨해튼 계획이 대학 소속의 과학자들, 산업 공학자들, 정부 관리들을 한곳에 모아 원자의 비밀을 풀었던 것처럼, '내일의 닭' 계획은 수천의 가금 연구자, 농부, 농업 관련 대리인들을 한데 모아 새로운 최첨단 결과물을 만들어냈다. 하지만 원자폭탄을 만드는 맨해튼 계획과는 다르게, 이것은 보안 사항도 비밀도 아니었다. 이 계획은 당시 미국에서 가장 큰 식품 소매업자이자 오늘날 월마트의 전신인 A&P(The Great Atlantic & Pacific Tea co., Inc.)에서 선임 관리자로 근무하던 아이오와 주의 가금 과학자 하워드 피어스(Howard Pierce)의 구상이었다. 1945년 캐나다에서 열린 회의에서, 피어스는 동료들의 말에 귀를 기울였다. 그들은 쇠고기와 돼지고기가 더 이상 배급되지 않는 세계가 빠르게 다가오고 있으며, 가금 산업이 재앙에 직면했다고 두려워하면서 말했다. 이에 피어스는 양계 산업과 소비자 모두를 위해 필요한 것은 칠면조같이 생긴 닭이라고 주장했다. 즉, 더 넓고 두꺼운 가슴에 두툼한 허벅지와 다리를 가진 닭이 필요하다는 뜻이었다.

피어스는 이 야심찬 목표를 실현하기 위해 자신이 벌이는 전국적인 시도를 후원하도록 A&P 경영진을 설득하였다. 시장이 점점 슈퍼마켓으로 바뀌는 흐름을 장악하고 있던 A&P는 식품을 포장하는 새로운 방식을 찾는 중이었다. 그들은 1946년 일부 대형 점포에 냉동 진열장을 설치하고 얼린 고기, 해물, 야채를 팔기 시작했다. 식품 소매 사업을 독점하려는 모의를 했다는 것 때문에 연방 정부로부터 유죄 판결을 받았던 사실을 뼈아프게 여겼던 A&P는 간절히 그런 악평을 개선하고 싶어 했다. 피어스는 주요 미국 가금 기구들, 두 개의 가금 업계 간행물, 미국 농무부 관리들이 같이 협력하는 일을 성사시켰다.

'내일의 닭' 위원회에 여자나 흑인은 없었다. 흑인과 여자가 지난 3세기 동안 양계업을 주름 잡아왔으나, 이제 미국의 닭은 백인 남자 전문가들이 견고하게 장악하고 있었다. 닭 권위자들은 채점 체계, 둥근 가슴을 가진 밀랍 견본, 경쟁을 위한 엄격한 규칙을 만들었다. 위원회의 목표는 소규모 농장을 운영하는 농부들의 전문 기술은 물론 대규모 상업 사육자들까지 끌어들여 "스테이크용으로 자를 수 있을 만큼 아주 두꺼운 가슴살"을 지닌 이상적인 구이용 영계를 만드는 것이었다. 상대적으로 몸집이 부실했던 과거의 닭을 감안해보면, 이것은 아주 엄청난 목표였다.

관심을 끌기 위해, A&P는 미국에서 가장 유명한 뉴스 영화 리포터 로웰 토머스(Lowell Thomas)에게 곧 제작할 단편 영화의 내레이션을 맡게 했다. 이 단편 영화에서 넥타이를 매고 흰 외투를 입은 진중한 분위기의 남자들이 전면에서 닭을 점검하고 있고, 배경에서는 닭에게 먹이를 주거나 닭을 손질하는 여자와 흑인들이 바쁘게 일하고 있다. 토머스는 이렇게 말했다.

"과거에는 달걀 생산을 주로 강조했기 때문에, 현재 소수의 사육사들만이 더 나은 육계용 닭들을 개발하는 조치를 취하고 있습니다."

위원회는 또한 '닭 장려 대회'를 공동 후원했다. 이 행사에는 뉴욕에서의 연회가 포함되었고, 그 외에 셀레스트 홈(Celeste Holm)과 아역 배우 나탈리 우드(Natalie Wood)를 주연으로 한 20세기 폭스의 영화 〈치킨 에브리 선데이*Chicken Every Sunday*〉의 시사회도 곁들였다. 물론 이날 행사의 진정한 스타는 따뜻한 식사 한 끼였는데, 부도가 나서 빈털터리가 된 가정이 이 닭 요리 식사 덕분에 은행털이범으로 전락하지 않고서도 다시 모여 시름을 덜고 함께 살아나갈 힘을 얻은 것이었다. 닭은 1년에 세 계절에 걸쳐 알을 낳아 시골 여자들에게 용돈을 벌어주었다. 또 닭을 메뉴로 하는 이따금 있는 특별한 저녁 식사는 쇠고기와 돼지고기를 대체할 강력한 경쟁자로 부각되었다.

'내일의 닭' 경쟁은 48개 주 중 42개 주에서 실시되었으며 각 주의 지역 결선을 거쳐서 두 번의 전국 대회가 열렸다. 참가자가 제출한 수정란들은 같은 조건에서 부화하고, 이후 같은 먹이를 주고 같은 예방 주사를 놓았다. 그런 뒤 무게를 재고, 도축하고, 다듬은 상태로 심사를 받았다. 대학, 가금 산업, 정부로부터 온 심사관들은 '생산 경제성'과 '손질한 고기'로 점수를 매겼다. 1948년과 1951년에 열린 두 전국 대회 모두에서 찰스 반트레스는 캘리포니아 코니시 수탉과 뉴햄프셔 암컷을 교배한 종으로 우승을 차지했다. 유럽과 아시아 유전자를 제대로 섞은 이 강건한 닭은 무게가 평균 2킬로그램 이상이 나갔고 당시 농가 마당에서 기르던 전형적인 집닭보다 두 배나 덩치가 컸다. 거기다 이 품종이 양계 업계의 표준 닭으로 성장하는 속도는 경이로울 정도로 빨랐다. 1950년이 되자, 대부분의 상업적 구이용 영계는 반트레스나 상위 입상자들의 닭에서 유래한 것이었다.《아칸소 농학자*Arkansas Agriculturalist*》라는 잡지의 1951년 호는 "비쩍 마른 엉덩이를 지닌 닭의 시대는 내일의 닭 경쟁에서 선두 주자를 차지한 품종들에 의해 끝장났다."라고 선언했다. 신문들은 과학적으로 설계된 닭들을 "농가 마당의 풍만한 암탉들"이라 부르며 환영했다.

전후 양계 산업의 멋진 신세계에서 여자와 농가 마당은 과거의 유물이 되었다. 현대의 닭은 실내에서 생활했고 자동화된 먹이통에서 가공된 먹이를 먹었으며, 다량의 비타민을 먹고 환기된 공기를 들이켰으며, 예방 주사와 항생제로 질병으로부터 보호받았다. 목표는 어디까지나 될 수 있는 한 싸고 효율적으로 먹이를 주어 그걸 모두 살로 가져가게 하는 것이었다. 이 목표는 잘 먹혀 들어갔다. 제2차 세계대전이 끝나고 쇠고기와 돼지고기의 가격이 급등하는 동안 닭의 가격은 극적으로 떨어졌다. 새로운 체계에서 농부는 계약을 이행하는 사육업자였다. 양계 회사는 부화장과 도계장은 물론이고 닭도 소유하면서 먹이와 약까지 제공했다. 사육자들은 자신의 길고 낮은 창고 같은 우리에서 닭을 키웠다. 닭이 목표 크기까지 자라면 곧바로 선적되었다.

1950년대 초까지, 미국에서 기르는 대부분의 닭 무리는 고대 로마의 농업 저술가들이 지지하던 규모와 비슷한 200마리를 넘지 않았다. 하지만 내일의 닭 경쟁 이후로 농가는 1만 마리는 물론 많을 경우에는 10만 마리까지 키웠다. 과거 같으면 농장에서 12년을 살 수 있던 암탉은 이제 6주 만에 살이 올라 도축할 수 있게 되었다.

이런 광경은 인류 역사에서 일찍이 찾아볼 수 없던 것이었다. 고기든 유제품이든 곡식이든 과실이든 채소든 다른 주요 식량이 생산된 물량과 규모에서 이토록 빠르게 확장된 사례가 없다. 유일한 예외라면 오렌지 주스 농축물인데, 과학적인 개선과 현명한 광고 덕분에 닭이 급성장하던 바로 그 시기에 양계 산업보다 더 급속히 팽창했다. 아무튼 영양과 사육 기법의 발전으로 인해 1940년에 들였던 시간의 절반 정도만 들여도 닭을 완전히 키울 수 있었다. 그로 인해 닭고기 1파운드당 가격은 65센트에서 29센트로 급락했다.

그렇다면 닭이 다른 동물, 예를 들면 소와 다른 점은 무엇인가? 나름대로 길고 단단한 역사를 지녔기에 목장주들은 유전학 이론과 기업적인 방식을 잘 수용하지 않으려 했고 급진적인 변화에 의구심을 품었다. 하지만 이와는 대조적으로 급부상하는 양계 산업의 거물들은 닭의 유전학과 관련된 과학자들의 광대한 연구를 흔쾌히 받아들였다. 더 효율적인 상품을 생산하기 위해서였다. 이런 양계 산업의 거물들은 대부분 농부가 아니라, 닭을 농장에서 도시로 건네주는 중개상들이었다.

예를 들면 미국에서 가장 큰 닭 회사인 타이슨푸드사의 창업주 존 타이슨(John Tyson)이 이에 맞는 인물이다. 현재 그는 세계에서 가장 많은 식육을 생산하는 회사를 운영하지만 경력의 시작은 자영업 트럭 운전사였다. 경제 대공황 초기에 간신히 입에 풀칠을 하던 그는 아칸소 주에서 캔자스시티, 세인트루이스, 시카고로 구이용 영계들을 수송했다. 타이슨은 운반하던 닭들에 먹이와 물을 주어 더 먼 거리까지 닭을 안전하게 수송할 수 있었는데 당시에는 이것도 참신한 시도였다. 제2차 세계대전 동안 닭 수요는 급등했고, 타이슨은 부화장과 사료 공장, 그리고 실패한 사육사들로부터 구이용 영계 사육장을 사들였다. 그리고 여기에 더해 오늘날 현대적인 사업에서 핵심 분야인 조립 라인 시설을 세웠다.

닭은 비좁은 공간에 대규모 숫자가 집중되어 있기 때문에, 한번 병에 걸리면 전체가 폐사할 수 있었다. 게다가 사료 가격은 아주 크게 변동하는 상황이었다. 따라서 이 업계에서는 대기업만이 살아남아 번창할 수 있었다. 이런 업계의 판도에서 타이슨 회장은 쉽게 흥분하지 않고 냉철하고 영리하게 판단하는 기업가라는 평판을 얻었다. 그는 닭에 대해서라면 전혀 감상적이지 않았다. 그는 이렇게 말했다.

"단순하게 생각합시다. 우리 회사는 닭을 죽이고 팔고 그리고 돈을 법니다."

타이슨의 아들 돈(Don)은 아칸소 대학교에서 농업 영양학을 공부한 뒤 1952년에 아버지 회사에 사장으로 합류했다. 두 부자는 1950년대 내내 회사를 확장하기 위해 사료, 유전학, 닭 관리 등에서 최신 과학 정보를 철저히 반영했다. 비타민, 예방 주사, 항생제는 성공의 필수적인 요소였다. 타이슨의 회사가 거래하는 제품으로 닭을 선택한 것은 거의 우발적인 일이었다. 나중에 돈 타이슨은 한 인터뷰에서 이렇게 말했다.

"우리는 사람들이 생각하는 것처럼 그렇게 구이용 영계 사업에 헌신적이지 않습니다. 우리는 투자 금액에 대비하여 돌아오는 수익에 대해서 헌신할 뿐입니다."

타이슨 가문은 내일의 닭 경쟁에서 등장한 '내일의 닭'의 수혜자가 되었다. 이 새로운 닭은 1세기 전 암탉 열풍으로 생겨난 전통적인 사육 문화를 대체했다. 과거의 종은 사라지기 시작했다. 자동차 생산업체가 균일한 부품을 필요로 하는 것처럼, 이 새로운 기업가들은 적은 사료로 빠르게 완전히 성장하고 가능한 한 거의 변화가 없는 닭을 바랐다. 따라서 과학적인 사육을 하는 신세대는 이런 균일성을 보증하는 생물학적 자물쇠를 지닌 교배종의 생산에 집중했다. 이런 접근법은 높은 생산량과 예측 가능한 상품을 보장했을 뿐만 아니라, 사육사들이 이제 그런 동일한 균일성을 지닌 닭을 생산할 수 없게 되었다는 뜻이기도 했다. 잡종 옥수수 품종처럼, 농부들은 유전적 특성을 통제하는 닭 회사들로부터 다음 세대의 닭 품종을 사들여야만 했다. 교배를 전담하는 회사들은 이런 유전적 특성을 철저하게 비밀에 붙이고서 보관했다. 마치 핵무기나 샌더스 대령의 유명한 KFC(켄터키 프라이드치킨) 요리법 같은 기밀 취급을 받았다.

소수의 가축 전문가들은 이처럼 빠른 변화에 우려를 표시했다. 1960년 한 전문가는 이렇게 경고했다.

"현대 과학이…… 교리가 되려는 조짐을 보인다. 과학자에게 이런 충고를 하고 싶다. 과학자는 가끔 농가에 들러서 가르치려 하지 말고 배우는 게 좋을 것이다. 가르치지 않고 설교하려는 사람도 있는데 그것은 더더욱 용납될 수 없다."

이 전문가는 새로운 접근법을 "너무도 성급하게 무비판적으로" 닭에 적용하고 있다고 지적했다. 하지만 그 당시에는 이미 양계 산업의 70퍼센트 이상이 남부에 들어가 있었다.

번창하는 양계 산업은 미국의 가장 가난한 지역, 즉 아칸소 주의 오자크 산지부터 조지아 주의 북부 구릉지대에 이르기까지 일자리를 제공했다. 수도 워싱턴에 있는 양계 산업에 우호적인 사람들은 연방의 감독은 최소한에 그칠 것이라고 보장했다. 아칸소 주 상원의원 윌리엄 풀브라이트(William Fulbright)는 의회에서 양계 산업을 적극적으로 지지하는 의원이었다. 닭에 대한 검사를 강화하는 법안이 준비 중이라는 말이 나돌자 돈 타이슨은 풀브라이트에게 짧은 편지를 보냈다.

"빌, 이 법안이 통과되면 양계 산업에 피해를 줄 겁니다."

이후 해당 법안은 빠르게 수면 아래로 가라앉았다. 1960년이 되자 아칸소 주 양계업자의 95퍼센트가 타이슨 같은 대기업과 계약을 맺고 있었다. 그들은 현대의 소작농이 되어버린 처지를 속으로 투덜댔지만, 그것을 공개적으로 불평하면 계약이 취소되고 그 즉시 파산할 수 있었으므로 대놓고 불평하지 못했다. 중서부와 남부의 양계업자들과 닭 공장 노동자들의 항의는 절대로 일정한 선을 넘지 않았다.

미국 역사상 처음으로 닭은 쇠고기나 돼지고기보다 저렴해졌고 별도로 떼어낸 부위를 깔끔하게 포장하는 일도 가능해졌다. 솜털을 뽑고, 내장을 제거하고, 몸통에서 다리를 잘라내는 일은 도시에서는 물론이고 시골에서도 주부들이 해야 할 고된 잡일이었다. 이제 사람들은 닭 한 마리를 통째로 살 필요가 없었다. 따라서 신경 써서 준비하는 일요일 저녁 식사뿐만 아니라 그 외의 평일 식사에도 얼마든지 식탁에 오를 수 있었고, 그 때문에 닭의 선호도는 점점 증가했다. 닭은 전후 미국의 호황기에 이상적인 식품이었다. 쉽게 포장할 수 있기 때문이었다. 한 닭 전문가는 이런 말을 남기기도 했다.

"육계형 닭과 현대의 슈퍼마켓은 서로 죽이 잘 맞는 관계라는 게 곧 명백해졌다."

그동안 사람들은 붉은 고기가 지닌 지방의 위험성을 더욱 의식하게 되었고 저지방의 닭고기는 더욱 매력적인 선택지가 되었다.

1960년 타이슨은 1천만 달러의 순 매출액을 올렸는데 60년대 말이 되자 이 수치는 6천만 달러로 증가했다. 이는 소비자 취향에 큰 변화가 있었음을 반영하는 것이다. 제2차 세계대전의 시작 이후 미국에서 생산되는 구이용 영계의 실질적인 숫자는 그 어느 때건 놀라울 정도로 안정적이었다. 하지만 이제 닭은 전보다 크기는 두 배가 되었고, 사료는 절반밖에 들지 않았으며 완전히 자라는 시간도 예전에 비해 반으로 줄었다. 그리하여 1970년이 되자 닭을 키우는 농가의 수는 500만 가구 이상에서 50만 가구로 급락했다.

하지만 가격 하락세와 낮은 이윤 폭 때문에 닭고기 업계는 앞 다투어 자신의 인기 없는 상품을 팔 수 있는 새로운 방식을 찾아야 했다. 이 때에 대안으로 등장한 것이 냉동 요리에서 반조리(半調理) 전투 식량에 이르기까지 다양한 제품들이었다. 굶주린 시장은 해외 진출을 시작했고, 1960년이 되자 서독에만 매년 5천만 킬로그램 이상의 미국 닭고기가 선적되었다. 다른 주요 닭 회사들처럼 타이슨도 영업의 일환으로 멕시코, 유럽, 아시아, 남아메리카에 제품뿐 아니라 공장까지 분산시켰다. 델마바 반도의 프랭크 퍼듀(Frank Perdue) 같은 벼락부자 사업가들은 특화된 브랜드의 치킨을 널리 홍보하는 선전전을 펼쳤다. 말이 좋아 브랜드 닭이지 실은 미국 전역에서 생산되는 구이용 영계와 거의 다를 바 없는 닭이었다. 아무튼 이러한 마케팅 전략을 미국의 쇠고기 산업은 지금까지도 성공적으로 배우지 못하고 있다.

퍼듀는 오랫동안 여자의 일로 업신여겨져, 자신의 닭 사업에 뛰어들기를 망설이는 남성들의 갈등을 잠재웠다.

"부드러운 닭을 만드는 건 강인한 남자들이 할 일이죠."

1970년대 텔레비전 시청자에게 그가 한 유명한 말이었다. 망설이는 첫 발걸음을 내디딘 지 딱 한 세기가 지난 시점에 이르러, 이제 닭 사업은 남자의 사업이라는 선언이 나온 것이었다. 하지만 이런 화려한 겉모습 뒤에는 여전히 여자와 소수 인종들의 손이 필요했다. 미국 25만 가금 산업 종사자 중 절반 이상이 여자들이고, 그중 50퍼센트는 라틴계다. 그리고 그들 중 5분의 1은 불법 체류자다. 신문 기사, 정부 보고서, 닭 공장에서 위장 근무를 한 작가들이 쓴 책에 잘 나와 있듯이, 이 일은 험악하고 보수도 낮고 위험했다. 하지만 이런 구조 덕분에 소비자들에게 저렴한 닭고기가 널리 공급되는 것이다. 일부 소비자 중에는 자기 집 냉장고에 뼈 없는 가슴살을 저장해두려고 할인 행사를 기다리는 사람들도 있다.

'내일의 닭' 경쟁이 벌어지고 50년 뒤에, 미국인들은 닭고기를 소고기보다 선호하게 되었다. 1980년대 소개된 맥도날드의 치킨 맥너겟과 치킨 텐더니 치킨 패티니 치킨 핫도그니 하는 다른 고도로 가공된 닭고기 제품들은 닭을 최고의 식품으로 밀어 올리는 데 큰 도움을 주었다. 식품 과학자들은 닭고기가 예전의 닭고기와 마찬가지로 아주 다용도로 활용될 수 있음을 발견했다. 닭고기는 돼지고기나 쇠고기보다 훨씬 순조롭게 여러 가지 맛을 낼 수 있었고 패스트푸드에 완벽히 적응했다. 2001년에 이르러, 미국인들은 1년에 닭고기를 평균 36킬로그램 이상을 먹었는데 이는 1950년과 비교하면 네 배나 증가한 수치였다.

이 수치는 현재 45킬로그램에 가까워졌다. 2012년, 타이슨푸드사는 3,333억 달러의 매출을 기록했고 소속 60개 공장의 주간 닭 생산량은 4,100만 마리를 넘었다. 구이용 영계 사업은 미국과 해외에서 번창하는 중이다. 타이슨이 개척한 수직적 통합(원재료 획득에서 최종 제품의 생산, 판매까지 기업의 모든 경영 활동 단계에 관련된 회사를 매입하는 것—옮긴이) 사례는 도시화하는 남아메리카, 인도, 중국으로 신속하게 퍼지고 있으며, 소와 돼지 산업도 이 접근법을 서둘러 모방하고 있다. 한때 농업 분야에서 많은 이들에게 무시당하고 경멸받던 양계 산업은 이제 세계 농업계의 풍향을 결정하는, 수십억 달러 규모를 자랑하는 복합 산업이 되었다.

풀브라이트 고속도로에서 약간 벗어난 페이엇빌에 있는 아칸소 대학교 교정에는 역사적인 표지판이 서 있다. '내일의 닭' 결선 무대 근처에 세워진 표지판은 "아칸소의 양계 산업이 세계 경제에서 중대한 영향력을 가질 수 있게 한 기업가들"을 기념했다. 레이저백 스타디움 근처에 세워진 표지판은 메이플 거리에 세워졌는데 그곳은 존 W. 타이슨 관(館)의 입구였다. 타이슨 관은 100개의 실험실, 약 930제곱미터에 이르는 시험 가공 처리 공장, 다수의 강의실, 그리고 건물 소개 책자가 언급한 "감각에 의한 평가를 받는 시식실(試食室)"을 가진 인상적인 현대식 복합 건물이다. 주 정부, 닭 회사들이 낸 자금에다 주민 투표를 통해 승인된 주(州)채권으로 마련된 자금을 합쳐서 지은 존 W. 타이슨 관은 과학과 산업의 승리에 바치는, 콘크리트와 쇠로 만들어진 현대적이고 깔끔한 2천만 달러짜리 기념물이다. 하지만 그 근처에는 어디를 둘러보아도 살아 있는 닭은 단 한 마리도 보이지 않는다.

닭들의 열도

윌헬름은 사악한 양계 산업에 관해 괴이한 감정을 품고 있었다. 여행 중에 그는 자주
양계 농장을 지났다. 사방으로 불규칙하게 퍼진 커다란 목재 건물들은 방치된 들판
위에 서 있었다. 마치 감옥 같았다. 건물 안에는 밤새 불이 켜져 있었고 불쌍한 암탉
들은 이에 속아 계속해서 알을 낳았다. 그러고 나면 도살이 이어졌다. 도살된 닭들의
닭장을 곧추 쌓아놓으면 한 주 만에 에베레스트 산이나 세러니티 산보다 높아질 것이
다. 흘러나온 피로는 멕시코 만을 가득 채울 수도 있을 것이고, 산(酸) 성분인 닭똥
은 지구를 태워버릴 것이다.

— 솔 벨로(Saul Bellow), 《오늘을 잡아라*Seize the Day*》

현대의 닭은 이름보다 모델 번호를 가지고 있다. 로스 308, 허버드 플렉
스, 코브 500 같은 것이다. 코브 500을 만든 회사는 이 닭이 "가장 낮은
사료 전환율, 최고의 성장률, 낮은 밀집도에서도 잘 자라는 능력, 영양 공
급에 드는 비용 절감을 자랑하는 세계 최고의 효율적인 구이용 영계"라
고 홍보했다. 그 결과 코브 500은 "전 세계에서 늘어나는 소비자의 요구
에 걸맞은 체중 1킬로그램 혹은 약 450그램당 가장 낮은 비용이 드는 경
쟁 우위"를 갖추게 되었다.

자동차처럼, 닭도 새로운 모델이 정기적으로 발표된다. 2007년 처음

선보인 코브 700은 코브 500보다 조금 더 성능이 향상된 모델이었다. 이 닭은 최대한 낮은 가격으로 최고의 생산량을 요구하는, 빠르게 성장하는 남아메리카 시장을 겨냥하여 만들어졌다. 2010년 농가 마당에서 닭을 기르는 열풍이 불 때에는 코브사소 150이라는 모델이 등장했다. 회사의 소개로는 "전통적인 유기농 개방 사육에 이상적으로 적합한" 닭이었다. 새롭게 출시되는 모델은 모두 특정 시장에 적합하도록 세심하게 설계하여 만든 것이었다.

최신 닭 모델이 출시될 때 미국을 바라보는 세계의 눈빛은 최신형 쉐보레나 올즈모빌 자동차의 출시를 기다리던 눈빛과 다를 바가 없다. 비축된 구이용 영계의 80퍼센트 이상을 통제하는 3대 육종(育種) 회사 중 두 개가 미국 회사다. 예를 들어 코브 700은 타이슨푸드사가 소유한 코브반트레스의 상품이다. 모회사처럼 아칸소 주에 근거지를 둔 이 회사는 전 세계에 자회사를 가지고 있지만 창업하던 1916년에만 해도 뉴잉글랜드 지방의 작은 회사였다. 코브반트레스는 이후 '내일의 닭' 경쟁에서 두 번 우승을 차지한 반트레스가 만든 닭의 혈통을 흡수했다.

2010년 300개 이상의 미국 부화장에서 90억 마리 이상의 구이용 영계가 부화했다. 시장에 나타나는 구이용 영계의 무게는 지난 몇십 년 동안 점점 증가했고, 폐사율과 필요한 사료량은 계속 떨어졌다. 1950년 '내일의 닭' 경쟁이 대중을 사로잡기 전에는 구이용 영계 한 마리는 평균 약 1.4킬로그램에 도달하는 데 평균 70일이 걸렸고, 살 450그램을 찌우려면 1,300그램의 사료가 필요했다. 2010년, 47일 만에 닭은 약 2.6킬로그램의 무게에 도달했고 450그램을 찌우기 위한 사료는 900그램도 들어가지 않았다. 이러한 혁명은 육종만 잘해서 달성된 것이 아니었다. 닭은, 특히 밀집된 공간에 몰려 있는 닭들은 여러 가지 질병에 걸리기 쉬웠다.

닭이 걸리는 질병을 철저히 연구하여 만든 새로운 백신은 60년의 세월 동안 폐사율을 종전의 절반인 4퍼센트로 낮추는 데 핵심적인 기여를 했다. 개선된 영양 공급, 특히 사료에 첨가된 필수 비타민은 과거의 닭을 현재의 닭으로 변모하게 만든 세 번째 요소였다.

역사상 그 어떤 가축 사육 프로그램도 양계 산업처럼 꾸준한 생산성 향상과 사료비 절감을 이룩하지 못했다. 이러한 결과는 1장에 소개한 윌리엄 비비가 한 세기 전에 목격하고 깊은 인상을 받았던 닭의 놀라운 유기적 적응 능력을 증명한다. 그렇지만 최소의 사료로 최대의 고기를 얻어낸다는 최우선 목표는 소비자들의 눈에는 잘 보이지 않는 여러 가지 대가를 달고서 이룩되었다. 예를 들면 1990년대 중에 유전적으로 겁탈의 습성이 있는 수탉 종(種)이 구이용 영계 생산 시설에 창궐한 적도 있었다. 구애의 춤을 이해하지 못하고 또 그들의 거대한 가슴 때문에 교미도 할 수 없던 공격적 성향의 수컷들은 울화를 암탉들에게 풀었고, 이 과정에서 때로는 암탉을 죽여버렸다.

부적절한 골상(骨相)으로 인해 생긴 다리와 엉덩이의 질병은 닭의 건강을 해쳤다. 애초에 살이 빠르게 오르도록 만들어졌으므로 닭의 골격이 속도를 따라갈 수 없어 생기는 문제였다. 일부 구이용 영계는 물통이나 사료통까지도 걸어가지 못했다. 또 대다수의 닭에서 만성적인 통증의 징후가 보였다. 한 연구는 구이용 닭이 진통제 없는 먹이보다 진통제가 든 먹이를 선택함으로써 스스로 통증 완화의 방법을 배운다는 사실을 밝혀냈다. 언제나 새로운 아이디어를 발휘할 여지는 있었다. 한 이스라엘 연구팀은 최근 캘리포니아 주의 돌연변이 품종을 활용하여 가공 비용을 줄일 수 있는 깃털 없는 닭을 개발했다. 털이 홀라당 벗겨진 닭 사진은 전 세계의 분노를 샀다. 다른 과학자들은 교미 중에 상대에게 상처를 입힐 수 있고 피부병에 더 취약하며 온도 변화에 훨씬 예민해지기 때문에 깃털 없는 닭은 비현실적인 선택이라고 지적했다.

캐나다 퀠프 대학교의 이안 덩컨(Ian Duncan) 같은 연구자들은 양계 산업이 터무니없이 큰 가슴을 가진 닭을 개발하는 데에만 집착하여 구이용 영계에 유전적 문제들을 불러왔다고 비판했다. 현대식 도태는 수익을 극대화하고 소비자 구매가를 낮추었지만, 이런 결과는 닭들을 희생시켜 얻은 것이었다. 심지어 업계의 대표자들도 사료를 줄이고 무게 생산성을 늘리는 일은 한계에 다다른 것이 아니냐는 말을 하기도 한다.

프랑스인들이 특유의 솔직함으로 '산업 닭'이라고 불렀던 것들은 '더 팬시' 현상으로 시작된 번식 광란의 종점에서 나온 닭들이다. 한때 사람들에게 기쁨, 경외, 치유를 안겨주었던 닭은 오늘날 우리 인간이 누구인지, 우리가 무엇을 먹고 있는지, 우리는 어떻게 동물을 돌보고 그들과 어떻게 관계를 형성해야 하는지 등에 대하여 불편한 질문을 제기한다. 치킨 샐러드와 데블드 에그(삶은 달걀을 세로로 자르고 노른자를 마요네즈 등과 섞어서 흰자에 넣은 요리―옮긴이)를 향한 갈망을 채우려고 어떤 한 종의 동물에게 영속적인 고통을 주는 것이 과연 올바른 것인지를 고민하기 위해, 당신이 반드시 완전한 채식주의자인 '비건(vegan)'이어야 할 필요는 없다. 오랜 세월 고기를 먹어온 나는 내 책꽂이에 꽂힌《갇힌 닭, 독이 든 달걀Prisoned Chicken, Poisoned Eggs》,《그들의 운명은 우리의 운명Prisoned Chickens, Poisoned Eggs Their Fate Is Our Fate》이나《닭: 미국 기호식품의 위험한 변형Chicken: The Dangerous Transformation of America's Favorite Food》 같은 당황스럽고 울적한 제목을 달고 있는 책은 가능한 한 피하고 싶었다.

마침내 나는 '국립 닭 협의회(National Chicken Council)'를 방문하고 또 오늘날의 산업 닭이 차지하는 영역을 탐구하기 위해 워싱턴 D. C.에서 시작하는 자동차 여행을 떠났다. '국립 닭 협의회'는 이름 그 자체로 웃음 거리가 될 요소를 지니고 있었다. 《뉴요커》의 만평은 이 기구를 조롱하여 회의실 탁자 주변에서 궐련을 물고 있는 닭들을 그리기도 했다. 그러나 백악관에서 몇 블록 떨어지지 않은 곳에 있는, 유리와 철재로 된 고층 건물 안의 고요한 협의회 사무실은 진지한 분위기였고 닭은 단 한 마리도 없었다. 회의실에는 방문객들에게 더 많은 닭을 소비할 것을 촉구하는 구호를 자랑스럽게 보여주는 작은 소 인형들이 있었다. 쇠고기 애호가들의 관심을 끌기 위해 패스트푸드 회사 칙필레(Chick-fil-A)가 전개한 성공적인 닭 홍보 과정에서 나온 인형들이었다.

전부 백인 남자인 데다 대부분은 남부 출신인 구이용 영계 산업의 거물들이 1954년에 설립한 '국립 닭 협의회'에는 닭고기 생산에 참여하는 미국 회사 중 95퍼센트가 참여하고 있다. 쭉쭉 뻗어나가는 이 산업은 30만 명의 노동자를 고용하고 있으며 이들은 연간 90억 마리의 닭을 약 168만 톤의 닭고기로 바꾸고 전 세계 소비자들은 70억 달러를 지불하고 이를 소비한다. 3만 농가의 20만 인구는 닭을 키워 수천 대의 트럭으로 운송한다. 미국 구이용 영계 산업은 세계에서 규모가 가장 크며 수출도 가장 큰 규모로 하다가 최근 들어와 브라질에 밀려 두 번째가 되었다. 닭고기 생산자들은 21세기의 소떼 목장주들을 능가하는 경제적·정치적 영향력을 발휘하고 있다.

타이슨푸드, 필그림스 프라이드(Pilgrim's Pride), 퍼듀 팜스(Perdue Farms) 같은, 세계에서도 손꼽히는 식품 생산 회사들을 유력 회원으로 둔 협의회는 정계 실세들의 동향도 잘 파악하고 있다. 델라웨어 주 상원 의원 크리스 쿤스(Chris Coons)와 조지아 주의 상원의원 조니 아이잭슨(Johnny Isakson)은 하원이 발족한 기구와 발맞추기 위해 상원 양계 회의

(Senata Chicken Caucus)라는 모임을 만들었는데, 현재 50명의 의원이 회원으로 가입했다. 델라웨어와 조지아 두 주는 모두 닭고기 생산에서 주된 역할을 하는데, 델라웨어는 민주당, 조지아는 공화당 성향이다.

쿤스는 국립몰기념공원 근처 호화로운 호텔의 대연회장에서 국립 닭 협의회 회원들을 만나서 상원 양계 회의의 목표는 다른 상원의원들에게 미국의 닭고기 생산자들의 공로와 관심사를 알려주고 또 해당 산업을 위하여 워싱턴에서 로비 활동을 하는 것이라고 말했다. 국립 닭 협의회의 회장 마이크 브라운(Mike Brown)은 부연 설명을 이렇게 덧붙였다.

"몇 달 앞으로 다가온 우리 산업의 많은 중요한 문제를 처리할 때 상원 양계 회의는 의회에서 닭고기 생산 회사들을 위해 단합된 목소리를 내줄 겁니다."

그가 말한 중요한 문제는 노동 쟁의부터 닭 사료 가격에 영향을 주는 에탄올 생산에 대한 연방 검역 절차의 변화 등 아주 다양하고 많았다.

양계 산업이 직면한 많은 골치 아픈 문제들을 해결하려고 백방으로 뛰는 이는 빌 로닉(Bill Roenigk)이다. 그는 1974년 닭 협의회에 합류했는데, 이때는 치킨 맥너겟 시대 이전이라 술집에서 날개 부분을 쓰지 않았고 미국인들은 여전히 닭고기보다는 쇠고기를 선호했다. 현재 빌은 자문위원이지만 여전히 닭고기 업계에 깊숙이 관련되어 있다. 협의회의 회의실에서 나를 만난 빌은 깔끔한 정장, 밝은 넥타이, 반짝이는 검은 구두에도 불구하고 무성하고 희끗희끗한 눈썹은 감추지 못했다. 그는 피츠버그 주 외곽의 농장에서 자랐다. 빌은 자신이 열 살이 되던 해의 어느 날 아침 아버지가 이렇게 말을 걸었다고 했다.

"일어나서 일 좀 도와라."

그의 가족은 옥수수와 호박 말고도 돼지와 소를 키웠고, 빌은 매일 아침 등교하기 전 농장의 잡일을 했다. 학교의 복도에 들어서도 그의 옷에 밴 거름 냄새는 사라지지 않았다.

"큰 동물을 기른다고 늘 우월감에 빠져 있었죠. 조그만 닭에 시간을 낭비하고 싶지 않았어요."

빌이 내게 말했다.

빌은 넓은 세상을 보고 싶었고, 그렇게 할 수 있다는 기대를 가지고 미국 농무부의 해외농업국(Foreign Agriculture Service)에 취직했다. 하지만 아내는 그가 아프리카에 부임하는 일에 제동을 걸었고, 이에 그는 워싱턴 관가에 근무하는 전형적인 사람들의 전직(轉職) 방식대로 규제하는 자에서 규제 받는 자로 변신했다. 빌은 1990년대 초반 기근이 만연한 러시아에 닭다리를 판매하는 데에 도움을 주었다. 그리고 지금은 손질된 생닭을 중국으로 보내 그곳에서 조리하고 포장하여 다시 미국으로 들여와 소비자에게 판매하는, 논란 많은 계획을 적극 밀어붙이고 있다. 빌은 이에 관해 "중국 시장의 문을 열 수 있는 좋은 방법"이라고 말했다.

경험 많은 로비스트들이 다 그렇듯 로닉은 논란이 많은 문제를 논의할 때에 너무도 자신감 넘치는 데다 관련 지식도 풍부했으므로 수세에 몰리는 적이 없었다. 긴밀한 유대 관계를 자랑하는 양계 산업은 정부가 노동 감독을 하고 관련 시설 단속을 엄중하게 집행하려는 시도를 여러 차례 성공적으로 막아낸 바 있다. 양계 산업은 비판자들의 비난을 별로 두려워하지 않는다. 회의실 의자에 편안하게 등을 기대면서 빌은 이렇게 설명했다. 닭에 사용되는 항생제는 인체에 무해하고, 우수한 환기 체계가 구이용 영계에 훌륭한 공기를 제공하고 있으며, 미국의 도축 방법이 유럽의 방법보다 훨씬 인도적이라고.

하지만 그렇게 말하면서도 빌은 식품 오염에 대한 사람들의 불안감과 전 세계에서 높아지고 있는, 닭의 행복을 보장하라는 요구를 잘 안다고 했다. 불안감을 느낀 일본 양계 산업 관계자 대표단은 최근 점점 노골적으로 나오는 일본의 동물 보호 단체에 어떻게 대응해야 할지를 논의하기 위해 협의회를 방문하기도 했다. 바로 한 주 전, 한 캘리포니아 주의 어떤 공장에서 살모넬라균으로 인한 식중독이 발생하여 미국 전역에 알려졌고 전 양계 산업은 이에 초조함을 감추지 못했다. 내가 닭 협의회를 방문하고 얼마 지나지 않아, 미국 식품의약국은 사료 소화 능력을 강화하기 위해 닭 사료에 활용되는 세 가지 알제닌 화합물 중 두 가지를 금지했다. 이어 가축의 건강을 유지하는 것이 아니라 생산성을 증대하기 위해 항생제를 사용하는 것도 제한되었다.

정치적 영향력이 높게 유지되고 있는데도 양계 산업은 날이 가도 수그러들지 않는 여론의 강렬한 조명을 받고 있다. 업계는 과거처럼 조용하고 은밀한 평화를 누릴 수 없게 되었으며, 그들이 키우는 닭만큼 적응성이 좋지는 못하다.

"우리는 앞으로 더욱 투명해질 겁니다. 사람들은 어떤 개선 작업이 이 산업에서 진행 중인지 그 결과물을 볼 수 있게 될 겁니다."

이렇게 말하는 로닉은 진지해 보였다. 하지만 국립 닭 협의회는 내게 동부 연안에 있는 수십 개의 닭 공장 중 어느 한 군데도 견학을 허용해줄 회사를 찾지 못한 모양이었다. 공장들은 돌을 던지면 바로 코앞에 떨어질 정도로 워싱턴 체사피크 만 바로 건너편 동부 연안에 자리하고 있었고 미리 몇 주 전에 요청을 했는데도 결국 거절당하고 말았던 것이었다.

그 다음 날은 화창한 가을날이었다. 나는 아침에 아나폴리스에서 시작하여 델마바 반도로 향하는 베이브리지를 건넜다. 약 270킬로미터의 길고 가느다란 이 땅에서 미국 닭들은 열다섯 마리에 한 마리꼴로 태어나고 죽는다. 델마바 반도는 델라웨어 주에서 부풀어 메릴랜드 주에서 가늘어지기 시작하고 꼬리 부분이 버지니아 주에 오게 되는데 케이프 찰스가 있는 지점까지 오면 거기서 대서양과 만난다.

북쪽으로는 윌밍턴과 필라델피아, 서쪽으로는 워싱턴과 볼티모어, 남쪽으로는 노픽과 버지니아 비치라는 주요 도심지에 둘러싸여 있지만, 농부와 어부의 지역이라 할 수 있는 델마바 반도는 아직도 완강한 시골풍으로 빈곤하고도 보수적인 지역으로 남아 있다. 75년 동안, 고군분투하는 이 지역 경제의 중추는 닭이었다. 이 평평하고 늪지가 많은 시골 지역에는 다섯 개의 회사가 소유한 수백 개의 기다란 헛간과 10여 개의 거대한 도계장이 산재해 있다. 50만 명도 채 안 되는 사람들이 거주하는 이 지역에서는 매주 1,200만 마리의 닭을 가공한다.

내가 처음으로 발걸음을 멈춘 곳은 도버라는 활기 없는 변두리 지역이었다. 그곳의 델라웨어 농업 박물관 안에는 여성 양계업자 셀리아 스틸(Celia Steele)의 사진이 있었는데, 그녀의 사진은 차 한 대가 겨우 들어가는 차고만 한 조잡한 목재 건물 앞에 쳐놓은 육각형 구멍 철조망 뒤에 세워져 있었다. 사진 속의 셀리아는 완연한 중년의 모습은 아니었다. 도톰한 입술에 약간 살집이 있는 코가 특징이었고 입고 있는 빅토리아 시대 풍의 블라우스는 소매 부분이 꼭 쬐어져 있었다. 그녀의 오른손은 뭔가를 잡으려는 듯 뻗어 있었고, 검은 눈은 총명하게 빛났다. 마분지로 만든

이 실물 크기의 흑백 사진 앞에, 그녀를 서식스 카운티의 양계 산업 개척자로 선언하는 작은 플라스틱 간판이 세워져 있었다. 기념물치고는 참으로 소박했다.

이곳에서 남동쪽으로 약 80킬로미터 떨어진 작은 연안 마을 오션뷰에서 한 주부가 마당에서 시작했던 일은 극적으로 닭과 인간 두 종(種)의 운명을 바꾸어놓았다. 셀리아의 구이용 영계 사업은 세계적인 산업의 근거를 마련했고, 인류의 식단에 생겨날 급진적인 변화를 예언했으며 윤리, 노동, 환경, 건강에 관련된 성가신 문제들이 담긴 판도라의 상자를 열었다. 매년 1억 톤의 닭고기가 생산되며, 이는 20년 전과 비교하면 두 배 늘어난 수치다. 같은 기간 동안 달걀 생산도 역시 두 배가 되었다. 70억 마리의 암탉은 한 해에 1조 개 이상의 달걀을 낳는다. 현대의 산업화된 사회에서 닭은 이제 주요 식품이다. 이렇게 갑작스럽고 극적인 급격한 확산은 사람들이 도시로 이주하는 전 세계적인 현상과 동시에 일어났으며, 이제는 인류 역사상 처음으로 시골보다 도시에 사람이 더 많이 살게 되었다. 셀리아의 성공은 결국 인근에 뉴욕이라는 시장이 있었기 때문이다. 그녀가 구이용 영계 사업을 시작하고 2년이 흐른 후, 뉴욕은 런던을 제치고 세계에서 가장 큰 도시가 되었다.

닭은 도시 생활에서 너무도 중요한 존재가 되었고 따라서 생닭 가격의 급등이나 공급 문제는 빠르게 정치적인 위협으로 바뀔 수 있다. 1840년대 발생한 감자 기근 때문에 혁명이 발발할 수 있다고 우려했던 영국 의원들처럼, 오늘날의 개발도상국 정치인들은 서민의 식탁에 닭이 오르지 못해 생겨날 분노를 걱정하고 있다. 사우디아라비아의 지도자들은 자국에서 기르는 닭에게 먹일 수입 사료에 넉넉한 정부 보조금을 제공하는 계획을 승인했다. 물론 닭의 가격을 낮게 유지하고 잠재적으로 불만을 가진 국민들을 만족시키려는 목적이었다.

19세기의 런던 사람들과 20세기의 뉴욕 사람들이 그랬던 것처럼 라고스, 마닐라, 상파울루 같은 대도시에 몰린 21세기의 아프리카인들, 아시아인들, 남아메리카인들은 닭에 대하여 아무리 채워도 채워지지 않는 왕성한 식욕을 보이고 있다. 게다가 이런 식욕은 빠른 속도로 증가하고 있는데, 이는 셀리아의 시대에는 상상조차 할 수 없었던 규모다. 이런 수요를 충족하기 위해 해당 업계의 회사들은 공급망(제품이 공급자에서 생산자, 도매업자, 소매상인, 소비자에게 이동되는 일련의 과정—옮긴이)의 모든 면을 통제하는 타이슨의 접근 방식을 모방하는 중이다. 품종을 개량하고, 부화하고, 사육하고, 도축하고, 시장에 제품을 출시하는 대기업의 연동 체계는 단순히 가공된 고기를 운송하는 일보다 훨씬 복잡하다. 푼돈(chicken feed: '닭 모이'와 '푼돈'이라는 두 가지 뜻을 갖고 있다—옮긴이)이라는 말은 이제 틀린 말이다. 일단 양계 산업은 수십억 달러를 벌어들이는 국제적인 산업이다. 거기다 닭에게 투여할 약, 양계장에 필요한 장비, 물, 사료, 가공 시설을 생각하면 푼돈이란 영 어울리지 않는 말일 뿐만 아니라 잘못 붙여진 말이다.

델마바 반도의 고속도로와 포장이 안 된 시골길을 달리면서 나는 닭을 한 마리도 보지 못했다. 셀리아 스틸의 시대에는 이런 상황은 상상조차 할 수 없었으리라. 그녀의 시대에는 오늘날과 비교하면 미미한 수준의 닭을 기르고 있었지만 그래도 실물을 언제나 볼 수 있었던 것이다. 오늘날 사육하는 닭의 수는 더욱 많아졌지만, 역설적으로 이제 실물은 더욱 보기 힘들어졌다. 오늘날 새롭게 생긴 대규모 양계 중심지들은 이웃한 곳에서 성장하고 있는 대도시들 덕분에 조성되었다. 아시아, 아프리카, 오스트레일리아, 북아메리카와 남아메리카, 유럽 전역의 이런 배후 도시들은 우리가 사는 도회지 밖으로 벗어나 델마바 반도 같은 점점 비어가는 시골에 자리를 잡고 있다.

인간의 도시 공동체와 마찬가지로, 양계용 복합 시설은 전기, 물, 사료, 하수 배출 장치를 필요로 하며, 여기에 수백만 마리의 닭을 유지하고 운송하는 차도, 철도, 해로, 항공로도 있어야 한다. 델마바 반도의 생산 단지 같은 많은 미국 공장들이 한 주에 100만 마리의 구이용 영계를 도축하고 가공한다. 사우디아라비아의 파키에(Fakieh) 양계 농장은 곧 하루에 100만 마리의 구이용 영계와 300만의 달걀을 생산할 것이다. 대체로 개인 시설인 양계 농장들은 대부분 외지인의 출입을 금지하는데, 나라에 따라 아주 다양한 금지 규정이 적용되고 있다. 이제는 닭이 알을 낳는 모습, 도축되는 모습, 심지어 살아 있는 닭의 모습을 아예 보지 못해도 도시에 사는 사람들은 매일 닭고기와 달걀을 먹으며 살 수 있게 되었다.

인간과 닭이라는 두 종의 갑작스러운 분리는 닭의 개체수가 폭발적으로 늘어나면서 더욱 현저해졌다. 2,500년 전 중국의 현인 맹자는 이런 말을 남겼다.

"무릇 동물에 관한 군자의 태도는 이렇습니다. 군자는 동물이 살아 있는 모습을 보면 그들이 죽는 것을 차마 견딜 수 없고, 동물이 울부짖는 소리를 들으면 차마 살코기를 먹을 수 없습니다. 이 때문에 군자는 푸줏간을 멀리하는 것입니다."

이런 격리는 오랫동안 부자들에게만 허용되던 사치였다. 장편소설《잃어버린 시간을 찾아서*A la recherche du temps perdu*》에서, 마르셀 프루스트(Marcel Proust)는 "신부가 미사 때 입는 제의복같이 황금으로 수놓인 껍질에, 너무도 번지르르하고 부드러운" 구운 닭 요리를 만들어내는 요리사를 기억해낸다. 어느 날 프루스트는 그 여자 요리사가 "이 빌어먹을 것!

이 빌어먹을 것!"이라고 소리를 지르면서 마당에서 닭을 야만스럽게 죽이는 광경을 목격하게 된다. 도살된 동물을 불쌍히 여겨 호화로운 식사의 유혹을 물리칠 수 있었다면 그는 요리사에게 그만두라고 말할 수도 있었을 것이다. 프루스트가 말한 대로, "모든 사람은 똑같은 비겁한 계산을 할 수밖에 없었던" 것이다.

제2차 세계대전이 끝나고 오랜 시간이 지난 뒤에도 도축되고 털이 뽑힌 닭은 보통 머리, 다리, 내장이 그대로 붙은 채로 미국의 부엌으로 올라왔다. 이런 닭은 여전히 뉴욕식으로 손질된 닭이라고 불린다. 이런 경향은 1960년대 후반에 와서 바뀌게 되는데, 이때 홀리 팜스(Holly Farms)라는 회사는 부위별로 포장된 제품을 선보였다. 심지어 가슴살, 날개, 넓적다리 부분같이 알아볼 만한 부분들도 그 이후 수백 가지 제품으로 분화하여 치킨 맥너겟 같은, 닭의 신체와는 무관해 보이는 제품들마저 나오게 되었다.

오늘날 우리는 셀리아 스틸이 살던 때보다 훨씬 더 많은 닭을 먹고 있지만 닭에 대해서 아는 바는 훨씬 부족하다. 오랫동안 사람들이 감탄해온 특성인 호전적인 용기와 가족에 헌신하는 모습은 더 이상 닭의 특징이 아니다. '화가 나다(get one's hackles up)'나 '아내에게 쥐여 살다(feel henpecked)'라는 표현은 더 이상 본능적으로 투계장이나 농가 마당과 연계되지 않는다. 돼지(pig)와 소(cow)는 죽어서 돼지고기(pork)나 쇠고기(meat)가 되지만, 오늘날 치킨(chicken: 닭)은 그 자체로 닭이라는 동물을 가리키기보다 고기를 언급하는 단어가 되었다. 닭고기가 더욱 늘어나는 것과 비례하여 닭이라는 새는 우리의 시야에서 사라져버렸다. 닭고기가 장바구니에 들어가거나 식탁에 올라올 때, 우리는 그것이 인도적으로 처리되고, 안전하게 가공되고, 세심하게 검사를 받은 것이라고 믿을 뿐이다.

델라웨어 대학교의 농업 연구원 빌 브라운(Bill Brown)을 만나기 위해 나는 도버에서 서섹스 카운티로 차를 몰았다. 델라웨어 대학교는 조지타운이라는 작은 도시 근처에 있었는데, 1948년 '내일의 닭' 경쟁이 최초로 열린 장소이기도 했다. 그는 방문 두 시간 전에야 들판 한가운데 세운 연구소의 소형 구이용 양계장을 견학시켜주겠다고 내게 통보했다. 다부진 체격에 염소수염을 기른 브라운은 자동차 트렁크를 샅샅이 뒤지더니 흰색 방호복을 건넸다. 오늘날 살 많은 닭에게 가장 위협이 되는 것은 포식동물이 아닌 질병이다. 다수가 몰려 있는 데다 면역 체계가 완전히 발달하기도 전에 도축하기 때문이다. 내가 신발에 묻혀온 균으로도 양계장의 닭들은 몰살당할 수 있었다. 방호복을 입은 뒤 브라운은 철문을 열고 창고형 양계장으로 나를 안내했다.

"작은 무리입니다. 아마 2,400마리 정도 될 겁니다."

브라운이 내게 겸손한 어조로 말했다. 그는 농담을 하는 것이 아니었다. 브라운과 그의 아내는 퍼듀사와 계약을 맺고 집 근처에 마련한 여섯 개의 양계장에서 20만 마리의 닭을 키우고 있었다. 심지어 그 정도도 오늘날 작다고 생각하는 것이었다.

곧 부화한 지 하루 된 병아리들이 높은 음조로 삐약거리는 소리가 들려왔고, 10월의 차가운 공기는 따뜻하고 습한 공기로 빠르게 바뀌었다. 머리 위에 높게 달린 환한 전등이 밝은 붉은색 사료와 급수 시설이 달린 기다란 관을 밝혔고 솜털이 보송보송한 노란 병아리들은 그곳에 잔뜩 몰려 있었다. 브라운은 지금은 이 공간이 널찍해 보이지만 한 주만 지나도 병아리들의 몸무게가 네 배가 되기 때문에 면적이 빠르게 채워진다고 말했다. 병아리들은 두 달도 되지 않아 가공 처리 공장으로 보내지는데, 이 시기는 성적으로 완전히 발달하게 되기까지 석 달이 부족한 시점이었다.

병아리들은 조심스럽게 발걸음을 옮기는 브라운을 두려워하지 않는 것 같았다. 그는 이 병아리들이 암모니아 가스에 관한 자료를 얻기 위한 실험의 일부라고 말하면서 한 마리를 집어 손바닥으로 감쌌다. 나는 이미 가스 때문에 눈이 따끔거리고 있었다. 이 유해한 가스는 닭 오줌의 부산물이다. 현재 닭 과학자들은 사료를 변경하거나 바깥 공기로 가스가 빠져나가도록 하여 암모니아 가스를 중화시키는 더 나은 방법을 찾아내려고 한다. 내가 맹렬히 눈을 깜빡이자 브라운은 말했다.

"곧 익숙해질 겁니다."

양계장 밖으로 나온 나는 갑작스레 조용해진 그곳에서 고마운 마음으로 맑은 공기를 허파 깊숙이 들이켰다. 브라운은 내게 도계장으로 닭을 실어간 뒤 양계장을 청소하면서 닭 배설물을 처리하는 것이 현재 가장 큰 문제라고 말했다. 델마바 반도에서 기르는 6억 마리의 닭이 생산하는 폐기물은 로스앤젤레스에서 나오는 폐기물보다 더 많다. 거름은 인과 칼륨이 풍부해 상업적 비료보다 두 배 이상 효율적이고 영양분이 부족한 땅에 아주 적합하다. 일부 연구자들은 거름에 고도로 포함된 인이 백반(白礬), 석회, 그 외의 물질과 잘 결합하는데 이런 특징을 잘 활용하면 배설물에서 유출되는 액체가 개울과 강에 흘러들어 피해를 입히는 것을 막을 수 있다고 본다. 하지만 토양학자들은 지하수면(地下水面)이 여전히 잘 이해되지 않는 방식으로 인을 흡수하고 이동시킨다고 주장한다. 게다가 공장이 확장되면서 너무 많은 거름이 생겼고 델마바 반도에는 이를 처리할 수 있는 땅이 너무도 적었다. 어부들은 거름이 게와 물고기를 죽이고 있다며 우려를 나타냈다. 거름을 옮기는 일 역시 비용이 많이 들었다. 퍼듀사는 거름을 작은 알갱이로 바꿔 중서부 지방으로 운송하는 실험을 해봤지만 지나치게 비용이 많이 들어서 포기했다. 거기다 폐기물을 가스로 바꾸는 시도는 아직 결실을 맺지 못하고 있다. 이처럼 정치적으로나 기술적으로나 점점 심각해지는 문제에 대하여 카운티와 주 당국은 법률을 중구난방으로 제정하여 문제를 더욱 악화시키고 있다.

남쪽으로 계속 운전하여 메릴랜드 주를 통과해 버지니아 주로 들어간 나는 좁아지는 반도의 동쪽 해안에 멈춰 등딱지가 연한 식용 게를 점심으로 먹었다. 바로 인근에 템퍼런스빌(Temperanceville: '금주 마을'이라는 뜻―옮긴이)이 있었는데, 마을 주민은 400명이 채 안 되었다. 이 마을의 특이한 점이라면 1824년 이후 공개적으로 위스키를 팔지 않는다는 것이다. 몇 킬로미터를 더 차를 몰고 가자 고속도로 오른편에 미식축구 경기장처럼 생긴 길고 낮은 건물이 하나 보였다. 건물 앞에는 깔끔하게 손질된 잔디밭이 펼쳐져 있었다. 이 건물은 타이슨사 공장의 일부였다. 이곳에서 매일 1,000명이 넘는 사람들이 매주 100만 마리의 닭을 도축하고 포장한다. 1990년대 체사피크 만에서 물고기가 집단 폐사하는 일이 연이어 발생하자 환경 운동가들은 이 공장을 오염 물질을 가장 많이 배출하는 시설로 지목했다. 공장 방문 허가를 받지 못한 나는 그곳을 지나쳐서 65킬로미터 정도 더 나아가 거의 델마바 반도의 끝에 다다랐다. 거대한 퍼듀사의 시설을 지나 고속도로를 빠져나온 뒤 나는 장난감을 가득 실은 녹슨 긴 트레일러를 지나쳐 1920년대 식민지풍으로 지어진 건물 앞마당으로 덜컹거리며 들어섰다. 풀이 무성한 앞마당을 지나 건물로 도착하자 '가금류 보호 연합(United Poultry Concerns)' 본부가 보였다.

이곳의 초대를 받긴 했지만 나는 불안했다. 이 동물 보호 기구의 유일한 상임 직원이자 창립자이기도 한 캐런 데이비스(Karen Davis)에게 처음으로 연락했을 때가 떠올랐다. 그녀는 이메일로 퉁명스럽게 쏘아붙이듯 답장을 보내며 내가 닭과 관련하여 잡지에 기고한 글을 "비열하다."라고 논평했다. 그녀는 같은 이메일에서 내게 "닭에 관해 완전히 다른 관점, 정신, 태도가 필요하다."라고 말했다. 하지만 캐런은 내게 만날 시간을 내주었다. 나는 초조함을 애써 감추면서 문을 두드렸다. 분기탱천한 닭의 수호자를 만나게 될 것이라는 예상과는 다르게, 검고 굵은 더벅머리의 날씬한 여성이 명랑한 표정으로 문을 열어주었다. 그녀는 검은색 스포츠용 점퍼를 입고 있었는데, 점퍼에는 '닭을 보호하자'라는 글귀가 적힌 배지가 달려 있었다.

예상과는 다르게 캐런 데이비스는 내게 설교를 하지 않았다. 대신 그녀는 자신이 키우는 닭을 만나게 해주겠다고 했다. 실로 어머니가 어린 아이들을 남에게 자랑스럽게 내보이는 그런 자세였다. 나는 캐런을 따라 거실, 부엌, 현관을 지나쳐 뒤뜰로 향했다. 걸어가는 도중에 보이는 수직과 수평의 공간은 전부 닭에 관련된 장식품, 인쇄물, 포스터로 가득했다. 차광(遮光) 나무들로 경계를 이루고 큰 울타리를 친 마당 가운데에 높은 닭장들이 있었다. 캐런은 내게 헨디, 페이스, 펜투니아, 태피, 버피라고 불리는 닭들을 소개한 뒤에 각각의 닭에 얽힌 이야기를 들려주었다. 하나는 퍼듀사의 공장에서, 하나는 노펙의 연구소에서, 다른 하나는 미시시피 주의 투계장을 급습하는 과정에서 구출했다는 것이었다. 그러는 도중 한 성질 급한 수탉인 비스큇이 내게 달려들자 그녀는 갈퀴를 휘둘러 날 보호하기도 했다. 문간의 다른 닭 몇 마리는 끝내 익명으로 남았다. 워싱턴의 교외에서 살던 캐런은 1998년부터 이곳에 와서 살았다. 그녀의 수수한 2에이커 규모의 안식처는 부적응 닭들을 위한 보호 구역이 되었다.

델라웨어 주에 있는 구이용 양계장 내부에서 만났던 한결같이 명청한 닭들을 보다가 각자 뚜렷한 개성을 내보이는 캐런의 닭들을 목격하니 참으로 놀라웠다. 민첩하고 날씬한 투계에 비해 부푼 가슴과 허약한 다리를 지닌 양계장에서 구출한 닭은 그야말로 기괴했다. 양계 산업의 산란용 암탉은 다른 암탉들을 해치지 못하게 하려고 부리의 끝을 불로 그슬려 뭉툭하게 한다. 나는 마당의 한 암탉이 애처롭게 풀밭을 계속 쪼는 모습을 보았다. 고장 난 부리로 벌레의 몸통을 꿰지 못해 저렇게 애쓰고 있음이 분명했다. 도계장에서 구출된 한 늙은 닭은 닭장의 한구석에 앉았는데, 몸뚱이가 너무 무거워서 다리를 못 쓰게 되어 걷지를 못했다. 동물 복지 체계를 개척한 콜로라도 주의 동물학자 템플 그랜딘(Temple Grandin)은 이런 글을 남겼다.

"양계 산업은 생물학적으로 성장 가능한 한계를 뛰어넘는 닭을 만들어냈고, 그로 인해 닭들은 만성적인 통증을 느끼게 되었다."

캐런의 뒤뜰은 현대의 닭에 관련된 암울한 현실을 적나라하게 보여주는 가르침이었다.

닭 보호 운동가로서 경험이 오래된 캐런은 자신의 겸손한 홍보 여행이 그 어떤 강연보다도 훨씬 효과적이라는 사실을 잘 알고 있다. 각종 공포와 오해의 사례들은 전문가용 과학 학술지, 동물 보호 간행물과 단행본들에 이미 상세하게 기술되어 있다. 닭의 부리를 뭉툭하게 만드는 과정은 부리를 완전히 망가뜨리는 것은 아니지만, 달군 쇠를 이용해 닭의 주된 감각 기관을 빼앗는 고통스러운 과정이다. 칼로 죽이지 않는 상당수의 닭은 뜨거운 물탱크에 빠트려 죽인다. 자연스럽게 개방 사육을 하는 미국의 닭들도 대부분 양계 산업의 동족들처럼 단 한 번도 해를 못 보고, 벌레를 먹지 못하고, 교미 상대를 선택하지 못하고, 새끼를 기르지 못한다. 그보다 내가 놀란 점은, 식용을 위해 기르는 닭은 동물 복지를 규정한 미국 정부 규칙의 보호 대상이 아니라는 점이다.

"이러니 많은 사람들이 닭을 채소와 기계로 만들어낸 괴이한 화학적 합성물 정도로 여겨도 별로 이상한 일이 아니겠죠?"

캐런이 내게 물었다. 현재의 양계 산업 체제에서 피해를 입고 살아남은 닭들을 보고 있자니 그 문제가 얼마나 심각한지 절실하게 알 수 있었다.

우리는 현관 계단을 올랐다. 캐런은 나이 든 닭을 위해 마련한 공간을 가리켰다. 일종의 닭 요양원 같은 곳이었다. 거실로 들어서자 그곳은 닭과 관련된 장식품으로 가득했다. 캐런은 펜실베이니아 주의 알투나에서 자랐던 자신의 어린 시절을 들려주었다. 알투나는 빌 로닉이 자란 농장에서 동쪽으로 얼마 떨어지지 않은 곳이었다. 그녀는 유년기를 닭과 함께하지는 않았지만, 이웃에서 닭을 죽이는 모습을 본 어두운 기억이 아직도 생생하다고 했다. 1980년대 동물 보호 운동에 투신한 캐런은 곧 닭에 매료되었다.

"뿔닭은 사람과 한자리에 앉거나 사람의 어깨 위에 내려앉는 법이 없어요. 하지만 닭은 굉장히 다정한 모습을 보이기도 하지요. 닭은 발랄하고 친근하고 사람과 함께 있는 걸 좋아해요. 사람의 눈을 똑바로 쳐다보기도 하죠. 닭의 큰 매력은 자율적인 사회생활을 할 수 있다는 점이에요. 지루하면 알아서 자극을 찾으려고 하죠. 거기다……."

캐런은 잠시 웃은 뒤 말을 이었다.

"발레리나처럼 우아하게 풀밭 위로 미끄러지기도 한답니다."

그녀의 시적인 묘사는 감상적이었지만, 내가 여태껏 들어보았던 인간과 닭의 밀접한 관계를 가장 간결하게 설명한 표현이었다. 비록 비스퀵은 분명히 내게 덤벼들어 내 살점을 쪼아내고 싶어 했지만. 캐런은 이런 글귀가 적힌 셔츠를 갖고 있었다.

"나는 닭이 아무런 의심도 받지 않고 도로를 건너갈 수 있는 사회를 꿈

꾼다."

캐런은 사람이 동물의 고기는 물론이고 심지어 달걀도 먹을 필요가 없다고 믿는 철저한 채식주의자다.

"사람은 필요한 단백질을 전부 식물에서 얻을 수 있어요. 마음만 먹으면 식물도 닭과 같은 맛과 질감을 내게 할 수 있지요. 이런 솜씨 좋은 일을 할 수 있는 걸 우리는 자랑스러워해야 해요. 닭을 죽일 필요가 없습니다."

일흔이 다 되어가는 그녀는 실제 나이보다 훨씬 젊어 보였다. 그런 젊은 외모만큼이나 정력적으로 동물 보호에 관한 입법을 하도록 압력을 넣고, 과학 서적을 계속 읽고, 블로그에 분노를 담은 글을 올리고, 매년 델마바 반도에서 열리는 닭 축제와 유대교 속죄일 전날 브루클린에서 열리는 카파로트 의식 현장에 가서 거세게 항의한다.

캐런은 현실적이어서 자신의 노력이 실패로 끝날 것이라는 점을 인정한다. 그녀는 주저하지 않고 이렇게 말했다.

"닭은 불운한 동물이에요. 멸종이 아니라 급증으로 비운을 맞이했죠. 차라리 멸종을 하는 편이 나았을지도 몰라요. 지금은 빠져나오지 못하는 지옥에 있는 거나 마찬가지죠. 사람들이 수십억 개의 달걀과 수백만 킬로그램의 닭고기를 원하는 이상, 수백만 명의 사람들에게 닭고기 제품들을 전할 수 있는 방법은 결국 뻔한 것 아니겠어요? 필연적으로 닭들의 과밀 상태와 학대가 있을 것이고, 그건 애초부터 이 상황에 내재되어 있었던 거죠. 그걸 벗어날 수가 없어요."

캐런은 잠시 말을 멈추었다.

"우리는 실은 닭의 비참함을 먹고 있는 거예요."

이 말은 현대 동물 보호 운동을 발족시킨 오스트레일리아 철학자 피터 싱어(Peter Singer)가 자신의 책《동물 해방*Animal Liberation*》(1975)에서 언급한 내용보다 앞서는, 인류에게는 잊히지 않는 후렴구다. 그녀의 말은, 그리스 연안에 처음으로 닭이 도착했을 때 윤리적인 이유로 채식을 했다고 전해지는 고대 수학자이자 신비주의자 피타고라스의 말이 메아리가 되어 돌아온 것이기 때문이다. 독실한 자이나교도, 힌두교도, 불교도들은 수천 년 동안 육식을 피해왔다. 동물이 인간처럼 영혼을 지니고 있다는 믿음 때문이었다. 1세기의 그리스 작가 플루타르코스(Ploutarchos)는 가축에 관해 이런 글을 남겼다.

"고기를 조금 얻자고 우리는 그들이 탄생과 존재 그 자체만으로도 마땅히 누려야 할 태양, 빛, 수명을 빼앗고 있다. 고기를 먹는 일은 물리적으로 천성에 거스르는 일일 뿐만 아니라, 사람을 정신적으로도 천박하게 만든다. 이런 일이 영양 공급, 욕구, 필연에 의해 일어난 것이 아님은 아주 분명하다."

최근에는 작가 존 맥스웰 쿠체(John Maxwell Coetzee)가 이런 경고를 하기도 했다.

"우리는 타락, 학대, 살해의 사업체에 둘러싸여 있다. 이들의 소행은 제3제국의 악랄함을 연상시키며 오히려 나치를 왜소하게 만든다. 이 사업은 끝없이 토끼, 쥐, 닭, 가축 등을 잇달아 죽이는 세계에 밀어 넣는 것을 그 목적으로 삼고 있다."

비참하고 극심한 고통에 시달리는 동물들은 장기적으로 볼 때 더 행복한 인류와 더 나은 세계를 만들어내는 데 결코 도움이 되지 않을 것이다. 고대에 육질을 부드럽게 하겠다고 살아 있는 돼지의 목에 새빨갛게 달군 철창을 쑤셔 넣는 것을 보고서 플루타르코스가 경악했듯이, 우리도 그럴 것이다. 우리 시대의 양계 도시들에서 일어나는 일은 여전히 공개 조사로부터 은폐되고 있지만, 언젠가는 대다수의 인류가 그 현장을 보고서 경악하게 될 것이다.

닭을 보호하는 것에 대한 캐런의 태도는 그녀 스스로 인정한 것처럼 비현실적이고, 그녀가 취하는 조치도 별 효과가 없으며, 그 견해도 터무니없이 닭과 인간을 동일시하고 있다. 닭에 관한 한 그녀는 돈키호테처럼 우스꽝스러우면서도 끈질긴 사람이다. 타이슨사와 퍼듀사의 뒷마당에서 그들을 공격하는 것이나 그녀 자신의 품을 찾아온 부랑자 같은 닭을 돌보는 것 등이 그런 끈질김의 구체적 표현이다. 내가 볼 때 그런 끈기는 주목과 존중을 받아야 마땅하다. 가을의 황혼 속으로 차를 몰고 떠나면서, 나는 여태껏 닭을 먹어온 사람으로서 내가 내렸던 비겁한 판단을 불편한 마음으로 명상했다. 그 사이 캐런은 뒤뜰로 걸어가서 기르는 닭들에게 소리를 질러 우리로 들어가게 했다. 이제 밤이 되었으니 다들 쉬어야 한다는 뜻이었다.

← ←

미국식 공장형 사육장은 거침없이 전 세계로 퍼지는 중이지만, 이에 완강하게 저항하는 몇 안 되는 지역들도 있다. 일부 국가의 소비자들은 여전히 맛이 있다는 이유로 전통의 품종을 선호하면서 상대적으로 저렴한 수입 닭들을 거부하고 있다. 거기다 여전히 닭은 최첨단의 동물 공학과는 무관한 기능들을 수행하고 있다. 서양의 원조 기관이 사하라 사막 이남의 아프리카에 있는 말리공화국의 시골 지역에 로드아일랜드레드 품종 닭을 전했을 때, 이 계획은 참담한 실패로 끝나고 말았다. 마을 사람들은 죽어가는 닭이 왼쪽으로 쓰러지느냐 오른쪽으로 쓰러지느냐를 지켜보며 점을 쳤다. 그러나 이 새로운 닭은 육중한 가슴 때문에 앞으로 고꾸라져서 점치는 데에는 아무 쓸모가 없었다. 점을 치지 못하니 그 닭은 자연도태되었다.

프랑스 동부의 브레스(Bresse) 지방은 요새 같은 곳이다. 이곳에서 닭은 거의 신화적인 장악력을 행사하고 있어 산업화된 닭이 여전히 비집고 들어설 틈이 없다. 라틴어로 수탉과 프랑스를 가리키는 단어는 똑같이 '갈루스(gallus)'다. 언어학자들은 이것이 우연의 일치일 뿐이라고 하지만, 이 지역에 살던 고대 켈트족들은 수탉을 신성하게 여겼다. 그들의 신 키소니우스(Cissonius)는 종종 수탉을 데리고 나타났다. 이 가톨릭 국가의 중세 그리스도교인들 사이에서 닭은 드높은 지위를 차지했다. 닭은 특유의 전투 능력 때문에 결국 프랑스의 상징이 되었다. 물론 단명으로 끝난 나폴레옹 1세의 시대는 예외다. 나폴레옹 황제는 수탉을 그다지 좋아하지 않아서 그 대신에 합스부르크 왕가와 독일인들의 상징인 독수리를 가져다 썼다. 한 이야기에 따르면 나폴레옹의 국가위원회에서는 '맹렬한 동물 논쟁'이 일어났다가 결국 정부의 상징으로 수탉을 선택하기로 결정 났다. 그러자 황제는 "그래봤자 가축 아니오?"라고 비웃었다. 그들은 결국 로마의 독수리를 선호하는 황제의 뜻에 따라 이 결정을 파기했다.

1789년의 프랑스혁명 동안 시민들은 수탉이 선명히 새겨진 깃발을 휘날렸다. 이어 1830년 수탉은 백합 문장을 대신하여 국가의 상징이 되었다. 프랑스의 공식 국새는 위풍당당한 수탉으로 장식된, 배의 키 손잡이 옆에 앉은 자유의 여신이다. 닭은 또한 동전, 전쟁 기념물에서도 나타나며 대통령 관저인 파리의 엘리제(Elysée) 궁 입구 맨 위에 자리를 잡고 있다. 심지어 대통령의 책상에 마련된 황금 펜 세트 위에도 의젓하게 앉아 있다.

프랑스 고위직의 특전 중 하나는 크리스마스 정찬 의례에서 가장 양질의 국산 닭 네 마리를 선물로 받을 수 있다는 점이다. 이 닭들은 남서쪽으로는 리옹, 동쪽으로는 스위스 국경을 두고 있는 프랑스의 오래된 지역 브레스에서 부쳐온 것이다. 브레스 지역은 오랫동안 음식으로 유명했다.

"우리는 피카소 내외에게 늦을 거라고 전보를 보냈다."

미국의 작가 거트루드 스타인(Gertrude Stein)의 연인 앨리스 B. 토클라스는 《앨리스 B. 토클라스의 요리책*The Alice B. Toklas Cookbook*》에서 이렇게 말할 정도였다. 이 연인은 1920년대에 피카소 내외와 지중해에서 여름휴가를 보내기 위해 파리에서 내려오고 있었는데, 도중에 스위스의 알프스산맥으로 이어지는 구릉지대에서 식육을 생산하는 시골 지역으로 들어서게 되었고 결국 "커다랗고 두꺼운 가슴과 짧은 다리를 가진 닭으로 유명한" 시장(市場) 마을 부르앙브레스(Bourg-en-Bresse)에서 발걸음을 멈추게 되었다.

브레스 닭은 일찍이 1591년에 부르앙브레스의 기록 보관소에 언급되었다. 그해에 침략자로부터 도시를 지켜낸 지역 영주에게 시민들이 이 닭 24마리를 바쳤다는 것이다. 10년 뒤 이 지역에 앙리 4세가 나타났고, 모든 농부의 일요일 식탁에 닭 한 마리가 올라가게 하겠다는 맹세를 한 것으로 유명한 이 프랑스 왕은 브레스의 특산물을 맛보고서 크게 기뻐했다.

유명한 미식 작가 앙텔름 브리야사바랭(Anthem Brillat-Savarin)은 1825년에 브레스의 닭을 칭찬하며 이런 말을 남겼다.

"닭의 여왕이며 왕의 닭이다."

1862년, 이 지역의 백작은 검은색, 회색, 흰색 닭 중에서 가장 맛이 좋은 닭을 가려내는 대회를 개최했다. 대회의 승자는 균형이 잘 잡힌 흰 깃털, 밝고 붉은 볏, 암청색의 다리를 지닌 닭이었다. 이 닭은 그야말로 프랑스를 상징하는 색을 지니고 있었다. 철도의 발달로 브레스의 닭은 곧 파리에서 상트페테르부르크까지 유럽 사회의 상류층들이 즐겨 찾는 식재료가 되었다. 농부들은 일반적인 닭을 키우는 일 말고도, 어린 수탉을 거세하여 식용 거세 수탉을, 어린 암탉을 불임시켜 풀라르드(poularde)라고 불리는 닭을 만들어냈다. 이것은 전문적인 일이었고 옛날부터 전해지는 습득하기 어려운 기술을 활용해야 했다.

브레스 닭은 다윈의 협력자인 윌리엄 테게트마이어의 주목을 받았는데, 처음에 그는 커다란 아시아 품종들에게 크기로 밀리는 전형적인 유럽산 닭의 모습인 브레스 닭을 그리 대단하게 여기지 않았다. 하지만 1867년 한 프랑스 동료가 월등한 맛을 자랑하는 브레스 닭의 비밀은 바로 "브레스 지방의 농부들 사이에서 대를 이어 전해오는 기술과 습관"에 있다고 설명해주자 테게트마이어는 다시 이 닭을 유심히 살펴보게 되었다. 브레스 토양의 특별한 속성, 지역산 옥수수, 밀, 유장(乳漿: 치즈를 만들 때 엉킨 젖을 거르고 난 물―옮긴이)을 세심하게 섞어 만드는 먹이, 특이한 도축 방식이 바로 브레스 닭을 키우는 핵심 요령이었다. 브레스 닭들은 질병을 피하기 위해 소규모로 사육되고, 살을 찌우기 위해 생애 마지막 2주 동안은 닭장에서 무위도식하며 지낸다. 농부들은 브레스 닭을 도축할 때 효율적으로 소량의 피만 흘리게 하기 위해 입속으로 빠르게 칼을 꽂아 넣는다.

암탉 열풍이 몰아치던 시대에, 브레스 농부들은 자신들이 키우는 작은 닭을 코친 같은 아시아 품종과 교배했다. 교배종은 크기는 커졌지만 맛이 조잡했다. 양보다 질을 선택한 그들은 예전처럼 토종닭과 전통 방식을 고집하면서 한 세기 반을 보냈다. 테게트마이어의 시대에 엄선한 식용 거세 수탉은 오늘날 100달러에 해당하는 가격에 팔렸던 것이다.

매년 12월 브레스에서는 호기롭게도 '브레스의 영광(Les Glorieuses de Bresse)'이라 불리는 네 번의 콘테스트가 펼쳐진다. 브레스 전역에서 선정된 가장 훌륭한 닭 네 마리는 크리스마스 전날 엘리제 궁에 도착한다. 뉴욕의 록펠러 센터에 세운 거대한 크리스마스트리에 불을 밝히는 행사를 매년 미국인들이 기대하는 것처럼, 프랑스인들도 '브레스의 영광' 경쟁을 매년 기대하고 있다.

오늘날 브레스 닭은 샴페인이라고 불리는 발포성 와인과 로크포르라고 불리는 풍부한 맛의 치즈와 함께 고급 식품의 반열에 올라 있다. AOC(Appellation d'Orgine Controlee: 프랑스의 농산품과 식료품 분야에서 법규로 통제하는 원산지 명칭─옮긴이)를 인정받은 브레스 닭은 이제 면허를 딴 사람이 해당 지역에서 정확한 전통적인 기준을 따라서 사육해야만 한다. 관련된 법안은 1957년 프랑스 국민의회에서 통과되었다. 2006년에 이와 똑같은 인가를 받은 솜 지역의 바닷물이 드나드는 늪에서 자란 새끼 양이 등장하기 전까지, 브레스 닭은 그런 명칭을 받은 최초이자 유일한 동물이었다. 부르앙브레스의 가까운 외곽에서 양계업에 종사하는 농부 파스칼 샤넬(Pascal Chanel)과 함께 부엌의 식탁에 앉았을 때 나는 크게 놀랐다. 그가 말하는 사육 방법이 테게트마이어의 프랑스 동료가 해주었던 설명과 별반 다르지 않았기 때문이다. 그 프랑스 동료가 살았던 시대는 미국이 남북전쟁의 상흔에서 회복 중이던 시기였다.

샤넬은 '브레스의 영광'에서 세 번 수상했고 농가 마당으로 나가는 뒷문 옆 장식장에는 프랑스 대통령이 수상자에게 감사 선물로 보내는 푸른 꽃병이 다른 트로피, 상패와 함께 전시되어 있었다. 꽃병을 보니 그가 수상할 당시에는 자크 시라크(Jaques Chirac)가 대통령이었음을 알 수 있었다. 숱이 점점 줄어드는 머리카락과 프랑스 사람 특유의 매부리코에다 깔끔하게 면도한 샤넬은 브레스 지역의 부화장에서 태어난 닭만 키우고, 그 수도 500마리를 넘지 않는다고 말했다. 태어나고 한 달이 지난 뒤, 샤넬의 닭은 한 마리가 최소 3제곱미터의 공간을 보장받는 개방형 사육장에서 넉 달을 지낸다. 그의 닭은 유전자 변형 곡물을 절대로 먹지 않으며 지역산 옥수수, 밀, 탈지유로 만든 세심하게 준비된 사료만 먹었다. 샤넬은 닭들에게 단백질을 제한적으로 공급했다. 닭이 12만 제곱미터 크기 농장의 풀밭을 마음껏 돌아다니며 스스로 먹이를 찾게 하기 위해서였다. 그는 이 농장에서 닭의 사료가 될 곡식도 키우고 있었다.

"저는 닭이 항생제보다는 곤충과 벌레를 먹고 자라게 합니다."

샤넬이 말했다. 병에 걸린 닭이라면 약을 투여할 수 있는데, 이 과정도 수의사가 손수 쓴 보고서와, 그 이후에 정부의 승인을 받아야 비로소 닭에게 약을 줄 수가 있다.

우리는 불길이 맹렬이 타오르는 벽난로가 훈훈하게 방 안을 덥혀주는 부엌을 떠나 11월의 차가운 보슬비가 내리는 곳으로 들어섰다. 처음에 나는 무엇을 보고 있는지 확신을 가지지 못했다. 얼마 뒤 내 앞의 푸른 들판이 먼 곳의 양(羊)이 아니라, 가까운 곳의 닭으로 얼룩덜룩하다는 사실을 깨달았다. 여행 내내 나는 개방된 들판에서 많은 닭 무리가 먹이를 쪼아 먹는 광경을 단 한 번도 보지 못했다.

"가장 큰 문제는 포식 동물들이죠."

최근에 죽은 닭의 깃털과 뼈를 지나쳐가면서 샤넬이 말했다. 닭의 5분의 1이 여우나 매에게 죽는다고 한다. 하지만 가장 위험한 포식 동물은 인간이다. 브레스 닭은 450그램당 30달러이고 식용 거세 수탉은 마리당 275달러에 팔 수 있으므로 절도는 항상 존재하는 위협이다.

생애 마지막 2주 동안, 살을 찌우기 위해 닭들을 닭장으로 이동시킨다.

"계속 밖에 남아 있게 되면 육질이 지나치게 질겨집니다."

샤넬이 작은 목재 헛간으로 들어서면서 말했다. 그곳에서 나는 80마리의 닭이 에피네트(épinettes)라 불리는 목재 닭장에 들어 있는 광경을 보았다. 에피네트는 배터리 케이지처럼 생겼지만, 나무로 된 틀과 널은 닭에게 훨씬 좋은 공기를 제공했다. 환기가 잘 되는 헛간에서는 눈이 따끔거리는 화끈한 암모니아 냄새가 나지 않았다. 닭장마다 네 마리 정도의 닭이 있었는데, 네 마리가 제각각 서서 돌아다닐 정도로 공간이 여유로웠다. 닭들은 가끔 머리를 내밀어 삶은 곡물 사료를 주둥이로 쪼아 먹으면서 우리를 쳐다보았다.

"행복한 시간이죠."

샤넬이 나와 동반한, 리옹 출신의 여성 통역사를 통해 말을 전했다. 나는 그녀를 쳐다보면서 어리둥절한 표정을 지었다. 그러자 그녀는 미소를 지으며 마치 아이에게 설명하듯, 닭은 마지막 10일에서 2주 동안을 완전히 긴장을 풀고 휴식을 취하면서 오로지 먹기만 한다고 말했다. 샤넬은 에피네트를 희미한 조명과 무제한의 음식이 제공되는 일종의 휴양지 같은 곳이라고 설명했다. 한 브레스 지역 웹사이트는 에피네트의 닭들이 "유장이 풍부하게 든 오트밀 죽을 먹으며 쏟아지는 관심과 배려를 즐긴다."라는 매력적인 설명을 해놓기도 했다.

다음 목재 헛간에는 수십 마리의 식용 거세 수탉들이 있었다. 샤넬은 몸짓으로 내게 조용히 하라고 했다. 나는 문 사이를 통해 안을 훑어보았다. 그들은 실로 거대하여 보통 브레스 닭의 거의 두 배는 되어보였다. 볏이 없었지만, 그렇다고 내가 미국 구이용 영계들에게서 보았던 기형적인 가슴과 다리가 있는 것도 아니었다. 그들이 밖에 있는 동안에는 한 마리당 반드시 5.5제곱미터의 목초지가 보장된다고 했다. 에피네트에는 식용 거세 수탉이 한 마리만 들어가 있었다. 샤넬이 헛간으로 들어서자 꼬꼬댁 소리가 나직이 들렸으나, 내가 고개를 수그리고 들어가자마자 닭들은 허둥대며 마치 한 몸이 된 것처럼 날개를 퍼덕였다. 이를 보고 나는 재빨리 헛간 밖으로 나왔다. 샤넬은 내게 이 닭들은 생식선이 없기에 울지도 않고 수탉 특유의 사나운 면도 없다고 말했다. 지금은 수의사가 거세를 하는데, 샤넬의 말로는 그 과정에서 100마리 중 한 마리꼴로 죽는다고 했다. 이 아홉 달 된 닭들은 프랑스의 크리스마스 저녁 식사로는 가장 귀한 식재료들이다. 도축된 닭의 털을 손수 뽑고, 물로 씻긴 뒤 공을 들여 리넨으로 만든 코르셋을 입힌다. 이렇게 하면 고기 주변의 지방이 퍼지고 공기에 노출되는 것도 최소한으로 막아 닭의 상태를 안전하게 보존할 수 있다. 이러한 보존 방법은 파리의 시장에 도착하기까지 2주가 걸리던 옛 시절에 필수적인 조치였으며, 여전히 브레스 닭을 선보이는 일반적인 방식으로 남아 있다.

가축이 돌아다니는 진흙투성이 길을 느릿하게 걷는 동안, 나는 통역사가 샤넬과 이야기를 하는 것을 어쩌다 듣게 되었다. 대충 12월에 식용 거세 수탉을 구입하러 오겠다고 약속을 잡는 내용 같았다. 이야기를 마친 그녀는 내게 말했다.

"리옹에서 사는 것보다는 샤넬 씨한테 직접 구입하는 것이 훨씬 저렴해요. 아이들을 데려와서 농장을 보여줄 생각이에요."

미국 사육자들과는 다르게, 샤넬은 진정으로 독립적인 경영자였다. 손님을 선택하는 것, 재정적 위험을 혼자서 감수하는 것 등이 모두 그의 책임 아래 이루어진다. 샤넬은 노동 시간이 많이 들어가기는 하지만, 매년 4,000마리의 닭을 키우며 행복하게 살고 있다고 했다. 특히 여름이 힘든 시기인데 밤 10시가 지나도 닭이 잠들지 않기 때문이다. 샤넬은 불룩하게 튀어나온 옥수수 창고를 가리키며 닭을 키우는 것 이외에 그들이 먹을 사료까지 재배한다고 했다. 프랑스 공인 품질 등급인 '아펠라시옹(appellation)'을 유지하려면 세심한 기록 관리가 필요한 것은 물론이고 정부의 검사도 빈번히 받아야 한다. 드문드문 세워진 헛간들은 자동화와는 전혀 맞지가 않는 시설이었다. 샤넬은 젊은 세대가 힘든 양계업에 점점 흥미를 보이지 않는다고 말했다.

"아이를 키우는 것과 같으니까요."

그는 슬픈 미소를 지으며 말했다. 나는 그에게 헛간 옆의 버스는 어디에 쓰는 것이냐고 물어보았다. 알고 보니 버스는 부수입을 올리는 도구였다.

"닭을 키우면서 25년 동안 학교 버스 기사를 해오고 있습니다."

샤넬이 말했다.

한 해에 약 250개의 농장에서 1,200만 마리의 브레스 닭을 키운다. 이 수치는 템퍼런스빌의 타이슨 공장에서 한 주에 가공되는 닭의 숫자보다 조금 많은 정도다. 프랑스 닭 300마리 중 한 마리가 브레스 닭인데, 각각은 특유의 상표를 달고 쇠고리 하나를 한쪽 다리에 달고서 출시된다. 높은 생산비가 들어가는 브레스 닭은 주로 고급 식당과 정육점에 납품된다. 2006년 조류 독감이 발생하자 고뇌에 찬 농부들은 닭을 어쩔 수 없이 우리로 몰아넣었다. 프랑스의 전통적 닭 키우기의 운명은 잠시 논의의 대상이 되었다.

"충분한 생산자를 찾는 게 문제죠."

브레스 닭 무역 위원회의 의장 조르주 블랑(Georges Blanc)이 말했다. 미식 잡지들이 '전설적인'이라는 수식어를 붙여주는 요리사 조르주 블랑은 미슐랭 3성 레스토랑의 유명한 주방장이자 부르앙브레스 외곽의 보나 마을에서 고급 휴양지를 운영하는 사업가다.

나는 그가 소유한 수백만 달러짜리 목조 건물 단지에서 그를 직접 만났다. 거대한 책상 뒤에 앉은 조르주 블랑은 주방에서 입는 흰 옷을 입었을 뿐이지만 봉건 영주 같은 분위기를 풍겼다. 광장 건너편으로 가게가 하나 있었는데 그곳에서 조르주 블랑의 이름을 단 와인, 달팽이 파이, 껭테린(잘게 썬 고기, 생선 등을 그릇에 담아 단단히 다진 뒤 차게 식힌 다음 얇게 썰어 전채 요리로 내는 음식—옮긴이), 칼바도스(사과를 원료로 만든 브랜디—옮긴이)를 가득 채운 앙(胖)을 팔았다. 공원 근처에는 프랑스 전통의 비둘기장을 흉내 낸 시설이 있었다. 내가 그와 나눈 대화는 인터뷰라기보다는 알현(謁見)이었다. 블랑은 1970년대에 생산 기준을 낮추어 더 많은 닭을 생산하여 판매하자는 농부들의 시도와 맞서 싸워 승리한 이야기를 들려주었다. 치열했던 싸움을 말하면서 이 3성 주방의 지휘자는 내게 이런 말을 덧붙였다.

"전통 대 변화의 싸움이었죠. 결국 우리가 승리했습니다."

내가 그에게 공장형 양계장에서 나온 닭을 사용한 적이 있냐고 묻자 그는 잘못 들은 게 아닌가 하는 표정을 지었다.

"저는 산업 닭으로는 **절대로** 요리하지 않습니다."

블랑은 프랑스인 특유의 분노하는 표정을 지으며 오로지 최상의 재료만을 자신의 요리에 사용한다고 말했다.

그는 한 주에 두세 번 정도 브레스 닭을 먹는다고 했다. 낮은 생산량에 대한 우려에도 불구하고, 브레스 닭이 블랑의 유명한 요리를 시식하러 저 멀리 일본에서 오기도 하는 닭 애호가들 사이에서 최고의 자리를 계속 유지할 것이라고 말했다. 브레스 지역의 자치단체는 전통을 유지하고자 하는 젊은 농부들에게 창업 자금을 제공한다. 블랑은 자신의 특화된 고객들이 산업 닭의 미래는 신경 쓰지 않고 그들의 미각을 충족시키는 것이 사업 목표라고 했다.

블랑이 시계를 쳐다보는 것을 보고 나는 자리를 떴다. 그는 내게 저녁을 먹고 가겠느냐고 묻지도 않았다. 물론 나는 그의 레스토랑 메뉴에 실린 122달러짜리 브레스 닭 요리를 먹을 여력도 없었다. 그 요리에는 당연하다는 듯 푸아그라와 샴페인을 곁들여야 했다. 대신 나는 부르앙브레스로 돌아와 마을 중심에 있는 '프랑스인'이라는 이름의 레스토랑에서 느긋하게 식사를 즐겼다. 벨 에포크(belle epoque: '아름다운 시절'을 뜻하는, 19세기 말부터 20세기 초까지의 서유럽, 특히 프랑스가 예술, 문화적인 번영을 누렸던 시기—옮긴이)풍의 장식을 갖춘 이 고풍스러운 레스토랑은 조르주 블랑의 답답한 식당보다 훨씬 더 생기 넘치고 친근한 분위기였다. 내가 그 집에 들어온 지 얼마 지나지 않아 11월의 쌀쌀하고 축축한 화요일 저녁에 몰려온 손님들이 식당을 빈틈없이 채웠다.

살짝 구운 다리를 먹고 나는 약간 충격을 받았다. 흰 소스에 덮인 다리 조각은 자주색이었는데 맛이 너무도 순수하고 본능적이어서 채소나 다른 양념이 필요하지 않았다. 첫 맛은 희미하게 칠면조를 연상시켰지만 그보다 더 촉촉하고 농밀했다. 일반적인 닭과는 다르게 껍질은 버터 같은 느낌이었고 심지어 힘줄조차 맛있었다. 나는 과장하기를 좋아하지 않는 사람이지만, 솔직히 그 맛에 깜짝 놀랐다. 감사하게도 브레스 닭은 정말로 일반 닭과 같은 맛이 나지 않았다.

브레스 닭은 전 세계 사람들의 식재료가 되지는 못할 것이다. 조르주 블랑과 그의 부유한 손님들, 그리고 돈을 펑펑 쓰는 몇몇 사람들이라면 모를까 일반인은 브레스 닭을 좀처럼 맛보기 힘들 것이다. 하지만 브레스 닭 외에도 넓은 야외 공간과 긴 사육 시간, 세심한 사료 공급, 지역 특유의 통제된 사육을 통해 출시된 다른 프랑스 닭들도 있었고, 이런 닭들은 프랑스 시장의 25퍼센트를 차지하고 있다. 그런데 미국의 산업화된 식품 체계에 절망하고서 이를 바꾸어보겠다고 마음먹은 미국 사업가가 있다. 그는 미국인들이 닭을 사고파는 방식에 변화를 일으키겠다는 야심 찬 꿈을 품고서, 프랑스와 동일한 사육 방식을 수입하고 있다. 브레스에서 귀국한 나는 노스캐롤라이나 주의 윈스턴세일럼 바깥에 있는 조이스 농장에서 론 조이스(Ron Joyce)를 만났다.

그는 겉모습은 전혀 그렇게 보이지 않는 혁명가였다. 조이스는 노스캐롤라이나 주 서부의 12만 제곱미터 크기 농장에서 자랐고, 그의 아버지는 일찍이 슈퍼마켓에 치킨 포장육을 납품한 홀리 팜스에서 일하다 퇴사한 뒤 보쟁글스(Bojangles) 같은 패스트푸드 사업체에 닭을 납품하는 회사를 차렸다. 조이스는 1981년 아버지가 사망한 뒤 사업체를 물려받았다. 얼마 지나지 않아 타이슨사가 홀리 팜스를 사들이며 닭 시장에 끼어들었고, 성장하는 패스트푸드 시장을 장악하기 위해 또 다른 거인인 콘아그라 푸드를 상대로 싸움을 벌이기 시작했다. 조이스는 이에 콘아그라에게 그의 회사를 팔고 특산품 사업을 구상하기 시작했다.

그러다가 10년 전에 그는 파리로 여행을 갔다.

"화가 나더군요."

사무실 옆의 도로에서 트럭들이 우르릉 소리를 내며 지나가는 동안, 조이스는 캐롤라이나 사투리로 말했다.

"저는 있는지도 몰랐던 것들을 맛보게 되었습니다. 정육점들은 매일 놀라울 정도로 다양한 닭고기를 신선하게 쌓아놓고 있더군요. 그 후 세계에서 가장 닭이 풍부한 나라로 돌아왔지만, 모두가 코니시크로스라는 한 종류의 닭만 먹고 있었습니다. 유전적 선택으로 인해 빠르게 자라기만 하고 아무 맛도 없는 그 닭을 말이죠."

많은 슬로푸드(slow food)나 동물 보호 운동가들과는 달리, 조이스는 회사의 탐욕을 비난하지 않는다. 대신 그는 한심한 상태에 빠진 미국의 양계 산업에 아무런 관심도 없는 소비자를 비난한다.

"미국 사람들은 지갑과 타협하죠. 유럽에서는 식품에 더 많은 돈을 지불합니다. 1달러 99센트짜리 뼈 없는 닭 가슴살을 매대에 올려놓으면 판매량이 세 배가 늘어나는 게 이곳의 현실입니다."

평범한 미국인들에게는 가격이 모든 것을 말한다. 닭이든 당근이든 기준은 같다. 그리고 관련 산업에서 그들을 만족시키기 위한 치열한 경쟁이 벌어진다. 닭 사업의 이윤 폭은 제약사나 다른 회사에 비교하면 적은 편인 데다 날씨나 옥수수 가격 같은 더 큰 시장의 힘에 좌우된다. 따라서 닭 회사들은 경비와 가격을 낮추어 경쟁자들보다 우위를 점하려고 한다.

"소비자들이 책임감을 느끼길 바랍니다."

조이스가 말했다. 그는 최근에 그의 아이들이 39센트짜리 타코 가게 앞에 멈춰서는 것을 보면서 몸서리를 쳤다.

"애들한테 이렇게 말했죠. 아버지는 39센트짜리 타코는 그냥 줘도 먹지 않는다고요. 아니 대체 어디까지 내려가야 하는 겁니까?"

항생제를 남용하고, 소화를 증진하기 위한 알제닌 화합물을 사료에 첨가하고, 도축된 닭들을 염소 처리한 오염된 물에 담그고, 그 뒤 화학 물질을 투입하여 위험한 세균을 제거하는 일은 전부 더 낮은 비용의 실현이라는 무자비한 압박의 결과였다. 육중한 가슴과 허약한 다리를 가진 신체 구조 때문에 제대로 일어서지 못해 사료와 물을 못 먹는 닭들을 안락사 처리하는 것도 이런 압박이 가져온 결과다. 조이스는 애써 분노를 억누르며 이렇게 말했다.

"미국의 닭은 밖으로 내놓을 수 없습니다. 가공 처리 공장으로 운송되는 시기인 생후 6주에는 면역 체계가 충분히 발달하지 않은 상태이기 때문이죠."

이런 관행, 특히 염소 처리된 물에 닭을 담그는 과정 때문에 유럽연합은 모든 미국 닭의 수입을 금지하고 있다. 국립 닭 협의회는 프랑스 같은 거대하고 수익성 높은 유럽 시장에 접근하기 위해 이런 금지 조치를 번복시키려고 절박하게 노력하는 중이다.

이런 밑바닥까지 내려가려는 경쟁의 대안으로서 또 대기업이 진출하지 않은 틈새시장을 찾기 위해, 조이스는 프랑스의 접근법을 모방하기 시작했다. 그는 개방 사육을 통한 유기농 닭을 팔고자 했으나 무엇을 먹이든 어떻게 키우든 미국 닭의 유전자가 전부 같기에 아무 소용이 없다는 사실을 얼마 지나지 않아 깨닫게 되었다. 닭고기는 여전히 맛이 없었다. 양념을 하는 것만이 닭의 풍미를 되돌릴 수 있는 유일한 방법이었다. 그러다 조이스는 라벨 루즈라는 닭을 발견했다. 이 닭은 브레스 닭의 아류인데, 많은 소비자들이 구매 가능한 범위의 가격표를 달고 있었다. 나역시도 부르앙브레스의 정육점 진열장에서 이 닭이 유명한 친척 닭에 비하면 절반 정도 가격에 팔리고 있는 걸 보았다.

"이 닭 역시 야외에서 사료를 먹지만 브레스 닭에 비해 공간은 덜 보장받습니다. 16주까지 기다리지 않고 10주나 12주가 되면 도축하고요."

마을의 활기 넘치는 닭 시장 건너편 길가에 자리 잡은 정육점 주인이 말해주었다.

일단 조이스는 '내일의 닭'이 지배하기 이전에 전통적인 닭을 키웠던 연로한 농부들을 찾았다. 그런 뒤 프랑스에서 달걀을 수입했다. 프랑스 공급자들은 물건을 내주면서도 회의적인 태도를 보였다.

"그 사람들은 미국인들은 절대로 이 닭을 사지 않을 거라고 웃으며 말하더군요."

　조이스는 프랑스의 라벨 루즈 사육법을 그대로 따라 했다. 정성껏 돌
보고, 사료를 주고, 손으로 직접 가공 처리하는 것까지 전부 똑같이 했다.
이렇게 하여 '풀레 루즈 드 페르미에 뒤 피에몽(Poulet Rouge de Fermier
du Piedmont: 피에몬트 농가에서 만든 붉은 닭—옮긴이)'이라는 이름의 닭이
등장한 것이다. 노스캐롤라이나 주 중부에 있는 농장에서 생산된 붉은
닭이지만, 이렇게 프랑스어로 발음하니 더욱 멋있어 보인다. 조이스는
이어 미국 동부 해안의 주방장들과 친분을 쌓았다. 그들 중 대부분은 자
신이 사용하는 닭이 맥도날드에서 팔리는 닭과 유전적으로 같다는 점을
전혀 모르고 있었다. 소스를 아무리 좋게 만든다고 해도 그게 그거인 닭
이었다. 미국 식품 체계에 영향력을 행사할 수 있는 이런 사람들을 교육
함으로써, 조이스는 더욱 맛도 좋고 훨씬 인도적으로 키운 자신의 닭에
대한 수요가 생기기를 간절히 바랐다.

　수입한 달걀, 더 작은 규모의 닭 무리, 더 많이 먹인 사료, 거의 두 배에
가까운 사육 기간 등은 이 닭이 타이슨 사의 닭보다 최소 두 배 이상의 가
격을 받아야 한다는 뜻이었다. 조이스는 높아진 풍미가 구매자를 끌어
들일 수 있는 주된 요인이라고 믿고 있었다. 그러나 국제 농장동물 보호
단체인 'CIWF(Compassion in World Farming: 세계 영농에 대한 연민—옮긴
이)'의 미국 지사를 총괄하는 리아 가르케스(Leah Garces)에게 깊은 인상
을 남긴 건 다른 측면이었다. 리아는 그의 사육 체계에서 잘 준수되는 동
물 복지의 측면에 호감을 느꼈다. 그녀는 미국 닭의 삶을 개선하는 건 전
적으로 더 나은 생활 환경과 완만한 성장에 달려 있다고 생각했다. 기존
45일의 수명을 두 배로 늘리는 건 닭의 살이 오르기 전에 적절한 뼈의 성
장을 보장하는 핵심이다. 자연광, 더 넓은 공간, 더 많은 즐거움을 누리

는 조이스의 닭들은 미국 양계 산업에서 가장 좋은 대우를 받고 있다. 확실히 우리 안에 마련된 짚 뭉치, 나무판자, 사다리 등은 분명 닭이 놀이를 할 수 있게 했다. 모든 닭의 품종 중 80퍼센트를 관리하는 3대 회사 중 하나로부터 나온 조이스의 닭들은 미국의 전통적인 품종은 아니지만, '붉은 민목(red naked neck)'이라 불리는 더 오래된 전통적인 품종이다. 이들은 비대한 가슴과 가냘픈 다리를 지닌 불균형적인 닭과는 너무도 다른 모습을 하고 있다.

　조이스는 내게 바로 옆 사무실에서 일하는 자신의 아들을 소개했다. 이어 조이스 부자와 나는 시설을 보러 나섰다. 두 부자의 편안하고 솔직한 태도는 닭 재벌들의 태도와 극명하게 대조되었다. 보고 싶었던 시설을 보여주었을 뿐만 아니라, 모든 질문에 주저하지 않고 곧바로 대답했다. 사진과 동영상을 찍는 일은 오히려 환영받았다. 처음으로 들른 곳은 주차장 건너의 부화장이었는데, 인부 두 사람이 부화기에서 달걀을 꺼내고 있었다. 부화장은 1만 5,000개의 달걀을 수용할 수 있었는데, 양계 산업 기준으로는 아주 소규모였다. 이어 도착한 곳은 도축장이었다. 도축은 아침에 하는데, 우리가 그 안으로 들어가 보니 밝은 청색 작업복을 입은 두 직원이 반짝이는 스테인리스 장비를 닦는 중이었다. 닭들은 도축장으로부터 한 시간 반 거리의 반경 안에서 생활하고 있어서 이동 시간을 최소한으로 유지했고, 이는 동물 복지와 육질 유지에 중요한 요소였다. 트럭들은 하역장까지 후진하고, 농장 직원들은 살아 있는 닭을 거꾸로 붙잡고 들고 와서 전기로 기절시키고 목을 자른다. 이후 그들은 뜨거운 물에 닭을 담그는데, 닭고기의 맛을 완전 없애버릴 정도로 뜨거운 물은 아니었다. 물에 담긴 닭들은 깃털이 쉽게 빠졌고, 이후 내장은 직원들이 손수 제거했다.

닭이 사후 경직을 거치지 않는다면, 식사 접시 위에서는 육질이 질겨질 수도 있다. 미국의 가공 처리 공장들은 닭의 사체를 식히기 위해 염소 처리된 찬물에 사체를 내던진다. 내던져진 닭은 물을 흡수하고, 몸무게가 늘어나 결과적으로는 수익을 높인다. 하지만 이런 과정에서 달갑지 않은 세균이 흡수될 수도 있다. 종종 벌레를 죽이기 위해 화학적인 스프레이를 뿌리기도 한다. 많은 유럽인들이 그러는 것처럼, 조이스는 선풍기를 틀어 닭의 사체를 식힌다. 조금 더 오랜 시간이 걸리지만, 훨씬 깨끗한 방식이다. 바로 옆에 있는 건물에서는 여자 직원들이 식은 닭을 받아 일일이 손으로 뼈를 제거한다. 이렇게 처리한 고기는 포장된 뒤 상자에 담겨 소비자에게 배송된다. 현대적인 기계를 사용하기도 하지만, 전반적인 과정에 상당한 수작업이 동반된다. 같은 지역에서 대규모로 닭을 가공 처리하는 공장과 비교하면 속도도 느리고 생산량도 극히 적다. 조이스 농장에서 한 주에 생산되는 라벨 루즈 닭은 5,000마리다. 이곳에서 두 시간 정도 떨어진 곳에 마운테어 농장이 소유한 세계 최대 가공 처리 공장이 있었는데, 마운테어 공장이 한 달에 생산하는 닭은 수백만 마리였다.

미국에서는 산업 닭의 소비와 채식주의 사이에 중간 지대가 별로 없다. 조이스는 이런 나라에서 비록 소규모이고 엄선된 것이긴 하지만 대안이 되는 닭을 내놓고 있다. 그는 뿔닭과 칠면조 같은 다른 조류를 포함한 새로운 분야에도 진출했다. 그는 육질과 고기 맛을 높이기 위해 번식업자들과 협력하면서도 늘 동물 복지를 염두에 두고 있다. 윈스턴세일럼 시설을 방문하고 몇 주가 지난 뒤, 나는 고리 무늬가 있는 꼬리를 지닌 꿩이 내가 사는 동네의 레스토랑 메뉴에 올라와 있어서 깜짝 놀랐다. 이 새는 서양 사냥꾼들을 위해 1880년대에 중국에서 들여온 것이었다. 조이스 농장에서 온 꿩이냐고 물었더니 웨이트리스는 부엌에 다녀온 뒤 그렇다고 확인해주었다. 이 꿩은 분명 산업 닭보다는 훨씬 나은 삶을 살았으리라. 대안이 생긴 것에 감사한 마음이 든 나는 곧바로 그 꿩 요리를 주문했다. 부드럽고 농밀했으며 야생 고기 냄새는 그리 나지 않았다. 맛있는 고기였다.

직관적인 물리학자

나는 그 닭을 끊임없이 바라보다 궁금증이 생겼다.
동물의 은밀한 베일 뒤에는 무엇이 숨겨져 있을까?
— 윌리엄 그라임스(William Grimes), 《훌륭한 깃털을 가진 내 친구*My Fine Feathered Friend*》

암탉은 겁이 많고 수탉은 호색한이지만, 고대와 중세에서 닭이 우둔하다고 간주되는 일은 거의 없었다. 왕실 동물원, 종교 의식, 치료약에서 그들이 담당하는 역할은 사람들에게 존경, 경쟁, 심지어 경외의 감정을 불러일으켰다. 1847년 '더 팬시' 현상이 영국과 미국에서 돌풍을 일으킬 때, 어떤 뉴욕 잡지는 우스꽝스러운 수수께끼를 하나 냈다.

"왜 닭이 길을 건널까?"

이에 대한 대답은 마땅히 "그냥 건너편으로 가고 싶으니까!"이지만 이 수수께끼에 닭을 조롱하려는 의도는 없었다. 1907년 라이먼 프랭크 바움(Lyman Frank Baum)이 출판한 《오즈의 오즈마 공주_Ozma of OZ_》에서 도로시 게일은 닭 상자와 똑똑하고 능숙한 암탉 빌리나 덕분에 조난 사고에서 살아남을 수 있었다. 빌리나는 이후로도 마법의 땅에서 순진한 캔자스 소녀를 잘 인도했다.

닭을 영리한 동물로 보는 관점은 고대 그리스의 이솝에게서도 나타난다. 하지만 이런 관점은 제1차 세계대전 이후 닭의 대량 생산 체제가 갖추어지면서 무너지기 시작했다. 미국인들이 농장을 떠나 도시로 이동하고 냉장고를 장만하면서, 살아 있는 닭은 일상에서 천천히 사라졌고 사람들은 닭에 관해 비정한 태도를 가지게 되었다. 1929년 출판된 에드먼드 윌슨(Edmund Wilson)의 소설 《나는 데이지를 생각했다_I Thought of Daisy_》에서, 한 등장인물은 이렇게 소리를 지른다.

"꺼져, 이 말도 못하는 얼간아(cluck)"(여기서 'cluck'은 닭이 꼬꼬댁하고 우는 소리를 뜻하기도 한다—옮긴이)

'birdbrain(멍청이)'이라는 말은 1936년 처음으로 등장했고, 'to chicken out(꽁무니를 빼다)'과 'chickenshit(겁쟁이)'이라는 욕은 제2차 세계대전 중에 처음으로 사용되었다. 1943년에 개봉한 영화 〈치킨 리틀〉에서는 신경질적인 닭이 아돌프 히틀러에게 조종당하는 독일인들의 상징으로 등장했다. 닭보다 더 멍청한 존재는 사이드 쇼(서커스 등에서 손님을 끌기 위해 따로 보여주는 소규모 공연—옮긴이)에서 닭의 머리를 물어뜯는 괴짜 '긱(geek)'이었다(긱은 영어 속어로 전자 공학이나 지성 등의 분야를 탁월하게 이해하고 있는 특이한 사람을 가리키나, 다른 뜻으로는 카니발에서 닭이나 박쥐, 뱀, 벌레 등을 산채로 물어뜯는 공연자를 부르던 명칭이기도 하다—옮긴이). 이 단어는 1946년에 출판된 한 소설과 1947년 타이론 파워(Tyrone Power)가 주연을 맡은 한 누아르 영화로 인해 널리 알려졌다.

닭이 웃음거리가 된 지 75년이 지난 현재, 과학자들은 하찮은 닭이 인간과 놀라울 정도로 많은 특성을 공유한다는 점을 발견하고 있다. 예를 들면 이탈리아의 신경과학자 조르조 발로르티가라(Giorgio Vallortigara)는 최근 갓 태어난 병아리가 타고난 수학자라는 점을 밝혀냈다. 예를 들어 갓 태어난 병아리들은 칸막이들을 사이에 두고 나타났다 사라지는 작은 플라스틱 공들을 잘 추적했다. 심지어 실험자가 일부러 속이려고 기존 칸막이 외에 다른 칸막이 뒤로 일부의 공들을 옮겼을 때도 여전히 병아리는 추적에 성공했다. 인간은 대개 네 살이 되기 전까지는 이런 일을 해내지 못한다.

또한 병아리들은 덧셈과 뺄셈 이상의 것을 해낼 수 있다. 그들은 기하학을 이해했고, 얼굴을 인식했으며, 기억을 유지했고, 논리적인 추론을 했다. 발로르티가라 교수는 특히 논리적 추론과 관련해서는 자신이 가르치는 일부 대학원생보다도 병아리가 더 낫다고 주장했다. 다른 신경과학자들은 닭이 자제력을 발휘하고, 신호를 받아들이는 상대방에 알맞게 메시지를 변형하고, 때에 따라서는 공감을 하기도 한다는 사실을 알아냈다. 닭의 일부 인지 능력은 여러 영장류의 인지 능력과 같거나 오히려 뛰어났고, 이는 닭도 영장류가 지닌 자의식을 가지고 있을 가능성을 보여 주는 것이다.

알프스 산기슭의 작은 마을인 로베레토에 있는 발로르티가라의 연구실은 16세기에 수도원으로 사용된 건물의 지하층에 있었다. 밝은 청색 셔츠와 비단 넥타이를 맨 말쑥한 모습의 그는 바로 이 마을에서 제2차 세계대전이 끝나고 채 10년이 되기 전에 태어났다. 당시 이탈리아는 가난했고 닭 무리는 생존에 필수적인 존재였다.

"닭이 없으면 달걀도 없다는 뜻이었죠."

발로르티가라 교수가 말했다. 이 말은 식사를 하지 못할 때가 종종 있었다는 뜻이기도 했다. 교수는 어린 시절 동물들이 세상을 어떻게 인식하는지에 호기심을 느끼며 자랐다.

17세기 프랑스 철학자 르네 데카르트가 동물은 정신, 이성, 영혼이 없다고 선언한 이래 인간과 유사한 정신 능력을 동물이 지녔다는 주장은 논란의 대상이었다. 데카르트는 동물이 소리로 분노, 공포, 굶주림을 전달하지만, 말을 하지 못하기에 인간 사유의 근간인 내면의 목소리가 없다고 말했다. 그의 유명한 "나는 생각한다, 고로 존재한다."라는 말은 "나는 말한다, 고로 존재한다."로 바꾸는 것이 더 나을 것이다. "동물에게 감각이 없다는 주장은 받아들이지 않는다."라고 쓸 만큼 데카르트는 동물이 고통과 즐거움을 느낄 수는 있다고 보았지만, 상당한 자각과 인식의 인간적 특성은 없다고 보았다. 철학자, 과학자, 종교인, 동물 보호 운동가는 '동물은 생각할 수 없다'는 점을 두고 끊임없이 논쟁을 벌여왔다.

발로르티가라 같은 신경과학자들은 동물의 인지에 관한 객관적 자료를 모으는 중이다. 그들은 닭이 인간보다 훨씬 깊고 자세하게 세상을 바라본다는 점을 알아냈다. 포유동물은 환한 대낮을 좋아하는 공룡 같은 포식 동물을 피하기 위해 야행성 동물로서 시작했지만, 조류는 빛을 더 좋아했고 따라서 포유동물보다 훨씬 우월한 색채 감각을 지니게 되었다. 적색야계는 붉은색, 푸른색, 초록색의 깃털을 자랑하고 또 자외선에까지 이르는 휘황찬란한 색깔의 조합을 인식할 수 있다. 이는 명백히 인간의 색채 감각을 뛰어넘는 것이다. 닭은 또한 두 눈을 별개의 목적을 위해 사용한다. 한쪽 눈으로는 잠재적인 먹이가 될지도 모르는 대상에 집중하고, 다른 눈으로는 포식 동물의 접근을 빈틈없이 경계한다. 닭이 기괴하고 덜컥거리는 머릿짓을 보이는 것은 바로 이런 이유 때문이다.

한때 닭이 가진 훌륭한 시각 체계는 냄새를 잘 맡지 못하는 것을 벌충하기 위한 것이라고 생각되었다. 최근 한 연구팀은 집닭이 코끼리나 영양의 똥에는 반응하지 않지만, 들개나 호랑이의 똥을 근처에 놓아두면 경계하고 먹이 먹는 일을 중단하는 모습을 보였다고 발표했다. 인간처럼 닭도 후각보다는 시각에 더 많이 의존하지만, 위험의 조짐을 파악할 정도의 후각은 갖고 있다. 닭은 또한 인간과 닭의 얼굴을 기억했고, 과거의 경험을 바탕으로 그 인간이나 닭에게 개별적인 반응을 보였다. 예를 들면 어떤 수탉은 좋아하는 암탉을 보자 정자 생산량이 갑자기 증가했다.

과학자들은 한때 닭이 세련된 의사소통 방법을 구사한다는 주장을 비웃었다. 1970년대 인지심리학자 데이비드 프리맥(David Premack)은 이렇게 썼다.

"설혹 닭이 문법을 알더라도, 흥미롭게 말할 만한 내용은 갖고 있지 못할 것이다."

그 이후에 한 독일 언어학자는 모든 닭이 특정 행동을 지칭하는 별개의 소리를 30개 정도 가지고 있다는 결론을 내렸다. 예를 들면, 닭은 포식 동물이 땅으로 혹은 공중으로 접근하는 것을 구분하여 알려주는 별도의 신호를 사용했다.

발로르티가라 교수가 주로 닭을 연구한 이유는 닭이 저렴하고, 강인하고, 유지가 쉽다는 것 때문이다. 포유동물처럼 대부분의 조류는 어릴 때 광범위한 보살핌이 필요하다. 하지만 닭은 대부분 자기 힘으로 알을 깨고 나오는 것이 가능하고, 외부 환경이 닭의 행동에 영향을 미치기 전에 실험 대상으로 활용할 수 있다. 주황색 신발을 신고 흰 외투를 걸친 일곱 명의 박사와 여러 대학원생으로 구성된 연구팀은 밝은 불이 들어오는 비좁고 오래된 수도원 지하실 복도에서 부산스럽게 움직이고 있었다. 지하실이라고 해도 공기는 의외로 탁하지 않았다. 발로르티가라 교수는 나를 어둡고 따뜻한 방으로 먼저 데려갔다. 그곳은 곧 실험 대상이 될 병아리가 태어날 수정란으로 가득했다.

연구팀이 수행하는 실험은 '부모 각인(filial imprinting)'에 집중되어 있었다. '각인'이란 막 태어난 조류가 처음으로 움직이는 물체를 보고 이를 따르는 현상을 말한다. 연구자들은 한 병아리에게 붉은 원통 같은 특정한 물체를 보여주고 투명한 우리에 병아리를 놓아두었다. 그런 뒤 해당 원통을 두 개의 불투명한 칸막이 중 한쪽 뒤에 숨겼다. 이어 투명한 우리를 1분간 칸막이로 덮어 놓았다가 병아리를 풀어주고 불투명한 칸막이를 자유롭게 선택하게 했다. 이에 병아리는 단 한 번 만에 각인된 대상을 찾아냈고, 이로써 닭이 잘 발달된 기억력을 지니고 있음이 드러났다. 또 다른 실험에서는 원통 전체를 가리는 칸막이와, 그와는 다른 높이와 너비를 지니고 또 원통의 일부가 드러나는 칸막이를 준비했다. 이 실험에서도 병아리는 변함없이 원통이 있는 칸막이를 선택했다. 이것은 발로르티가라 교수가 '직관 물리학'이라 부르는 현상의 구체적인 증거였다.

병아리들은 더하기와 빼기도 할 수 있다. 연구자들은 병아리에게 원통을 하나 보여준 뒤 어떤 칸막이 뒤에 숨겼고, 이어 똑같이 생긴 여러 개의 원통을 보여준 뒤 다른 칸막이 뒤에 숨겼다. 그러면 병아리는 더 많은 원통이 있는 칸막이로 다가갔다. 연구자들은 두 개의 칸막이 뒤에 두 개의 원통을 각각 놓아두었다가 그중 원통 하나를 다른 칸막이로 옮겨놓고 병아리의 반응을 살폈다. 그러면 병아리는 어김없이 더 많은 원통이 있는 칸막이를 골랐다. 다른 실험에서는 여섯 개의 같은 용기(容器)가 부채꼴 모양의 공간에 놓였는데, 병아리로부터 전부 같은 거리로 떨어져 있지만 단 하나의 용기만이 먹이를 담고 있었다. 여기서도 병아리는 그 용기를 곧바로 찾아냈다. 먹이가 든 용기를 다른 위치로 바꾸어도, 병아리는 늘 그것을 선택했다.

발로르티가라 교수와 동료 연구자들은 최근에 닭도 명백한 좌뇌와 우뇌를 지녔다는 점을 알아냈다. 이 특성은 오랫동안 오로지 인간에게만 있다고 생각되어왔다. 인간의 뇌 좌반구는 데카르트가 인간을 다른 동물들과 구분해주는 도구라고 생각했던 언어를 통제하며, 우반구는 주변 사람들과 물체에 적응하게 해준다. 알 속에서 성장하는 병아리의 왼쪽 눈은 감겨 있지만 오른쪽 눈은 껍질을 마주한다. 알에서 태어나기 직전 3일 동안 배아의 오른쪽 눈을 빛에 노출하면 시각 처리 기능이 약해진다. 부화되어 돌이 섞인 곡식을 마주했을 때, 정상적인 병아리는 좌뇌를 써서 어느 것이 돌이고 어느 것이 곡식인지 판단한 뒤 먹이만을 쪼아 먹는다. 하지만 눈이 빛에 노출된 병아리는 두 물체를 구별하지 못했다.

닭은 특화된 일을 하는 데에 각기 다른 뇌의 반쪽을 활용한다. 발로르티가라 교수는 닭이 움직이는 물체와 움직이지 않는 물체를 구분할 수 있다고 주장한다. 한 실험에서 병아리들에게 무작위로 만든 빛의 점들과 움직이는 암탉, 고양이, 다른 동물을 나타내는 빛의 점들을 보게 했다. 병아리들은 생물의 움직임을 나타내는 빛의 점을 언제나 선호했다. 비록 그 점이 움직이는 암탉의 이미지가 아니더라도 그것을 더 좋아했다. 보통 생후 이틀 된 인간의 아기도 이런 구분을 해내지만, 많은 자폐증 아이들과 청소년들은 그렇게 하지 못한다. 발로르티가라 교수의 연구팀은 자폐증이 생물학적 움직임을 해석하는 본능과 관련되어 있는지 여부를 조사 중이다. 병아리들에게 생물의 움직임을 인식하게 해주는 유전자를 정확히 집어냄으로써, 발로르티가라 교수는 자폐증 환자의 문제 발생 구조를 이해하게 되기를 바라고 있다. 이것은 자폐증을 해결하는 데 첫걸음이 될 것이다.

2012년, 한 오스트레일리아 철학자는 닭에 관련된 과학 저술을 살펴보고 이렇게 결론을 내렸다.

"우리에게 익숙한 종인 닭은 원시적인 자의식을 가지고 있는 것처럼 보인다."

그는 또 이런 말을 덧붙였다.

"그 결과 닭의 도덕적 기준은 인간이 누리는 것에는 미치지 못하지만, 간신히 의식 있는 동물들이 보이는 최소한의 기준은 초월하고 있다."

데카르트가 말한 것처럼 닭은 감각을 느낄 수 있을 뿐만 아니라, 그에 더하여 자신이 존재하고 있다는 사실을 의식할지도 모른다. 그렇다면 그들의 삶이 고통스럽다는 것도 자각할 수 있다.

·←·←

발로르티가라 교수가 병아리의 생리 구조를 연구하고 있을 때, 다른 과학자들은 오늘날의 대규모 양계 산업이 제공하는 생활 조건에 대하여 닭이 어떻게 느끼는지를 탐구하고 있다. 동물 보호 운동가들과 달걀을 파는 회사들은 암탉이 어떤 대우를 받는지를 놓고 격렬한 싸움을 벌이고 있다. 연구 결과는 향후 수십 년간 수십억 마리 닭의 운명을 결정지을 수도 있다. 오늘날의 산란용 암탉의 아버지라 불리는 사람은 동물 애호가이자 한때 채식주의자였던 평화주의자 헨리 월리스(Henry Wallace)였다. 아이오와 출신인 그는 제2차 세계대전 동안 프랭클린 루스벨트 정부에서 부통령을 지내기도 했다. 경제 대공황 때 한 농부가 시골 지역에 굶주리는 사람들이 많다고 깊이 우려하자 월리스는 빈곤을 몰아내는 데 도움을 줄 수 있는 생산성 높은 닭을 생산해야겠다고 생각했다. 그는 1926년 하이브레드 콘 컴퍼니를 세웠고, 그의 아들은 1936년 상업적인 교배종 암탉을 번식하기 시작했다. 제2차 세계대전이 한창일 때, 월리스의 회사는 산란용 레그혼 암탉을 팔았다. 이 회사의 후계자인 하이라인 인터내셔널은 현재 산란용 암탉을 세계에서 가장 많이 생산하는 회사다. 흰 달걀을 낳는 화이트레그혼, 갈색 달걀을 낳는 로드아일랜드레드는 세계의 2대 산란용 품종이다. 미국 부화장들은 한 해에 5억 마리의 산란용 암탉을 대량 생산하고 있고, 월리스가 태어난 아이오와 주는 미국의 다른 주들보다 거의 두 배에 가까운 달걀을 생산한다. 미국의 암탉들은 한 해에 750억 개 이상의 달걀을 낳는다.

미국 산란용 암탉 열 마리 중 아홉 마리는 배터리 케이지라 불리는 철망 닭장에서 지낸다. 각 닭장에는 여덟 마리의 닭이 들어가는데, 날개를 펼칠 공간조차 없다. 여러 층으로 쌓인 우리 옆으로 사료통이 있는데 거리가 좀 있어서 암탉들은 머리를 쑥 내밀어야 한다. 그들의 배설물은 망을 통과하여 밑의 컨베이어 벨트로 떨어진다. 닭장에는 암탉의 3대 행동인 충분히 쉬고, 토욕(土浴)하고, 은밀하게 알을 낳을 수 있는 공간이 없다. 비좁은 닭장에 갇혀 사는 생활 탓에 지독한 부리 공격, 조류 히스테리, 의문사, 심지어 동족 잡아먹기도 종종 발생한다. 암탉들이 서로에게 큰 부상을 입히지 않고 알을 낳게 하기 위해 양계 시설에서는 마취도 없이 부리 끝을 제거한다. 지방간, 두부종창증, 구강 궤양, 족부 기형 같은 충격적인 상태는 닭들에게서 흔히 발견된다. 양계장의 소음은 귀청이 터질 정도이며, 공기는 암모니아로 가득하고, 암탉은 발광하는 모습을 보인다.

"이런 생활 조건에서는 많은 기억을 형성하고 복잡한 결정을 내릴 수 있게 설계된 복합 신경계의 요구를 충족시킬 수 없습니다."

한 닭 연구자는 결론 내렸다. 실상을 보고 충격 받은 한 텍사스의 동물학자는 미국의 일반적인 산란장을 이렇게 요약했다.

"여긴 닭 정신병원입니다."

미국 소비자들에게 식용으로 알맞은 달걀을 제공하겠다는 월리스의 미래상은 실현되었지만, 매년 미국에서 수십억 개의 달걀을 기계적으로 생산하는 방법에 불안감을 느끼는 소비자들은 늘어나고 있다.

닭은 식재료로 사육되는 동물에게 인도적인 대우를 규정한 미국 법의 보호를 받지 못하며, 국제적으로도 그런 규정이 없다. 유럽연합에서 금지된 배터리 케이지는 미국에서도 점점 단계적으로 사라지는 중이다. 코스트코와 월마트는 과밀한 닭장에서 키우지 않은 암탉이 낳은 달걀만을 자가 상표로 팔고 있으며, 패스트푸드 업체들 중에서도 버거킹과 서브웨이 역시 배터리 케이지에서 생산된 달걀을 사용하지 않고 있다. 아직도 과학자들은 닭을 감금 사육하는 데 따르는 부정적인 영향에 관하여 거의 아는 바가 없다. 과밀 상태에서 생산되지 않았다는 상표가 붙은 달걀은 화창한 목초지를 행복하게 거니는 암탉을 연상하게 할지도 모른다. 하지만 그곳에서 벗어났다고 해도 암탉의 압도적인 다수는 구이용 영계처럼 사육된다. 즉 주위가 담으로 둘러싸인 광대한 헛간이나 여러 층으로 된 사육장 바닥에서 자라며 폭력, 질병, 신경증의 대상이 된다. 아무튼 배터리 케이지는 면하게 해주었으니 우리는 기분이 나아질지도 모른다. 하지만 닭도 그럴까?

이 질문에 대한 답을 하기 위해, 이스트랜싱에 있는 미시간 주립대학교에 새로 180만 달러짜리 연구 시설이 지어졌다. 이 대학 캠퍼스 외곽에 있는 상자 모양의 건물에서 실험을 수행 중인 동물 복지 과학자 재니스 시그포드(Janice Siegford)는 소비 경제와 산업 경제의 필요성을 인정하면서도 닭의 대우를 개선하는 데 과학을 활용하자는 새로운 세대의 연구자다. 시그포드는 배터리 케이지에 대한 논쟁이 객관적인 자료보다는 감정이나 자본 논리에 휘말리고 있다고 우려를 표했다. 그리하여 그녀는 세 가지 다른 주거 체계에서 사는 산란용 암탉의 행동을 추적하기 시작했다.

날렵한 체격에 머리를 짧게 깎은 시그포드는 나와 만났을 때 새로운 시설을 견학할 대학교 1학년과 2학년 학생들을 맞이하려고 준비 중이었다. 그녀는 사람에게 발생하는 마비 현상을 치료할 수 있는 단서를 찾고 싶었고, 이에 관련된 신경 단위(單位)가 어떻게 생겨나는지를 이해하기 위해 몽골 모래쥐의 척수로 실험을 수행했다. 이것이 그녀가 신경과학자로 내디딘 첫걸음이었다. 하지만 신경과학 분야는 유기체 전체를 고려하기보다 유기체를 구성하는 부분을 중시하는 경향이 있었고, 이에 좌절한 시그포드는 동물 복지 연구 쪽으로 눈길을 돌렸다.

"마비 증세가 온 사람들을 돕는 건 훌륭한 일이죠."

그녀가 말했다.

"하지만 그 연구에서 동물을 활용한다면 그들에게 직접적으로 혜택을 줄 수 있다고 생각했어요."

학생들이 도착하자 시그포드는 자신의 연구 프로그램이 목표하는 바를 설명하고 어려운 질문들을 생각해보라고 요구했다.

"우리 계획은 무엇이 닭에게 좋은 것일지 알아내는 거예요. 그러면 닭도 더 나은 삶의 질을 누리게 되겠죠. 앞으로 학업을 진행하면서 닭의 건강, 여러분의 건강, 경제에 관한 찬반에 관해서도 역시 생각해보도록 하세요. 생각할 게 많을 겁니다."

우리는 대기실에서 7,200마리의 닭을 질병으로부터 보호하기 위한 하얀 방호복을 입은 뒤 넓은 홀로 들어섰다. 별개로 마련된 열두 개의 방은 이곳을 거쳐야 갈 수 있었다. 네 개의 방은 여러 층의 우리로 된 닭장들이 있었는데 한쪽에 잡다한 것들이 깔린 탁 트인 공간이 있었다. 나머지 여덟 개의 방은 횟대, 토욕을 할 수 있는 깔개, 커튼으로 차단된 둥지 상자 등을 넣어둔 우리가 있었다. 양계 산업의 말로 하자면 '강화된' 우리였다. 이 두 개의 체계는 구이용 영계 헛간과 배터리 케이지를 대체할 선두 주자들이었다.

시그포드는 기이한 분홍색 빛이 감도는 지나치게 더운 닭장으로 안내했다. 화이트레그혼 암탉 몇백 마리가 거주하는 이곳에는 세 개 층의 우리가 있었고 한쪽 바닥에는 탁 트인 공간이 있었다. 닭은 바닥을 돌아다니고 똥을 밟는 등 더 많은 자유를 얻지만 동시에 달걀에 해로운 미생물이 옮겨질 가능성도 높아진다. 탁 트인 공간은 인조 잔디, 톱밥, 짚, 그리고 콘크리트 바닥으로 나뉘었다. 이렇게 하여 연구자들은 어떤 환경이 가장 암탉에게 매력적인지 또 각 바닥의 재질에 얼마만큼 해로운 미생물이 있는지 확인할 수 있었다. 한 학생 집단이 나와 시그포드가 있는 방으로 들어왔고, 그들 중 한 사람이 물었다.

"왜 어떤 닭은 몸통 깃털이 크게 벗겨져 있나요?"

이에 시그포드는 대답했다.

"닭은 상냥하고 온화한 동물이 아닙니다. 서로 쪼거나 자기 몸에 있는 깃털을 뽑아버리죠. 암탉이 달걀을 낳을 때, 선홍색의 배설강이 외부로 드러납니다. 흰 닭만 잔뜩 있는 곳이기에 빨간 배설강은 놀랍고 매력적으로 보입니다. 그래서 암탉들은 그 배설강을 다른 닭들에게 쪼일 수도 있습니다. 때로는 우리에 몸을 비비다가 그런 벗겨진 부분이 생기기도

합니다."

옆방의 강화된 우리는 배터리 케이지보다는 움직일 공간이 많지만 닭들이 모일 수 있는 탁 트인 바닥 공간은 없었다. 밝은 주황색 커튼이 둥지 상자를 그 공간으로부터 격리시켰고 암탉들은 작은 횃대에 앉아 있었다. 배터리 케이지에서는 볼 수 없는 풍경이었다. 또 다른 강화 우리는 횃대와 둥지 상자에 더해 토욕을 할 수 있는 작은 플라스틱 깔개가 있었다. 시그포드는 암탉의 사생활을 보장하기 위해 필요한 둥지 상자의 크기와 최적의 횃대 높이를 알아내고자 했다. 이처럼 작지만 올바른 세부 사항을 얻는 일은 닭의 안락함과 정신 건강을 보장하기 위해 필수적인 사항이었다.

시그포드는 암탉들이 닭장에서 죽을 수도 있고, 포식 동물에게 잡아먹힐 수도 있고, 높은 암모니아 수치와 움직이면서 일어난 먼지로 인해 고통을 받을 수도 있다고 말했다. 연구자들은 반드시 갈퀴를 사용하여 암탉의 배 주변을 긁어야 했으므로 달걀을 얻기도 더욱 힘들었다. 하지만 예상과는 다르게 강화된 우리의 닭은 기존 우리에 가둔 닭보다 목 주변에 더 크게 벗겨진 부분이 생겨나기도 한다. 시그포드는 우리 안을 들여다보며 이렇게 말했다.

"깃털이 심하게 뽑혀 나간 닭이 보이네요. 세상에, 참 심각하네요."

연구 계획은 아직 초기 단계이기에 확고한 결론을 도출할 수 없지만, 그녀는 탁 트인 바닥을 도입한 접근법이 닭의 복지를 전반적으로 크게 향상시키리라고 보지는 않는다.

"새로운 닭장은 더 많은 자유를 닭에게 주고 있죠. 하지만 닭들이 늘 그런 자유를 현명하게 이용한다고 생각할 수는 없습니다."

시그포드가 말했다. 그녀는 동물 보호 단체, 국가, 양계 산업 등이 구체적인 진보가 있었다고 분명한 결론이 나오기도 전에, 강화된 우리를 먼저 도입해버릴까 봐 우려했다. 물론 그녀 역시 강화된 우리가 닭의 복지를 향상시키는 것은 물론이고 실질적인 이유로도 더 나은 선택이 될 거라고 생각한다. 어차피 양계 산업은 닭을 일정한 공간에다 가두고 키우는 것을 통상적 절차로 보고 있기 때문이다.

쾌적하게 살기 위해 닭에게 필요한 공간이 얼마인지는 동물 보호 운동가들과 양계 산업 관련자들 간의 논쟁 주제인데, 시그포드는 자신의 연구가 이에 관해 명백한 대답을 제공해주기를 기대한다. 그녀가 근무하는 연구 시설의 암탉은 한 마리도 빠짐없이 무게를 측정 받고, 꼬리표를 달고, 누리고 있는 복지 수준에 대한 점수가 부여된다. 이런 자료는 과밀 공간이 언제 폭력성과 질병의 증가를 촉발시키는지 분석하려는 연구자들에게 도움이 된다. 닭의 사회 구조, 즉 닭들 사이의 서열을 나타내는 모이를 쪼는 순서가 무너지는 시점은 아직 알려지지 않았다. 시그포드는 이와 관련하여 50마리가 일정한 무리의 한계 수치라고 추정한다.

홀로 다시 돌아왔을 때 시그포드는 각 방의 물, 사료, 기온을 규정한 판을 가리켰다. 그녀의 목표는 닭들이 침묵하거나 집단 공황을 보이면 연구자들에게 경고해주는 감지기를 설치하는 것이었다. 이런 시설은 상업적 산란 시설의 일부가 될 수도 있다. 닭 무리의 행동을 관찰하는 것은 수천 마리 중 어떤 한 마리를 추적하는 것보다 간단하다. 따라서 시그포드와 미시간 주립대학교의 한 공학자는 군용(軍用) 시설로 눈을 돌렸다. 그건 전자 벨트를 활용하여 전장의 군인들 상태를 확인하고 위치를 추적하는 군대 내의 감지 기술이었다. 하지만 이런 장비들을 닭 무리에 사용하기에는 너무 크고 비용도 많이 들었으므로 두 사람은 소형 감지기를 만들기로 했다. 그래서 우선 애완동물 가게에서 닭에도 걸칠 수 있는 치와

와용 벨트 100개를 구입했다.

"가게 점원은 우리가 제정신이 아니라고 생각했을 거예요."

시그포드가 말했다. 두 사람이 계획한 장비는 궁극적으로 식욕 감소나 닭들끼리 서로 쪼는 행동의 증가를 감지하고, 또 질병이 급속하게 확산되기 전에 건강이나 행동의 문제를 파악하는 데 사용될 것이었다.

더욱 인도적인 환경과 더 나은 복지 관찰은 산란용 암탉들에게 혜택을 줄 테지만, 오늘날 산업화된 농업에서 가장 거슬리는 관행은 여전히 해결되지 않을 것이다. 산란용 암탉 부화장은 모든 수탉을 폐기하고 있는데, 그 폐기 과정이 구체적으로 어떤 절차를 밟아야 하는지 미국 정부는 이에 대해 아무런 규정도 내놓지 않고 있다. 불필요하게 동물을 학대하지 못하도록 규제하는 법은 어디에서도 찾아볼 수 없다. 달걀 공급 업체는 빈번히 나이 든 암탉의 사료를 제한하거나 굶겨서 털갈이를 더 빨리 하도록 한다. 그래야 산란을 더 빨리 재개할 수 있기 때문이다.

1년이나 2년이 지나면, 일반적인 산란용 암탉은 업체 입장에서 쓸모가 없어진다. 시그포드는 이렇게 말했다.

"업체는 암탉의 몸을 훼손하면서 그들에게 달걀을 낳기를 강요합니다. 아무리 좋은 환경에 집어넣는다고 해도, 산란 주기의 마지막에 들어섰을 때 육체적으로 건강한 암탉은 볼 수 없습니다. 몸이 산란하도록 지나치게 강요받은 탓이죠."

횟대, 토욕을 할 수 있는 깔개, 탁 트인 공간이 아무리 많이 암탉에게 제공되더라도, 암탉의 유전적 특징은 복지와는 정반대 방향을 가리킨다. 더 이상 알을 낳을 수 없는 암탉의 폐기에 관한 법은 마련되어 있지 않고, 따라서 경제적 가치가 거의 없는 암탉은 비료나 애완동물 먹이가 되고 만다.

우리가 양계장 시설 밖으로 나와 학생들을 돌려보낸 뒤, 과학이 더 나은 닭의 복지를 이룰 수 있는 가교 역할을 할 것이라는 시그포드의 믿음은 흔들리는 듯했다. 대규모 달걀 공급 업체들의 운영 방식은 그녀를 절망에 빠뜨렸다.

"업체의 산란장에 늘어선 열들은 그 끝이 보이지 않을 정도예요. 이런데 어떻게 암탉들의 복지를 말할 수 있을까요? 제가 걱정하는 건 효율과 저렴한 식재료라는 핑계로 우리가 살아 있는 이 닭들과 너무도 격리되었고 그리하여 닭들을 돌보아주어야 할 역할을 스스로 포기하고 있다는 점입니다."

시그포드는 사람들이 소나 돼지에 비해 닭에게는 덜 관심을 가지고 그만큼 공감도 하지 못한다고 했다.

"닭은 이제 배경의 소음 같은 존재입니다. 하지만 당신이 그 닭들을 잘 살펴본다면 그렇지도 않죠. 태양을 보고 시간을 말해주고, 동족끼리 사회적인 의사소통도 상당히 복잡하게 주고받고 있어요. 게다가 상대방에 알맞게 메시지를 변경할 수 있는 닭은 영장류 다음으로 놀라운 능력을 갖춘 동물이지요. 그러니 보호해야 할 필요가 있습니다."

↞·↞

나이로비 외곽의 조모 켄야타(Jomo Kenyatta) 농공대학교의 교정은 푸른 풀이 많고 그늘진 조용한 곳이어서 차들로 북적이고 시끄러운 수도와는 다른 분위기였다. 높은 신을 신지 않아도 충분히 장신인 셰일라 옴메(Sheila Ommeh)는 학교 정문에서 나를 맞이했다. 이 분자생물학자는 아프리카의 헨리 월리스였다. 그녀는 고국 케냐와 아프리카 대륙의 발전에서 닭이 주역을 맡아야 한다는 사명을 홍보하는 데 전념하고 있었다.

"닭은 작지만, 잘 이용하면 큰 영향을 미칠 수 있습니다. 아프리카 전역의 농부들에게 혜택을 줄 수 있는 커다란 잠재력을 가지고 있어요."

옴메가 말했다.

케냐에서 출시되는 닭의 10분의 1만이 산업화된 규모를 가진 농장에서 사육되고, 토종닭은 대부분의 도시 사람들이나 시골 사람들이 구입하기에는 너무 비쌌다. 토종 수탉은 20달러 정도이지만, 평균 연봉이 1,000달러 이하에 실업률이 40퍼센트에 달하는 이 나라에서는 어떻게 봐도 큰돈이었다. 옴메는 조모 켄야타 농공대학교, 국립박물관, 케냐 야생동물국, 가축 개발부와 공동으로 협력하여 비싸고 도외시되는 토종닭을 가난한 케냐인들의 수입원이자 단백질 공급의 원천으로 변화시키고자 했다. 또한 이런 사례를 아프리카 전역으로 퍼뜨리고 싶어 했다.

대학 연구실에서 십수 명의 학생들에게 미생물학 강의를 마친 뒤, 옴메와 나는 흙먼지가 풀풀 나는 길을 지나 텅 빈 양계장으로 향했다. 선배 연구자들은 여기서 프랑스 회사가 개발한 토착 품종의 유전자를 가진 산란용 암탉을 길렀지만, 일단 너무 비싼 데다 예방 접종을 할 필요가 있었고 대부분의 케냐 시골 지역에서 구할 수 없는 특별한 사료를 먹여야 했다. 옴메는 따라서 산업화된 닭보다는 산란 능력이 떨어지지만 케냐 농업 현실에 더 잘 적응하는 강인하고 저렴한 토착 품종을 쓰기로 했다.

"닭들은 태양 빛을 받으며 놀 수 있는 충분한 공간을 갖게 될 겁니다."

그녀는 우리 근처의 들판을 가리키며 말했다. 옴메는 케냐 서부에 있는 높이 4,321미터에 이르는 엘곤 산의 기슭에 있는 마을에서 자랐다. 젊은 생물학자인 그녀는 나이로비의 명망 높은 국제 가축 연구소(International Livestock Research Institute)에 들어가게 되었는데, 이 연구소는 소 같은 대형 가축만 집중적으로 연구했다.

"저는 닭을 키우는 마을 출신인데 어느 날은 할머니께서 기르던 닭들이 질병으로 죽어가는 걸 슬픈 표정으로 보고 계시더군요. 마치 제게 '너는 과학잔데 우리에게 도움을 주지도 못하는구나!'라고 말씀하시는 것 같았어요. 그래서 저는 닭을 연구해서 제 마을을 도와야겠다고 생각했지요."

하지만 소속 연구소에 닭을 연구하자는 주장을 납득시키지 못한 그녀는 2011년에 그 훌륭한 직장을 떠나 학자, 사육 전문가, 정치인들로부터 지지를 얻어내는 활동을 펴기 시작했다.

1970년대, 서양 원조 단체들은 로드아일랜드레드와 다른 여러 산업화된 닭의 품종을 가져왔으나 이 닭들은 현지에 적응하지 못하고 곧 죽어버렸다. 그 사이에 토종닭과 교배도 이루어졌는데, 여기서 교배종들 역시 열대성 질환을 버텨내지 못했다. 지역에 있는 닭의 숫자는 그로 인해 심각하게 줄어들었다. 옴메는 건기와 풍토성 조류 질환에서도 살아남을 수 있는 토착 유전자를 가진 몇 안 되는 케냐 닭을 찾는 중이다.

"질병과 건조한 기후를 견디는 능력이 산육 능력보다 훨씬 더 중요한 일이죠. 그런 닭을 찾는 일을 빨리 시작해야 해요. 그렇지 않으면 너무 늦을 겁니다."

옴메가 말했다.

그녀는 마지막 남은 순종 케냐 닭을 찾을 곳으로 소말리아 국경 근처, 인도양 연안의 라무(Lamu)를 지정했다. 케냐에서 가장 오래 안정된 상태를 유지했던 도시인 라무는 한때 아프리카인, 인도인, 동남아시아인 상인들이 가득 붐볐던 항구 도시였지만 이제는 조용한 벽지가 되었다. 옴메는 그곳에서 관상용 애완동물이자 투계로 기르는 현지 닭을 발견했다.

다양한 깃털 색을 지니고 덩치가 큰 그 닭은 '쿠치(Kuchi)'라고 불렸다. 그녀는 또한 케냐 북서부에 있는, 에티오피아와 수단 남부와 가까운 투르카나 호수 주변의 외딴 곳도 탐사했다. 그곳에는 주로 소를 키우는 부족민들이 살았는데 닭으로 만든 수프와 달걀이 중요한 식단이었다. 보통 기온이 섭씨 42도 이상으로 치솟는 이 혹독한 땅에서 작지만 극도로 강인한 흰 닭들이 잘 자라고 있었다.

연구실에서, 옴메는 닭의 견본을 수집하는 데 사용할 현장 장비를 챙겼다. 바로 안드로이드 운영 체제가 설치된 삼성 스마트폰이었다.

"이게 노트북보다 나아요. 배터리만 챙기면 출장 나갈 준비가 끝나는 거니까."

라무와 투르카나에서 그녀는 견본 사이트의 좌표, 암탉의 산란 능력, 닭의 적응 형질 같은 불가결한 정보를 스마트폰에 입력한다. 또한 냉동이 필요 없는 화학적인 처리를 거친 카드에 피[血] 견본을 떨어뜨려 개별적인 바코드를 읽어 스마트폰의 자료와 견본을 연결한다.

그런 뒤 연구실로 돌아와 옴메는 수집한 닭의 피로부터 유전적인 구성을 분석하여 질병과 극단적인 환경 조건에 내성을 보이는, 닭의 이면에 숨겨진 구조를 정확히 집어낼 것이다. 그녀가 바라는 결과는 케냐의 시골에 적응할 수 있는, 비싸지 않고 키우기 쉬운 닭을 만드는 것이다. 그녀는 주머니에 스마트폰을 집어넣고 미소를 지으며 말했다.

"제가 연구하는 과학이 실질적인 효과를 가져오면 할머니도 굉장히 기뻐하실 거예요."

야생 닭을 살리려는 마지막 노력

인간과 동물이 얼마나 오랫동안 이런 식으로 대치해왔는가?

— 앨리스 워커(Alice Walker), 《닭 연대기*The Chicken Chronicles*》

응우옌 동 쭝(Nguyen Dong Chung)이 사는 마을은 베트남의 비옥한 홍강 골짜기에 자리 잡은 초록색 논들 사이에 있다. 단추가 달린 흰 셔츠와 검은 바지를 입은, 작고 야윈 중년의 남자 동 쭝은 '호(Ho)' 닭의 옹호자다. 20세기에 들어와 혁명과 전쟁이 이 나라를 흔들기 전에, 춘절이 되면 인근에 있는 하노이의 국왕 부부는 최고의 호 닭 한 쌍을 진상 받았다. 집안에 특별한 일이 있으면 호 닭을 잡아 요리한 뒤 조상에게 제사 지내고 후손들이 그 제물을 먹는 풍습이 아직도 베트남에는 남아 있다.

"내 조부님과 조부님의 조부님도 호 닭을 기르셨습니다. 우리는 조상님들이 자랑스럽습니다. 그분들께서 굉장히 중요한 일을 하셨다고 생각합니다."

동 쭝이 통역을 통하여 나에게 말했다.

수익성 높은 호 닭을 파는 가업을 운영하는 동 쭝은 인근 하노이 지역에 많은 손님을 두고 있다. 나는 그를 따라 복잡한 미로 같은 길을 지나 호 닭을 키우는 닭장들이 늘어선 곳에 도착했다. 거대한 발로 땅을 단단히 집고 선 호 닭은 검은 깃털과 붉은 피부, 장미볏을 지녔고 크고 마른 몸통을 지탱하고 있는 모습이 영 어색했다.

"크고 아름답죠? 고기가 아주 맛있답니다."

동 쭝이 말했다. 호 닭의 달걀은 개당 고가인 3달러에, 그리고 병아리는 5달러에 팔린다. 근처 가게에서 동 쭝이 키운 호 투계들은 마리당 200달러에서 300달러 사이에 팔린다.

호 닭은 전 세계에 마지막으로 남은 고대 닭 품종 가운데 하나다. 서양의 전통 품종과 현대의 산업화된 품종은 19세기 영국과 미국의 '암탉 열풍'에서 생겨난 품종들의 후예다. 대조적으로 호 같은 토종닭은 몇 세기, 심지어는 몇천 년을 거슬러 올라가기도 한다. 베트남에는 각기 다른 열여섯 품종의 토종닭이 있는데 이 닭들이 이 나라에서 기르는 전체 품종의 4분의 3을 차지한다. 산업화된 구이용 영계와 산란용 암탉들이 전 세계에 급증하는 동안 이런 토종닭들은 조용히 사라지는 중이다. 나를 동 쭝에게 소개해준 한젠린(韓建林)은 호 같은 토종닭의 유전적 자료를 수집하는 중국인 생물학자인데, 이 사람도 토종닭의 멸종을 걱정한다. 스모그 낀 하노이로 돌아오는 길에 그는 내게 말했다.

"환경이 빠르게 변화하는 중입니다. 옛 품종들도 옛 세대와 함께 사라질지도 모릅니다."

옛 품종들이 사라지면 지역 번식업자들이 수천 세대에 이르는 닭의 세대를 거쳐 개량한 다양하고 유용한 특성들도 사라질 것이다.

옴메처럼, 한젠린도 전 세계의 가난한 농부들에게 혜택을 줄 수 있는 특성을 보존하기를 바란다. 2001년부터 그와 동료들은 앙골라에서 필리핀까지 돌아다니며 토종닭의 견본을 거의 3만여 점 수집했다. 넓은 어깨에 숱이 많은 머리를 기르고 완벽한 영어를 구사하는 한젠린은 베이징에 첨단 생물학 연구실을 두고 있었지만 많은 시간을 현장에서 보낸다. 현장에서 그는 동 종 같은 사육자들을 방문하고 특정 기후, 생태, 미각에 아주 적합한 닭을 만드는 노력을 관찰한다. 나는 한젠린과 함께 하노이 남부 교외에 있는 국립 축산 연구원(National Institute of Animal Husbandry)으로 갔다. 그곳에서 그는 최근에 수행한 실험 몇 가지를 확인하려고 했다. 우리는 입구에서 고무장화를 신고 흰 방호복을 걸친 뒤 철제로 지붕을 덮고 콘크리트로 담을 쌓아 열 맞춰 지어진 우리들 사이를 걸어갔다. 이곳에 베트남의 닭 연구소가 있었다. 한젠린의 목표는 맛이 좋고 풍토병에 잘 견디고 기존 품종보다 더 많은 생산성을 보이는 교배종을 만드는 것이었다. 장래성이 있다면 교배종은 베트남 전역의 마을 사람들과 농부들에게 분배될 것이다.

토종닭을 향한 한젠린의 열정은 그가 1960년대 중국 서부 간쑤 성(甘肅省)에서 자랄 때부터 가꾸어온 꿈이다. 당시에 굶어죽는 사람들이 수백만 명에 이르자 마오쩌둥 주석이 이끄는 공산당 정부는 개인의 닭 소유를 불법으로 규정했다. 1970년대 후반 마오쩌둥이 사망하자 이 규제는 철폐되었고, 이후 한젠린은 닭을 키워 달걀을 모았다. 배고픈 여동생이 먹지 못하도록 달걀을 숨겼던 그는 정기적으로 달걀을 시장에 내다 판 돈으로 학교에서 쓸 책과 연필을 샀다. 그렇게 어렵게 공부한 한젠린은 대학으로 진학하여 생물학 박사학위를 받았다. 확실히 그는 커다란 가축보다는 닭 덕분에 커다란 혜택을 본 것이었다.

남아시아인 3분의 1과 사하라사막 이남에 사는 아프리카인 절반 이상이 영양실조나 영양 미달로 고통 받고 있는데, 이들은 대부분 시골에 산다. 쌀 같은 곡식에 의존하는 것은 임산부나 어린아이들을 더욱 질병에 취약한 상태로 내몬다. 닭고기와 달걀은 다량의 단백질, 비타민, 무기물을 공급하며 시력 감퇴와 백내장 위험을 낮추는 리신, 트레오닌, 그 외에 다른 중요 아미노산도 제공한다. 토종닭은 유아 사망률을 줄이고 임산부들의 건강을 개선할 수 있으며 질병을 퍼뜨리는 벌레를 잡아먹어 공중위생에 기여한다. 닭들은 돼지처럼 식량을 놓고 인간과 경쟁하지도 않으며, 기본적인 시설만 있으면 충분히 돌볼 수 있다.

한젠린이 개인적인 경험으로 아는 바와 같이 닭과 달걀은 가정이 수업료를 지불하는 데 도움을 주며 추가 수입을 통해 다른 필요한 물품들을 구입하게 해준다. 세상에서 가장 많이 연구된 동물이 닭이지만, 토종닭들이 산업과 학계의 닭 전문가들에게 대부분 무시당한다는 사실을 알게된 한젠린은 이 토종닭들을 되찾고 또 이에 관련된 목록을 만들고 연구하는 일에 착수했다.

연구소를 견학한 다음 날 아침, 나는 산악 지대인 북서부의 연구소로 출장 가는 한젠린과 레 티 투이(Le Thi Thuy)에게 합류했다. 레 티 투이는 하노이 연구소의 축산 분야에서 근무하는 선임 과학자였다. 그들은 이번 출장에서 자연적인 서식지에 사는 적색야계를 만날지도 모른다는 기대감을 갖고 있었다. 라오스와 중국 국경선 근처에 있는 이 외딴 시골 지역은 맛있는 육질의 닭으로 유명했다. 그날 저녁, 고산지대에 있는 한 마을의 유명한 식당에서 우리는 세 가지 종류의 닭 요리를 맛보았다. 각각의 요리는 껍질, 뼈, 비계, 연골, 고기가 포함된 대형 메달처럼 생겼는데 조리된 볏과 함께 제공되었다. 꿀 같은 색깔, 금속 같은 느낌의 회색, 검은색의 요리가 식탁에 올랐다. 레 티 투이가 식사에 여념이 없을 때 한젠린이 내게 물었다.

"어떤 것이 가장 좋아 보이십니까?"

나는 고기가 검을수록 더 맛없어 보인다고 솔직하게 말했다. 그러자 그는 웃으며 실은 검을수록 더 기름지고 귀한 것이라고 대답했다.

베트남에서 닭은 단순한 식사가 아니다. 내장, 뼈, 피, 깃털, 고기까지 검다고 알려진 흐몽(Hmong)은 베트남 북부에서 정력 증강, 성욕 감퇴 개선, 심장병 치유에 좋다고 소문난 닭이다. 베트남 남부에서 트레(Tre)는 투계장에서의 호전적인 투쟁 정신으로 널리 선호되는 품종이다. 베트남 중부에서 사육되는 트레 닭은 몸집이 작은 닭으로도 유명하다.

베트남의 급속한 발전과 급증하는 인구는 베트남 사람과 닭이 고대부터 쌓아온 관계를 변화시키는 중이다. 베트남 인구는 지난 50년간 세 배가 되었고 곧 1억 명을 넘어설 것으로 보인다. 베트남에서 매년 사육하는 닭의 수는 1995년부터 2010년 사이에 연간 두 배씩 늘어나서 현재 2억 마리가 되었다. 여전히 토종닭이 지배적으로 많지만, 대도시의 젊은 베트남인들은 최근 1,000호 매장을 연 KFC 같은 패스트푸드 체인을 선호하므로 산업 닭에게 시장 점유율을 빼앗기는 중이다.

중국, 사우디아라비아, 싱가포르에 이어 베트남은 산업 닭을 세계에서 네 번째로 많이 수입하는 나라다. 엄청난 양을 수입하지만, 베트남은 이를 거뜬히 소화해낸다. 한젠린이 갑자기 우리가 탄 트럭의 창을 가리켰다. 그곳을 쳐다보니 북서부의 산들에 밝은 주황색 줄무늬가 패어 있는 광경이 보였다. 그는 이런 이야기를 들려주었다.

"베트남 식단에서는 돼지와 닭이 점점 늘어나고 있는데, 이 수요를 맞추기 위해 공장형 사육을 하는 중입니다. 여기에 댈 사료를 만들기 위해 농부들은 가파른 비탈에 자란 나무들을 베어내고 그 자리에 옥수수를 심습니다. 하지만 몇 번 수확한 뒤 엷은 토양은 열대의 폭우로 인해 싹 쓸려 나가게 됩니다. 그 결과 저런 흉한 주황색 도랑이 생기게 되고, 한번 이렇게 된 숲은 쉽게 회복되지 않습니다."

크고 흰 가슴을 자랑하는 산업 닭은 심지어 하노이의 슈퍼마켓에서 멀리 떨어진 시골 지역에서도 그 모습을 드러낸다. 라오스 국경 지대 인근 마을의 한 시장에서, 어떤 행상인의 가판대 구석에는 털이 뽑힌 산업 닭 두 마리가 놓여 있었다. 그녀가 판매하는 여섯 종의 토종닭보다 저렴했지만, 영 팔리지 않는 모양이었다. 행상인은 말했다.

"아무도 저 닭을 좋아하지 않아요. 맛이 없거든요."

하지만 산업 닭이 이런 촌구석에도 들어와 있다는 것은 변화의 조짐을 보여준다. 한젠린은 아프리카에서 인도에 이르는 여러 시골 지역을 이러한 변화가 휩쓸고 있다고 말한 바 있다.

KFC 못지않게, 아니 그 이상으로 동남아시아의 전통적인 토종닭을 위협하는 것은 조류 독감이다. 이탈리아인들은 1870년대에 중국 닭을 수입한 뒤로 조류 독감이 발생했다고 처음으로 기록했지만, 최근까지 과학자들은 이 치명적인 바이러스가 닭에서 인간에게 전염될 수 있다는 사실을 추측하지 못했다. 최근의 연구는 5천만 명의 사람을 죽이고 전 인류의 약 3분의 1을 앓게 만든 1918년의 스페인독감이 닭에서 돼지로, 다시 돼지에서 인간으로 전염되었다고 말한다. 1990년대 후반 홍콩에서 처음으로 오리에서 인간에게 옮겨진 H5N1이라는 변종 독감은 여섯 명을 죽였다. 살아 있는 홍콩의 가금류 160만 마리는 확산 방지를 위해 전부 도살처분되었다. 6년 뒤, 태국 북부와 중국 남부의 닭들이 죽기 시작했다. 공포에 사로잡힌 한 서양 과학자는 이런 글을 남겼다.

"볏 꼭대기에서 발톱에 이르기까지, 닭은 문자 그대로 녹아내렸다."

바이러스는 다시 인간에게 번졌다. 감염된 100명 중 절반이 사망했고 확산 방지를 위해 해당 지역의 수천만 마리 닭들이 살처분되었다. 이때의 치사율은 충격적으로 높았다. 특히 베트남은 큰 타격을 입었다.

이런 위협으로 인해 전통적인 토종닭과 생계(生鶏) 시장은 크게 위축되었고 산업화된 양계 회사들이 사세를 확장했다. 고립되고 폐쇄된 시설에서 오리, 돼지, 인간 등 외부의 접촉을 엄격하게 제한하며 사육했기 때문에, 치명적인 종간(種間) 전염의 위험은 자연히 줄어들었다. 이 점 때문에 정부는 공중위생이라는 명목으로 대규모에 중앙 집중적인 대규모 양계 시설들을 지원했다. 2004년, 태국 총리 탁신 친나왓(Thaksin Shinawatra)은 시골 사람들이 암닭과 투계를 기르는 것을 금지하겠다고 위협했다. 이 정책은 양계 대기업의 지지를 받았는데, 그중 하나인 방콕의 차로엔 폭판드(Charoen Pokphand) 회사는 10만 명 이상의 사람들을 고용하고 태국 국내 총생산의 약 10퍼센트를 차지하는 재벌이다. 토종닭을 대량으로 도태한 탁신의 정책은 태국 전역의 영세농들을 격분케 했다. 값비싼 투계를 강제로 도축했음에도 정부에서 주는 보상금은 푼돈 수준이었다. 영세농들의 대다수가 그로부터 황당한 피해를 보았다. 일부 연구자들은 앞서 언급한 위기가 일부는 급성장하는 대규모 양계 회사들의 술수 때문이라고 생각했다. 바이러스가 확산되던 바로 그 시기에 양계 산업이 확대되기 시작했기 때문이다.

2013년, 중국에서 새로운 변종 독감인 H7N9에 감염된 135명 중 3분의 1 이상이 사망했다. 사망자 대부분은 살아 있는 닭과 접촉하여 닭에서 직접 전염되었을 가능성이 높은 사람들이었다. 과학자들은 이 변종이 빠르게 변이한다는 점을 발견했고, 사람들 사이에서 전파되는 방법을 곧 찾게 될 것을 염려했다. 일부 연구자들은 중국의 생계 시장을 폐쇄하는 것이 최고의 해결책이라고 주장했다. 이 과격한 접근법은 상하이, 난징, 항저우, 후저우에서 효과가 있었고, 의학 학술지《랜싯*The Lancet*》의 연구는 이런 접근법의 채택으로 인해 감염 확산이 실제로 멈추게 되었다고 확인했다. 다른 연구자들은 매주 한 번 생계 시장을 소독하면 중국 사회 구조의 전통적인 한 부분을 완전 없애지 않고도 바이러스의 확산을 잡을 수 있다고 말한다. 자본 논리와 공중위생에 대한 우려의 조합은 수천 년 동안 동남아시아 마을의 일부였던 토종닭과 시장을 위협하고 있다.

한젠린은 산업 닭의 약진은 불행하지만 막을 수 없다고 생각한다. 그는 최근 중국 서부에 있는 자신의 고향으로 돌아갔다 충격을 받았다. 닭이나 돼지가 없었기 때문이다. 고향 사람들은 이제 슈퍼마켓에서 고기를 샀다. 한젠린은 심지어 하노이 외곽에서 동 쭝이 기르는 호 닭에 대해서도 확신을 가지지 못했다. 수입산 닭의 가격이 떨어지고 사람들의 취향이 바뀌면서 그 닭의 경제적 생존을 장담할 수 없다는 것이었다. 일부 생물학자들은 몇 안 되는 닭의 품종에 인류가 의존하는 현상에 우려를 표시한다. 그들은 전염병이 돌아 대다수의 로드아일랜드레드나 화이트레그혼이 폐사하면 식량 공급에 재앙이 닥칠 것이라고 생각한다.

하지만 한젠린은 그런 대참사가 일어나지 않을 것이라고 생각한다. 비록 사라져가는 토종닭들을 보존해야 한다고 강하게 주장하는 사람이지만, 산업 닭도 상당한 유전적 다양성을 지니고 있으니까 그런 재앙은 없으리라고 보는 것이다. 일찍이 조류학자 윌리엄 비비가 그랬던 것처럼, 그는 인간이 현명한 선택을 하지 못하더라도 인간의 필요에 놀랍게 적응하는 닭의 능력을 믿었다.

✦·✦

닭은 인간이 곡식을 키우고 먹을 때 인류 역사의 무대에 등장했다. 옥수수 같은 대부분의 곡식은 중요한 영양분이 부족한데, 특히 리신과 트레오닌 같은 아미노산이 별로 들어 있지 않다. 닭고기와 달걀은 이런 인체에 필수적인 아미노산이 풍부하다. 두 명의 학자는 이렇게 썼다.

"닭의 신진대사에서 보이는 특징, 즉 인간이 합성할 수 없는 아미노산이 풍부한 달걀을 낳는 암탉의 능력은 인간과 닭이라는 두 종의 진화에 중대한 역할을 했다. 때로 달걀을 식단에 넣는 것만으로 영양학적으로 최저 수준인 식단이 모든 면에서 충분한 식단으로 변모했다."

21세기에도 인간이 계속 고기를 먹는다면, 산업 닭이 돼지고기나 쇠고기보다는 더 나은 선택이 될 것이다. 닭은 돼지나 소보다 땅, 물, 에너지를 덜 필요로 한다. 450그램의 고기를 생산하는 데 드는 900그램 이하의 사료는 다른 동물의 사료에 비하면 극히 적은 양이다. 이보다 효율이 좋은 것은 양식 연어뿐이다. 전 세계에서 매년 대기로 유입되는 온실가스(탄산가스, 메탄, 오존, 불화탄소 등 온실 효과를 일으키는 가스—옮긴이)의 20퍼센트가 식육을 생산할 때 나오며, 모든 온실가스의 80퍼센트 이상이 농업 때문에 생겨난다. 같은 부피라고 가정했을 때 햄버거 같은 붉은 고기를 가공할 때 배출되는 온실가스는 닭고기의 열 배에 달한다.

영국 경제학자 토머스 맬서스는 2세기 전에 인구 성장이 식량 생산 능력을 압도할 것이라고 경고했다. 하지만 그는 이국적인 아시아 닭의 전래, 유전학의 진보, 값싼 에너지의 부상, 그 시절의 수척한 닭을 대규모 생산이 가능한 값싼 1차 상품으로 변화시킨 대기업의 출현을 예견하지 못했다. 1,200만 톤이 넘는 10억 마리의 닭이 매년 전 세계의 국경을 넘고 있다. 쿠웨이트 왕자들의 은쟁반 위에서 네덜란드산 닭 요리가 지글지글 끓고, 앙골라 원주민들은 지역 시장에 토산품을 들고 와 미국 아칸소 주에서 생산된 닭으로 바꾸어가며, 베이징 사람들은 슈퍼마켓에서 브라질산 닭을 사간다. 전 세계 닭 수출량은 2008년에서 2013년 사이에 25퍼센트 이상 늘었는데, 증가량의 대부분을 차지하는 것은 사하라사막 이남의 아프리카와 중동 지역이다. 가나는 2012년에 20만 톤 이상의 냉동 닭을 수입했는데, 10년 전에 비하면 세 배나 증가한 수치다.

미국의 닭 수요는 다른 모든 주요 국가들을 능가하며, 이 수요는 여전히 늘어나고 있다. 미국 소비자들은 세계 평균보다 닭을 네 배 더 먹는다. 멕시코인들은 세계에서 달걀을 가장 많이 먹는데, 1인당 매년 400개 이상의 달걀을 소비한다. 이는 거의 세계 평균의 세 배에 이르는 수치다. 중국인들은 1인당 매년 10킬로그램의 닭을 먹는데, 이는 미국 소비량의 4분의 1 수준이긴 해도 이 수치가 매년 늘어나고 있으며 중국은 현재 세계에서 닭을 가장 많이 수입하는 시장이다. 2012년에는 처음으로 미국보다 중국이 더 많은 닭을 소비했다. 닭의 생산이 거의 무(無)에 가까웠던 한젠린의 어린 시절과 비교하면 깜짝 놀랄 만한 변화다. 푸젠 선너 개발 주식회사(福建聖農發展股份有限公司)는 자사의 수직 통합형 양계 시설에 1만 명의 사람들을 고용하고 있으며 회장인 푸광밍(福光明)은 억만장자다. 타이슨푸드사는 수년 내로 중국에 90개의 농장을 건설할 예정이며, 각 농장은 한 번에 30만 마리 이상의 닭을 키우게 될 것이라고 한다. 이는 현재 닭에 관한 한 가장 큰 단일 시장에서 점유율을 늘리려는 노력의 일환이다. 카길 같은 다른 미국 회사들도 중국에 자사의 농장과 가공 처리

시설을 하루속히 건설하려고 서두르는 중이다. 한젠린의 마을에 닭이 부족한 것도 이제는 그리 놀라운 일이 아니다. 2014년, 중국 정부는 2010년대 후반이 되면 지금보다 1억 이상의 사람들이 시골에서 도시로 이주할 것이라고 발표했다. 그렇게 되면 중국 인구의 60퍼센트가 도시 지역에 거주하게 된다.

인간이 닭과 아주 새로운 관계를 형성하면서 생겨난 까다로운 환경 문제, 노동, 위생, 동물 복지 문제 등이 골칫거리가 되리라는 점은 맬서스도 예측하지 못했다. 인구 1천만 이상이 거주하는 도시의 급증과 인간이 초래한 기후 변화처럼, 오늘날의 양계 산업은 예전에 전혀 시도하지 않던 규모와 범위로 실험을 하고 있다. 오염된 수로, 노동자에게 위험한 환경, 식품 안전에 관한 우려, 형편없는 동물 복지 문제 등은 활기찬 국제무역의 그림자 속에 대부분 은폐되어 있다. 양계 산업을 장악한 자는 주로 대기업이고 정치적으로도 영향력이 있어 생산 비용을 증가시킬 수 있는 정부 규제를 막거나 약화시키려 들 것이다.

언젠가 인간은 닭에 대한 식욕을 잃을지도 모른다. 산업 닭의 특징 없는 맛을 모방한 치킨 식감의 두부나 버섯 같은 대안이 유럽과 미국 시장에서 나타나는 중이다. 캘리포니아에 있는 회사 '비욘드 미트'의 소유주는 식물성 단백질에 열을 가하고 식히고 압력을 가함으로써 항생제, 알제닌 화합물, 조류 독감에서 자유로운 치킨 맛을 내는 저렴한 엔칠라다(토르티야에 고기를 넣고 매운 소스를 뿌린 멕시코 음식—옮긴이)를 만들 수 있다고 장담했다. 해당 회사의 "닭이 들어가지 않는 치킨 스트립"은 현재 홀 푸드 슈퍼마켓 체인에서 판매하고 있다. 또 다른 캘리포니아 신규 업체인 햄턴 크릭은 철저한 채식주의자도 선택할 수 있게 달걀을 대체하고자 한다. 이 회사는 페이팔의 공동 창업자 피터 틸(Peter Thiel)과 마이크로소 프트의 창업자 빌 게이츠(Bill Gates)의 자금 지원을 받아 관련 사업에 착수할 수 있게 되었다. 햄턴 크릭의 첫 상품 '저스트 마요'는 현재 소매점의 판매대 위에 올라와 있다. 이런 대안들 중 다수가 그들이 대체하려는 식품처럼 특징 없는 맛을 낸다. 이들은 미국과 유럽 시장에서 증가하는 제품 점유율을 높이기 위해 만반의 준비를 갖추고 있다.

하노이와 나이로비 같은, 인구 1천만 이상이 거주하는 도시의 증가와 인도와 남아메리카 중산층의 증가, 토종닭의 감소 등을 감안할 때, 닭은 여전히 패스트푸드의 주요 품목이자 다가올 몇십 년 동안 도시의 필수 식품으로 남을 듯하다. 닭은 과거에 왕실의 애완동물, 태양의 신성한 상징, 부활의 전령이었고 우리의 죄를 정화하고 용기와 자기희생의 사례가 되어주었으나 이제는 빠르게 필수 식품으로 변화하는 중이다. 예를 들어 중국에서 닭은 오랫동안 문무용인신(文武勇仁信)의 다섯 가지 덕을 대표했지만 오늘날 주어진 주된 역할은 100만이 넘는 인구를 가진 150개 도시에 먹을 거리를 제공하는 것이며, 2030년이 되면 이 도시들의 숫자는 두 배가 될 것이다.

값싼 동물 단백질을 도시에 지속적으로 공급받으면서도, 더욱 인도적인 유전학, 처우, 생활 조건 등을 통하여 인간의 동반자인 닭들을 지나치게 학대하는 것을 막을 수 있다. 예를 들면 달걀 곽에 암탉의 상태를 간단한 그림으로 명시할 수 있다. 부르앙브레스에서 내가 본 곽들은 알을 낳은 암탉의 상태를 분명하게 보여주었고, 이렇게 하는 것은 법률로 의무화된 사항이었다. 닭똥으로 만든 비료는 몇 세기 전 이스터 섬 사람들이 그랬던 것처럼 황폐한 땅을 되살리는 데 현명하게 사용될 수 있다. 노동 변호사들은 방글라데시나 중국 같은 나라에서 직물업과 전자 공업에서 취했던 접근법을 따라, 많은 양계 산업 노동자들이 겪는 가혹한 근무

환경을 폭로하고 개선을 요구할 수 있다. 주방장들은 조금 더 가격이 높더라도 산업 닭보다 더 맛좋은 대안을 고집할 수 있다. 항생제 사용, 사료 안전, 살모넬라 및 다른 세균 위협에 관한 국제적인 기준이 세워진다면, 소비자들은 건강에 대하여 걱정하지 않고 원산지에 무관하게 값싼 산업 닭을 안심하고 사먹을 수 있을 것이다.

산업 닭은 인간의 미래에 불가피한 한 부분이다. 하지만 우리는 식당과 슈퍼마켓에서 선택지를 확장시키면서 닭을 사육하고, 대우하고, 도축하는 방법을 다시 도입할 수 있다.

유럽과 미국의 집 마당에서 닭 키우기 운동은 '치킨'이라는 단어가 한 끼 식사 이상을 의미할 수 있음을 보여주는 희망적인 신호다. 1940년대에 미국 작가 E. B. 화이트는 "닭에 대한 열정을 남에게 전파하려 하지 말라."라고 경고했다. 하지만 그런 열정은 이제는 드러내놓고 자랑할 만한 것이 되었다. 마당에서 닭을 키우는 사람들의 숫자도 적고 또 이 유행이 단명으로 끝날지도 모르나, 이 사람들은 공동체를 이루어 수십 개 도시에서 닭을 키우지 못하게 한 조항을 철회하라고 시청에 요구하고 있다. 이들은 닭을 잘 모르는 많은 사람들에게 닭의 매력과 장점을 알려주고 있다. 잡지 판매대 위에 따로 관련 코너가 만들어질 정도로 닭은 이제 인기가 많아졌고, 미국 전역에서 소규모 농업의 부활에 중심적인 역할을 하고 있다. 자기 집에서 채소를 재배하는 사람들이 급증한 것도 21세기 초반의 암탉 열풍 이후에 생겨난 현상이다.

부유층을 대상으로 하는 니먼 마커스 사는 최근 10만 달러짜리 닭장을 선보였다. 샹들리에와 전통 품종의 닭이 포함된 이 제품은 그야말로 사치스럽다.

"우리는 건강한 닭들을 기르는 법, 닭장에서 정원 텃밭까지 두엄을 주는 법, 식량과 사료로 줄 수 있는 채소와 허브를 기르는 법, 콩류를 키우는 법, 풀을 심은 상자에 사료를 주고 상자를 교체하는 법, 영속 농업이라는 보상을 경험하는 법을 알려드림으로써 미래의 농부와 손을 잡게 해드립니다."

이것은 이 제품을 기획한 담당자의 말이다.

빅토리아 시대에 가정의 뒤뜰에서 이국적 닭을 키우던 '더 팬시' 현상이 식었을 때처럼, 현대의 집닭들도 애정이 사라진 주인들에 의해 많은 수가 시내 공원에 유기되고 있다. 동물 보호소에 들어오는 닭의 수는 계속해서 늘어나고 있다. 하지만 이런 운동은 인간과 닭의 관계를 재정립하고 그것에 활력을 불어넣는 데 도움을 주기도 한다. 우리는 잠시 걸음을 멈추고 닭을 산업 소모품 정도로 취급하면서 생겨난 문제와 대면해야 한다. 우리는 저녁 식사로 무엇을 먹을지 결정하려는 그 순간만이라도 잠시 생각을 해보아야 한다. 그러면서 닭이 매혹적이고 오랜 역사를 지닌 생물일 뿐만 아니라 우리에게 값싼 고기를 제공해주는 살아 있는 동물이라는 점을 기억해야 한다.

✦·✦

높은 좌대 위의 마르크스와 블라디미르 레닌의 동상은 동남아시아 정글이라는 자연 서식지에서 적색야계를 찾아내는 작전을 세우는 레 티투이, 한젠린, 그리고 나를 험악하게 내려다보았다. 우리는 예전의 적국인 베트남, 중국, 미국에서 온 3인조였다. 땅거미가 진 시간과 동이 트려는 시간은 경계심이 강한 적색야계를 찾아내기 가장 좋은 시각이었다. 이 지역에서 사용하는 방법은 붙잡은 다른 닭을 미끼로 이용하여 은신처에서 놈을 꾀어내는 것이었다. 시카고 대학교에 인류학부를 개설하고 1920년대 필리핀의 팅위안 사람들을 연구한 페이쿠퍼 콜(Fay-Cooper Cole)은 이런 글을 남겼다.

"바구니같이 생긴 상자에 덫이 있는데, 종종 유인용 수탉을 넣을 수 있는 칸이 있는 상자도 보였다. 그 칸은 정사각형이나 삼각형 공간이었는데, 길들인 수탉을 그 안에 넣을 수 있었다. 덫 안의 수탉의 울음소리는 야생 닭을 끌어들였고, 곧 두 닭은 싸움을 벌였다. 열을 올려 싸움을 벌이는 동안 야생 닭은 올가미에 걸렸다. 강하게 몸부림칠수록 올가미는 더욱 단단히 그 닭을 옭아맸다."

이번에 사용할 살아 있는 미끼는 몇 주 전에 야생에서 붙잡힌 적색야계였다. 이 닭은 한 북부 베트남 마을의 마을 회관 밖에 세워놓은 러시아제 지프 트렁크에 마련된 작은 철망 안에서 시무룩한 표정으로 앉아 있었다. 전화벨이 울린 뒤, 우리 3인조는 지프에 타고 출발했다. 열대의 대낮이 빠르게 저물어가고 있었다. 굴곡이 많은 고속도로는 톱니 모양의 산 사이로 비집고 들어간 무성한 계곡으로 구불구불 나아갔다. 한젠린은 나무를 베어내고 만든 가파른 산비탈의 옥수수 재배지를 가리켰다. 그가 가리킨 곳을 보니 흙이 쓸려 나가는 중이었다. 증가하는 산업 닭의 수요를 채우기 위해 야생 닭의 서식지까지 파괴해가며 옥수수를 심고 있는 것이었다. 중간에 우리는 안내인을 태우기 위해 잠시 차를 세웠다. 그는 흑 타이(Black Tai)라는 소수 민족의 사람이었고, 이름은 로 반 후옹(Lo Van Huong)이었다. 이후 지프는 그의 외마디 지시를 따라 달렸다. 포장도로를 벗어난 우리는 거친 길을 덜컹거리며 달렸고 김이 피어오르는 바위투성이 여울을 건넜으며, 기둥으로 떠받친 목재 집들이 있는 마을을 지나가기도 했다. 저속 기어를 넣고 가파른 길을 힘겹게 올라갔다. 그런 도중에 갓 수확한 쌀을 담은 수레가 느릿느릿 우리 옆을 지나치기도 했다. 밝은 자수가 수놓아진 검은 머리 장식을 쓴 키가 크고 위엄 넘치는 흑타이의 여성들이 반짝거리는 모터바이크를 타고서 달려가는 모습도 보였다. 한 여자는 미끄러지듯 지나치면서 핸들에 걸어둔, 율동적으로 흔들리는 죽은 닭 한 마리를 와락 움켜잡기도 했다.

길이 아주 가팔라지면서, 우리는 바위 절벽들 사이에 낀 받침 접시 모양의 계곡에 도착했다. 이곳에서 한 농부는 홀로 원뿔 모양의 모자를 쓰고 쌀을 수확하고 있었다. 닭장을 등에 맨 후옹은 바위 사이로 구불구불 나 있는 길을 재빠르게 올라갔고, 나는 서둘러 그 뒤를 쫓았다. 한젠린과 레 티 투이는 아래에서 기다리기로 했다. 산마루 근처의 개울 옆에서, 후옹은 가져온 닭장을 땅에 내려놓았다. 이어 우리는 근처 덤불 속에 몸을 숨겼다. 닭장 안 적색야계의 깃털은 빠르게 사라지는 빛을 받으며 반짝거렸다. 하지만 우리가 데려온 적색야계는 야생 닭의 시선을 끌지 못했다. 해가 저물자 우리는 포기했지만, 그 다음 날 새벽이 오기 전에 다시 돌아왔다.

하늘이 밝아지자, 후옹은 능숙하게 풀잎으로 장막을 하나 만들더니 조용히 덤불 뒤로 사라졌다. 나는 장막의 틈 사이로 닭장 속 적색야계가 직립하는 모습을 볼 수 있었다. 모기들의 윙윙거리는 소리와 저 멀리 고속도로에서 나는 요란한 트럭 경적 소리 사이에서 기나긴 30분이 흘러갔다. 갑자기 유인용 닭은 몸을 흔들다가 머리를 세우고 놀라울 정도로 크고 깊은 울음소리를 토해냈다. 계속하여 소리가 늘어지는 꼬꼬댁 소리였다.

부근의 한 적색야계도 이에 화답했고, 인근 산등성이에서도 또 다른 화답이 들려왔다. 그런 뒤 우리의 닭은 다시 30분 동안 침묵 상태에 빠졌다. 해가 빠르게 뜨면서, 야생의 적색야계를 찾을 기회는 빠르게 사라지고 있었다. 후옹은 잔가지조차 부러뜨리지 않고 다시 나타났고, 우리는 바위를 지날 때 조심해서 걸으면서 덩굴을 붙잡고 서서히 나아가 논이 있는 곳으로 되돌아왔다. 우리가 트럭에 도착했을 때, 그는 레 티 투이에게 짤막하게 말을 건넸다. 말을 들은 그녀는 내게 이렇게 알려주었다.

"이곳에는 적색야계가 많이 있지만 선생님께서 너무 많은 소음을 내셨다고 하는군요."

나는 조류학자 윌리엄 비비는 못 된다고 혼자서 중얼거렸다. 레 티 투이는 이어 핸드폰으로 통화하던 중에 한 적색야계가 작은 계곡을 날아서 건너가는 것을 보았다고도 말했다.

후옹에게 작별 인사를 건넨 뒤 우리는 바위가 많은 산들 쪽으로 더 깊숙하게 들어갔다. '손 라(Son La)'라는 도시의 외곽에 있는 농장에 도착했을 때, 태양은 낮게 떠 있었고 우리 셋의 다리는 경련을 일으키고 있었다. 뜰에는 적색야계가 들어 있는 대나무 상자가 하나 걸려 있었다. 흐몽 민족 출신인 배싹 마른 농장 노동자 응우옌 퀴르 투안(Nguyen Quir Tuan)은 이 닭이 인간과 집닭이 갈 수 없는 높은 산에서 왔다고 말했다. 그는 상자를 열고 반항하는 닭의 발을 잡아 거꾸로 들었다. 며느리발톱은 극도로 날카로웠고, 내 가운데 손가락보다도 길었다.

예민한 닭을 다시 우리에 집어넣으면서 투안은 이렇게 말했다.

"숲의 나무를 잘라내는 데다 사람들이 이 닭을 마구 사냥하고 있어 이제는 개체수가 적어졌죠. 여러 해 전에 호랑이들이 아직 돌아다닐 때만 해도 야생 닭들은 심지어 계곡에까지 내려와 살았습니다."

그는 주위의 밭을 가리키면서 말을 이었다.

"이제 야생동물이 사는 장소라고 할 만한 곳은 몇 안 되는 외떨어진 산

꼭대기뿐입니다."

투안은 적색야계에 대하여 경외심을 드러냈다. 그는 야생 닭이 영리하고 또 비밀스러운 측면이 있다고 말했다. 또한 우리에 가두면 창살에 달려들어 목을 부러뜨려 빠르게 죽어버린다는 말도 했다. 투안은 야생 닭이 작지만 싸움이 나면 집닭을 쓰러뜨릴 정도로 강인하며, 훨훨 날 수도 있다는 말도 덧붙였다.

그 후 며칠 동안 우리는 시골 지역을 여행했는데 붙잡힌 적색야계는 마을의 가정에서 명예로운 자리에 놓여 있었다. 치엥 응안(Chieng Ngan)이라는 작은 공동체의 지역 공무원은 소규모 커피 농장을 하며 애완 야생 닭 한 마리를 기르는 한 농가로 우리를 안내했다.

"닭은 20년도 살 수 있죠."

그가 낮은 지붕을 가진 죽마 위의 판잣집 계단을 오르면서 말했다. 문을 두드리자 허리에 갓난아이를 달고 있는 젊은 아버지가 우리를 맞이했다. 모계 사회에서 이는 그리 드문 광경이 아니었다. 열린 창문 옆에는 어린 야생 닭 수컷이 다리가 줄에 매인 채로 서 있었다. 그 옆에는 플라스틱 병을 잘라 만든 쌀과 물을 담은 통이 하나씩 있었다. 이 집 주인은 울음소리를 듣기 위해 닭을 키우고 있다고 했다.

베트남에서는 적색야계를 사냥하거나 덫을 놓아 잡는 것은 불법이다. 마을 사람들은 집에 야생 닭이 있는 이유를 해명해야 하는데, 그 설명은 지어낸 것이거나 애매모호한 것이다. 한 여자는 남편이 버섯을 찾는 중에 야생 닭의 알을 발견하게 되어 키우게 되었다고 말했고, 또 다른 여자는 야생 닭이 집닭과 놀아나던 중에 잡혔다고 주장했다. 여하튼 그들은 하나같이 야생 닭의 울음소리를 듣는 것을 특히 좋아한다고 말했다. 집닭의 울음소리보다 훨씬 아름답다는 것이었다. 또한 그들 중 누구도 수컷 야생 닭을 투계에 쓰거나 식사용으로 쓴다고 말하지 않았다. 하지만 우리가 공무원과 헤어지고 난 뒤 레 티 투이는 소리를 내며 웃었다. 그 공무원은 그녀에게 야생 닭만큼 맛있는 음식도 없으며, 그는 1년에 20마리는 먹는 것 같다고 말했다는 것이다.

다음 날 아침 우리는 손라의 노천 시장을 방문했다. 한 행상인은 상업적으로 파는 갈색 달걀과 그보다 더 비싼 토종닭과 오리의 알을 진열하여 판매하고 있었다.

"적색야계 알도 파십니까?"

내가 묻자 행상인은 의자에서 벌떡 일어나 내 수첩을 곁눈질했고, 나는 그녀에게 펜과 함께 수첩을 넘겨주었다. 그녀는 수첩에다 뭔가 갈겨썼는데, 해석하면 "달걀은 없지만 적색야계는 주문하실 수 있습니다."라는 뜻이었다. 추가로 행상인이 써준 가격은 대략 100달러 정도였는데, 그녀는 자신의 휴대전화 번호도 내 수첩에 적어주었다. 적색야계는 여전히 수천 마리 정도가 동남아시아 전역에 걸쳐 살고 있지만, 사람들의 숫자가 증가하고 숲의 면적이 줄어들면서 수가 감소하는 중이다. 또 모두는 아니더라도 대부분은 집닭의 유전자가 섞이기도 했다. 불규칙하게 뻗어 나가는 도시 하노이로 돌아오는 긴 여행길에서 한젠린은 내게 말했다.

"야생 닭처럼 생겨서 적색야계인가 싶은 것들도 있지만 실제로는 아닙니다."

그날 밤 내가 머무르던 하노이의 호텔에서 나는 휴대전화로 찍어둔 적색야계의 사진을 캘리포니아 남부에 사는 생태학자 레어 브리스빈에게 보냈다. 그는 이렇게 답장을 보내왔다.

"지나치게 차분하군요. 아마 순종이 아닐 겁니다."

그런 뒤 그는 내게 깃털과 깃을 몇 개 뽑아서 밀봉 봉지에 담아서 가져오라고 부탁했다. DNA 검사를 하기 위해서였다.

1970년대에 도살당할 뻔한 가디너 범프의 인도산 적색야계를 구해낸 브리스빈은 범프가 데려온 닭이 미래에도 잘 살아남도록 보장해줄 새로운 세대의 연구자들을 모집하는 중이다. 최근 레게트 존슨(Leggette Johnson)의 적색야계 무리가 낳은 달걀이 버지니아 공대 생물학자들에 의해 부화되었다. 이들은 범프가 데려온 닭의 순종 후손이었다. 이 부화는 다가올 미래에도 적색야계 무리를 지속적으로 유지하려는 목적에서 수행되었다. 적색야계를 구하려는 브리스빈의 끈기 있는 활동은 마침내 결실을 맺었다.

조지아 주에 있는 존슨의 농장에서 되돌아오는 길에, 브리스빈은 마지막 남은 진정한 야생 새들로 생각되는 닭으로 동남아시아를 다시 채우고 싶다는 꿈을 내비쳤다. 인도에서부터 베트남에 이르는 지역을 범프의 닭들로 채워 넣는 것은 야생 닭의 유전적 멸종을 막거나 심지어 역전시킬 수 있다. 그의 목표는 사냥꾼들의 사냥감을 제공하는 것이 아니었다. 또한 야생 닭을 보존하는 것이 미래 양계 번식업자들을 이롭게 할 것이라고 믿지도 않았다. 브리스빈이 이런 일을 하는 이유는 진실로 생태학, 종축(種畜), 야생의 존엄성과는 아무런 상관이 없었다. 브리스빈은 자기 집 앞에 있는 울퉁불퉁한 자동차 진입로에 들어가면서 이렇게 불평했다.

"대부분의 사람들이 갖고 있는 닭에 대한 경험은 식료품점에서 수축 포장된 닭고기를 구매하는 것뿐입니다. 그러니 대부분의 사람들은 닭을 심지어 새라고 생각하지도 않죠."

그의 목표는 단순했다. 신경질적인 변덕스러움과 굉장히 예민한 감각을 지닌 순종 적색야계를 원래 살던 숲과 정글로 되돌려 보내는 것이다.

이 행동은 우리 인간의 가장 꾸준하고 다재다능한 동반자인 닭에게 경의를 표시하기 위한 것이기도 하다. 집 정문에 도착하자 그는 트렁크로 가서 지팡이와 고속도로에서 차에 치여 죽은 다람쥐가 담긴 봉지를 꺼내면서 말했다.

"닭에 대한 경의를 표시하는 바로 이것이 제가 이 일을 계속하려는 마지막 이유입니다."

브리스빈은 과학, 산업, 후손들을 위해 적색야계를 구해내려는 것이 아니다. 그는 인류와 함께 파란만장한 삶을 견디며 줄기차게 명맥을 이어온 닭에게 고마움을 표시하기 위해 이들 야생 닭을 보존하려고 하는 것이다.

| 감사의 글 |

표지에 추천의 말을 써준 엘런 러펠 셸, 데이비드 그림, 위노나 호터, 버지니아 모렐, 브라이언 페이건에게 고마움을 전한다. 또 이 책이 출판될 수 있도록 도움을 준 사람들을 본문에서 언급하지 못하여 여기에 적고자 한다. 제니 쿡, 데이비드 앰버, 톰 헌터 아르야티, 와얀 아리아티, 사이크 윌리엄스포슨, 트리스타나 브리지, 토머스 콘던, 루디 밸런타인, 콜린 브라운, 마크 플레밍, 에드 리하세크, 에두아르도 몬테로, 폴 파라고, 내이선 릴리, 토드의 전 직원들, AMC의 사람들, 내 대리인 이선 바소프, 편집자 레슬리 메러디스, 제시카 친, 스테파니 에반스 비긴스, 그리고 이 책을 써볼 생각을 하게 해준 마한 캘파 칼사가 그런 이들이다. 인내를 가지고 닭에 관련된 모든 사항에 대하여 자신의 경험과 지식을 전해준 사람들에게 깊은 감사를 보낸다.

　도시에 사는 사람들에게 '치킨'이라고 하면 귀가하면서 가족의 간식거리로 사들고 가거나 아니면 퇴근 후 하루의 피로를 풀기 위해 맥주와 함께 먹는 것쯤으로 여길 것이다. 또 농촌에 사는 사람들에게는 일용할 달걀과 복날에 먹는 삼계탕에 들어가는 원료로 아주 친숙한 가축이다. 그런데 우리는 이런 친숙한 대상일수록 그것에 대해서 잘 안다고 착각하기가 쉽고 그리하여 닭을 다룬 이런 두꺼운 책을 손에 들고 있으면 과연 이런 소재로 이렇게 긴 글을 쓸 여지가 있을까 하는 의구심이 들게 된다. 그러나 이 책의 첫 장 '자연의 팔방미인'을 읽고 나면 이런 의구심은 땡볕에 얼음 녹듯 사라져버리고 이것이 닭을 다룬 아주 본격적인 자연과학과 인문학의 퓨전풍 조사 연구 보고서라는 것을 알게 된다. 다시 말해, 과학 전문 담당 기자가 온 세계를 발로 뛰어 알아낸 진귀하면서도 흥미로운 정보들을 우리 인간과의 상호작용이라는 배경 아래 역사, 심리, 종교, 산업, 생물학, 유전학, 고고학 등의 학제적 정보들을 교향악적으로 교직한 책인 것이다.

　저자는 1장의 마지막에서 닭의 조상인 적색야계를 사랑하게 된 애호가의 사연을 이렇게 소개한다.

　아버지가 돌아가시기 2주전 그녀(딸)는 왜 저런 유난스럽고 까다로운 새들을 그토록 높이 평가하느냐고 물었다. "그랬더니 아버지가 말씀하셨어요. '난 저 새들을 길들일 방법이 없기 때문에 저놈들을 좋아해. 나는 저놈들의 있는 그대로의 상태, 그러니까 야생의 상태를 좋아하지.'라고."

닭이 온 세상에 널리 퍼져 있지만 그 새의 원 모습은 길들일 수 없는 야생의 상태라는 것이다. 우리는 이 부분을 읽는 순간, 이 닭의 얘기가 실은 인간의 얘기가 아닐까 하는 이중의 느낌을 갖게 된다. 닭의 길들지 않는 고독의 상태를 인간의 언어로 번역해본다면 우리 인간도 한평생을 쌓아온 교양과 절제로도 다스리지 못하는 야수적 충동을 느끼는 고독한 때가 있고 그래서 고독은 광인과 바보의 학교라는 말이 생겨난 것이다.

저자는 닭의 조상인 적색야계가 동남아시아의 밀림에서 출발하여 태국을 거쳐 인도로 가서 다시 메소포타미아를 지나 유럽으로 건너간 경위와, 멜라네시아에서 원주민의 작은 배를 타고 바다 위에 떠 있는 작은 섬들을 징검다리 삼아 하와이 섬과 이스터 섬으로 퍼져나간 과정, 그리고 중국 남부로 들어가 한국과 일본으로 퍼져나간 경위를 이 책에서 자세히 추적한다. 나는 이 부분을 읽으면서 게르만 민족이 서쪽으로 대이동하여 로마제국을 붕괴시켜 그 후 오늘날의 유럽 여러 나라가 된 경위와, 아이슬란드 사람들이 알래스카를 지나 북아메리카를 거쳐서 남아메리카로 퍼져나간 경로, 그리고 일제 강점기에 러시아의 연해주에 살던 우리 동포가 중앙아시아로 강제 이주 당한 슬픈 역사 등을 생각하지 않을 수 없었다.

인간의 역사가 곧 희생과 투쟁의 역사라고 한다면 닭들이 일찍이 인간에 의해 길들어진 것은 식용이라기보다 희생으로 바치기 위한 것이었으며, 또한 투쟁의 역사는 오늘날 전 세계의 투계장에서 벌어지고 있는 닭싸움에서도 그 상호 관계를 찾아볼 수 있다. 저자는 이 닭싸움에 대하여 이런 논평을 가하고 있다.

"투계는 전쟁보다 덜 파괴적인 방식으로 공격 심리를 해소시킨다……. 우리가 닭들에게 우리 대신 나쁜 짓을 하도록 시키기 때문에…… 대륙, 언어, 세기가 다르듯이, 방법, 전통, 의례, 구체적인 신념 등도 다르다. 하지만 이 모든 것을 관통하여 한 가지는 동일하다. 닭은 우리를 대신하여 나쁜 짓을 한다. 닭은 우리를 우리 자신으로부터 구제하기 위해 죽는다(5장)."

수탉에 해당하는 인도네시아 발리 섬의 단어 '사붕'은 전사, 우승자, 바람둥이 남자, 강인한 사람 등의 의미를 지니며 언제나 칭찬의 말로 사용된다. 수탉을 가리키는 영어 '콕(cock)'은 남근이라는 두 번째 의미를 가지고 있다. 그리하여 청교도들이 엄숙주의를 지켰던 미국 식민지에서는 이 단어를 기피하거나 대체하는 현상이 벌어졌다. 가령 뭉툭한 '건초 더미(haycock)'의 'cock'을 'stack'으로 바꾸어 'haystack'으로 쓴다거나 앞으로 비죽 내민 '수도꼭지(water cock)'를 아예 다른 '단어(faucet)'로 대체한 것이 그런 경우였다. 그러나 남근의 의미가 배제된 수탉 그 자체와 관련된 단어들, 가령 '자신만만한(cocksure)'이나 '수탉의 울음소리(cock-a-doo-dle-doo)', '투계장(cockpit)' 등은 예전처럼 그대로 사용되었다.

저자는 이런 어휘상의 닭과 인간의 상관관계 이외에도, 닭의 호전성과 엄청난 성욕을 인간에게 그대로 적용시키면서 이 닭의 모습에서 우리의 로르샤흐 테스트를 본다고 말한다.

"개, 고양이, 소와 같은 친숙한 포유동물과는 다르게 닭은 거의 외계인 같은 특성을 간직했다. 수탉은 작은 체구와 어울리지 않게 자기 영역을 방어할 때는 맹렬했고 심지어는 무서울 정도였다. 닭이 지닌 파충류 같은 발과 보송보송한 깃털은 참으로 불안한 조합이었다. 실룩실룩 움직이는 모습은 닭에게 불안한 로봇 같은 특징을 부여했다. 수탉이 다수의 암탉을 상대로 왕성하게 성욕을 발산하는 모습은 어떤 사람에게는 인상적으로, 다른 어떤 이들에게는 혐오스럽게 받아들여졌다. 사람은 닭과 오랜 관계를 맺어오며 감탄과 혐오, 매혹과 공포 사이를 오갔다. 이런 양극단 감정의 병존은 하느님, 성별, 젠더, 그리고 관능적이고 기괴하다고 여겨지는 모든 것을 향한 인간의 양극적인 태도를 고스란히 반영하는 것이다(7장)."

바로 이런 저자의 글쓰기 전략 덕분에 우리는 이 책을 읽으면서 닭의 역사를 읽고 있으되 인간의 역사를 읽고 있는 것이 아닌가 하는, '감탄과 혐오, 매혹과 공포' 사이를 오가는 기괴한 혼란스러움에 빠져들게 된다. 닭이 우리 인간과 비슷한 점은 무엇보다도 그 놀라운 적응력을 먼저 들어야 할 것이다. 닭은 인간이 먹을 수 없는 해충을 먹었기 때문에, 인간과 같이 살면서도 돼지나 소와는 달리 인간에게 사료의 부담을 주지 않았고 농가 마당 생활에 잘 적응하여 인간과 가까워진 동물이다. 또한 닭은 자기 자신을 잘 보호할 줄 아는 동물이다. 아프리카 케냐의 나쿠루에서 소규모로 닭을 키우는 농부들은 병아리들이 생후 10주 동안 가장 취약하다는 걸 알고 있다. 이 기간 동안 병아리들에게는 두 가지 위험 요소가 있는데 하나는 질병이고 다른 하나는 공중의 포식자다. 나쿠루는 독수리와 매가 많은 곳으로 유명하다. 이 때문에 농부들은 닭에게 예방 접종을 잘 해주지 않는다. 돈을 써서 면역력을 키워놓아도 결국에는 독수리나 매의 살을 찌워줄 뿐이기 때문이다. 그런데 어느 날 농부가 남겨놓은 푸른 물감에 병아리가 몸을 적시자, 독수리와 매가 병아리인지 알아보지 못하고 잡아먹으려 하지 않았다. 곧 병아리에게 수용성 푸른 페인트가 칠해졌고 이제 병아리들은 머리 위에 어른거리는 대재앙의 그림자를 두려워할 필요가 없게 되었다. 몸에 푸른 물감을 두른 병아리나, 요사이 미국 프로 야구 선수들이 몸에 요란스레 새긴 천연색 문신이나 뭐가 다른가. 다 행운을 빌기 위한 장치가 아닌가.

닭은 거의 패배할 수밖에 없는 상황에서 언제나 역경을 이기고 살아났다. 닭의 이런 모습은 이 동물이 피해자-적응자-개혁자의 3단계를 거쳐서 오늘날처럼 전 세계로 널리 퍼진 게 아닌가 하는 생각을 갖게 한다. 이 3단계는 우리 인간에게 적용해보면 더욱 선명해진다. 미국의 극작가 유진 오닐(Eugene O'Neill)이 말했듯이 우리 인간은 모두 깨진 상태로 태어난다. 오닐은 아마도 그 자신의 불운한 가정환경을 말하는 것이었을 테지만, 누구나 성장하면서 이런 피해의식을 가지게 되고 이를 극복하는 과정에서 적응자가 되며, 나중에 가정을 이루면 이런 피해가 자식에게 되풀이되는 현상을 피하기 위해 개혁자의 입장에 서게 된다. 닭 또한 인간에게 길들여져 고향인 동남아시아의 밀림을 떠났으나 그 놀라운 적응력으로 살아남았고, 또 찰스 다윈과 루이 파스퇴르 등의 과학자들에게 획기적인 과학의 돌파구를 제공한 매개가 되었다는 점에서 개혁자의 모습을 풍긴다.

이러한 닭의 모습이 입체적으로 조명되어 있는 이 책을 읽다 보면, 지금 여기를 살아가기 위해 온 힘을 다하여 분투노력하는 닭에게 모자를 벗고서 경의를 표하고 싶어진다. 저자가 책의 끝부분에 가서 현대의 대규모 양계 산업이 안고 있는 부작용(구이용 닭은 단 한 번도 해를 보지 못하고, 벌레를 먹지 못하고, 교미 상대를 선택하지 못하고, 새끼를 기르지 못한다)을 다룬 다음에, 적색야계를 보존하고 싶어 하는 장면으로 이 책을 끝맺은 것도 참으로 적절한 대조 방식인 듯하다. 우리는 여기서 피해자와 적응자와 개혁자의 세 가지 모습이 동시에 구현되어 있는 것을 느끼게 된다. 마치 탐정소설을 읽는 것처럼, 혹은 이야기 형식의 역사서를 읽는 것처럼, 또는 난해한 생물학을 쉽게 풀어써서 대중용 과학 서적을 읽는 것처럼 다양한 독서 체험을 안겨주는 저자에게 박수를 보내고 싶다.

| 주 |

들어가는 글

9 교황 프란치스코 1세 *Revista*, "Bergoglio: El Cardenal Que No le Teme al Poder," July 26, 2009, accessed March 25, 2014, http://www.lanacion.com.ar/1153060-bergoglio-el-cardenal-que-no-le-teme-al-poder.

10 남극에서도 닭은 금기 "Introduction of Non-Native Species in the Antarctic Treaty Area: An Increasing Problem" (paper presented to the XXII ATCM, Tromso, Norway, May 1998), World Conservation Union.

10 "제이호크와 인간은" Julian Simon, ed., *The Economics of Population: Classic Writings* (New Brunswick, NJ: Transaction Publishers, 1998), 110.

12 베스트셀러 《총, 균, 쇠》의 저자 재러드 다이아몬드는 Jared M. Diamond, *Guns, Germs, and Steel: The Fates of Human Societies* (New York: W. W. Norton & Company, 1999), 158.

12 "닭은 도시에서 태어난 사람들 사이에서 늘 영예로운 대접을 받은 것은 아니다." E. B. White and Martha White, *In the Words of E. B. White: Quotations from America's Most Companionable of Writers* (Ithaca, NY: Cornell University Press, 2011), 77.

12 수전 올리언은 큰 인기를 얻은 뒷마당 닭 키우기 운동을 Susan Orlean, "The It Bird," *New Yorker*, September 28, 2009.

13 2012년에 멕시코시티의 달걀 값이 큰 폭으로 올랐을 때 William Booth, "The Great Egg Crisis Hits Mexico," *Washington Post*, September 5, 2012.

13 "저들은 비둘기 고기와 닭고기를 먹고, 우리는 매일 콩만 먹는다." David D. Kirkpatrick and David E. Sanger, "A Tunisian-Egyptian Link That Shook Arab History," *New York Times*, February 13, 2011.

13 2012년 이란에서 닭고기 값이 세 배로 폭등했을 때 Reuters, "Iran's Chicken Crisis Is Simmering Political Issue," July 22, 2012.

14 "상품은 처음에는 아주 뻔하고 사소한 것으로 등장한다." Nicholas Mirzoeff, *The Visual Culture Reader*(London: Routledge, 2002), 122.

17 "모든 것은 잊어버린다." George Steiner, *George Steiner: A Reader* (New York: Oxford University Press, 1984), 219.

01 자연의 팔방미인

19 1911년 버마 북부의 축축한 숲 속 William Beebe, *A Monograph of the Pheasants* (London: published under the Auspices of the New York Zoological Society by Witherby & Co., 1918-1922), 172.

21 "집닭의 조상으로 지목된 이 새들은……." Edmund Saul Dixon, *Ornamental and Domestic Poultry: Their History and Management* (London: At the Office of the Gardeners' Chronicle, 1850), 80.

22 늑대는…… 개가 되었다. Melinda A. Zeder, "Pathways to Animal Domestication," in

BoneCommons, Item #1838, 2012, accessed May 15, 2014, http://alexandria archive. org/bonecommons/items/show/1838.

24 "이 아름답고 멋진 종의 새들이……." William Beebe, *A Monograph of the Pheasants*, vii.

24 다른 미국 동물원들은 새들을 작은 새장에 Kelly Enright, *The Maximum of Wilderness: Naturalists & The Image of the Jungle in American Culture*, Rutgers University dissertation, 2009, 130.

24 "권태는 부도덕한 거야." Henry Fairfield Osborn Jr., "My Most Unforgettable Character," *Reader's Digest*, July 1968, 93.

25 "어디에서나 새들은 덫에 걸리고, 함정에 빠지고……." William Beebe, *A Monograph of the Pheasants*, 2:34.

25 비비는 적색야계에 특별히 신경 썼다. Ibid., Plate XL.

26 "혼자 있는 수탉이나 암탉 얘기를 들어본 적이 거의 없다." Ibid., 179.

27 비비는 적색야계가…… 다른 새들과 구분된다고 결론내리면서……. Ibid., 191.

27 그는 유전학의 여명기에 글을 썼다. Thomas Hunt Morgan, "Chromosomes and Associative Inheritance," *Science* 34, no. 880 (November 10, 1911): 638.

28 닭의 이런 비상한 적응력 William Beebe, *A Monograph of the Pheasants*, 2:191.

28 과학자들의 거대한 국제적 조직인 Genome Sequencing Center, Washington University School of Medicine, "Sequence and Comparative Analysis of the Chicken Genome Provide Unique Perspectives on Vertebrate Evolution," *Nature* 432, no. 7018 (December 9, 2004): 695.

29 일부 붉은 야생 수탉은 에클립스 깃털이 없음을 William Beebe, *A Monograph of the Pheasants*, 2:209.

30 고대 근동의 초창기 군주들은 Jeff Sypeck, *Becoming Charlemagne: Europe, Baghdad, and the Empires of A.D. 800* (New York: Ecco, 2006), 161.

31 그러나 대공황 시기에 이르러 Dian Olson Belanger and Adrian Kinnane, *Managing American Wildlife* (Rockville, MD: Montrose Press, 2002), 45.

31 1937년에 이르러 프랭클린 루스벨트 대통령은 Federal Aid in Wildlife Restoration Act, 16 USC 669–669i, 50 Stat. 917 (1937).

31 "미국의 야생동물 관리 공무원들은……." *The Thirty-Eighth Convention of the International Association of Game, Fish and Conservation Commissioners: September 15, 16, and 17, 1948, Haddon Hall Hotel, Atlantic City, New Jersey*, International Association of Game, Fish and Conservation Commissioners (Washington, DC: The Association, 1949), 138.

32 범프와 아내 재닛은 "Interior scientist and wife search for foreign game birds," news release, U.S. Department of Interior, Department Information Service, April 29, 1949.

32 1959년에 범프 부부는 뉴델리의 부자 동네에 집을 한 채 빌렸다. "Reports on the Foreign Game Introduction Program," U.S. Department of Interior, 1960.

32 하지만 범프는 이에 굴하지 않고 G. Bumps, "Field report of foreign game introduction program activities, Reports 6–8," Branch of Wildlife Research, Bureau of Sport Fish-

eries and Wildlife, Washington, D.C., 1960.

33 "이 새는…… 날개를 잡기가 어려웠다." "Reports on the Foreign Game Introduction Program," U.S. Department of Interior, 1960.

33 "잠깐만, 산소 호흡기 좀 끼고 받겠소이다." I. Lehr Brisbin Jr., interview by Andrew Lawler, 2012.

34 1959년 팬암 항공사는 "Pan Am Firsts," Pan Am Historical Foundation, July 26, 2000, accessed March 25, 2014, http://www.panamair.org/OLDSITE/History/firsts.htm.

35 1970년 초 미국이 최초의 지구의 날을 축하할 때 Brisbin, interview.

37 그는…… 바로 그달에 이 연구 결과를 발표했다. I. Lehr Brisbin Jr., "Response of Broiler Chicks to Gamma-Radiation Exposures: Changes in Early Growth Parameters," *Radiation Research* 39, no. 1 (July 1969): 36-44.

39 심지어 브롱크스에 있는 윌리엄 비비의 뉴욕 동물원도 Brisbin, interview.

39 브리스빈은 마침내 사우스 캐롤라이나로 돌아와서 B. E. Latimer and I. L. Brisbin Jr., "Growth Rates and Their Relationships to Mortalities of Five Breeds of Chickens Following Exposure to Acute Gamma Radiation Stress," *Growth* 51: 411-424.

40 "아, 이거야말로 적색야계의 멸종에 대해…… 좋은 기회로군." I. Lehr Brisbin Jr., Society for the Preservation of Poultry Antiquities, "Concerns for the Genetic Integrity and Conservation Status of the Red Junglefowl," *SPPA Bulletin* 2, no. 3 (1997): 1-2.

41 식물들도 도전에 직면하고 있다. Dorian Fuller, interview by Andrew Lawler, 2013.

42 먼지투성이 서랍들과 통풍이 잘 안 되는 보관실들을 추적하여 A. T. Peterson and I. L. Brisbin Jr., "Genetic Endangerment of Wild Red Junglefowl *Gallus gallus*?" *Bird Conservation International* 9 (1999): 387-394.

42 1999년에 공동 발표한 논문에서 Ibid.

43 "당신이 저 안에 들어가면 닭은 돌아버릴 겁니다." Leggette Johnson, interview by Andrew Lawler, 2012.

45 다윈은 이러한 화려한 색상을 Charles Darwin, *The Descent of Man, and Selection in Relation to Sex* (London: John Murray, Albemarle Street, 1871), 38.

46 2004년에 닭 게놈을 발표한 팀의 일원 "Sequence and Comparative Analysis of the Chicken Genome Provide Unique Perspectives on Vertebrate Evolution," 695.

47 2011년 그는 존슨의 농장을 방문하여 Leif Andersson, interview by Andrew Lawler, 2012.

02 아주 붉은 턱수염

51 그리고 보라, 저 수탉 왕을 Jay Hopler, "The Rooster King," forthcoming; quoted by permission of the author.

51 닭이 역사상 가장 화려하게 등장한 사건 Daniel T. Potts, *A Companion to the Archaeology of the Ancient Near East* (Chichester, West Sussex: Wiley-Blackwell, 2012), 843; F. S. Bodenheimer, *Animal and Man in Bible Lands* (Leiden: E.J. Brill, 1960), 166; Richard A. Gabriel, *Great Captains of Antiquity* (Westport, CT: Greenwood Press, 2001), 22; Donald B. Redford, *The Wars in Syria and Palestine of Thutmose III* (Boston:

Brill, 2003), 225; Nicolas Grimal, *A History of Ancient Egypt* (Paris: Librairie Arthéme Fayard, 1988), 216.

52 네 마리의 이국적인 J. B. Coltherd, "The Domestic Fowl in Ancient Egypt," *Ibis* 108, no.2 (1966): 217. See also John Bagnell Bury et al. eds., "The Reign of Thutmose III," chapter 4 in *The Cambridge Ancient History: The Egyptian and Hittite Empires to 1000B.C.*, vol. 2 (New York: Macmillan, 1924).

52 키가 160센티미터밖에 되지 않는 투트모세 3세 Homer, "A Visit of Emissaries," book nine in *The Iliad*, trans. Robert Fitzgerald (New York: Farrar, Straus and Giroux, 2004), 209.

52 그러나 비석의 기록은 "The reference you have for Thutmose III is tricky since the text of the king's annals at Karnak is damaged. It possibly refers to birds that give birth (ms) every day. The word *ms* is a reconstruction and should be taken with a grain of salt. In any case, regardless of what the text of Thutmose III says, chicken would have been rare exotic animals that may have been kept in personal and/or royal zoos at this time." Rozenn Bailleul-LeSuer, interview by Andrew Lawler, 2013.

53 이들은 비를 처음 보고는 Glenn E. Perry, *The History of Egypt* (Westport, CT: Greenwood Press, 2004), 1.

53 나일 강 너머의 서쪽 메마른 땅은 Prisse D'Avennes and Olaf E. Kaper, *Atlas of Egyptian Art* (Cairo: American University in Cairo Press, 2000), 137.

54 테베의 서쪽, 왕들의 계곡에서 작업하던 하워드 카터 Howard Carter, "An Ostracon Depicting a Red Jungle-Fowl. The Earliest Known Drawing of the Domestic Cock," *The Journal of Egyptian Archaeology* 9, no. 1/2 (1923): 1-4.

54 이 발굴 건으로 유명해진 이집트 학자는 Ibid.

55 이 수탉은…… 뻐기는 듯한 자세를 내보인다. Ibid.

55 발견된 위치를 근거로 하여 Ibid.

55 또 다른 후보는 여러 영농 장면들에 들어간 수탉을 보여주는 은제 그릇 Christine Lilyquist, "Treasures from Tell Basta," *Metropolitan Museum Journal* 47 (2012): 39.

55 닭은, 특별하지만 또한 매우 낯선 존재 Bailleul-LeSuer, interview by Andrew Lawler [9AT2TK].

55 동물들도 수십만 마리나 미라로 만들었다. Kathryn A. Bard and Steven Blake Shubert, eds., *Encyclopedia of the Archaeology of Ancient Egypt* (London: Routledge, 1999), s.v., "Saqqara."

57 고왕국 시대의 이집트인들이 피라미드를 Andrew Lawler, "Unmasking the Indus: Boring No More, a Trade-Savvy Indus Emerges," *Science* 320, no. 5881 (June 2008): 1276-1281, doi: 10.1126/science.320.5881.1276.

58 리처드 메도와 그의 동료인 아지타 파텔 Richard Meadow and Ajita Patel, interviews by Andrew Lawler, 2013.

59 델리 서쪽에 있는 작은 인더스 마을에서 Vasant Schinde, interview by Andrew Lawler, 2012.

59 한 의욕적인 고고학자가 최근에 Sharri R. Clark, *The Social Lives of Figurines: Recontextualizing the Third Millennium BC Terracotta Figurines from Harappa (Paki-*

stan), (Oxford: Oxbow Books, 2012), ch. 4.

60 최근에 인더스문명의 조리 도구를 분석한 연구 결과 Andrew Lawler, 'Where Did Curry Come From?" *Slate*, January 29, 2013, accessed March 18, 2014, http://www.slate.com/ articles/life/food/2013/01/indus_civilization_food_how_scientists_are_figuring_out_ what_curry_was_like.html.

61 고고학자 아루니마 카시아프는 Ibid.

62 인도의 서쪽 끝에 있는 로탈이라는 인더스 유적지 Gregory L. Possehl, *The Indus Civilization: A Contemporary Perspective* (Walnut Creek, CA: AltaMira Press, 2002), 80.

64 〈창세기〉에 의하면 Genesis: 11:31 (*New American Bible*).

64 우르 시는 기원전 2000년에 Daniel T. Potts, *A Companion to the Archaeology of the Ancient Near East*, 707.

64 슐기 왕은…… 세계 최초의 동물원을 건설한 왕 Hans Baumann, *In the Land of Ur: The Discovery of Ancient Mesopotamia* (New York: Pantheon Books, 1969), 111.

65 입비신 왕 재위 13년째의 것으로 추정되는 한 점토판 Peter Steinkeller, interview by Andrew Lawler, 2013.

65 미국인의 추사감사절 파티에 초대받은 터키 사람 Mark Forsyth, 'The Turkey's Turkey Connection," *New York Times*, November 27, 2013, accessed March 18, 2014, http:// www.nytimes.com/2013/11/28/opinion/the-turkeys-turkey-connection.html?_r=0.

66 '점박이'는 '반점'일 수도 있고 Steinkeller, interview.

66 일부 전문가들은 Daniel T. Potts, *A Companion to the Archaeology of the Ancient Near East*, 763.

66 "엔키와 세계 질서"라는 제목이 붙은 J. A. Black et al., 'Enki and the World Order: Translation," *The Electronic Text Corpus of Sumerian Literature*, University of Oxford, 1998–, accessed March 18, 2014, http://etcsl.orinst.ox.ac.uk/section1/tr113.htm.

67 "아닙니다. 타조의 흉골은" Joris Peters, interview by Andrew Lawler, 2012.

69 중국 중부에서 8,000년 된 닭 뼈를 발견했다고 보고 Barbara West and Ben-Xiong Zhou, 'Did Chickens Go North? New Evidence for Domestication," abstract, *World's Poultry Science Journal* 45, no. 3 (1989), accessed March 18, 2014, http://journals.cambridge. org/action/displayAbstract?fromPage=online&aid=624516.

69 중국에서 닭을 언급한 가장 오래된 문서 기록 Ian F. Darwin, *Java Cookbook* (Sebastopol, CA: O'Reilly, 2001), 852.

71 "우리는 지상에서 가장 오래된 종교입니다." Baba Chawish, interview by Andrew Lawler, 2014.

72 학자들은 예지드파가 아브라함 신앙보다 연대가 앞서는 Birgul Acikyildiz, *The Yezidis: The History of a Community, Culture and Religion* (London: I.B. Tauris & Co., 2010), 74.

72 말라크 타우스는 겉모습이 공작새인데 Ibid.

72 계단식 피라미드인 거대한 지구라트가 Andrew Lawler, "Treasure Under Saddam's Feet," *Discover*, October 2002.

73 이들 무덤 중 하나에서 Prudence Oliver Harper, *Assyrian Origins: Discoveries at Ashur*

on the Tigris; Antiquities in the Vorderasiatisches Museum, Berlin (New York: Metropolitan Museum of Art, 1995), 84.

73 구약성경은 아시리아인들을 늑대에 비유 *All Things in the Bible: An Encyclopedia of the Biblical World*, comp. Nancy M. Tischler (Westport, CT: Greenwood Press, 2006), 44.

73 이 자그마한 상아 통은 Prudence Oliver Harper, *Assyrian Origins: Discoveries at Ashur on the Tigris*, 84.

74 태양신과 달의 신에게 바친 신전이 기원전 1500년경에 Alvin J. Cottrell, *The Persian Gulf States: A General Survey* (Baltimore: Johns Hopkins University Press, 1980), 422.

74 바빌론은 기원전 6세기에 절정기를 Irving L. Finkel et al., *Babylon* (Oxford: Oxford University Press, 2009), 11.

74 지구라트 에테메난키는 David Asheri et al., *A Commentary on Herodotus Books I–IV* (Oxford: Oxford University Press, 2007), 201.

74 마르두크는 200년 동안 Paul-Alain Beaulieu, "Nabonidus the Mad King: A Reconsideration of His Steles from Harran and Babylon," in *Representations of Political Power: Case Histories from Times of Change and Dissolving Order in the Ancient Near East* (Winona Lake, IN: Eisenbrauns, 2007), 137.

75 나보니두스가 돌아왔을 때 Lisbeth S. Fried, *The Priest and the Great King: Temple-Palace Relations in the Persian Empire* (Winona Lake, IN: Eisenbrauns, 2004), 29.

76 그들은 이 다민족 사회에 어느 정도 자치권을 부여했고 Daniel T. Potts, *The Archaeology of Elam: Formation and Transformation of an Ancient Iranian State* (New York: Cambridge University Press, 1999), 346.

76 "수탉은 악마와 마법사에 저항하기 위해 창조되었다." Richard D. Mann, *The Rise of Mahāsena: The Transformation of Skanda-Karttikeya in North India from the Kusāna to Gupta Empires* (Leiden: Brill, 2012), 127.

76 페르시아 사람들은 수탉을 아주 경배했으므로 Maneckji Nusservanji Dhalla, *Zoroastrian Civilization: From the Earliest Times to the Downfall of the Last Zoroastrian Empire, 651 A.D.* (New York: Oxford University Press, 1922), 185.

76 닭은 나태의 악마인 부시아스타를 물리쳐준다. Ibid.

76 "나태의 세계에 치명타를 먹인다." Ibid.

77 뾰족하게 되어 있는 것에 대해서는 당대의 설명이 없다. Wouter Henkelman, "The Royal Achaemenid Crown," *Archaeologische Mitteilungen aus Iran* 19 (1995/96): 133.

77 또 다른 페르시아의 신성한 혹은 왕족의 모자 *The Oxford Encyclopaedia, Or, Dictionary of Arts, Sciences and General Literature*, comps. W. Harris et al. (Bristol: Thoemmes, 2003), s.v. "Costume."

77 닭은 기원전 1200년과 600년 사이에 오늘날의 이란인 페르시아에 도착 Donald P. Hansen and Erica Ehrenberg, "The Rooster in Mesopotamia," in *Leaving No Stones Unturned: Essays on the Ancient Near East and Egypt in Honor of Donald P. Hansen* (Winona Lake, IN: Eisenbrauns, 2002), 53.

77 일부 전승에 따르면 Mary Boyce, *A History of Zoroastrianism* (Leiden: Brill, 1975), 3.

77 일부 학자들은 조로아스터가 Ibid., 192.

77 아후라 마즈다는 앙그라 마이뉴를 창조했는데 *Ahura Mazda created Angra Mainyu*: Ibid.

77 아후라 마즈다의 여러 조력자들 Touraj Daryaee, *The Oxford Handbook of Iranian History* (Oxford: Oxford University Press, 2012), 91.

77 그가 가지고 있는 도구들 중 하나 Martin Haug and Edward William West, *Essays on the Sacred Language, Writings, and Religion of the Parsis* (London: Trübner & Co., 1878), 245.

78 이러한 조로아스터 사상은 Andrew Lawler, "Edge of an Empire," *Archaeology Journal* 64, no. 5 (September/October 2011).

78 항구 근처에서 발견된 페르시아 관 Hansen and Ehrenberg, *Leaving No Stones Unturned*, 53.

78 페르시아 예언자의 인생관 Risa Levitt Kohn and Rebecca Moore, *A Portable God: The Origin of Judaism and Christianity* (Lanham, MD: Rowman & Littlefield Publishers, 2007), 65.

78 페르시아인들이 팔레스타인에 등장하기 전만 해도 Gunnar G. Sevelius, MD, *The Nine Pillars of History* (Self-published via AuthorHouse, 2012), 237.

78 예수가 태어난 직후에 현장에 있었던 종교적 권위자들 Matthew 2:1 (*New American Bible*).

78 키루스가 바빌론을 함락시킨 지 두 세기가 지나서 Simon Davis, *The Archaeology of Animals* (New Haven: Yale University Press, 1987), 187.

79 닭의 울음소리는 Mark 14:72 (*New American Bible*).

79 중세 초기에 이르면 Accessed May 14, 2014, http://thingstodo.viator.com/vatican-city/st-peters-basilica-sacristy-treasury-museum/.

79 "닭 울음소리를 들으면······." Ram Swarup, *Understanding the Hadith: The Sacred Traditions of Islam* (Amherst, NY: Prometheus Books, 2002), 199.

79 몇몇 이슬람 전승에 의하면 James Lyman Merrick, *The Life and Religion of Mohammed: As Contained in the Sheeäh Traditions of the Hyât-ul-Kuloob* (Boston: Phillips, Sampson, and Co., 1850), 196.

79 한 학자는 닭의 모습이 Hansen and Ehrenberg, *Leaving No Stones Unturned*, 61.

79 이 새가 저 먼 신비한 동방에서 왔다는 점 Maarten Jozef Vermaseren, *The Excavations in the Mithraeum of the Church of Santa Prisca in Rome* (Neiden, Norway: Brill, 1965), 163.

80 이는 조로아스터의 영향이 멀리 중국으로까지 Sanping Chen, *Multicultural China in the Early Middle Ages* (Philadelphia: University of Pennsylvania Press, 2012), 110.

80 기원전 3세기에 나온 중국의 한 전설은 Roel Sterckx, *The Animal and the Daemon in Early China*(Albany: State University of New York Press, 2002), 42.

80 이 시기에 도교의 사제들은 Ibid., 41.

80 지런 혹은 닭 담당 관리는 Ibid.

80 중국 제국의 통치자들이 대사면을 통고 Sanping Chen, *Multicultural China in the Early Middle Ages*, 104.

80 심지어 오늘날에도 중국에서 훌륭한 영화에 수여하는 상 *Historical Dictionary of Chinese Cinema*, comps. Tan Ye and Yun Zhu (Lanham, MD: Scarecrow Press, 2012), s.v. "Golden Rooster Awards, The."

80 수탉을 가리키는 중국어 한자는 Deanna Washington, *The Language of Gifts: The Essential Guide to Meaning ful Gift Giving* (Berkeley, CA: Conari Press, 2000), 86.

80 한국에서는 중세 초기에 *Han'guk Munhwa Korean Culture* (Los Angeles: Korean Cultural Service, 2001), 22:27.

80 7세기경의 일본에서 Fukuda Hideko, "From Japan to Ancient Orient," *The Epigraphic Society Occasional Papers*, 1998, 23, 105.

81 중국 서부의 소수 인종인 묘족은 Michael Witzel, *The Origins of the World's Mythologies* (Oxford: Oxford University Press, 2012), 144.

81 최근에 일본 연구팀은 Tsuyoshi Shimmura and Takashi Yoshimura, "Circadian Clock Determines the Timing of Rooster Crowing," *Current Biology* 23, no. 6 (2013): R231–233, doi:10.1016/j.cub.2013.02.015.

81 게르만의 무덤에서 Leslie Webster and Michelle Brown, *The Transformation of the Roman World AD 400–900* (Berkeley: University of California Press, 1997), 153.

03 살아 있는 약상자

83 "우리는 아스클레피오스 신에게 수탉 한 마리를 빚지고 있다네." Plato, *Symposium and the Death of Socrates*, trans. Tom Griffith(Ware, Hertfordshire: Wordsworth Edition Limited, 1997), 210.

83 혁명적인 사상가가 마지막으로 입에 담은 말 Alexander Nehamas, *Virtues of Authenticity: Essays on Plato and Socrates* (Princeton, NJ: Princeton University Press, 1999), 48.

84 고대 그리스에서 병자들은 관습적으로 아스클레피오스 신에게 수탉을 Emma Jeannette Levy Edelstein and Ludwig Edelstein, *Asclepius: Collection and Interpretation of the Testimonies* (Baltimore: Johns Hopkins University Press, 1998), 190.

84 독일 철학자 프리드리히 니체는 Friedrich Wilhelm Nietzsche, *The Pre-Platonic Philosophers*, trans. Greg Whitlock (Urbana: University of Illinois Press, 2001), 261.

84 다른 이들은 소크라테스가 희생 제의를 언급한 것은 Friedrich Wilhelm Nietzsche, *Twilight of the Idols, Or, How to Philosophize with a Hammer*, ed. Duncan Large (Oxford: Oxford University Press, 1998), 87.

84 고전학자 에바 케울스는 Eva C. Keuls, *The Reign of the Phallus: Sexual Politics in Ancient Athens* (New York: Harper & Row, 1985), 79.

84 "저 페르시아 수탉!" G. Theodoridis, trans., "Aristophanes' The Birds,'" Poetry in Translation, 2005, accessed March 18, 2014, http://www.poetryintranslation.com/PITBR/Greek/Birds.htm.

84 그보다 3세기 전 호메로스는 Homer, "A Visit of Emissaries," book nine in *The Iliad*, trans. Robert Fitzgerald (New York: Farrar, Straus and Giroux, 2004), 209.

85 실물같이 생긴 테라코타 수탉이 Steven H. Rutledge, *Ancient Rome as a Museum: Power, Identity, and the Culture of Collecting* (Oxford: Oxford University Press, 2012), 88.

85 이솝의 거위는 황금 알을 낳지만 Samuel Croxall and George Fyler Townsend, *The Fables of Aesop* (London: F. Warner, 1866), 61.

85 "수탉에게 모이를 주라." Thomas Taylor, trans., *Iamblichus' Life of Pythagoras, Or, Pythagoric Life* (Rochester, VT: Inner Traditions International, 1986), 207.

85 닭은 또한 페르세포네와도 관련 Mark P. Morford and Robert J. Lenardon, *Classical Mythology* (New York: McKay, 1971), 241.

85 기원전 399년 소크라테스의 사망 당시에 Pierre Briant, *From Cyrus to Alexander: A History of the Persian Empire* (Winona Lake, IN: Eisenbrauns, 2002), 548.

86 페르시아 사과라고 불린 맛 좋고 육즙 많은 과일 *The Oxford Encyclopedia of Ancient Greece and Rome*, comps. Michael Gagarin and Elaine Fantham (New York: Oxford University Press, 2010), s.v. "Peach."

86 "그가 페르시아인들의 최초 왕이며 통치자" Theodoridis, "Aristophanes' The Birds.'"

87 그리스 항아리에 그려진 수탉들은 Yves Bonnefoy, *Greek and Egyptian Mythologies* (Chicago: University of Chicago Press, 1992), 131.

87 황금과 상아로 된 아테나 조각상의 투구 J. J. Pollitt, *The Art of Ancient Greece: Sources and Documents* (Cambridge: Cambridge University Press, 1990), 64.

87 알을 낳는 암탉은 George Moore, *Ancient Greece: A Comprehensive Resource for the Active Study of Ancient Greece* (Nuneaton, U.K.: Prim-Ed, 2000), 16.

88 처음으로 히포크라테스 선서를 할 때 *Oxford Encyclopedia of Ancient Greece and Rome*, s.v. "Hippocratic Corpus."

88 알라바스트론이라는 이름의 이 작은 그릇은 George B. Griffenhagen and Mary Bogard, *History of Drug Containers and Their Labels* (Madison, WI: American Institute of the History of Pharmacy, 1999), 4.

88 넓은 아스클레피온이 있었는데 Sara B. Aleshire, *The Athenian Asklepieion: The People, Their Dedications, and the Inventories* (Amsterdam: J.C. Gieben, 1989).

88 에피다우로스에 있는 이 시설은 Helmut Koester, *History, Culture, and Religion of the Hellenistic Age*(Philadelphia: Fortress Press, 1982), 167.

88 코스 섬의 아스클레피온에서 Aleshire, *The Athenian Asklepieion*.

89 이 시대의 유물로 남아 있는 것 Walter J.Friedlander, *The Golden Wand of Medicine: A History of the Caduceus* (Westport, CT: Greenwood Press, 1992).

89 그러나 기원후 3세기에 이르자 Thomas Taylor, ed., *Select Works of Porphyry; Containing His Four Books on Abstinence from Animal Food; His Treatise on the Homeric Cave of the Nymphs; and His Auxiliaries to the Perception of Intelligible Natures* (London: T. Rodd, 1823).

89 2세기의 그리스 의사 갈레노스는 Galen, *On the Properties of Food* (Cambridge, Cambridge University Press, 2003), 3.1.10.

89 다른 의사들은 어린아이의 치아 발육을 Page Smith and Charles Daniel, *The Chicken Book*

(Boston: Little, Brown, 1975), 125.

89 "닭은 인간의 질병을 다스리는 약재로……." Ulisse Aldrovandi, *Aldrovandi on Chickens: The Ornithology of Ulisse Aldrovandi 1600*, ed. and trans. L. R. Lind (Norman: University of Oklahoma Press, 1963), 2:259.

90 고대 연안 도시 밀라스 Banu Karaoz, "Firstaid Home Treatment of Burns Among Children and Some Implications at Milas, Turkey," *Journal of Emergency Nursing* 36, no. 2 (2010): 111–14.

90 로마 저술가인 플리니우스는 Smith and Daniel, *The Chicken Book*, 125.

90 《체스트Chest》에 실린 2000년의 한 연구 Bo Rennard et al., "Chicken Soup Inhibits Neutrophil Chemotaxis In Vitro," *Chest* 118, no. 2 (2000): 1150–57.

90 또 다른 연구는 닭고기 수프가 K. Saketkhoo et al., "Effects of Drinking Hot Water, Cold Water, and Chicken Soup on Nasal Mucus Velocity and Nasal Airflow Resistance," *Chest* 74 (1978), 74, 408.

90 한 아이오와 의사의 2011년 연구 Matt Kelley, "Top Doctor Says Chicken Soup Does Have Healing Properties," Radio Iowa, January 17, 2011, accessed March 19, 2014, http:// www.radio iowa.com/2011/01/17/top-doctor-says-chicken-soup-does-have-healing-properties/.

91 예를 들어 볏은 실제로 Paul J. Carniol and Neil S. Sadick, *Clinical Procedures in Laser Skin Rejuvenation* (London: Informa Healthcare, 2007), 184.

91 제약회사 화이자는 Alicia Ault, "From the Head of a Rooster to a Smiling Face Near You," *New York Times*, December 22, 2003, accessed March 19, 2014, http://www.nytimes. com/2003/12/23/science/from-the-head-of-a-rooster-to-a-smiling-face-near-you.html.

91 그리고 닭 뼈에서 추출한 단백질은 "Chicken Protein Halts Swelling, Pain of Arthritis Patients in Trial," *Denver Post*, September 24, 1993.

92 그 화물은 독일과 네덜란드의 농촌 곳곳에 흩어져 있는 Peter Schue, interview by Andrew Lawler, 2013.

92 이미 2,500년 전에 히포크라테스는 독감의 증상을 Niall Johnson, *Britain and the 1918–19 Influenza Pandemic: A Dark Epilogue* (London: Routledge, 2006), 1; Carol Turkington and Bonnie Ashby, *Encyclopedia of Infectious Diseases* (New York: Facts on File, 1998), 165.

92 독감 바이러스는 한 해에 수백만 명의 사람들을 "Influenza (Seasonal)," World Health Organization, March 2014, accessed March 19, 2014, http://www.who.int/mediacentre/factsheets/fs211/en/.

92 1918년에는 세계적으로 전염병이 돌아 Niall Johnson, *Britain and the 1918–19 Influenza Pandemic*, 82.

92 유행성 독감은 인간이 동물들을 길들이는 데 Ibid., 33.

92 해마다 전 세계 과학자들은 "Vaccine Development," Flu.gov, accessed March 19, 2014, http://www.flu.gov/prevention-vaccination/vaccine-development/.

95 제2차 세계대전 중에 미군은 Richard W. Compans and Walter A. Orenstein, *Vaccines for Pandemic Influenza* (Berlin: Springer, 2009), 49.

95 미국의 병사들은 최초로 독감 예방 주사를 Ibid., 49.

96 최근까지 이것이 백신을 대량으로 만들어낼 "FDA Approves First Seasonal Influenza Vaccine Manufactured Using Cell Culture Technology," U.S. Food and Drug Administration news release, November 20, 2012, accessed March 19, 2014, http://www.fda.gov/news events/newsroom/pressannouncements/ucm328982.htm.

96 2013년 초, FDA는 Robert Roos, "FDA Approves First Flu Vaccine Grown in Insect Cells," Center for Infectious Disease Research and Policy, January 17, 2013, accessed March 19, 2014, http://www.cidrap.umn.edu/news-perspective/2013/01/fda-approves-first-flu-vaccine-grown-insect-cells.

97 그는······ 수탉의 짝짓기 습관을 관찰했다. Rom Harré, *Great Scientific Experiments: Twenty Experiments That Changed Our View of the World* (Oxford: Oxford University Press, 1983), 31.

97 그 대신 아리스토텔레스는 Ibid.

97 그는 이런 창의적인 달걀 실험을 거쳐서 Aristotle, "Book 7: On the Heavens," in *Aristotle's Collection* (Google eBook Publish This, LLC, 2013).

97 17세기 런던에서 윌리엄 하비는 Michael Windelspecht, *Groundbreaking Scientific Experiments, Inventions, and Discoveries of the 19th Century* (Westport, CT: Greenwood Press, 2003), 57.

97 볼로냐의 마르첼로 말피기는 Ibid., 167.

97 3세기 뒤인 1931년에 Patrick Collard, *The Development of Microbiology*(Cambridge: Cambridge University Press, 1976), 164.

97 1950년대에 이르러 Andries Zijlstra, interview by Andrew Lawler, 2013.

99 1878년 10월 30일 Stanley A. Plotkin, ed., *History of Vaccine Development* (New York: Springer, 2010), 35.

99 "우리는 이제 저 작은 생물을 배양할······." H. Bazin, *Vaccination: A History from Lady Montagu to Genetic Engineering* (Montrouge, France: J. Libbey Eurotext, 2011), 152.

100 "행운은 준비된 사람을 선호한다." Stanley Finger, *Minds Behind the Brain: A History of the Pioneers and Their Discoveries* (Oxford: Oxford University Press, 2000), 309.

100 1880년 1월에 이르자 Plotkin, *History of Vaccine Development*, 36.

100 "배양 방식을 약간 바꿈으로써" Bazin, *Vaccination*, 163.

101 인도네시아에서 근무하는 네덜란드 의사 Christiaan Eijkman, *Polyneuritis in Chickens, or the Origin of Vitamin Research* (papers, Hoffman-la Roche, 1990); Henry E. Brady and David Collier, *Rethinking Social Inquiry: Diverse Tools, Shared Standards* (Lanham, MD: Rowman & Littlefield, 2004), 228; Richard Gordon, *The Alarming History of Medicine: Amusing Anecdotes from Hippocrates to Heart Transplants* (New York: St. Martin's Griffin, 1993), 63.

101 1910년 뉴욕 콜드 스프링 하버 실험실 Harry Bruinius, *Better for All the World: The Secret*

History of Forced Sterilization and America's Quest for Racial Purity (New York: Knopf, 2006).

101 로플린은 양계 사업이 과학적 선택에 의해 Francis Galton and Karl Pearson, *The Life, Letters and Labours of Francis Galton*, vol. 3, part 1 (Cambridge: Cambridge University Press, 2011), 221.

101 1933년 나치 독일의 입법가들도 Michael R. Cummings, *Human Heredity: Principles and Issues* (Pacific Grove, CA: Brooks/Cole, 2000), 13.

102 프랑스의 생물학자인 알렉시 카렐은 Andrés Horacio Reggiani, *God's Eugenicist: Alexis Carrel and the Sociobiology of Decline* (New York: Berghahn Books, 2007), 41.

102 이 실험은 미국의 일반 대중을 흥분시켰고 "Living Tissue Endowed by Carrel with 'Eternal Youth' Has Birthday; Begins Today New Year of 'Immortality' in Its Glass 'Olympus' at Laboratory—Age in Human Terms Is Put at 200," *New York Times*, January 16, 1942.

102 카렐은······미국인들을 800만 명까지 거세하자고 제안하는 과학 위원회의 위원 H. H. Laughlin, *Report of the Committee to Study and to Report on the Best Practical Means of Cutting Off the Defective Germ-Plasm in the American Population* (Cold Spring Harbor, NY: Eugenics Record Office, 1914).

103 에든버러에 있는 로슬린 연구소는 Helen Sang, "*Transgenic Chickens*—Methods and Potential Applications," *Trends in Biotechnology* 12 (1994): 415–20.

04 인류 문화의 필수 품목

105 3만 년 전 우리의 이주는 Brian M. Fagan and Charlotte Beck, *The Oxford Companion to Archaeology* (New York: Oxford University Press, 1996), 543.

106 인류는 그 후 태평양을 우회하여 Claudia Briones and José Luis Lanata, eds., *Archaeological and Anthropological Perspectives on the Native Peoples of Pampa, Patagonia, and Tierra del Fuego to the Nineteenth Century* (Westport, CT: Bergin & Garvey, 2002), 6.

106 근근이 기원후 1200년 이후가 되어서야 Andrew Lawler, "Beyond *Kon-Tiki*: Did Polynesians Sail to South America?" *Science* 328, no. 5984 (2010): 1344–47, doi: 10.1126/science.328.5984.1344.

106 "어떻게 이 민족은 광대한 태평양으로······." A. Grenfell Price, ed., *The Explorations of Captain James Cook in the Pacific, as Told by Selections of His Own Journals, 1768–1779* (New York: Dover Publications, 1971), 222.

106 20세기가 한참 지날 때까지도 Ben R. Finney, *Voyage of Rediscovery: A Cultural Odyssey through Polynesia* (Berkeley: University of California Press, 1994), 12.

107 동식물학자 조지프 뱅크스의 권유로 Ibid., 7.

107 "이 사람들은······ 이 섬에서 저 섬으로 별 어려움 없이 옮겨갔다." Ibid., 11.

107 "이것이 증명되면······." James Cook, *Captain Cook's Journal During His First Voyage Round the World Made in H.M. Bark "Endeavour" 1768–71*, ed. Captain W. J. L. Whartom (London: Elliot Stock, 1893; Google eBook, 2013).

107 엔데버호에는 "HMS Endeavour," Technogypsie.com, April 24, 2011, accessed March

19, 2014, http://www.technogypsie.com/science/?p=200.

107 폴리네시아인들에게 닭은 그보다 더 John Hawkesworth, W. Strahan, and T. Cadell, *An Account of the Voyages Undertaken by the Order of His Present Majesty for Making Discoveries in the Southern Hemisphere*, vol. 2 (London: printed for W. Strahan and T. Cadell in the Strand, 1773; Google eBook).

108 이스터 섬 주민들도 Steven R. Fischer, *Island at the End of the World: The Turbulent History of Easter Island* (London: Reaktion, 2005).

108 "닭은 원주민의 생활에서 중요한 역할을……." Scoresby Routledge, *The Mystery of Easter Island: The Story of an Expedition* (London: printed for the author by Hazell, Watson and Viney, 1919), 218.

108 라우틀리지의 시절에 이르러 Kathy Pelta, *Rediscovering Easter Island* (Minneapolis: Lerner Publications, 2001), 36.

109 "인류의 탐욕은 끝이 없다." Terry Hunt and Carl Lipo, *The Statues That Walked: Unraveling the Mystery of Easter Island* (New York: Free Press, 2011), 20.

109 재러드 다이아몬드는 1995년에 Jared Diamond, "Easter's End," *Discover*, August 1995.

109 수백 개에 달하는 닭장이 Edwin Ferdon Jr., "Stone Chicken Coops on Easter Island," *Rapa Nui Journal* 14, no. 3 (2000).

110 《총, 균, 쇠》에서 다이아몬드는 Jared M. Diamond, *Guns, Germs, and Steel: The Fates of Human Societies* (New York: W. W. Norton & Company, 1999), 60.

111 "이스터 섬을 발견하는 영예를 두고서……." James Cook, *The Journals*, ed. Philip Edwards (London: Penguin 2003; published in Penguin Classics as *The Journals of Captain Cook*, 1999), 337.

111 섬 주민이 600~700명 정도 된다고 추정 Ibid., 271.

111 쿡이 이 섬을 방문하는 동안에 A. Grenfell Price, ed., *The Explorations of Captain James Cook in the Pacific, as Told by Selections of His Own Journals, 1768–1779* (New York: Dover Publications, 1971), 155.

111 쿡의 선원들은 Ibid.

112 1978년 닭 뼈가 목에 걸려 "Elizabeth Taylor Chokes on Bone," *Times-News*, October 13, 1978.

112 "왜 닭은 태평양을 건넜을까?" John Noble Wilford, "First Chickens in Americas Were Brought from Polynesia," *New York Times*, June 5, 2007, accessed March 19, 2014, http://www.nytimes.com/2007/06/05/science/05chic.html.

112 이 닭 뼈는 에스파냐 안달루시아 자치구역인 엘아레날에서 발견 A. A. Storey et al., "Radiocarbon and DNA Evidence for a Pre-Columbian Introduction of Polynesian Chickens to Chile," *Proceedings of the National Academy of Sciences* 104, no. 25 (2007): 10335-0339, doi:10.1073/pnas.0703993104.

113 닭은 500년에 스웨덴에 도착 Terry L. Jones, *Polynesians in America: Pre-Columbian Contacts with the New World* (Lanham, MD: AltaMira Press, 2011), 142.

113 닭이 신세계에 처음으로 도착했다는 사실이 문서로 확인 Kathleen A. Deagan and José María

Cruxent, *Archaeology at La Isabela: America's First European Town* (New Haven: Yale University Press, 2002), 5.

113 에스파냐의 정복자 에르난 코르테스 Jones, *Polynesians in America*, 144.

113 대리석과 벽옥 타일로 지은 이 동물원 *Pacific Discovery*, 7-9 (California Academy of Sciences, 1955): 164.

114 코르테스는 대도시 테믹시탄의 장터에서 Hernán Cortés, *Letters of Cortés: The Five Letters of Relation from Fernando Cortes to the Emperor Charles V*, ed. and trans. Francis Augustus MacNutt (Cleveland: Arthur H. Clark, 1908), 257.

114 중부 멕시코의 나우아틀어를 쓰는 아스테카 사람들 James Lockheart, *The Nahuas after the Conquest: A Social and Cultural History of the Indians of Central Mexico, Sixteenth through Eighteenth Centuries* (Stanford, CA: Stanford University Press, 1992), 278.

114 한 포르투갈 항해가가 그해에 Jones, *Polynesians in America*, 160.

114 20년 뒤 Antonio Pigafetta, *The First Voyage around the World (1519-1522): An Account of Magellan's Expedition*, ed. Theodore J. Cachey (New York: Marsilio Publishers, 1995), 8.

114 1527년, 에스파냐 탐험대는 Alida C. Metcalf, *Go-betweens and the Colonization of Brazil: 1500-1600* (Austin: University of Texas Press, 2005), 127.

115 1848년, 생물학자 앨프리드 러셀 월리스 Alfred Russell Wallace, *Travels on the Amazon and Rio Negro: With an Account of the Native Tribes and Observations on the Climate, Geology, and Natural History of the Amazon Valley* (London: Ward Lock, 1889), 210.

115 아마존 닭들의 존재에 대한 흥미로운 보고서 Jones, *Polynesians in America*, 145.

115 이보다 이태 전에 Domingo Martinez-Castilla to University of Missouri-Columbia colleagues, December 15, 1996, accessed March 19, 2014, http://www.andes. missouri.edu/Personal/DMartinez/Diffusion/msg00028.html.

115 반세기 뒤에 잉카제국을 Raul Borras Barrenechea, ed. *Relacion del Descubrimiento del Reyno del Peru* (Lima: Instituto Raul Porras Barrenechea 1970), 41-60.

116 패배당한 황제 아타우알파의 이름이 Jones, *Polynesians in America*, 52.

116 리마의 한 박물관은 "Zoomorphic Polychrome Terracotta Vessel in Shape of Rooster, Peru, Vicus Culture, Pre-Inca Civilization, circa 100 B.C.," The Bridgeman Art Library, accessed March 19, 2014, http://www.bridgemanart.com/en-GB/asset/512719.

116 1580년대에 한 예수교 수도사 Metcalf, *Go-betweens and the Colonization of Brazil*,152.

116 16세기가 끝나갈 무렵 W. S. W. Ruschenberger, *Three Years in the Pacific; Including Notices of Brazil, Chile, Bolivia, Peru* (Philadelphia: Carey, Lea & Blanchard, 1834), 394.

116 남아프리카 출신의 반투족 노예들은 Jones, *Polynesians in America*, 145.

117 이 닭 뼈들은 발굴 대장의 산티아고 집에서 Lisa Matisoo-Smith, email message to author, 2013.

118 "고대 폴리네시아의 단상형이……." Storey, "Radiocarbon and DNA Evidence."

118 우리가 식사를 하고 술을 마실 때 Sheridan Bowman, *Radiocarbon Dating* (Berkeley:

University of California Press, 1990), 25.

119 공고라와…… 다른 사람들은 Gongora et al., "Indo-European and Asian Origins for Chilean and Pacific Chickens Revealed by MtDNA," *Proceedings of the National Academy of Sciences of the United States of America* 105, no. 30 (2008): 10308, doi:10.1073/pnas.0807512105.

120 마티수스미스, 스토리, 칠레의 동료들은 Alice A. Storey et al., "Pre-Columbian Chickens of the Americas: A Critical Review of the Hypotheses and Evidence for Their Origins," *Rapa Nui Journal* 25 (2011): 5–19.

120 별도의 분자생물학자 연구팀은 Scott M. Fitzpatrick and Richard Callaghan, "Examining Dispersal Mechanisms for the Translocation of Chicken (*Gallus Gallus*) from Polynesia to South America," *Journal of Archaeological Science* 36, no. 2 (2009): 214–23, doi:10.1016/j.jas.2008.09.002.

120 최근의 유전자 연구는 Caroline Roullier et al., "Historical Collections Reveal Patterns of Diffusion of Sweet Potato in Oceania Obscured by Modern Plant Movements and Recombination," *Proceedings of the National Academy of Sciences of the United States of America* 110, no. 6 (2013): 2205–210, doi:10.1073/pnas.1211049110.

120 바람과 해류의 연구에 따르면 Jones, *Polynesians in America*, 173.

120 역사적 기록들은 태평양 연안의 Finney, *Voyage of Rediscovery*, 1994.

121 단어, 도구, 제례의 대상, 나무 조각을 이어 만든 카누 A. Lawler, "Northern Exposure in Doubt," *Science* 328, no. 5984 (2010): 1347.

121 카우아이 섬에 많이 집중되어 있는 섬 신화는 W. D. Westervelt, *Legends of Old Honolulu: Collected and Translated from the Hawaiian* (London: Constable & Co., 1915), 230.

122 하와이에서 작업하는 고고학자들은 Jones, *Polynesians in America*, 125.

122 저 멀리 하우푸 산이 우뚝 솟아 *Maha'ulepu, Island of Kaua'i Reconnaissance Survey*, U.S. Department of the Interior, National Park Service, Pacific West Region, Honolulu Office, February 2008; Edward Tregear, "'The Creation Song' of Hawaii," *The Journal of the Polynesian Society* 9, no. 1 (March 1900): 38–46.

122 고고학자 데이비드 버니는 David Burney, interview by Andrew Lawler, 2013.

124 그러나 이제 연구 조사자들은 해저에서…… DNA를 추출하고 있다. Nicholas Wade, "Dead for 32,000 Years, an Arctic Plant Is Revived," *New York Times*, February 20, 2012, accessed March 19, 2014, http://www.nytimes.com/2012/02/21/science/new-life-from-an-arctic-flower-that-died-32000-years-ago.html.

126 "이렇게 하면…… 아주 깨끗한 DNA를 얻게 됩니다." Peggy Macqueen, interview by Andrew Lawler, 2013.

129 투계는…… 종교적 의례와도 관련이 있었다. William Ellis, *Polynesian Researches during a Residence of Nearly Eight Years in the Society and Sandwich Islands* (London: Bohn, 1853), 223.

129 "태평양은 참으로 다루기가 난감합니다." Alan Cooper, interview by Andrew Lawler, 2013.

130 쿠퍼의 팀은…… 오래된 표본에서 DNA를 추출했는데 Ibid.

131 기원전 1200년에 이르러 Paul Wallin and Helene Martinsson-Wallin, eds., *The Gotland Papers: Selected Papers from the VII International Conference on Easter Island and the Pacific: Migration, Identity, and Cultural Heritage* (Gotland University, Sweden: Gotland University Press 11, 2007), 210.

131 그들은 거기서 한동안 머물다가 Jared M. Diamond, *Natural Experiments of History* (Cambridge, MA: Belknap Press of Harvard University Press, 2011), 48.

132 마지막 비약적인 이동은 Neil Asher Silberman and Alexander A. Bauer, *The Oxford Companion to Archaeology* (New York: Oxford University Press, 2012), 660.

132 고고학자들은 이를 '라피타'라고 부르는데 Ibid., 210.

132 한 가지 견해는 이러하다. Ibid., 592.

133 쿠퍼의 팀은…… 흥미로운 암시를 한다. Vicki Thomson et al., "Using Ancient DNA to Study the Origins and Dispersal of Ancestral Polynesian Chickens across the Pacific," *Proceedings of the National Academy of Sciences of the United States of America*, March 24, 2014, 113, no. 13 (2014): 4826.

05 마닐라의 투계 산업

135 투계의 슈퍼볼은 월드 슬래셔 컵 Rolando Luzong, interview by Andrew Lawler, 2013.

142 "필리핀 사람들은 커다란 닭을……." Alfredo R. Roces, *Filipino Heritage: The Making of a Nation* (Manila: Lahing Pilipino Pub., 1978), 1591.

142 배고프고 허기진 마젤란 일행이 1521년 이곳에 *A Narrative Account of the First Circumnavigation*, ed. and trans. Raleigh Ashlin Skelton (New York: Dover Publications, 1994), 65.

142 피가페타는 에스파냐로 간신히 돌아온…… 열여덟 명의 선원 가운데 하나 Donald F. Lach, *The Century of Discovery of Asia in the Making of Europe*, vol. 1 (Chicago: University of Chicago Press, 1994), 639.

143 첫 세 번의 식민화 시도는 처참한 실패 Luis Francia, *A History of the Philippines: From Indios Bravos to Filipinos* (New York: Overlook Press, 2010), 55.

143 이 수익 높은 거래는 *Southeast Asia*: Ooi Keat Gin, ed., *A Historical Encyclopedia, from Angkor Wat to East Timor* (Santa Barbara, CA: ABC-CLIO, 2004), s.v. "Spanish Philippines."

144 섬들에 흩어져 있는 주민들을 Francia, *A History of the Philippines*, 64.

144 "유럽 사람들에게 이 광경은 아주 혐오스럽다." Fedor Jagor, *Travels in the Philippines* (London: Chapman and Hall, 1875), 28.

144 몇몇 역사학자들에 따르면 Ricky Nations, "The 'Gypsy Chickens' of Key West," *The Southernmost Point* (blog), October 14, 2013, accessed March 19, 2014, http://nations southernmostpoint.blogspot.com/2013/10/the-gypsy-chickens-of-key-west.html.

145 1700년대 초에 이르러 Attorney-General, ed., *Official Opinions of the Attorney-General*

of the Philippine Islands Advising the Civil Governor, the Heads of Departments, and Other Public Officials in Relation to Their Official Duties (Manila: Bureau of Public Printing, 1903), 638.

145 싸움닭 허가와 싸움닭 판매 액수는 Charles Burke Elliott, *The Philippines to the End of the Military Regime* (Indianapolis: Bobbs-Merrill Company, 1916), 263.

145 1861년 마닐라가 투계 허가에서 Ibid., 263.

145 "이것은 악습인데도……." Frank Charles Laubach, *The People of the Philippines, Their Religious Progress and Preparation for Spiritual Leadership in the Far East* (New York: George H. Doran, 1925), 403.

146 그의 희생에 대한 "Republic Act No. 229," *Official Gazette* 44, no. 8, August 1948, accessed March 19, 2014, http://www.gov.ph/1948/06/09/republic-act-no-229/.

146 리잘의 사망일에는 법에 의해 투계가 금지 José Rizal, *Noli me tangere* (*Touch Me Not*), ed. and trans. Harold Augenbraum (New York: Penguin, 2006), 302.

146 "투계 같은 야만적인 스포츠를…… 있겠는가?" Alan Dundes, *The Cockfight: A Casebook* (Madison: University of Wisconsin Press, 1994), 139.

147 킨케이드는…… 미국 변호사였다. *Report of the Philippine Commission to the Secretary of War: 1910* (Washington, D.C.: Government Printing Office, 1911), 421.

147 "투계는 이제 너무 널리 퍼져서……." Ibid., 415.

147 "야구는 필리핀 청소년들이 본능적으로 좋아하는……." Edward Thomas Devine, ed., *The Survey* 37 (October 7, 1916): 19.

148 미국 작가 월리스 스테그너가 1951년에 필리핀을 방문 Wallace Stegner, *Collected Stories* (New York: Penguin, 2006), 372.

148 다수가 모이는 것을 두려워하여 마르코스는 "Philippine Law: Cockfighting Law of 1974," *Gameness til the End* (blog), accessed March 19, 2014, http://gtte.wordpress.com/2011/06/19/philippine-law-cockfighting-law-of-1974/.

148 마르코스의 아내 이멜다는 Luzong, interview.

149 그런데 1997년 중앙정부는 Ibid.

149 "마카오 섬은 동양의 몬테카를로라고 스스로 뻐기고 있다." Terri C. Walker, *The 2000 Casino and Gaming Business Market Research Handbook* (Norcross, GA: Richard K. Miller and Associates, 2000), 352.

150 몇몇 관측통에 의하면 *Philippines Free Press* 62, no. 14–26 (1969), 68.

150 동물 권리 행동가들은 Victoria Maranan, "Gamefowl Breeders Convention Ruffles Feathers," *KXII*, August 11, 2011, accessed March 24, 2014, http://www.kxii.com/news/headlines/Humane_society_accuse_gamefowl_breeders_association_for_illegal_activity_127567283.html; *Animal Fighting Prohibition Enforcement Act of 2005: Hearing on H.R. 817, May 18, 2006, Before the Subcommittee on Crime, Terrorism, and Homeland Security of the Committee on the Judiciary*, 109th Cong., (2006), 20.

151 그 직후 경찰이 그의 인디애나 농장을 급습 Ngoc Nguyen, "Ind. Man Arrested After Story in Filipino Cockfight Magazine," New America Media, August 10, 2010, accessed March

19, 2014, http://newamericamedia.org/2010/08/ind-man-arrested-after-story-in-filipino-cockfight-magazine.php.

152 연간 약 1,500만 마리의 싸움닭이 죽어 Rolando Luzong, "Bantay-Sabong Special Report," Bantay- Sabong's Facebook page, July 14, 2012, accessed March 19, 2014, https://www.facebook.com/permalink.php?id=398215130241725&story_fbid=494144780601019.

153 화려한 버터컵볏은 "History of Breeds," University of Illinois Extension, Incubation and Embryology, accessed March 19, 2014, http://urbanext.illinois.edu/eggs/res10-breedhistory.html.

154 연구 조사팀은 다음과 같은 직접적인 유전적 증거 Freyja Imsland et al., "The Rosecomb Mutation in Chickens Constitutes a Structural Rearrangement Causing Both Altered Comb Morphology and Defective Sperm Motility," *PLoS Genetics* 8, no. 6 (2012): E1002775, doi:10.1371/journal.pgen.1002775.

154 예를 들어 태국 북부에서 "Trance Dancing and Spirit Possession in Northern Thailand," *Sanuk* (blog), November 19, 2010, accessed March 19, 2014, http://sanuksanuk. wordpress.com/2010/11/19/trance-dancing-and-spirit-possession-in-northern-thailand/.

155 기록에 남아 있는 초창기의 투계 Robert Joe Cutter, *The Brush and the Spur: Chinese Culture and the Cockfight* (Hong Kong: Chinese University Press, 1989), 10.

155 "전쟁의 재앙은 결국 수탉의 발톱에서……." Ibid., 14.

155 예루살렘 밖에 있는 무덤에서 J. Maxwell Miller and John H. Hayes, *A History of Ancient Israel and Judah* (Philadelphia: Westminster Press, 1986), 422.

155 여호아하스 소유의 싸움닭 인장도 K. A. D. Smelik, *Writings from Ancient Israel: A Handbook of Historical and Religious Documents* (Louisville, KY: Westminster/John Knox Press, 1991), 140.

156 지중해 연안에 있는 아슈켈론 Paula Hesse, interview by Andrew Lawler, 2013.

156 기원전 4세기에 집필된 중국의 도교 저작 Louis Komjathy, "Works Consulted and Further Reading," in "Animals and Daoism," *Advocacy for Animals* (blog), September 26, 2011, accessed March 20, 2014, http://advocacy.britannica.com/blog/advocacy/2011/09/daoism-and-animals/.

156 또 고대 그리스에서 Judith M. Barringer, *The Hunt in Ancient Greece*(Baltimore: Johns Hopkins University Press, 2001), 90.

156 닭들은 대사제의 의자를 장식했다. Fredrick J. Simons, *Eat Not This Flesh: Food Avoidances from Prehistory to the Present* (Madison: University of Wisconsin Press, 1994), 154.

157 인도에서 영국 장교들은 Linda Colley, *Captives: Britain, Empire and the World, 1600–850* (London: J. Cape, 2002), 349.

157 1806년에 중국을 방문한 영국인 여행객 R. P. Forster, *Collection of the Most Celebrated Voyages and Travels from the Discovery of America to the Present Time*, vol. 3 (Google eBook: 1818), 321.

157 19세기 초에 버지니아를 방문한 한 유럽인 Eric Dunning, *Sport Matters: Sociological Studies of Sport, Violence and Civilisation* (London: Routledge, 1999).

157 헨리 8세는…… 왕실 투계장을 건설했다. Sarah Stanton and Martin Banham, *Cambridge Paperback Guide to Theatre* (Cambridge: Cambridge University Press, 1996), 72.

157 제임스 1세도 싸움닭 번식업자를 후원 Joseph Strutt and William Hone, *The Sports and Pastimes of the People of England: Including the Rural and Domestic Recreations, May Games, Mummeries, Shows, Processions, Pageants, and Pompous Spectacles, from the Earliest Period to the Present Time* (London: printed for Thomas Tegg, 1841), 282.

157 "이 투계장이" Albert Rolls, *Henry V* (New York: Infobase Publishing, 2010), 251.

157 글로브극장 "Entertainment at Shakespeare's Globe Theatre," No Sweat Shakespeare, accessed March 20, 2014, http://www.nosweatshakespeare.com/resources/globe-theatre-entertainment/; William Shakespeare, *The Yale Shakespeare*, Wilbur L. Cross and Tucker Brooke, eds. (New Haven: Yale University Press, 1918), 122.

158 일기작가 새뮤얼 피프스는 Samuel Pepys, *The Diary of Samuel Pepys* (New York: Croscup & Sterling, 1900), 385.

158 "그 자그마한 새들의 용기를 쳐다보는 것은……." Edward Walford, *Old and New London: A Narrative of Its History, Its People, and Its Places* (London: Cassell, 1879), 375.

158 그 시대의 어떤 스코틀랜드 작가는 William Edward Hartpole Lecky, *A History of England in the Eighteenth Century*, vol. 1 (London: Longmans, Green, and Co. 1878), Online Library of Liberty, accessed March 20, 2014, http://oll.libertyfund.org/?option=com_staticx t&staticfile=show.php%3Ftitle=2035&chapter=145242&layout=html.

158 1780년대에 뉴캐슬어폰타인에서는 Tony Collins et al., eds., *Encyclopedia of Traditional British Rural Sports* (London: Routledge, 2005), s.v. "Cockfighting."

158 윌리엄 호가스의 1759년 판화는 Frederic George Stephens and M. Dorothy George, eds., *Catalogue of Prints and Drawings in the British Museum* (London: By Order of the Trustees, 1870), 1223.

159 영국 의회는 1833년 런던의 투계를 금지 "Police Magistrates, Metropolis Act 1833," Animal Rights History, accessed March 20, 2014, http://www.animalrightshistory.org/animal-rights-law/romantic-legislation/1833-uk-act-police-metropolis.htm.

159 "동물의 권리 신장에 관한 오래된 이야기는……." Robert Boddice, interview by Andrew Lawler, 2013; see Rob Boddice, *A History of Attitudes and Behaviours toward Animals in Eighteenth- and Nineteenth-century Britain: Anthropocentrism and the Emergence of Animals* (Lewiston, NY: Edwin Mellen Press, 2008).

160 영국 의회는 1835년에 잉글랜드와 Boddice, *A History of Attitudes and Behaviors*, 22.

160 비록 투계는 오래전에 그 지위와 합법성을 "Hunting Act 2004," The National Archives, accessed March 20, 2014, http://www.legislation.gov.uk/ukpga/2004/37/contents.

160 버지니아 주의 왕실 주지사와 윌리엄스버그에서 식사 George Washington, *The Daily Journal of Major George Washington, in 1751–2*, ed. Joseph M. Toner (Albany, NY: J. Munsell's Sons, 1892), 76.

160 같은 해 버지니아 주도의 윌리엄 앤 메리 칼리지는 Ed Crews, "Once Popular and Socially Acceptable: Cockfighting," *Colonial Williamsburg*, Autumn 2008, accessed March 20, 2014, http://www.history.org/Foundation/journal/Autumn08/rooster.cfm.

160 버지니아 의회는 1740년에 Gerald R. Gems et al., *Sports in American History: From Colonization to Globalization* (Champaign, IL: Human Kinetics, 2008), 1; *Proceedings of the First Provincial Congress of Georgia, 1775: Proceedings of the Georgia Council of Safety, 1775 to 1777; Account of the Siege of Savannah, 1779, from a British Source* (Savannah, GA: Savannah Chapter of the Daughters of the American Revolution, 1901), 7.

160 1782년 28세의 화가 윌리엄 바턴은 "Third Great Seal Committee—May 1782," accessed March 20, 2014, http://www.greatseal.com/committees/thirdcomm/.

161 제퍼슨은 투계와 경마를 하지 않았다. *Encyclopedia Virginia*, s.v. "Life of Isaac Jefferson of Petersburg, Virginia, Blacksmith' by Isaac Jefferson (1847)," last modified May 3, 2013, accessed March 20, 2014, http://www.encyclopediavirginia.org/_Life_of_Isaac_Jefferson_of_Petersburg_Virginia_Blacksmith_by_Isaac_Jefferson_1847; Fawn McKay Brodie, *Thomas Jefferson, an Intimate History* (New York: W. W. Norton, 1974), 63.

161 "그의 열정은 끔찍합니다." H. W. Brands, *Andrew Jackson: His Life and Times* (New York: Doubleday, 2005), 97.

161 그는 이렇게 말한 것으로 알려져 있다. T. F. Schwartz, *For the People: A Newsletter of the Abraham Lincoln Association*, Springfield, IL, Spring 2003, 5:1.

161 마크 트웨인은 투계 경기를 보고서 Mark Twain and Charles Dudley Warner, *The Writings of Mark Twain* (New York: Harper & Bros., 1915), 340.

162 미디어 재벌인 윌리엄 랜돌프 허스트는 William Randolph Hearst, *William Randolph Hearst, a Portrait in His Own Words*, ed. Edmond D. Coblentz (New York: Simon & Schuster, 1952), 239.

162 2008년에 루이지애나 주가 투계를 금지 Ed Anderson, "Louisiana's Ban on Cockfighting Takes Effect Friday," *The Times-Picayune*, August 12, 2008, last modified October 12, 2009, accessed March 20, 2014, http://www.nola.com/news/index.ssf/2008/08/louisianas_ban_on_cockfighting.html.

162 두 곳의 대규모 투계 영업장을 급습 "The Newport Plain Talk—Print Story," *The Newport Plain Talk*, accessed March 20, 2014, http://newportplaintalk.com/printstory/10546.

162 그 기습 작전 중 하나를 지휘했던 토머스 패로 J. J. Stambaugh, "Strategy, Stealth Key for FBI in Cocke County Investigative Work," *Knoxville News Sentinel*, October 5, 2008, accessed March 20, 2014, http://www.knoxnews.com/news/2008/Oct/05/a-tough-case-to-crack/.

162 2013년 테네시 주 의회의 공화당 의원 Hank Hayes, "Subcommittee Kills Bill to Raise Cockfighting Fine in Tennessee," *Kingsport Times-News*, April 14, 2011, accessed March 20, 2014, http://www.timesnews.net/article/9031289/subcommittee-kills-bill-to-raise-cockfighting-fine-in-tennessee.

163 "노예제 또한 앤드루 잭슨이 옹호했던······ 전통이었습니다." Jon Lundberg, interview by Andrew Lawler, 2013.

163 비난을 받은 지 150년 이상이 흘러서 Sam Youngman and Janet Patton, "Cockfighting Enthusiasts Angry with McConnell for Supporting Farm Bill That Stiffens Penalties," *Lexington Herald Leader*, February 19, 2014.

163 베빈은 몇 달 투계를 지지하는 대회에 참석하여 John Boel, "Politicians at Cockfighting Rally Caught on Video," April 24, 2014, last modified June 8, 2014, accessed May 15, 2014, http://www.wave3.com/story/25336346/politicians-not-chicken-to-support-the-right-to-cockfight#.U1nZ1fxJLqA.twitter.

163 그의 대회 참석과 논평은 전국적인 비난을 Page One, "Everything About Bevin Is a Giant Contradiction," April 29, 2014, accessed May 15, 2014, http://pageonekentucky.com/2014/04/29/everything-about-bevin-is-a-giant-contradiction/?utm_source=feedburner&utm_medium=feed&utm_campaign=Feed%3A+PageOne+(Page+One).

164 하지만 오늘날은 하이테크 마약과 고액의 노름 돈이 Congressional Record, V. 153, PT. 6, March 26, 2007, to April 17, 2007, 7644.

164 카라카스 빈민가 외곽에서 Lorenzo Fragiel, interview by Andrew Lawler, 2013.

06 무대 위에 등장한 거인들

169 이 복받은 날 나는 Herman Melville, "Cock-a-Doodle-Doo!" *Harper's Magazine* 8 (1854): 80.

170 13세기에 마르코 폴로가 Stephen G. Haw, *Marco Polo's China: A Venetian in the Realm of Khubilai Khan* (London: Routledge, 2006), 130.

170 "그와 같은 능력을 보여준 어떤 장교도······" *Dictionary of National Biography*, eds. Leslie Stephen and Sidney Lee (London: Smith, Elder and Co., 1885), s.v. "Belcher, Sir Edward (1799–1877)."

170 《캐나다 인명사전》 Basil Stuart-Stubbs, "Belcher, Sir Edward," in *Dictionary of Canadian Biography*, vol. 10, accessed March 20, 2014, http://www.biographi.ca/en/bio/belcher_edward_10E.html.

171 벨처는······ 증조부가 매사추세츠 식민지 총독을 지낼 정도로 Anonymous, *Men of the Time: Biographical Sketches of Eminent Living Characters . . . Also Biographical Sketches of Celebrated Women of the Time* (London: Kent, 1859), 55.

171 그로부터 얼마 지나지 않아 다이애나는 Edward Belcher et al., *A Report of the Judgment: Delivered on the Sixth Day of June, 1835* (London: Saunders and Benning, 1835).

171 다이애나는 가장 많이 팔린 자신의 책 Diana Jolliffe Belcher, *The Mutineers of the Bounty and Their Descendants in Pitcairn and Norfolk Islands* (New York: Harper & Bros., 1871).

172 하지만 1836년 설퍼함의 함장이 Richard Brinsley Hinds et al., *The Zoology of the Voyage of*

H.M.S. Sulphur: Under the Command of Captain Sir Edward Belcher during the Years 1836–42 (London: Smith, Elder, 1844), 2.

172 "그 사람은 자연사에 굉장한 애착을⋯⋯." Ibid., 2.

172 한 영국 동물학자의 이름이 벨처가 Bo Beolens et al., *The Eponym Dictionary of Reptiles* (Baltimore: Johns Hopkins University Press, 2011), s.v. "Belcher."

172 어쨌든 그 뱀은 세계에서 가장 치명적인 파충류 Cindy Blobaum, *Awesome Snake Science: 40 Activities for Learning about Snakes* (Chicago: Chicago Review Press, 2012), 84.

173 청 당국은 은으로 제품 값을 지불하라고 요구했지만 Andrew L. Cherry et al., *Substance Abuse: A Global View* (Westport, CT: Greenwood Press, 2002), 41.

173 1841년 1월 Edward Belcher, *Narrative of a Voyage Round the World* (London: H. Colburn, 1843), 139.

173 6년 동안 본국을 떠나 있던 그는 L. S. Dawson, *Memoirs of Hydrography, Including Brief Biographies of the Principal Officers Who Have Served in H.M. Naval Surveying Service between the Years 1750 and 1885* (Eastbourne: Henry W. Keay, the "Imperial Library," 1885; Google eBook), 18.

174 그녀는 "열대의 군주들"로부터 온 R. J. Hoage and William A. Deiss, *New Worlds, New Animals: From Menagerie to Zoological Park in the Nineteenth Century* (Baltimore: Johns Hopkins University Press, 1996), 50.

174 "오랑우탄이 차를 준비하고 마시는 장면은⋯⋯." The Royal Archives, *Queen Victoria's Journals*, May 27, 1842, accessed May 18, 2014, www.queenvictoriajournals.org.

174 여왕이 본 것과 같은 유인원을 본 다윈은 Steve Jones, *The Darwin Archipelago: The Naturalist's Career Beyond Origin of the Species* (New Haven: Yale University Press, 2011), 1.

174 빅토리아 여왕은 서커스도 사랑했는데 S. L. Kotar and J. E. Gessler, *The Rise of the American Circus, 1716–1899* (Jefferson, NC: McFarland & Co., 2011), 132.

175 그 전해에 "The Court," *The Spectator* 16 (London: F.C. Westley, 1843): 50.

175 1842년 9월 말 Sidney Lee, *Queen Victoria* (New York: Macmillan, 1903), 139–44.

176 암탉 다섯 마리와 수탉 두 마리 이 내용에 대한 명확하고 직접적인 증거는 발견되지 않았다. 그러나 동시대의 여러 자료가 당시에 런던에 도착하여 새를 증정했다는 벨처의 주장을 뒷받침하고 있다.

176 이 닭들에 '타조 닭'이라는 별명이 붙는 데는 *Illustrated London News* 3–4, December 23, 1843, 409; *The Countryman* 69, no. 2 (1968), 350.

176 벨처는 그저 항해 일지에 동남아시아에 있는 수마트라 섬 북단에서 Belcher, *Narrative of a Voyage Round the World*, 257.

176 빅토리아 여왕과 앨버트 공은 즉시 Jane Roberts, *Royal Landscape: The Gardens and Parks of Windsor* (New Haven: Yale University Press, 1997), 205.

177 독일에서 새장이 있는 저택에서 자란 Ibid., 205.

177 여왕 부부가 벨처로부터 기묘한 닭을 받은 해 12월에 영국 정부는 Ibid.

177 "나는 산림 감독관, 건축업자, 농부, 정원사를 겸한 사람이라네." Robert Rhodes James, *Prince*

Albert: A Biography (New York: Knopf, 1984), 142.

177 "우리는 아침 식사를 하고……." *Queen Victoria's Journals*, January 23, 1843.

178 이 기발한 구조물은 W. C. L. Martin, *The Poultry Yard: Comprising the Management of All Kinds of Fowls* (London: Routledge, 1852), 7.

178 《일러스트레이티드 런던 뉴스》는 *Illustrated London News* 3-4, December 23, 1843, 409.

179 신문 기사가 나던 날 아침에도, *Queen Victoria's Journals*, December 23, 1843.

179 같은 주, 런던 사람들은 Charles Dickens, *A Christmas Carol in Prose: Being a Ghost Story of Christmas* (London: Chapman & Hall, 1843), i.

179 하지만 1843년 윈저 성의 크리스마스 식탁에서 이야깃거리가 된 것은 "A Royal Banquet," *Carlisle Patriot*, January 6, 1844.

179 1844년 봄 *Queen Victoria's Journals*, April 4, 1844.

179 그해 여름이 되자 Ibid., July 12, 1844.

180 하지만 그곳은 빅토리아 여왕이 Ibid., November 22, 1847.

180 1844년 《숙녀를 위한 영농: 양금장, 낙농장, 양돈장 안내서》라는 책을 낸 저자는 John French Burke, *Farming for Ladies; Or, a Guide to the Poultry-Yard, the Dairy and Piggery* (London: John J. Murray, 1844).

180 카이사르가 기원전 55년 군대를 이끌고 영국에 상륙했을 때 Kitty Chisholm and John Ferguson, *Rome* (Oxford: Oxford University Press in Association with the Open University Press, 1981), 595; Margaret Visser, *Much Depends on Dinner: The Extraordinary History and Mythol- ogy, Allure and Obsessions, Perils and Taboos, of an Ordinary Meal* (New York: Grove Press, 1987), 123.

181 로마인들은 행운이 있기를 빌며 닭의 오른발을 가지고 다녔고 Janet Vorwald Dohner, *The Encyclopedia of Historic and Endangered Livestock and Poultry Breeds* (Yale University Press, 2001), s.v. "Chickens."

181 영국에서 발견된 것으로서 손으로 쓴 문서 가운데 가장 오래된 문서는 C. R. Whittaker, *Rome and Its Frontiers: The Dynamics of Empire* (London: Routledge, 2004), 98.

181 라틴어 속담 '달걀에서 사과까지'는 John G. Robertson, *Robertson's Words for a Modern Age: A Cross Reference of Latin and Greek Combining Elements* (Eugene, OR: Senior Scribe Publications, 1991), 237.

181 또한 그 말을 통해 로마 제빵사들이 Apicius, *Cookery and Dining in Imperial Rome*, ed. and trans. Joseph Dommers Vehling (Milton Keynes, U.K.: Lightning Source, 2009), 95.

181 로마령 영국에서 Bruce Watson and N. C. W. Bateman, *Roman London: Recent Ar- chaeological Work; Including Papers Given at a Seminar Held at the Museum of England on 16 November, 1996* (Portsmouth, RI: Journal of Roman Archaeology, 1998), 96.

181 6세기 베네딕트 수도회의 규칙은 Terrence Kardong, *Benedict's Rule: A Translation and Commentary* (Collegeville, MN: Liturgical Press, 1996), 326.

182 음식 연구가 C. 앤 윌슨은 C. Anne Wilson, *Food & Drink in Britain: From the Stone Age to the 19th Century* (Chicago: Academy Chicago Publishers, 1991), 130.

182 3~4펜스만 주면 한 마리를 살 수 있었는데, Ibid.

182 13세기 런던에서는 Ibid., 123.

182 한 역사가가 계산한 바로는 Phillip Slavin, "Chicken Husbandry in Late-Medieval Eastern England: 1250–1400," *Anthropozoologica* 44, no. 2 (2009): 35–56, doi:10.5252/az2009n2a2.

182 "형편이 되는 사람이라면 닭고기 대신……." Ibid.

182 1429년 런던에서 열린 헨리 6세의 대관식 만찬에는 John Lawrence et al., *Moubray's Treatise on Domestic and Ornamental Poultry: A Practical Guide to the History, Breeding, Rearing, Feeding, Fattening, and General Management of Fowls and Pigeons* (London: Arthur Hall, Virtue, and Co., 1854), 27.

183 비둘기는 맛있는 고기를 제공했고 Jeffery L. Forgeng, *Daily Life in Elizabethan England*(Westport, CT: Greenwood Press, 1995), 113.

183 닭과 달걀의 수익을 비웃으며 Samuel Smith, *General View of the Agriculture of Galloway Comprehending Two Counties, Viz. the Stewartry of Kirkcudbright and Wigtonshire, with Observations on the Means of Their Improvement* (London: printed for Sherwood, Neely, and Jones, 1813), 298.

183 1801년, 영국 의회는 David W. Galenson, *Markets in History: Economic Studies of the Past* (Cambridge: Cambridge University Press, 1989), 16.

183 1825년, 런던의 인구는 Jennifer Speake, *Literature of Travel and Exploration: An Encyclopedia* (New York: Fitzroy Dearborn, 2003), 739.

183 식량이 줄어들고 인구가 늘어난다는 것은 Thomas Robert Malthus and Michael P. Fogarty, *An Essay on the Principle of Population: In Two Volumes* (London: Dent, 1967), 15.

184 그의 교사 중에는 아돌프 케틀레가 있었는데 Gillian Gill, *We Two: Victoria and Albert: Rulers, Partners, Rivals* (New York: Ballantine Books, 2009), 134.

184 앨버트 공은 여왕이 동물에 흥미를 갖는 일을 더욱 격려했다. Roberts, *Royal Landscape*, 93.

185 영국 농업의 변화는 J. W. Reginald Hammond, *Complete England* (London: Ward Lock, 1974), 20.

185 1840년대가 되자 George Dodd, *The Food of London: A Sketch of the Chief Varieties, Sources of Supply, Probable Quantities, Modes of Arrival, Processes of Manufacture, Suspected Adulteration, and Machinery of Distribution, of the Food for a Community of Two Millions and a Half* (London: Longmans, Brown, Green and Longmans, 1856), 326.

185 대부분의 가금은 Ibid.

186 영국인들은 1830년 약 6천만 개의 수입 달걀을 먹었고 William Henry Chandler, *Chandler's Encyclopaedia: An Epitome of Universal Knowledge* (New York: Collier, 1898), vol. 5; s.v. "Poultry."

186 달걀은 또한 가죽을 부드럽게 하는 데도 사용되어 Lawrence, *Moubray's Treatise on Domestic and Ornamental Poultry*, 48.

186 1843년 윈저 성의 새장이 거의 완성되자 *Illustrated.*

186　"순종 도킹을 개선하기 위해……." *Berkshire Chronicle*, September 28, 1844.

187　런던의 첫 가금 대회 *Poultry Science* 47, 1968, 1–1048.

187　유럽의 습한 날씨는 6월을 넘어 7월까지 Charles C. Mann, *1493: Uncovering the New World Columbus Created* (New York: Knopf, 2011), 285.

188　"어느 아침에 날이 좋아……." *Queen Victoria's Journals*, September 13, 1845.

188　바로 그날, 감자마름병이 Mann, *1493*, 285.

188　1845년 정부 보고서는 Margaret F. Sullivan, *Ireland of Today; the Causes and Aims of Irish Agitation* (Philadelphia: J.C. McCurdy & Co., 1881), 185.

189　"농부에게서 그것마저 빼앗거나……." Joseph Fisher, *The History of Landholding in Ireland* (London: Longmans, Green, 1877), 119.

189　11월 6일, 윈저 성에서 *Queen Victoria's Journals*, November 6, 1845.

189　"감자의 절반이……." James H. Murphy, *Abject Loyalty: Nationalism and Monarchy in Ireland During the Reign of Queen Victoria* (Washington, DC: Catholic University of America Press, 2001), 62.

189　그해 겨울, 나중에 Michael Gillespie, *The Theoretical Solution to the British/ Irish Problem: Using the General Theory of a Federal Kingdom Clearly Stated and Fully Discussed in This Thesis* (Bloomington, IN: AuthorHouse, 2013), 115.

190　1841년, 아일랜드는 Fisher, *History of Landholding*, 118.

190　"달걀 또한……." Lawrence, *Moubray's Treatise on Domestic and Ornamental Poultry*, 48.

190　1846년 2월 23일, 영국 상원은 John Kelly, *The Graves Are Walking: The Great Famine and the Saga of the Irish People* (New York: Henry Holt, 2012), 75.

190　왕립 더블린 학회 *The Journal of the Royal Dublin Society* 7, 1845.

191　왕립 더블린 학회의 후원자가 된 지 얼마 안 된 앨버트 공도 Henry Fitz-Patrick Berry, *A History of the Royal Dublin Society* (London and New York: Longmans, Green and Co., 1915), 279.

191　3월 23일 *as Albert*. Kelly, *The Graves Are Walking*, 100.

191　한 런던 신문은 *London Daily News*, April 17, 1846, p. 3.

191　넋이 빠진 관람객들 앞에서 월터는 Ibid.

192　"하지만 그 말이 사실이라면……." Edmund Saul Dixon, *Ornamental and Domestic Poultry: Their History and Management* (London: At the Office of the Gardeners' Chronicle, 1848), 167.

192　"여왕 폐하의 닭들은……." Walter B. Dickson et al., *Poultry: Their Breeding, Rearing, Diseases, and General Management* (London: Henry G. Bohn, York Street, Covent Garden, 1853), 5.

192　놀란은 교배종 닭의 커다란 달걀과 맛 좋은 육질에 깊은 인상을 받았고 James Joseph Nolan and William Oldham, *Ornamental, Aquatic, and Domestic Fowl, and Game Birds: Their Importation, Breeding, Rearing, and General Management* (Dublin: Published by the Author, at 33, Bachelor's -Walk and to Be Had of All Booksellers, 1850), 4.

193 1845년에서 1855년 사이 Geo P. Burnham, *The History of the Hen Fever: A Humorous Record* (Boston: J. French, 1855).

194 "일어나는 동안 해로웠던 사건은……." *The Poultry Book for the Many: Giving Full Directions for the Selection, Breeding . . . of Every Description of Poultry; with Portraits of the Principal Varieties and Plans of Poultry Houses . . . By Contributors to "the Cottage Gardener and Poultry Chronicle"* (London: Wincester 1857), 170.

194 1854년, 와츠는 자신이 가진 코친 닭 일부를 이스탄불에서 온 술탄 종과 교환했다. Lewis Wright, *The Book of Poultry; with Practical Schedules for Judging, Constructed from Actual Analysis of the Best Modern Decisions* (London: Cassell, 1891), 445.

195 "철도로 여행하면……." *The Poultry Book for the Many*, 4.

195 "달걀은 무상으로 분배되었다." Dickson, *Poultry*, 10.

196 와츠의 간행물이 언급했듯이, 당시에도 Wright, *Book of Poultry*, 208.

196 여름에 개최되는 런던의 유명한 바살러뮤 전시회에서 *Poultry Chronicle*, 65.

196 "사람들은 정말로 코친 닭에 미친 것처럼 보였다."Wright, *Book of Poultry*, 209.

197 《타임스》는 "The Birmingham Cattle Show," *The Times of London*, December 14, 1853.

197 "닭들은…… 몸값이 떨어졌다." *Poultry Chronicle*, 66.

197 "코친차이나가 우리가 이전에……." *The Times of London*, reprinted in *The Southern Cultivator*, (J. W. & W. S. Jones, 1853), vol. 11, 126.

07 할러퀸의 칼

199 "아무도 다윈의 닭들을……." Joanne Cooper, interview by Andrew Lawler, 2013.

200 이제 일반에 공개된 박물관은 "History of the Collections," Natural History Museum at Tring, accessed March 20, 2014, http://www.nhm.ac.uk/tring/history-collections/history-of-the-collections/.

200 1859년 출판된 다윈의 책 《종의 기원》은 Charles Darwin, *The Annotated* Origin: *A Facsimile of the First Edition of* On the Origin of Species, annotated by James T. Costa (Cambridge, MA: Belknap Press of Harvard University Press), 2009.

202 "하느님께서 창조하시고, 린네는 체계화한다." David S. Kidder and Noah D. Oppenheim, *The Intellectual Devotional Biographies: Revive Your Mind, Complete Your Education, and Acquaint Yourself with the World's Greatest Personalities* (New York: Rodale, 2010), 206.

203 뷔퐁은 종 안에서도 엄청난 변화가 Georges Louis Leclerc Buffon, *Buffon's Natural History: Containing a Theory of the Earth, a General History of Man, of the Brute Creation, and of Vegetables, Minerals, &c.* (London: Printed by J. S. Barr, Bridges-Street, Covent-Garden, 1792), 353.

203 뷔퐁은 닭의 다양성은 Georges Louis Leclerc Buffon, *The System of Natural History*, comps. Jan Swammerdam, R. Brookes, and Oliver Goldsmith (Edinburgh, Scotland: J. Ruthven, 1800), 256.

203 "닭은 인류의 가장 오래된 동반자 중 하나다." Ibid.

203 프랑스 동식물 연구가 장 바티스트 라마르크는 Jean-Baptiste Lamarck, *Zoological Philosophy: An Exposition with Regard to the Natural History of Animals*, first English trans. (New York: Hafner, 1914).

204 이러던 중 많은 사람들의 이목을 끄는 일이 발생했다. Wietske Prummel et al., *Birds in Archaeology: Proceedings of the 6th Meeting of the ICAZ Bird Working Group in Groningen (23.8–27.8.2008)* (Eelde, Netherlands: Barkhuis, 2010), 279.

204 아무튼 성경에서 설명하는 것보다 Jan van Tuyl, *A New Chronology for Old Testament Times: With Solutions to Many Hitherto Unsolved Problems through the Use of Rare Texts* (self-published via AuthorHouse, 2012), 434.

204 필라델피아의 퀘이커 교도이자 의사인 Prideaux John Selby, *The Annals and Magazine of Natural History including Zoology, Botany and Geology* (London: Taylor & Francis, 1858), 211.

205 이 찰스턴에 사는 목사는 John Bachman, *The Doctrine of the Unity of the Human Race Examined on the Principles of Science* (Charleston, SC: C. Canning, 1850), 88.

205 다윈은 열렬히 노예제를 반대 Adrian Desmond and James R. Moore, *Darwin's Sacred Cause: How a Hatred of Slavery Shaped Darwin's Views on Human Evolution* (Boston: Houghton Mifflin Harcourt, 2009), 90.

205 그는 에든버러에 사는 한 아프리카인에게 William E. Phipps, *Darwin's Religious Odyssey* (Harrisburg, PA: Trinity Press International, 2002), 22.

206 다윈은 당시 인명사전에 Laurence S. Lockridge et al., eds., *Nineteenth- Century Lives: Essays Presented to Jerome Hamilton Buckley* (Cambridge: Cambridge University Press, 1989), 97.

207 월리스는 동남아시아를 여행하던 중 독자적으로 Alfred Russell Wallace, *Writings on Evolution, 1843–1912*, ed. Charles H. Smith (Bristol, U.K.: Thoemmes Continuum), 2004.

208 에드먼드 솔 딕슨 목사와 "Edmund Saul Dixon," Dickens Journals Online, accessed March 20, 2014, http://www.djo.org.uk/indexes/authors/mr-edmund-saul-dixon.html.

208 딕슨은 결혼하여…… 시골 교구로 이주했다. Edmund Saul Dixon, *Ornamental and Domestic Poultry: Their History and Management* (London: At the Office of the Gardeners' Chronicle, 1850), viii.

209 딕슨은 당시 출간된 가금 사육에 관한 Ibid.

209 1844년, 영국에서 어떤 익명의 작가가 Robert Chambers, *Vestiges of the Natural History of Creation*(New York: W. H. Coyler), 1846.

209 앨버트 공은 빅토리아 여왕에게 이 책을 읽어주었는데 Johnathan Sperber, *Europe 1850–1914: Progress, Participation and Apprehension* (Harlow, England: Pearson Longman, 2009), 46.

209 곧 이 책을 비판하는 사람들이 생겨났고 Desmond and Moore, *Darwin's Sacred Cause*, 218.

209 다윈은 1848년 10월 식물학자인 친구 조지프 돌턴 후커에게 편지를 보내 "Darwin, C. R. to Hoo-

ker, J. D.," Darwin Correspondence Database, October 6, 1848, accessed March 20, 2014, http://www.darwinproject.ac.uk/letter/entry-1202.

210 두 달 뒤, 딕슨은 Darwin's personal copy of Dixon's *Ornamental Poultry*, accessed May 14, 2014, http://www.biodiversitylibrary.org/item/106252#page/4/mode/1up.

210 바로 이해에 군주제는 Karl Marx and Friedrich Engels, *The Communist Manifesto*(London: Vintage Books, 2010).

210 크리스마스 날, 여왕 부부가 *Illustrated London News*, December 23, 1848.

211 그가 쓴 책은 이런 이론에 대한 Dixon, *Ornamental and Domestic Poultry*, x.

211 다윈은 딕슨이 보낸 책을 읽으며 Darwin's personal copy of Dixon's *Ornamental Poultry*.

212 "굉장히 훌륭하고 재미있는 책입니다." "Darwin, C. R. to Thompson, William (a)," Darwin Correspondence Database, March 1, 1849, accessed March 20, 2014, http://www.darwinproject.ac.uk/entry-1232.

212 "어서 쾌유……." "Dixon, E. S. to Darwin, C. R.," Darwin Correspondence Database, April-June 1849, accessed March 20, 2014, http://www.darwin project.ac.uk/entry-13801.

212 딕슨은 이후 몇 년이 흐르는 동안 점점 신랄해졌다. Desmond and Moore, *Darwin's Sacred Cause*, 219.

213 1851년, 그는 집닭이 적색야계로부터 Edmund Saul Dixon, *The Dovecote and the Aviary: Being Sketches of the Natural History of Pigeons and Other Domestic Birds in a Captive State, With Hints for Their Management* (London: Wm. S. Orr, 1851), 73.

213 다윈은 자연도태를 통해 종의 변화가 일어난다는 주장을 "Darwin, C. R. to Fox, W. D.," Darwin Correspondence Database, July 31, 1855, accessed March 20, 2014, http://www.darwinproject.ac.uk/entry-1733.

213 "도킹에 세 가지 변종이 있다는 것도 모르고……." A. W. D. Larkum, *A Natural Calling: Life, Letters and Diaries of Charles Darwin and William Darwin Fox* (Dordrecht, Netherlands: Springer, 2009), 237.

213 폭스는 조류를 기르는 것에 동의했고 "Darwin, C. R. to Fox, W. D.," Darwin Correspondence Database, March 19, 1855, accessed March 20, 2014, http://www.darwinproject.ac.uk/entry-1651.

214 멋진 수염을 기른 조류학자 에드워드 블라이스가 "Blyth, Edward to Darwin, C. R.," Darwin Correspondence Database, August 4, 1855, accessed March 20, 2014, http://www.darwinproject.ac.uk/entry-1735.

214 훌륭하지만 문제가 많은 과학자였던 블라이스는 Robert J. Richards, *Darwin and the Emergence of Evolutionary Theories of Mind and Behavior* (Chicago: University of Chicago Press, 1987), 107.

215 이 쉽게 적응하는 닭에 관해 "Blyth, Edward to Darwin, C. R.," Darwin Correspondence Database, September 30, 1855 or October 7, 1855, accessed March 20, 2014, http://www.darwin project.ac.uk/entry-1761.

215 1855년 12월, 블라이스는 "Blyth, Edward to Darwin, C. R.," Darwin Correspondence

Database, December 18, 1855, accessed March 20, 2014, http://www.darwinproject.
ac.uk/entry-1792.

215 런던 남부에서 열린 가금 전시회를 구경하던 "Darwin, C. R. to Tegetmeier, W. B.," Darwin
Correspondence Database, August 31, 1855, accessed March 20, 2014, http://www.
darwinproject.ac.uk/ entry-1751.

216 그는 한 선교사에게 "Darwin, C. R. to Unspecified," Darwin Correspondence Database,
December 1855, accessed March 20, 2014, http://www.darwinproject.ac.uk/
entry-1812.

216 1856년 3월, 다윈은 "Darwin, C. R. to Covington, Syms," Darwin Correspondence Data-
base, March 9, 1856, accessed March 20, 2014, http://www.darwinproject.ac.uk/
entry-1840.

216 "오늘 아침에는……." "Darwin, C. R. to Fox, W. D.," Darwin Correspondence Database,
March 15, 1856, accessed March 20, 2014, http://www.darwinproject.ac.uk/
entry-1843.

216 "그나저나 죽은 말레이종……." "Darwin, C. R. to Tegetmeier, W. B.," Darwin Cor-
respondence Database, October 15, 1856, accessed March 20, 2014, http://www.
darwinproject.ac.uk/entry-1975.

217 "조만간 도착할 페르시아 닭을……." "Darwin, C. R. to Tegetmeier, W. B.," Darwin Cor-
respondence Database, November 3, 1856, accessed March 20, 2014, http://www.
darwinproject.ac.uk/entry-1981.

217 11월이 되자 다윈은 "Darwin, C. R. to Tegetmeier, W. B.," Darwin Correspondence
Database, January 14, 2856, accessed March 20, 2014, http://www.darwinproject.
ac.uk/entry-1820.

217 《사육·재배되는 동식물의 변이》 Charles Darwin, *Charles Darwin's Works* (New York: D.
Appleton, 1915).

218 신기함을 사랑하는 마음은 Ibid., 240.

218 우발적인 닭이 태어난다. Ibid., 238.

218 다윈은 이렇게 간추려 말했다. Ibid., 240.

219 '갈루스 갈루스 반키바'는 Ibid., 244.

219 아쉬워하며 인정했다. Ibid., 254.

219 "이런 이유로 적색야계는……." Ibid., 257.

221 최근인 2008년에도 Uppsala University, "Darwin Was Wrong About Wild Origin of the
Chicken, New Research Shows," *ScienceDaily*, March 3, 2008, accessed March 21,
2014, http://www.sciencedaily.com/releases/2008/02/ 080229102059.htm.

221 웁살라 대학교의 레이프 안데르손 Jonas Eriksson et al., "Identification of the Yellow Skin
Gene Reveals a Hybrid Origin of the Domestic Chicken," *PLoS Genetics* 4, no. 2
(2005): E10, doi:10.1371/journal.pgen.1000010.

222 현재 일왕인 아키히토처럼 "His Imperial Highness Prince Akishino (Akishinonomiya
Fumihito), President, Yamashina Institute for Ornithology," Yamashina Institute for

Ornithology, accessed March 21, 2014, http://www.yamashina.or.jp/hp/english/about_us/president.html.

222 아버지가 해파리 포식자를 전문 영역으로 삼았다면 Naoko Shibusawa, *America's Geisha Ally: Reimagining the Japanese Enemy* (Cambridge, MA: Harvard University Press, 2006), 104.

223 미국 생태학자 레어 브리스빈이 I. Lehr Brisbin, interview by Andrew Lawler, 2012.

223 2006년, 중국 쿤밍 동물학 연구소의 리이핑이 이끄는 연구팀은 Yi-Ping Liu et al., "Multiple Maternal Origins of Chickens: Out of the Asian Jungles," *Molecular Phylogenetics and Evolution*, 38, no. 1 (February 2006): 12–19.

223 핵 DNA를 활용한 2012년의 한 연구는 Alice A. Storey et al., "Investigating the Global Dispersal of Chickens in Prehistory Using Ancient Mitochondrial DNA Signatures," *PLoS ONE* 7, no. 7 (2012): E39171, doi:10.1371/journal.pone.0039171.

223 "이전에 저는 닭의 사육이……." Interview with a person familiar with Prince Fumihito's views by Andrew Lawler, 2012.

224 영국 노팅엄 대학교의 생물학자 올리버 하노트는 Olivier Hanotte, interview by Andrew Lawler, 2012.

225 "초기에 식량을 얻을 목적으로……." John Lawrence et al., *Moubray's Treatise on Domestic and Ornamental Poultry: A Practical Guide to the History, Breeding, Rearing, Feeding, Fattening, and General Management of Fowls and Pigeons* (London: Arthur Hall, Virtue, and Co., 1854), 2.

225 예를 들면 베트남, 라오스, 버마, 중국 남부에 흩어져 살던 팔라웅족은 Frederick J. Simoons, *Eat Not This Flesh: Food Avoidances from Prehistory to the Present* (Madison: University of Wisconsin Press, 1994), 145.

226 비슷하게 버마 북부의 카렌족도 Ibid., 146.

226 버마와 가까운 인도 북동단에 사는 푸룸 쿠키족은 Ibid.

226 웁살라 대학교에서 Leif Andersson, interview by Andrew Lawler, 2012.

08 작은 왕 바실리스크

230 건강한 수탉은 사정할 때마다 Dev Raj. Kana and P. R. Yadav, *Biology of Birds* (New Delhi: DPH, Discovery Pub. House, 2005), 94.

230 마틴 콘이 책임을 맡고 있는 연구팀은 Ana M. Herrera et al., "Developmental Basis of Phallus Reduction during Bird Evolution," *Current Biology* 23, no. 12 (2013): 1065–74, doi:10.1016/j.cub.2013.04.062.

231 콘은 이 같은 기관의 상실 Martin Cohn, interview by Andrew Lawler, 2012.

231 "독자 여러분, 생식기야말로……." Patricia Brennan, "Why I Study Duck Genitalia," *Slate*, April 2, 2013, accessed March 21, 2014, http://www.slate.com/articles/health_and_science/science/2013/04/duck_penis_controversy_nsf_is_right_to_fund_basic_research_that_conservatives.html.

232 18세기 뉴잉글랜드 지방의 청교도들은 Toni-Lee Capossela, *Language Matters: Readings for College Writers* (Fort Worth: Harcourt Brace College Publishers, 1996), 216.

233 200년 전 Joseph Glaser, *Middle English Poetry in Modern Verse* (Indianapolis: Hackett Pub., 2007), 215.

233 1785년 출판된 《고전 비속어 사전》은 Francis Grose, *A Classical Dictionary of the Vulgar Tongue, 1785* (Menston York, U.K.: Scolar P., 1968), C.

233 'rooster'는 고대 영어에서 Stewart Edelstein, *Dubious Doublets: A Delightful Compendium of Unlikely Word Pairs of Common Origin, from Aardvark/Porcelain to Zodiac/Whiskey* (Hoboken, NJ: J. Wiley, 2003), 86.

233 "1838년이 될 때까지 빅토리아 여왕은……." H. L. Mencken, *The American Language: An Inquiry into the Development of English in the United States* (New York: Alfred A. Knopf, 1936), 301.

233 빅토리아 여왕 시대에 들어선 지 J. Chamizo Domínguez Pedro, *Semantics and Pragmatics of False Friends* (New York: Routledge, 2008), 100.

234 수탉 고유의 아주 호색한 습성 덕분에 Mencken, *The American Language*, 301.

234 1920년대 미국 대통령 캘빈 쿨리지와 영부인이 따로 떨어져 양계장 시찰을 Aharon Ben-Ze'ev, *The Subtlety of Emotions* (Cambridge, MA: MIT Press, 2000), 430.

234 《바빌로니아 탈무드》는 Menachem M. Brayer, *The Jewish Woman in Rabbinic Liter- ature* (Hoboken, NJ: Ktav Pub. House, 1986), 74.

234 그리스 신 제우스는 미소년 가니메데스에게 James N. Davidson, *The Greeks and Greek Love: A Bold New Exploration of the Ancient World* (New York: Random House, 2007), 223.

234 델로스 섬의 고대 아폴론 신전 Lorrayne Y. Baird, "Priapus Gallinaceus: The Role of the Cock in Fertility and Eroticism in Classical Antiquity and the Middle Ages," *Studies in Iconography* 7-8 (1981-82): 81-111.

235 "고대 유물을 통해 볼 때……." Ibid.

235 고전 예술에서 수탉은 Exhibit in Altes Museum, Berlin, personal visit by Andew Lawler, 2013.

235 바티칸 유물 보관소에 수장되어 대중에게 공개되지 않은 것 가운데는 Baird, "Priapus Gallinaceus."

236 "자연 속에서 인간은 인간을 낳는다." Scott Atran, *Cognitive Foundations of Natural History: Towards an Anthropology of Science* (Cambridge: Cambridge University Press, 1990), 87.

236 예수의 시대에 이르러 Richard Payne Knight, *The Symbolical Language of Ancient Art and Mythologie: An Inquiry* (New York: J. W. Bouton, 1892), 150.

237 "이곳의 사람들은 수탉이 태양을 모시고 있으며……." Ibid., 70.

237 "낮과 밤을 구별할 수 있는 지능을 수탉에게 주신 주님을 찬미하세." Isidore Singer, *The Jewish Encyclopedia: A Descriptive Record of the History, Religion, Literature, and Customs of the Jewish People from the Earliest Times to the Present Day* (New York: Funk and Wagnalls, 1904), 3:11.

237 "아아, 날뛰는 사자들이여……." Lucretius, *On the Nature of Things*, trans. William Ellery

Leonard (Sioux Falls, SD: NuVision Publications, 2007), 124.

237 이런 풍부한 전통을 고려하면 *Dictionary of Christianity*, comp., J. C. Cooper (Chicago: Fitzroy Dearborn, 1996), s.v. "Animals."

237 예수가 십자가형에 처해지는 날 Mark 14:30 (*New American Bible*).

237 빛을 예고하는 닭의 습성과 Lorrayne Y. Baird-Lange, "Christus Gallinaceus: A Chaucerian Enigma; or the Cock as Symbol of Christ in the Middle Ages," *Studies in Iconography* 9 (1983): 19–30.

238 4세기의 유명한 찬송가에서 James J. Wilhelm, *The Cruelest Month: Spring, Nature, and Love in Classical and Medieval Lyrics* (New Haven: Yale University Press, 1965), 63.

238 "창조주는 일종의……." Baird-Lange, "Christus Gallinaceus," 21.

238 베드로는 기원후 1세기 바티칸 언덕에서 십자가형을 당했다. James George Roche Forlong, *Faiths of Man: A Cyclopedia of Religions*, vol. 2 (London: B. Quaritch, 1906), s.v. "Janus."

238 "내가 네게 천국의 열쇠를 주겠노라." Matthew 16:19 (*New American Bible*).

238 오늘날 성 베드로 대성당은 *Encyclopaedia Britannica*, vols. 11–12, s.v. "Great Mother of the Gods."

238 'rooster(수탉)-cock(수탉, 음경)-phallus(남근)'의 성적인 연계는 Randy P. Conner et al., *Cassell's Encyclopedia of Queer Myth, Symbol, and Spirit: Gay, Lesbian, Bisexual, and Transgender Lore* (London: Cassell, 1997), s.v. "Attis."

239 시인 유베날리스는 David M. Friedman, *A Mind of Its Own* (New York: Simon & Schuster, 2008), 31.

239 옛 대성당과 키벨레 사원 근처에는 J. G. Heck and Spencer Fullerton Baird, comps., *Iconographic Encyclopaedia of Science, Literature, and Art* (New York: R. Garrigue, 1857), s.v. "Rome".

239 6세기 후반에 이르러 John G. R. Forlong, comp., *Encyclopedia of Religions* (New York: Cosimo Classics, 2008), s.v. "Peter."

239 "수탉은 세상의 밤이 가져온 어둠 이후에……." Louisa Twining, *Symbols and Emblems of Early and Medieval Christian Art* (London: John Murray, 1885), 188.

239 9세기가 되자 Norwood Young, ed., *Handbook for Rome and the Campagna* (London: Edward Stanford, 1908), s.v. "S. Pietro."

239 성직자들은 "전능하신 주님의 수탉들"이라고 불렸다. Hargrave Jennings, *Phallicism: Celestial and Terrestrial, Heathen and Christian* (London: George Redway, 1884).

239 10세기가 되자 Forlong, *Faiths of Man*, s.v. "Peter."

240 1102년, 제1차 십자군 전쟁이 끝나갈 무렵에 Menashe Har-El, *Golden Jerusalem* (Jerusalem: Gefen Pub. House, 2004), 311.

240 제1차 십자군 전쟁이 일어나던 때 Baird-Lange, "Christus Gallinaceus," 26.

240 뱀의 다리와 수탉의 머리를 가진 사나운 생물을 보여주는 마법의 부적은 Joseph Campbell, *The Masks of God* (New York: Viking Press, 1959), 275.

240 14세기에 들어와 Mark Allen, *The Complete Poetry and Prose of Geoffrey Chaucer* (Boston: Wadsworth Cengage Learning, 2011), 239.

241 원시 화학자인 연금술사들은 Elio Corti, trans., "The Chicken of Ulisse Aldrovandi," accessed March 21, 2014, http://archive.org/stream/TheChickenOfUlisse Aldrovandi/Aldrogallus_djvu.txt.

241 그리스도교와 관련된 수탉의 역할이 마지막 흔적을 보인 곳은 William Shakespeare, *Shakespeare's Tragedy of Hamlet*, ed. John Hunter (London: Longmans, Green and Co., 1874), 11.

241 10년 뒤 로마 남쪽 파가니라는 도시에서 Marino Niola, "Archeologia della devozione" in L. M. Lombardi Satriani, ed., S*antità e tradizione: itinerari antropologico-religiosi* in *Campania*, 2000.

242 "수탉들은 사악한 근친상간을 저지른다." Stephen Orgel, *The Authentic Shakespeare, and Other Problems of the Early Modern Stage* (New York: Routledge, 2002), 217.

242 "당신 가문의 문장이 뭐죠?" William Shakespeare, *The Complete Works of William Shakespeare* (New York: G.F. Cooledge & Brother, 1844), 262.

242 일부 셰익스피어 학자들은 Joel Friedman, "The Use of the Word 'Comb' in Shakespeare's *The Taming of the Shrew* and *Cymbeline*," *Joel Friedman Shakespeare Blog*, February 9, 2010, accessed March 21, 2014, http://joelfriedmanshakespeare.blogspot.com/2010/02/use-of-word-comb-in-shakespeares-taming.html.

242 30년 뒤, 교황 알렉산데르 7세는 "The Ceremony of Presenting a Cock to the Pope," *American Ecclesiastical Review* 29 (1903): 301.

243 청교도 목사 코튼 매더는 *The Congregationalist and Christian World* 100 (1915): 156.

243 어쨌든 수탉은 프랑스의 France in the United States/Embassy of France in Washington, "The Gallic Rooster," December 20, 2013, accessed March 21, 2014 http://www.ambafrance-us.org/spip.php?article604.

244 거기다 프랑스의 수탉은 미국 민주당의 Steven Seidman, "The Rooster as the Symbol of the U.S. Democratic Party," *Posters and Election Propaganga* (blog), Ithaca College, June 12, 2010, accessed March 21, 2014, http://www.ithaca.edu/rhp/programs/cmd/blogs/posters_and_election_propaganda/the_rooster_as_the_symbol_of_the_u.s._democratic_p/#.Uywtbl76Tvo.

244 2007년, 한 연구팀은 J. M. Asara et al., "Protein Sequences from Mastodon and Tyrannosaurus Rex Revealed by Mass Spectrometry," *Science* 316, no. 5822 (2007): 280–85, doi:10.1126/science.1137614.

244 "연구 결과 티라노사우루스 렉스는……." Jeanna Bryner, "Study: *Tyrannosaurus Rex* Basically a Big Chicken," *Fox News*, April 25, 2008, accessed March 21, 2014, http://www.foxnews.com/story/2008/04/25/study-tyrannosaurus-rex-basically-big-chicken/.

244 이 발견은 몬태나 주 북동부에 있는 Evan Ratliff, "Origin of Species: How a *T. Rex* Femur Sparked a Scientific Smackdown," *Wired*, June 22, 2009, accessed May 14, 2014, http://archive.wired.com/medtech/genetics/magazine/17-07/ff_originofspecies?currentPage=all.

246 하버드 대학교의 화학자 존 아사라는 John Asara, interview by Andrew Lawler, 2013.

247 아사라와 슈바이처가 2007년 《사이언스》에 실은 논문은 M. H. Schweitzer et al., "Biomolecular Characterization and Protein Sequences of the Campanian Hadrosaur B. Canadensis," *Science* 324, no. 5927 (2009): 626–31, doi:10.1126/science.1165069.

247 몬태나의 고생물학자 호너는 Jack Horner, "Jack Horner: Building a Dinosaur from a Chicken," TED video, 16:36, talk presented at an official TED conference, March 2011, accessed March 21, 2014, http://www.ted.com/talks/jack_horner_building_a_dinosaur_from_a_chicken.

248 2004년, 어떤 닭의 배아로 연구를 하던 생물학자는 Matthew P. Harris et al., "The Development of Archosaurian First-Generation Teeth in a Chicken Mutant," *Current Biology* 16, no. 4 (2006): 371–77, doi:10.1016/j.cub.2005.12.047.

248 진화생물학자 아르카트 아브자노프가 Arkhat Abzhanov, interview by Andrew Lawler, 2013.

250 2007년, 고생물학자들은A. H. Turner et al., "Feather Quill Knobs in the Dinosaur Velociraptor," *Science* 317, no. 5845 (2007): 1721, doi:10.1126/science.1145076.

250 4년 뒤, 색소를 약간 R. C. McKeller et al., "A Diverse Assemblage of Late Cretaceous Dinosaur and Bird Feathers from Canadian Amber," *Science* 333, no. 6049 (2011): 1619–622, doi:10.1126/science.1203344.

250 거대하고, 뿔이 난 4족 보행 공룡인 트리케라톱스도 J. Clarke, "Feathers Before Flight," *Science* 340, no. 6133 (2013): 690–92. doi:10.1126/science.1235463.

250 실제로 깃털은 비행이 가능하기 전에 Ibid.

251 새는 마니랍토란이라 불리는 수각류 공룡의 공룡의 특정 부류다. Gareth Dyke and Gary W. Kaiser, *Living Dinosaurs: The Evolutionary History of Modern Birds* (Chichester, West Sussex: Wiley-Blackwell, 2011), 9.

251 일부 연구자들은 심지어 "Oviraptor," Mediahex, accessed March 21, 2014, http://www.mediahex.com/Oviraptor.

252 바실리스크라 불리는 Rosa Giorgi et al., *Angels and Demons in Art* (Los Angeles: J. Paul Getty Museum, 2005), 99.

252 로마 시대의 대(大) 플리니우스는 Ibid.

252 12세기 독일 신비주의자이자 Petzoldt Leander, *Kleines Lexikon der Dämonen und Elementargeister* (Munich: C. H. Beck, 2003), 30.

252 13세기 빈의 구불구불한 길에George M. Eberhart, *Mysterious Creatures: A Guide to Cryptozoology* (Santa Barbara, CA: ABC-CLIO, 2002), 33.

252 16세기에는 히스테리 상태에 빠진 네덜란드 마을 사람들이 Mike Dash, "The Strange Tale of the Warsaw Basilisk," *A Fortean in the Archives* (blog), February 28, 2010, accessed March 21, 2014, http://aforteantinthearchives.wordpress.com/2010/02/28/the-strange-tale-of-the-warsaw-basilisk/.

253 1474년 8월의 어느 날 오후 Thomas Hofmeier, *Basils Ungeheuer: Eine kleine Basiliskenkunde* (Berlin and Basel: Leonhard-Thurneysser-Verlag, 2009).

253 1651년에 이르러 Jan Bondeson, *The Feejee Mermaid and Other Essays in Natural and*

Unnatural History (Ithaca: Cornell University Press, 1999), 176.

253 "여왕님, 자연에……." Voltaire, *Zadig, Or, The Book of Fate: An Oriental History; Translated from the French, Etc.* (London: T. Kelly, 1816), 48.

253 바실리스크는 《해리 포터와 마법사의 돌》 같은 Allan Zola Kronzek and Elizabeth Kronzek, *The Sorcerer's Companion: A Guide to the Magical World of Harry Potter* (New York: Broadway Books, 2001), 22.

254 클린턴은 수의사가 되고 싶었지만 Mike Clinton, interview by Andrew Lawler, 2012.

255 아리스토텔레스는 남녀가 Georgios Anagnostopoulos, *A Companion to Aristotle* (Chichester, U.K.: Wiley-Blackwell, 2009), 113.

257 클린턴의 놀라운 결론은 D. Zhao et al., "Somatic Sex Identity Is Cell Autonomous in the Chicken," *Nature* 464, no. 7286 (2010): 237-42, doi:10.1038/ nature08852.

258 "성공적인 병아리 감별은……." Lyall Watson, *Beyond Supernature: A New Natural History of the Supernatural* (Toronto: Bantam Books, 1988), 65.

258 미국만 따져도 Associated Press, "Chicks Being Ground Up Alive Video," *The Huffington Post*, September 1, 2009, accessed March 21, 2014, http:// www.huffingtonpost. com/2009/09/01/chicks-being-ground-up-al_n_273652.html.

258 이러한 성 감별이 경제성을 띠려면 Clinton, interview.

09 바발루에게 피 바치기

262 발리에서는 모두가 집에 머물러 조용히 지내고 Leon Rubin and I. Nyoman Sedana, *Performance in Bali* (London: Routledge, 2007), 4.

263 이다 페단다 마데 마니스는 Ida Pedanda Made Manis, interview by Andrew Lawler, 2013.

263 페단다는 '막대기를 가진 자'라는 뜻이었고 Tom Hunter Aryati, translations via email message to author, May 13, 2014.

265 발리 사람들은 온화하고 동정심 많기로 명성이 높지만 Hugh Mabbett, *The Balinese* (Wellington, N.Z.: January Books, 1985), 97.

265 한 발리 왕은 일찍이 이 섬을 방문한 어떤 서양인에게 J. Stephen Lansing, *Perfect Order: Recognizing Complexity in Bali* (Princeton, N.J.: Princeton University Press, 2012), 56.

265 오늘날 발리에서는 주로 동물을 희생으로 Leo Howe, *The Changing World of Bali: Religion, Society and Tourism* (London: Routledge, 2005).

265 2002년 발리에서는 테러리스트들이 한 나이트클럽에 폭탄 테러를 자행해 "The 12 October 2002 Bali Bombing Plot," *BBC News*, October 11, 2012, accessed March 21, 2014, http:// www.bbc.com/news/world-asia-19881138.

265 이런 대학살로 생겨난 불균형을 바로잡기 위해 Richard C. Paddock, "Prayerful Balinese Gather to Purge Bombing Site of Evil," *Los Angeles Times*, November 16, 2002, accessed March 21, 2014, http://articles.latimes.com/2002/nov/16/world/fg-bali16.

266 하지만 이런 의식은 Cameron Forbes, *Under the Volcano: The Story of Bali* (Melbourne, Vic.: Black, 2007), 76.

266 사원 인근에서 밤낮을 가리지 않고 Tom Hunter Aryati, translations via email message to author, March 10, 2012.

267 푸라 페나타란 아궁 타만 발리는 Ibid.

270 "인간은 자신들의⋯⋯." Yancey Orr, interview by Andrew Lawler, 2013.

270 특례에 따라 한 번의 투계 경기는 3회까지만 "Cockfighting: Cockfighting in Indonesia," indahnesia.com, last modified September 15, 2009, accessed March 21, 2014, http://indahnesia.com/indonesia/INDCOC/cockfighting.php.

270 "한동안 발리에 머무른 사람이라면⋯⋯." Clifford Geertz, *The Interpretation of Cultures: Selected Essays* (New York: Basic Books, 1973), 417.

272 "어둠 속에 앉은 아이들아." John A. Hardon, *American Judaism* (Chicago: Loyola University Press, 1971), 179.

273 로마 유대인 작가 플라비우스 요세푸스는 Ronald L. Eisenberg, *The JPS Guide to Jewish Traditions*(Philadelphia: Jewish Publication Society, 2004), 713.

274 "내가 몇 번이나⋯⋯." Matthew. 23:37 (*The New Jerusalem Bible: Standard Edition*).

274 200년경 편찬된 《탈무드》 중 연대적으로 더 오래된 부분인 〈미슈나〉는 Eisenberg, *The JPS Guide*, 712.

274 나중에 편찬된 《탈무드》 부분에서도 Ronald L. Eisenberg, *What the Rabbis Said: 250 Topics from the Talmud* (Santa Barbara, CA: Praeger, 2010), 266.

274 히브리어로 수탉에 해당하는 단어인 '게버'는 Joshua Trachtenberg, *Jewish Magic and Superstition: A Study in Folk Religion* (Philadelphia: University of Pennsylvania Press, 2004), 164.

274 '카파로트'라는 관습은 Adele Berlin, *The Oxford Dictionary of the Jewish Religion* (New York: Oxford University Press, 2011), s.v. "Kapparot"; Nancy E. Berg, *Exile from Exile: Israeli Writers from Iraq* (Albany: State University of New York Press, 1996), 60.

274 13세기 랍비들은 Israel Drazin, *Maimonides: The Exceptional Mind* (Jerusalem: Gefen Pub., 2008), 203.

276 2005년, 어떤 닭 판매처는 Tanay Warerkar and Oren Yaniv, "No One Here but Us (Dead) Chickens! Thousands of Birds Die from Heat, Not Jewish Sin Ritual," *New York Daily News*, September 12, 2003, accessed March 21, 2014, http://www.nydaily news.com/new-york/brooklyn/birds-die-annual-ritual-slaughter-article-1.1454098.

276 "산업화된 카파로트가⋯⋯." Associated Press, "Activists Cry Foul over Ultra-Orthodox Chicken Ritual," *NewsOK*, September 8, 2010, accessed March 21, 2014, http://new sok.com/activists-cry-foul-over-ultra-orthodox-chicken-ritual/article/feed/189277.

277 "카파로트는 유대의 가르침과⋯⋯." Goren quoted by Nazila Mahgerefteh, "A Wing and a Prayer," September 28, 2006, accessed May 15, 2014, www.endchickensaskaporos.com.

277 내가 크라운 하이츠를 방문하기 전날 Rachel Avraham, "Minister Peretz Opposes the Kaparot Tradition: 'Prevent Animals from Suffering,'" JerusalemOnline, Sep-

tember 11, 2013, accessed March 21, 2014, http://www.jerusalemonline.com/news/politics-and-military/politics/minister-peretz-opposes-the-kaparot-tradition-1616.

277 의례에 사용될 예정이었던 수백 마리의 닭이 Warerkar and Yaniv, "No One Here but Us (Dead) Chickens!"

278 제임스 프레이저는 1890년에 James George Frazer and Robert Fraser, *The Golden Bough: A Study in Magic and Religion* (Oxford: Oxford University Press, 2009), 14.

278 프레이저는 란데글라 교회가 Ibid., 545.

279 "먹기 위해 동물을 죽이는 것은 되고……." *Church of Lukumi Babalu Aye, Inc. v. City of Hialeah*, 508 U.S. 520 (1993).

280 고대 아프리카 관습에 따라 Abiola Irele and Biodun Jeyifo, *The Oxford Encyclopedia of African Thought* (New York: Oxford University Press, 2010), s.v. "Santeria."

280 "이 교회가 문 여는 것을 막으려면……." Ronald J. Krotoszynski, *The First Amendment: Cases and Theory*(New York: Aspen Publishers, 2008), 881.

281 루쿠미는 산테리아를 가리키는 다른 용어다. George Brandon, *Santeria from Africa to the New World: The Dead Sell Memories* (Bloomington: Indiana University Press, 1993), 145.

281 1950년대 인기를 끈 시트콤 〈왈가닥 루시〉 Migene González-Wippler, *Santeria: The Religion, Faith, Rites, Magic* (St. Paul, MN: Llewellyn Worldwide, 1994), 68.

281 흰 암탉과 수탉은 종종 이 신의 Caracas vendor who declined to give name, interview by Andrew Lawler, 2013.

281 1200년경, 서부 아프리카에 일레이페라 불리는 정착지가 Toyin Falola and Christian Jennings, *Sources and Methods in African History: Spoken, Written, Unearthed* (Rochester, NY: University of Rochester Press, 2003), 59.

282 한 요루바족의 전통에 따르면 Abraham Ajibade Adeleke, preface to *Intermediate Yoruba: Language, Culture, Literature, and Religious Beliefs,* part 2 (Bloomington, IN: Trafford Pub, 2011).

282 "대부분의 고대 요루바 왕국에 대한……." Daniel McCall, "The Marvelous Chicken and Its Companion in Yoruba Art," *Paideuma* Bd. 24 (1978).

283 이 광대한 영역에서 닭의 존재를 처음으로 언급한 이는 Timothy Insoll, *The Archaeology of Islam in Sub-Saharan Africa* (Cambridge, U.K.: Cambridge University Press, 2003), 239; R. Blench and Kevin C. MacDonald, *The Origins and Development of African Livestock: Archaeology, Genetics, Linguistics, and Ethnography* (London: UCL Press, 2000).

283 2011년 에티오피아 발굴에서 Catherine D'Andrea, email message to author, 2013.

284 유진 시에 있는 오리건 대학교 교수 스티븐 듀펜은 Stephen Dueppen, interview by Andrew Lawler, 2012; see Stephen A. Dueppen, *Egalitarian Revolution in the Savanna: The Origins of a West African Political System* (London: Equinox Pub., 2012).

286 인근의 말리인들은 Jean Chevalier et al., *A Dictionary of Symbols* (London: Penguin

Books, 1996), s.v. "Rooster."

286 듀펜은 학술지 《아메리칸 앤티쿼티》에 실은 2010년의 논문에서 S. A. Dueppen, "Early evidence for chicken at Iron Age Kirikongo (c. AD 100–1450), Burkina Faso," *Antiquity* 85, no. 327: 142–57.

287 콩고 분지에서 룰루아족의 여성 주술사는 Victor Turner, "Poison Ordeal: Revelation and Divination in Ndembu Ritual," Object Retrieval, accessed March 21, 2014, http://www.objectretrieval.com/node/273.

288 요루바족의 속담은 자유롭게 Oyekan Owomoyela, *Yoruba Proverbs* (Lincoln: University of Nebraska Press, 2005), 467.

289 국가가 중요한 일을 수행하기 전 Federico Santangelo, *Divination, Prediction and the End of the Roman Republic* (Cambridge: Cambridge University Press, 2013), 27.

289 "보통을 벗어난 일은 심지어 사생활에서도……." Marcus Tullius and Clinton Walker Keyes, eds., Cicero, *De Re Publica, De Legibus* (Cambridge, MA: Harvard University Press, 1951), 255.

290 '풀라리우스'라고 불리던 새점 전문가는 Santangelo, *Divination, Prediction, and the End of the Roman Republic*, 27.

290 로마 군선에 실었던 신성한 닭들이 Cicero, *De Re Publica, De Legibus*, 393.

290 한 고참 로마 장군은 Ibid., 451.

291 "나는 복점법이 처음에는……." Ibid., 226.

292 "우리가 사는 순간적인 만족의 세계에서……." Óchani Lele, *Teachings of the Santeria Gods: The Spirit of the Odu* (Rochester, VT: Bear & Co., 2010), 7.

293 피차르도는 미국 지방 법원에서 증언하던 도중에 *Church of the Lukumi Babalu Aye v. City of Hialeah.*

293 따라서 마이애미 데이드 지역 청사의 환경 미화원들은 "Miami Courthouse Littered with Sacrifices to Gods," *New York Daily News*, April 10, 1995, accessed March 21, 2014, http:// news.google.com/newspapers?nid=1241&dat=19950410&id=AZ1YAAAAIBAJ&s-jid=G4YDAAAAIBAJ&pg=6744,5351003.

293 1993년 6월, 독실한 가톨릭 신자인 스컬리아를 포함한 대법관 *Church of the Lukumi Babalu Aye v. City of Hialeah.*

10 농가 마당의 풍만한 암탉들

296 1610년 당시는 식량이 너무도 부족했고 Rachel Herrmann, "The 'Tragicall Historie': Cannibalism and Abundance in Colonial Jamestown," *William and Mary Quarterly*, 3rd ser., 68, no. 1 (January 2011).

296 메이플라워호가 닭을 데리고 도착한 곳이기도 한 뉴잉글랜드에서는 Keith W. F. Stavely and Kathleen Fitzgerald, *Northern Hospitality: Cooking by the Book in New England* (Amherst: University of Massachusetts Press, 2011), 185.

296 이 이국적인 선물을 고맙게 여긴 A. R. Hope Moncrieff, *The Heroes of Young America*

(London: Stanford, 1877), 221.

296 원즐로의 농장에서 "Archaelogy of the Edward Winslow Site," http://www. plymoutharch.com/.

296 "식민지의 식생활 습관에 관한……." Andrew F. Smith, ed., *The Oxford Encyclopedia of Food and Drink in America* (Oxford: Oxford University Press, 2004), s.v. "Chicken Cookery."

296 1692년, 여러 노예가 Patricia A. Gibbs, "Slave Garden Plots and Poultry Yards," Colonial Williamsburg, accessed March 21, 2014, http://research.history.org/historical_ research/research_themes/themeenslave/slavegardens.cfm.

297 "닭은 흑인에게 허용된 유일한……." Eugene Kusielewicz, Ludwik Krzyżanowski, "Julian Ursyn Niemcewicz's American Diary," *The Polish Review* 3 (Summer 1958): 102.

297 워싱턴이 마운트 버넌에서 부리던 노예들에게 "From George Washington to Anthony Whitting, 26 May 1793," Washington Papers, Founders Online, accessed March 21, 2014, http://founders.archives.gov/documents/Washington/05-12-02-0503.

297 예를 들면 버지니아의 농장주 랜던 카터는 Psyche A. Williams-Forson, *Building Houses Out of Chicken Legs: Black Women, Food, and Power* (Chapel Hill: University of North Carolina Press, 2006), 16.

298 일찍이 1665년 메릴랜드 총독 James D. Rice, *Nature & History in the Potomac Country: From Hunter-Gatherers to the Age of Jefferson* (Baltimore: Johns Hopkins University Press, 2009), 136.

298 한 세기가 지난 뒤 James Mercer to Battaile Muse, April 3, 1779, Battaile Muse Papers, ed. John C. Fitzpatrick, William R Perkins Library, Duke University.

298 그는 또한 자신의 감독관에게 보내는 편지에서 Philip D. Morgan, *Slave Counterpoint: Black Culture in the Eighteenth-Century Chesapeake and Lowcountry* (Chapel Hill: published for the Omohundro Institute of Early American History and Culture, Williamsburg, Virginia, by the University of North Carolina Press, 1998), 364.

298 당시의 전형적인 거래 방식에 따라 "Economy," Landscape of Slavery: Mulberry Row at Monticello, accessed March 21, 2014, http://www.monticello.org/mulberry-row/ topics/economy.

298 닭과 달걀은 노예들이 Gerald W. Gawalt, "Jefferson's Slaves: Crop Accounts at Monticello, 1805–1808," *Journal of the AfroAmerican Historical and Genealogical Society*, Spring/Fall 1994, 19–20.

298 1728년, 엘리아스 볼이라는 백인 농장주는 Morgan, *Slave Counterpoint*, 361.

299 "노예들이 사는 작은 주거지와 인접한 곳에……." John P. Hunter, *Link to the Past, Bridge to the Future: Colonial Williamsburg's Animals* (Williamsburg, VA: Colonial Williamsburg Foundation, 2005), 50.

299 미국 독립 혁명 전에 버지니아에 들렀던 한 여행자는 Morgan, *Slave Counterpart*, 370.

299 찰스턴에서는 흑인 여성들이 Williams-Forson, *Building Houses Out of Chicken Legs*, 24.

299 "노예들은 달걀과……." Fredrika Bremer and Mary Botham Howitt, *The Homes of the*

New World: Impressions of America (New York: Harper & Bros., 1853), 297.

299 가진 닭이 많았던 한 버지니아 농장의 노예는 Billy G. Smith, *Down and Out in Early America* (University Park: Pennsylvania State University Press, 2004), 113.

299 남북전쟁 이전에 유행하던 사우스캐롤라이나의 노래에서는 Julia Floyd Smith, *Slavery and Rice Culture in Low Country Georgia, 1750–1860* (Knoxville: University of Tennessee Press, 1985), 176.

300 공술서를 작성하는 과정에서 프로서는 Harry Kollatz, *True Richmond Stories: Historic Tales from Virginia's Capital* (Charleston, SC: History Press, 2007), 43.

301 이 일로 랜돌프는 유명세를 떨치게 되었고 Mary Randolph, *The Virginia House-wife* (Washington: printed by Davis and Force, 1824), 75.

301 한 세기가 지나자, 할랜드 샌더스라고 하는 Josh Ozersky, *Colonel Sanders and the American Dream*(Austin: University of Texas Press, 2012).

302 1만 명이 넘는 사람들이 John Henry Robinson, *The First Poultry Show in America, Held at the Public Gardens, Boston, Mass., Nov. 15–16, 1849: An Account of the Show Comp. from Original Sources* (Boston, MA: Farm-Poultry Pub., 1913), 8.

302 "도시 사람들이 전부 그곳에 와 있었다." Geo P. Burnham, *The History of the Hen Fever: A Humorous Record* (Boston: J. French and Co., 1855), 24.

302 이것은 빅토리아 여왕과 부군 앨버트 공이 Ibid., 16.

303 그러자 여왕은 고마움의 표시로 Ibid., 129.

303 미국의 능숙한 흥행사 Ibid., 194.

303 "오늘 아침 태양이 떠오르면 놀라운 닭 울음소리가……." "The National Poultry Show," *New York Times*, February 13, 1854, 8.

303 그는 10월에도 같은 전시회를 열어 커다란 성공을 거두었는데 Francis H. Brown, "Barnum's National Poultry Show Polka," 1850.

304 편집자들은 "상하이, 치타공…… 여러 가치 없는 닭의 품종"에 "The Hen Fever," *Genesee Farmer*, January 1851, 16.

304 뉴욕 주 북부의 한 신문은 "A Valuable Hen," *Southern Cultivator* 11 (reprint from *Rochester Daily Advertiser*), 1853.

304 1853년 조지아 주 서북부 도시 롬의 한 농장주는 "Hard Fare for the Poor Negroes," *Southern Cultivator* 11 (reprint from *Northern Farmer*), 1853.

304 그가 1853년 쓴 단편 〈꼬끼오 혹은 고귀한 수탉 베네벤타노의 울음〉에서 William B. Dillingham, ed., *Melville's Short Fiction, 1853–1856*(Athens: University of Georgia Press, 1977).

304 "그 수탉은 그냥 수탉이 아닌 황금 독수리 같았다……." Ibid., 60.

305 가장 흔한 현대의 품종 중 하나인 플리머스록은 Andrew F. Smith, *The Saintly Scoundrel: The Life and Times of Dr. John Cook Bennett* (Urbana: University of Illinois Press, 1997), 168.

305 1875년, 메인 주의 한 농부는 B. F. Kaupp, *Poultry Culture Sanitation and Hygiene* (Philadelphia: Saunders, 1920), 37.

306 로마인들은 닭을 신성하다고 생각했지만, 동시에 "Marcus Terentius Varro on Agriculture,"

accessed March 21, 2014, http://penelope.uchicago.edu/Thayer/E/Roman/Texts/
Varro/de_Re_Rustica/3%2A.html.

306   그는 200마리의 닭을 실내에 수용할 것을 권장했다. Ibid.

307   "우리는 그리스인들의 주된 목적, 즉 투계를 위해……." Robert Joe Cutter, *The Brush and the
      Spur: Chinese Culture and the Cockfight* (Hong Kong: Chinese University Press,
      1989), 141.

307   로마의 오스티아 항구에서 나온 2세기의 돌 부조는 John R. Clarke, *Art in the Lives of Ordinary
      Romans: Visual Representation and Non-elite Viewers in Italy, 100 B.C.–A.D. 315*
      (Berkeley: University of California Press, 2003), 124.

307   로마제국에서 유일하게 전하는 요리책인 Apicius, *Apicius: A Critical Edition with an
      Introduction and an English Translation of the Latin Recipe Text Apicius*, eds. C. W.
      Grocock and Sally Grainger (Totnes, U.K.: Prospect, 2006), 231.

308   알의 부화를 위해 온도는 반드시 섭씨 37도에서 40도 사이에 "Incubation and Embryology
      Questions and Answers," University of Illinois Extension, Incubation and
      Embryology, accessed March 22, 2014, http://urbanext.illinois.edu/eggs/res32-qa.
      html.

308   토머스 제퍼슨은 1812년 한 친구에게 H. A. Washington, ed., "The Writings of Thomas
      Jefferson," accessed March 22, 2014, http://www.yamaguchy.com/library/
      jefferson/1812.html.

309   하지만 고대 이집트인들과 중국인들은 "Hatching Eggs with Incubators," from *Lessons with
      Questions*, 1–20 (Topeka, KS: National Poultry Institute, 1914), 185.

309   중세 시대에 이르러, 유럽인들 Paulina B. Lewicka, *Food and Foodways of Medieval
      Cairenes: Aspects of Life in an Islamic Metropolis of the Eastern Mediterranean* (Leiden,
      Netherlands: Brill, 2011), 202.

309   한 메디치 가문 사람은 The editors and contributors to *The Journal of Horticulture*, *The
      Garden Manual for the Cultivation and Operations Required for the Kitchen Garden,
      Flower Garden, Fruit Garden, Florists' Flowers* (London: Journal of Horticulture &
      Home Farmer Office, 1893), 253.

309   프랑스의 박식가 René-Antoine Ferchault De Réaumur, *The Art of Hatching and
      Bringing up Domestick Fowls of All Kinds at Any Time of the Year: Either by Means of
      the Heat of Hot-beds, or That of Common Fire*, ed. Charles Davis (London: printed for
      C. Davis, 1750), 6.

309   그 결과 부화된 닭들은 프랑스 왕 루이 15세를 기쁘게 했지만, Bridget Travers and Fran Locher
      Freiman, *Medical Discoveries: Medical Breakthroughs and the People Who Developed
      Them* (Detroit: UXL, 1997), 247.

310   1880년, 미국에서는 1억 마리의 닭이 *Report of the Chief of the Bureau of Animal Industry*,
      vol. 19 (Washington, D.C.: United States Department of Agriculture, U.S. Govern-
      ment Printing Office, 1903).

310   《탈무드》는 정통파 유대교 신자들에게 Norman Solomon, *The Talmud: A Selection* (London:

Penguin, 2009); Isaiah 58:13.

310 처음에 뉴욕에 공급되는 살아 있는 닭의 대부분은 Jay Shockley, "Gansevoort Market Historic District Designation Report," part 1 (New York City Landmarks Preservation Commission, September 9, 2003).

310 "지난 아홉 달 동안 이 항구에서……." "Eggs from Foreign Lands," *New York Times*, June 14, 1883, 8.

311 1887년 한 랍비는Sue Fishkoff, *Kosher Nation* (New York: Schocken Books, 2010), 58.

311 1900년, 뉴욕에는 1,500개의 코셔 정육점이 있었고 Kenneth T. Jackson, *The Encyclopedia of New York City* (New Haven: Yale University Press, 1995), s.v. "Kosher Foods."

312 그래서 흑인 이주민들은 그들이 타고 온 열차를 Williams-Forson, *Building Houses Out of Chicken Legs*, 116.

312 비록 노스캐롤라이나 주 농장의 90퍼센트가 William S. Powell, ed., *The Encyclopedia of North Carolina* (Chapel Hill: University of North Carolina Press, 2006), s.v. "Poultry."

312 1917년 한 노스캐롤라이나 농업 연구원은 Lu Ann Jones, *Mama Learned Us to Work: Farm Women in the New South* (Chapel Hill: University of North Carolina Press, 2002), 85.

313 1909년, 노스캐롤라이나 주 서쪽의 산악지대에 살던 몰리 터그먼이라는 한 십대 소녀는 Ibid., 87.

313 몰리는 양계에 관한 정보를 Ibid., 99.

313 맥퍼슨이라는 여성은 Ibid., 87.

314 닭은 미국에서 가장 빨리 성장하는 가축 산업이었다. Powell, *The Encyclopedia of North Carolina*.

314 "암탉을 아끼고 기르며, 달걀과 수탉을 먹자!" Government advertisement, *San Francisco Chronicle*, April 7, 1918.

314 또 다른 포스터는 암탉을 하나 그려놓고 이렇게 말했다. Government advertisement, *American Poultry Advocate* 26, 1917, 182.

314 그해 3월, 우체국은 미국 전역의 250개 부화장에서 George J. Mountney, *Poultry Products Technology*, 3rd ed. (London: Taylor & Francis, 1995), 22.

315 캘리포니아 주의 한 기업가는 Joseph Tumback, *How I Made $10,000 in One Year with 4,200 Hens* (n.p.: Joseph H. Tumback, 1919).

315 노스캐롤라이나 주 서부의 한 직물 제조업자의 아내는 Jones, *Mama Learned Us to Work*, 93.

315 1923년 델라웨어 주에서 셀리아 스틸은 Frank Gordy, "National Register of Historic Places Inventory—Nomination Form: First Broiler House," National Park Service, 1972.

315 1925년, 체사피크 만(灣)과 대서양 사이에 있는 델마바 반도의 농부들은 Gordon Sawyer, *The Agribusiness Poultry Industry: A History of Its Development* (New York: Exposition Press, 1971), 37.

316 1930년대 미국 농무부의 연구는 Ibid., 46.

316 1928년, 공화당 전국 위원회는 *Webster's Guide to American History: A Chronological, Geographical, and Biographical Survey and Compendium* (Springfield, MA: Merriam, 1971), s.v. "Chronology 1928; Republican National Committee Advertisement."

316 "작은 옥수수를 버리고 달걀 몇 개를 모으던 하찮은 잡일"로 시작했던 것이 Jones, *Mama Learned*

Us to Work, 99.

316　이 즈음에는 매년 1만 량의 철도 차량들이 Ibid.

317　밴드가 음악을 연주하고 군중이 환호를 *American Magazine* 152 (1951), 104.

318　월트 디즈니의 단편 영화 〈치킨 리틀〉(1943)이 극장에서 상영되고 있을 때 Martin J. Manning and Herbert Romerstein, *Historical Dictionary of American Propaganda* (Westport, CT: Greenwood Press, 2004), s.v. "Disney Image."

318　전시 식량관리국은 지체 없이 델마바 반도의 모든 구이용 영계를 장악했다. Solomon I. Omo-Osagie, *Commercial Poultry Production on Maryland's Lower Eastern Shore: The Role of African Americans, 1930s to 1990s* (Lanham, MD: University Press of America, 2012), 49.

318　곧 닭은 부상 후 회복 중인 참전 용사들먹는 일반적인 식사가 되었고 Williams-Forson, *Building Houses Out of Chicken Legs*, 66.

318　록히드사가 전투기를 제조하듯 M. B. D. Norton, *A People and a Nation: A History of the United States: Volume II: Since 1865* (Boston: Houghton Mifflin, 1986), 747.

318　하지만 일본계 미국인들이 수용소에 억류되면서 Sawyer, *The Agribusiness Poultry Industry*, 77.

318　전쟁이 끝난 무렵에 이르러 *Big Chicken: Pollution and Industrial Poultry Production in America* (Washington, D.C.: Pew Environment Group, 2011), 9.

319　1945년 캐나다에서 열린 회의에서 Margaret Elsinor Derry, *Art and Science in Breeding: Creating Better Chickens* (Toronto: University of Toronto Press, 2012), 165; *American Poultry Journal: Broiler Producer Edition*, vols. 89–93 (1958): 90.

319　연방 정부로부터 유죄 판결을 받았던 사실을 뼈아프게 여겼던 Marc Levinson, *The Great A&P and the Struggle for Small Business in America* (New York: Hill and Wang, 2011), 234.

320　'내일의 닭' 위원회에 Karl C. Seeger, *The Results of the Chicken-of-Tomorrow 1948 National Contest* (University of Delaware, Agricultural Experiment Station, 1948).

320　위원회의 목표는 소규모 농장을 운영하는 농부들 Levinson, *The Great A&P*, 241.

320　"과거에는 달걀 생산을 주로 강조했기 때문에……." *The Chicken of Tomorrow*, directed by Jack Arnold, 1948, Audio Productions Inc., accessed May 14, 2014, https://archive.org/details/Chickeno1948.

320　위원회는 또한 '닭 장려 대회'를 공동 후원했다. Susan Merrill Squier, *Poultry Science, Chicken Culture: A Partial Alphabet* (New Brunswick, NJ: Rutgers University Press, 2011), 51.

321　'내일의 닭' 경쟁은 48개 주 중 42개 주에서 실시되었으며 *American Poultry* 25 (1949).

321　그런 뒤 무게를 재고, Derry, *Art and Science in Breeding*, 165.

321　《아칸소 농학자》라는 잡지의 1951년 호는 Ibid., 50.

322　1950년대 초까지 U.S. Dept. of Commerce, *United States Census of Agriculture, 1954* (Washington, D.C.: U.S. Dept. of Commerce, Bureau of the Census, 1956), 9.

322　유일한 예외라면 Alissa Hamilton, *Squeezed: What You Don't Know about Orange Juice* (New Haven: Yale University Press, 2009), 25.

322　영양과 사육 기법의 발전으로 인해 "Production Systems," U.S. Environmental Protection

Agency, accessed March 24, 2014, http://www.epa.gov/oecaagct/ag101/
poultrysystems.html.

323 예를 들면 미국에서 가장 큰 닭 회사인 타이슨푸드사의 창업주 존 타이슨 *Encyclopedia of Arkansas History and Culture*, "Tyson Foods, Inc.," accessed March 22, 2014, http://www.encyclopediaofarkansas.net/encyclopedia/entry-detail.aspx?entryID=2101.

323 타이슨은 운반하던 닭들에 먹이와 물을 주어 "Donald John Tyson—Overview, Personal Life, Career Details, Chronology: Donald John Tyson, Social and Economic Impact," accessed March 22, 2014, http://encyclopedia.jrank.org/articles/pages/6375/Tyson-Donald-John.html.

323 따라서 이 업계에서는 대기업만이 Marvin Schwartz, *Tyson: From Farm to Market* (Fayette-ville: University of Arkansas Press, 1991), 10.

323 "단순하게 생각합시다." Christopher Leonard, *The Meat Racket: The Secret Takeover of America's Food Business* (New York: Simon & Schuster, 2014), epigraph.

323 타이슨의 아들 돈은 아칸소 대학교에서 Schwartz, *Tyson*, 9.

324 "우리는 사람들이 생각하는 것처럼……." Brenton Edward Riffel, *The Feathered Kingdom: Tyson Foods and the Transformation of American Land, Labor, and Law, 1930–2005* (ProQuest, 2008), 146.

324 따라서 과학적인 사육을 하는 신세대는 Derry, *Art and Science in Breeding*, 186.

324 "현대 과학이…… 교리가 되려는 조짐을 보인다." Ibid., 177.

325 닭에 대한 검사를 강화하는 법안이 준비 중 Riffel, *The Feathered Kingdom*, 116.

325 1960년이 되자 아칸소 주 양계업자의 95퍼센트가 Ibid., 121.

325 그들은 현대의 소작농이 되어버린 처지를 속으로 투덜댔지만 Kendall M. Thu and E. Paul Durrenberger, *Pigs, Profits, and Rural Communities* (Albany: State University of New York Press, 1998), 150.

325 중서부와 남부의 양계업자들과 닭 공장 노동자들의 항의는 Ben F. Johnson, *Arkansas in Modern America, 1930–1999* (Fayetteville: University of Arkansas Press, 2000), 192.

325 미국 역사상 처음으로 "Poultry Production," U.S. Environmental Protection Agency, accessed March 22, 2014, http://www.epa.gov/oecaagct/ag101/printpoultry.html.

326 "육계형 닭과……." Sawyer, *The Agribusiness Poultry Industry*, 52.

326 1960년 타이슨은 1천만 달러의 순 매출액을 올렸는데 Riffel, *The Feathered Kingdom*, 147.

326 하지만 이제 닭은 전보다 크기는 두 배가 되었고 Gerald Havenstein, "Performance Changes in Poultry and Livestock Following 50 Years of Genetic Selection," *Lohmann Information* 41 (December 2006): 30.

326 굶주린 시장은 해외 진출을 시작했고 *Poultry and Egg Situation*, no. 205–222 (1960): 14.

326 델마바 반도의 프랭크 퍼듀 같은 벼락부자 사업가들은 Richard L. Daft and Ann Armstrong, *Organization Theory and Design* (Toronto: Nelson Education, 2009), 44.

327 "부드러운 닭을 만드는 건 강인한 남자들이 할 일이죠." Philip Scranton and Susan R. Schrepfer, *Industrializing Organisms: Introducing Evolutionary History* (New York: Routledge, 2004), 226.

327 미국 25만 가금 산업 종사자 중 절반 이상이 "Injustice on Our Plates: Immigrant Women in the U.S. Food Industry," Southern Poverty Law Center, November 2010, accessed May 14, 2014, http://www.splcenter.org/get-informed/publications/injustice-on-our-plates.

327 이 일은 험악하고 보수도 낮고 위험했다. "The Cruelest Cuts," *Charlotte Observer*, February 10-15, 2008, http://www.charlotteobserver.com/poultry/.

327 '내일의 닭' 경쟁이 벌어지고 50년 뒤에, Jeanine Bentley, "U.S. Per Capita Availability of Chicken Surpasses That of Beef," U.S. Department of Agriculture Economic Research Service, September 20, 2012, accessed March 22, 2014, http://www.ers.usda.gov/amber-waves/2012-september/us-consumption-of-chicken.aspx#.Uy3BjV76Tvo.

327 2001년에 이르러, 미국인들은 1년에 *Profiling Food Consumption in America* (Washington, D.C.: U.S. Department of Agriculture, 2003), ch. 2.

328 2012년, 타이슨푸드사는 3,333억 달러의 매출을 기록했고 Tyson Foods, Inc., RBC Capital Markets Consumer & Retail Investor Day Presentation, December 6, 2012.

328 표지판은 "아칸소의 양계 산업이 세계 경제에서 중대한 영향력을 가질 수 있게 한 기업가들"을 기념했다. "Chicken of Tomorrow," University of Arkansas, accessed March 22, 2014, http://www.uark.edu/rd_vcad/urel/info/campus_map/454.php.

328 레이저백 스타디움 근처에 에 세워진 표지판은 "The John W. Tyson Building," Poultry Science, Dale Bumpers College of Agricultural, Food & Life Sciences, University of Arkansas, accessed March 22, 2014, http://poultryscience.uark.edu/4534.php.

11 닭들의 열도

329 코브 500을 만든 회사는 이 닭이 "Cobb500," Cobb-Vantress, accessed March 22, 2014, http://www.cobb-vantress.com/products/cobb500.

329 2007년 처음 선보인 코브 700은 "Cobb 700 Broiler Sets New Standard for High Yield," The Poultry Site, October 1, 2007, accessed March 22, 2014, http://www.thepoultrysite.com/poultrynews/12958/cobb-700-broiler-sets-new-standard-for-high-yield.

330 2010년 농가 마당에서 "CobbSasso," Cobb-Vantress, accessed March 22, 2014, http://www.cobb-vantress.com/products/cobbsasso.

330 비축된 구이용 영계의 80퍼센트 이상을 통제하는 3대 육종 회사 중 D. L. Pollock, *View from the Poultry Breeding Industry* (Princess Anne, MD: Heritage Breeders, 2006).

330 모회사처럼 아칸소 주에 근거지를 둔 Cobb-Vantress homepage, accessed March 22, 2014, http://www.cobb-vantress.com/.

330 2010년 300개 이상의 미국 부화장에서 "Industry Economic Data, Consumption, Exports, Processing, Production," U.S. Poultry & Egg Association, accessed March 20, 2014, http://www.uspoultry.org/economic_data/.

330   1950년 '내일의 닭' 경쟁이 대중을 사로잡기 전에는 Ewell Paul Roy, "Effective Competition and Changing Patterns in Marketing Broiler Chickens," *Journal of Farm Economics* 48, no. 3, part 2 (August 1, 1966): 188–201, accessed March 22, 2014, http://www. jstor.org/stable/10.2307/1236327?ref=search-gateway:822036029853343f575f5e091 54af4c5.

330   2010년, 47일 만에 *The Business of Broilers: Hidden Costs of Putting a Chicken on Every Grill* (Washington, D.C.: Pew Charitable Trusts, 2013), http://www.pewenvironment. org/news-room/reports/the-business-of-broilers-hidden-costs-of-putting-a-chicken-on-every-grill-85899528152.

331   닭이 걸리는 질병을 철저히 연구하여 만든 새로운 백신은 "Flip-Over Disease," Poultry News, in cooperation with Merck, accessed March 22, 2014, http://www.poultrynews.com/ New/Diseases/Merks/202600.htm.

331   예를 들면 1990년대 중에 Temple Grandin and Catherine Johnson, *Animals in Translation: Using the Mysteries of Autism to Decode Animal Behavior* (New York: Scribner, 2005), 69.

331   한 이스라엘 연구팀은 최근 "Bald Chicken 'Needs No Plucking,'" *BBC News*, May 21, 2002, accessed March 22, 2014, http://news.bbc.co.uk/2/hi/science/nature/2000003.stm.

332   캐나다 궬프 대학교의 이안 덩컨 같은 연구자들은 Ian J. H. Duncan and Penny Hawkins, *The Welfare of Domestic Fowl and Other Captive Birds* (Dordrecht, Netherlands: Springer, 2010).

332   오랜 세월 고기를 먹어온 나는 Karen Davis, *Prisoned Chickens, Poisoned Eggs: An Inside Look at the Modern Poultry Industry* (Summertown, TN: Book Publishing Company, 1996); P. C. Doherty, *Their Fate Is Our Fate: How Birds Foretell Threats to Our Health and Our World* (New York: The Experiment LLC, 2012); Steve Striffler, *Chicken: The Dangerous Transformation of America's Favorite Food* (New Haven: Yale University Press, 2005).

333   구이용 영계 산업의 거물들이 1954년에 설립한 '국립 닭 협의회'에는 "History of the National Chicken Council," National Chicken Council, accessed March 22, 2014, http://www. nationalchickencouncil.org/about-ncc/history/.

333   델라웨어 주 상원의원 크리스 쿤스와 "Delaware Senator Chris Coons Announces For-mation of US Senate Chicken Caucus; Georgia Senator Johnny Isakson to Co-chair," National Chicken Council, October 4, 2013, accessed March 22, 2014, http:// www.nationalchickencouncil.org/delaware-senator-chris-coons-announces-formation-us-senate-chicken-caucus-georgia-senator-johnny-isakson-co-chair/.

334   그는 1974년 닭 협의회에 합류했는데 Bill Roenigk, interview by Andrew Lawler, 2013.

336   내가 닭 협의회를 방문하고 얼마 지나지 않아 Stephanie Strom, "F.D.A. Bans Three Arsenic Drugs Used in Poultry and Pig Feeds," *New York Times*, October 1, 2013, accessed March 22, 2014, http://www.nytimes.com/2013/10/02/business/fda-bans-three-

arsenic-drugs-used-in-poultry-and-pig-feeds.html?_r=0.

337 매주 1,200만 마리의 닭을 가공한다. Ann E. Byrnes and Richard A. K. Dorbin, *Saving the Bay: People Working for the Future of the Chesapeake* (Baltimore: Johns Hopkins University Press, 2001), 142.

338 매년 1억 톤의 닭고기가 생산되며 Anna Vladimirovna Belova et al., "World Chicken Meat Market—Its Development and Current Status," *Acta Universitatis Agriculturae Et Silviculturae Mendelianae Brunensis* 60, no. 4 (2012): 15–30, doi:10.11118/actaun201260040015.

338 셀리아의 성공은 결국 인근에 뉴욕이라는 시장이 있었기 때문 Matt T. Rosenberg, "Largest Cities Through History," accessed March 22, 2014, http://geography.about.com/library/weekly/aa011201a.htm.

338 사우디아라비아의 지도자들은 "USDA International Egg and Poultry Review," U.S. Department of Agriculture, November 20, 2012, 15: 47.

339 이런 수요를 충족하기 위해 Carolina Rodriguez Gutiérrez, "South America Eyes an Optimistic Future," *World Poultry*, October 25, 2010, accessed March 22, 2014, http://www.worldpoultry.net/Home/General/2010/10/South-America-eyes-an-optimistic-future-WP008070W/.

340 델마바 반도의 생산 단지 같은 많은 미국 공장들이 *Delmarva Agriculture Data: Weekly Broiler Chicks Report*, U.S. Department of Agriculture, March 6, 2011, 15: 11.

340 사우디아라비아의 파키에 양계 농장은 "Fakieh Poultry Farms," Fakieh Group, accessed May 14, 2014, http://www.bayt.com/en/company/fakieh-group-1412762/.

340 "무릇 동물에 관한 군자의 태도는⋯⋯." D. C. Lau, trans., *Mencius* (Harmondsworth, U.K.: Penguin, 1970), 53.

340 장편소설 《잃어버린 시간을 찾아서》에서 Marcel Proust, *Swann's Way (Remembrance of Things Past, vol. 1)*, trans. C. K. Scott Moncrieff (n.p.: Digireads, 2009).

342 그는 방문 두 시간 전에야 Bill Brown, interview by Andrew Lawler, 2013.

343 6억 마리의 닭이 Peter Singer and Jim Mason, *The Way We Eat: Why Our Food Choices Matter* (Emmaus, PA: Rodale, 2006), 24.

344 남쪽으로 계속 운전하여 "History of Temperanceville," The Countryside Transformed: The Railroad and the Eastern Shore of Virginia, 1870–1935, accessed March 22, 2014, http://eshore.vcdh.virginia.edu/node/1935.

344 이 건물은 타이슨사 공장의 일부 "Firefighters Contain Weekend Fire at Tyson Plant," *Meat & Poultry*, December 2, 2013, http://www.meatpoultry.com/articles/news_home/Business/2013/12/Firef ig hters_cont ain_we ekend_f.aspx?ID=%7B 9CA8E3E6-0DC7-4653-B5CF-B6ECB7578A2F%7D&cck=1.

345 분기탱천한 닭의 수호자를 만나게 될 것이라는 예상과는 다르게 Karen Davis, interview by Andrew Lawler, 2013.

346 "양계 산업은 생물학적으로 성장 가능한 한계를⋯⋯." Temple Grandin and Catherine Johnson, *Animals Make Us Human: Creating the Best Life for Animals* (Boston:

Houghton Mifflin Harcourt, 2009), 219.

346 각종 공포와 오해의 사례들은 "Chickens," United Poultry Concerns, accessed March 22, 2014, http://www.upc-online.org/chickens/chickensbro.html.

348 이 말은······ 잊히지 않는 후렴구다. Peter Singer, *Animal Liberation: A New Ethics for Our Treatment of Animals* (New York: New York Review, 1975).

349 그녀의 말은 Kerry S. Walters and Lisa Portmess, *Ethical Vegetarianism: From Pythagoras to Peter Singer* (Albany: State University of New York Press, 1999), 11.

349 "고기를 조금 얻자고······." Ibid., 28.

349 최근에는 작가 존 맥스웰 쿳시가 J. M. Coetzee and Amy Gutmann, *The Lives of Animals* (Princeton, NJ: Princeton University Press, 1999), 21.

350 서양의 원조 기관이 Kevin McDonald, interview by Andrew Lawler, 2012.

351 언어학자들은 이것이 우연의 일치일 뿐이라고 하지만 Vivienne J. Walters, *The Cult of Mithras in the Roman Provinces of Gaul* (Leiden, Netherlands: E.J. Brill, 1974), 119.

351 물론 단명으로 끝난 나폴레옹 1세의 시대는 예외 Steven Englund, *Napoleon: A Political Life* (New York: Scribner, 2004), 240.

351 1789년의 프랑스혁명 동안 "Living in the Languedoc: Central Government: French National Symbols: The Cockerel (Rooster)," accessed March 22, 2014, http://www.languedoc-france.info/06141212_cockerel.htm; Nicholas Atkin and Frank Tallett, *The Right in France: From Revolution to Le Pen* (London: I.B. Tauris, 2003), 43.

351 프랑스의 공식 국새는 "Living in the Languedoc."

351 닭은 또한 동전 Lawrence D. Kritzman et al., *Realms of Memory: The Construction of the French Past* (New York: Columbia University Press, 1998), 424.

352 프랑스 고위직의 특전 중 하나는 Pascal Chanel, interview by Andrew Lawler, 2013.

352 "우리는 피카소 내외에게······." Alice B. Toklas, *The Alice B. Toklas Cookbook* (New York: Perennial, 2010), 92.

352 브레스 닭은 일찍이 1591년에 Jon Henley, "Top of the Pecking Order," *Guardian*, January 10, 2008, accessed March 22, 2014, http://www.theguardian.com/environment/2008/jan/10/ethicalliving.animalwelfare.

352 유명한 미식 작가 앙텔름 브리야사바랭은 Ibid.

352 1862년, 이 지역의 백작은 George W. Johnson and Robert Hogg, eds., *The Journal of Horticulture, Cottage Gardener, and Country Gentleman* (London: Google eBook, 1863).

353 하지만 1867년 한 프랑스 동료가 W. B. Tegetmeier and Harrison Weir, *The Poultry Book: Comprising the Breading and Management of Profitable and Ornamental Poultry, Their Qualities and Characteristics; to Which Is Added "The Standard of Excellence in Exhibition Birds," Authorized by the Poultry Club* (London: George Routledge and Sons, 1867), 257.

354 매년 12월 브레스에서는 호기롭게도 '브레스의 영광'이라 불리는 네 번의 콘테스트 "Les Glorieuses De Bresse, Votre Marché Aux Volailles Fines," accessed May 14, 2014, http://www.

glorieusesdebresse.com/.

354 　AOC를 인정받은 Squier, *Poultry Science*, 159.

358 　한 해에 약 250개의 농장에서 1,200만 마리의 브레스 닭을 키운다. "Producers' Portraits: Christophe Vuillot," Rungis, accessed March 22, 2014, http://www.rungismarket. com/en/vert/portraits_producteurs/vuillot.asp.

358 　"충분한 생산자를 찾는 게 문제죠." Georges Blanc, interview by Andrew Lawler, 2013.

359 　거대한 책상 뒤에 앉은 조르주 블랑은 그저 주방에서 입는 흰 옷을 입었을 뿐이지만 Georges Blanc Vonnas Hotel Restaurant, Official Website, accessed March 22, 2014, http://www. georgesblanc.com/uk/index.php.

361 　조이스는 노스캐롤라이나 주 서부의 12만 제곱미터 크기 농장에서 자랐고 Ron Joyce, interview by Andrew Lawler, 2013.

364 　그녀는 미국 닭의 삶을 개선하는 건 Leah Garces, telephone interview by Andrew Lawler, 2013.

12 직관적인 물리학자

369 　1847년 '더 팬시' 현상이 Barry Popik, "Why Did the Chicken Cross the Road?' (Joke)," *The Big Apple* (blog), August 28, 2009, accessed March 24, 2014, http://www. barrypopik.com/index.php/new_york_city/entry/why_did_the_chicken_cross_the_ road.joke.

369 　1907년 라이먼 프랭크 바움이 출판한 L. Frank Baum, *Ozma of Oz* (Ann Arbor: Ann Arbor Media Group, LLC, 2003).

370 　"꺼져, 이 말도 못하는……." Edmund Wilson, *I Thought of Daisy* (New York: Farrar, Straus and Young, with Ballantine Books, 1953), 126.

370 　'birdbrain(멍청이)'이라는 말은 *Online Etymology Dictionary*, s.v. "birdbrain," accessed March 22, 2014, http://www.etymonline.com/index.php?term=bird-brain.

370 　'chickenshit(겁쟁이)'이라는 욕은 *Urban Dictionary*, s.v. "chickenshit," accessed March 22, 2014, http://www.urbandictionary.com/define.php?term=chickenshit.

370 　닭보다 더 멍청한 존재는 William Lindsay Gresham, *Nightmare Alley* (New York: New York Review Books, 2010).

371 　예를 들면 이탈리아의 신경과학자 조르조 발로르티가라는 Giorgio Vallortigara, interview by Andrew Lawler, 2013. For his research papers, see "Research Outputs Giorgio Val-lortigara," University of Trento, Italy, accessed March 22, 2014, http://www4.unitn.it/ Ugcvp/en/Web/ProdottiAutore/PER0033020.

372 　17세기 프랑스 철학자 르네 데카르트가 동물은 Lilli Alanen, *Descartes's Concept of Mind* (Cambridge, MA: Harvard University Press, 2003), 86.

372 　닭은 또한 두 눈을 별개의 목적을 위해 사용한다. Giorgio Vallortigara, "How Birds Use Their Eyes: Opposite Left-Right Specialization for the Lateral and Frontal Visual Hemifield in the Domestic Chick," *Current Biology* (January 9, 2001), 23.

373 최근 한 연구팀은 Silke S. Steiger, "Avian Olfactory Receptor Gene Repertoires: Evidence for a Well-Developed Sense of Smell in Birds?" *Proceedings: Biological Sciences* 275, no. 1649 (October 22, 2008): 2309–317, accessed March 22, 2014, http://www.jstor.org/stable/10.2307/25249806?ref=search-gateway:7c9847c5706d0eb705f2b66ea9b88456.

373 닭은 또한 인간과 닭의 얼굴을 기억했고 Carolynn L. Smith and Sarah L. Zielinksi, "The Startling Intelligence of the Common Chicken," *Scientific American* 310, no. 2, accessed March 22, 2014, http://www.scientificamerican.com/article/the-startling-intelligence-of-the-common-chicken/.

373 "설혹 닭이 문법을 알더라도……." George Page, "Speak, Monkey," *New York Times*, March 11, 2000, accessed March 22, 2014, http://www.nytimes.com/2000/03/12/books/speak-monkey.html.

373 그 이후에 한 독일 언어학자는 Gail Damerow, *Storey's Guide to Raising Chickens: Care, Feeding, Facilities* (North Adams, MA: Storey Pub., 2010), 30.

374 병아리들은 더하기와 빼기도 할 수 있다. R. L. Fontanari Rugani et al., "Arithmetic in Newborn Chicks," *Proceedings of the Royal Society B: Biological Sciences* 276, no. 1666 (2009): 2451–460, doi:10.1098/rspb.2009.0044.

376 2012년, 한 오스트레일리아 철학자는 Andy Lamey, "Primitive Self-Consciousness and Avian Cognition," ed. Sherwood J. B. Sugden, *Monist* 95, no. 3 (2012): 486–510, doi:10.5840/monist201295325.

377 그는 1926년 하이브레드 콘 컴퍼니를 세웠고 Margaret Derry, *Art and Science in Breeding: Creating Better Chickens* (Toronto: University of Toronto Press, 2012), 143.

377 미국 부화장들은 한 해에 5억 마리의 산란용 암탉을 대량 생산하고 있고 Zoe Martin, "Iowa Leads Nation in Many Ag Production Sectors," *Iowa Farmer Today*, March 13, 2014, accessed March 23, 2014, http://www.iowafarmertoday.com/news/crop/iowa-leads-nation-in-many-ag-production-sectors/article_63e4a5d6-aa01-11e3-9e9d-001a4bcf887a.html.

377 미국의 암탉들은 한 해에 750억 개 이상의 달걀을 낳는다. J. A. Mench et al., "Sustainability of Egg Production in the United States—The Policy and Market Context," *Poultry Science* 90, no. 1 (2010):229–40, doi:10.3382/ps.2010-00844.

377 미국 산란용 암탉 열 마리 중 아홉 마리는 "Birds on Factory Farms," ASPCA, accessed March 23, 2014, http://www.aspca.org/fight-cruelty/farm-animal-cruelty/birds-factory-farms.

377 각 닭장에는 여덟 마리의 닭이 들어가는데 Wilson G. Pond and Alan W. Bell, *Encyclopedia of Animal Science* (New York: Marcel Dekker, 2005), s.v. "Layer Housing: enriched cages."

377 비좁은 닭장에 갇혀 사는 생활 탓에 지독한 부리 공격, 조류 히스테리 Donald D. Bell and William D. Weaver Jr., eds., *Commercial Chicken Meat and Egg Production* (New York: Springer, 2013), 92.

377 암탉들이 서로에게 큰 부상을 입히지 않고 알을 낳게 하기 위해 Tom L. Beauchamp and R. G. Frey, *The Oxford Handbook of Animal Ethics* (Oxford: Oxford University Press, 2011), 756.

377 지방간, 두부종창증, 구강 궤양, 족부 기형 같은 충격적인 상태는 Nuhad J. Daghir, *Poultry Production in Hot Climates*(Wallingford, CT: CABI, 2008), 202.

377 "이런 생활 조건에서는……." "Factory Egg Farming Is Bad for the Hens," Environmental Organizers' Network, accessed March 23, 2014, http://www.wesleyan.edu/wsa/warn/eon/batteryfarming/hens.html.

378 "여긴 닭 정신병원입니다." Roy Bedichek, *Adventures with a Texas Naturalist* (Austin: University of Texas Press, 1961), 115.

378 닭은 식재료로 사육되는 동물에게 Mench, "Sustainability of Egg Production in the United States."

378 유럽연합에서 금지된 배터리 케이지는 James Andrews, "European Union Bans Battery Cages for Egg-Laying Hens," *Food Safety News*, January 19, 2012, accessed March 23, 2014, http://www.foodsafetynews.com/2012/01/european-union-bans-battery-cages-for-egg-laying-hens/#.Uy7Hyl76Tvo.

378 코스트코와 월마트는 "Barren, Cramped Cages: Life for America's Egg-Laying Hens," The Humane Society of the United States, April 19, 2012, accessed March 23, 2014, http://www.humanesociety.org/issues/confinement_farm/facts/battery_cages.html.

378 이스트랜싱에 있는 미시간 주립대학교에 새로 180만 달러짜리 연구 시설 "Laying Hen Facility Opens New Doors for Research Achievements at MSU," ANR Communications, December 12, 2012, accessed March 23, 2014, http://www.anrcom.msu.edu/anrcom/news/item/laying_hen_facility_opens_new_doors_for_research_achievements_at_msu.

378 동물 복지 과학자 재니스 시그포드는 Janice Siegford, interview by Andrew Lawler, 2013.

384 높은 신을 신지 않아도 충분히 장신인 셰일라 옴메는 Sheila Ommeh, interview by Andrew Lawler, 2013.

13 야생 닭을 살리려는 마지막 노력

389 동 쭝은 '호' 닭의 옹호자다 Nguyen Dong Chung, interview by Andrew Lawler, 2013.

390 나를 동 쭝에게 소개해준 한젠린은 Han Jianlin, interview by Andrew Lawler, 2013.

392 남아시아인 3분의 1과 "Highest Prevalence of Malnutrition in South Asia," *Bread for the World*, June 25, 2012, accessed March 23, 2014, http://www.bread.org/media/coverage/news/highest-prevalence-of.html.

392 닭고기와 달걀은 다량의 단백질 David Farrell, "The Role of Poultry in Human Nutrition," *Poultry Development Review*, Food and Agricultural Organization of the United Nations, 2013, http://www.fao.org/docrep/019/i3531e/i3531e.pdf.

393 베트남의 급속한 발전과 "Vietnam Population 2014," World Population Review, April

2, 2014, accessed March 23, 2014, http://worldpopulationreview.com/countries/
vietnam-population/.

393　베트남에서 매년 사육하는 닭의 수는 Le Thi Thuy, interview by Andrew Lawler, 2013.

393　중국, 사우디아라비아, 싱가포르에 이어 "Global Poultry Trends 2013: Asia PutsMore
Emphasis on Trading Prepared Products," The Poultry Site, September 11, 2013,
accessed March 24, 2014, http://www.thepoultrysite.com/articles/2894/global-
poultry-trends-2013-asia-puts-more-emphasis-on-trading-prepared-products.

394　최근의 연구는 T. M. Tumpey, "Characterization of the Reconstructed 1918Spanish
Influenza Pandemic Virus," Science 310, no. 5745 (2005): 77-80, doi:10.1126/
science.1119392.

394　1990년대 후반 K. M. Sturm-Ramirez et al., "Reemerging H5N1 Influenza Viruses in
Hong Kong in 2002 Are Highly Pathogenic to Ducks," Journal of Virology 78, no. 9
(2004): 4892-901, doi:10.1128/JVI.78.9.4892-4901.2004.

394　살아 있는 홍콩의 가금류 160만 마리는 Paul K. S. Chan, "Outbreak of Avian Influenza
A(H5N1) Virus Infection in Hong Kong in 1997," Clinical Infectious Diseases 34, no.
Supplement 2: Emerging Infections in Asia (May 01, 2002), accessed March 23, 2014,
http://www.jstor.org/stable/10.2307/4483086?ref=search-gateway:d5ff295abb4b1c
d99e8ddb8a5ee36030.

395　"볏 꼭대기에서 발톱에 이르기까지……." John Farndon, Bird Flu: Everything You Need to
Know(Thriplow, U.K.: Icon, 2005), 9.

395　2004년, 태국 총리 탁신 친나왓은 Chanida Chanyapate and Isabelle Delforge, "The Pol-
itics of Bird Flu in Thailand," Focus on the Global South, accessed March 23, 2014,
http://focusweb.org/node/286.

395　2013년, 중국에서 새로운 변종 독감인 H7N9에 Robert J. Jackson, Global Politics in the 21st
Century(Cambridge: Cambridge University Press, 2013), 506.

396　일부 연구자들은 중국의 생계 시장을 폐쇄하는 것이 C. Larson, "Tense Vigil in China as
Nasty Flu Virus Stirs Back to Life," Science 342, no. 6162 (2013): 1031, doi:10.1126/
science.342.6162.1031.

396　이 과격한 접근법은 Hongjie Yu et al., "Effect of Closure of Live Poultry Markets on
Poultry-to-Person Transmission of Avian Influenza A H7N9 Virus: An Ecological
Study," Lancet 383, no. 541 (February 8, 2014).

396　다른 연구자들은 매주 한 번 생계 시장을 소독하면 Q. Liao and R. Fielding, "Flu Threat
Spurs Culture Change," Science 343, no. 6169 (2014): 368, doi:10.1126/science.
343.6169.368-a.

397　"닭의 신진대사에서 보이는 특징……." Page Smith and Charles Daniel, The Chicken Book
(Boston: Little, Brown, 1975), 194.

397　이보다 효율이 좋은 것은 양식 연어뿐이다. "Salmon Have the Most Efficient Feed
Conversion Ratio (FCR) of All Farmed Livestock," Mainstream Canada, accessed
March 24, 2014, http:// msc.khamiahosting.com/salmon-have-most-efficient-feed-

conversion-ratio-fcr-all-farmed-livestock.

397 전 세계에서 매년 대기로 유입되는 온실가스의 20퍼센트가 식육을 생산할 때 Henning Steinfeld, *Livestock's Long Shadow: Environmental Issues and Options* (Rome: Food and Agriculture Organization of the United Nations, 2006), 112.

397 영국 경제학자 토머스 맬서스는 Thomas Robert Malthus, *An Essay on the Principle of Population* (Cambridge: Cambridge University Press, 1989).

398 1,200만 톤이 넘는 10억 마리의 닭이 "Global Poultry Trends 2013: Chicken Imports Rise to Africa, Stable in Oceania," The Poultry Site, November 13, 2013, accessed March 23, 2014, http://www.thepoultrysite.com/articles/2972/global-poultry-trends-2013-chicken-imports-rise-to-africa-stable-in-oceania.

398 전 세계 닭 수출량은 Ibid.

398 미국 소비자들은 세계 평균보다 닭을 네 배 더 먹는다. "Per Capita Consumption of Poultry and Livestock, 1965 to Estimated 2014, in Pounds," National Chicken Council, last modified January 10, 2014, accessed March 23, 2014, http://www.nationalchickencouncil.org/about-the-industry/statistics/per-capita-consumption-of-poultry-and-livestock-1965-to-estimated-2012-in-pounds/.

398 멕시코인들은 세계에서 달걀을 가장 많이 먹는데 Carrie Kahn, 'It's No Yolk: Mexicans Cope with Egg Shortage, Price Spikes," NPR, September 18, 2012, accessed March 23, 2014, http://www.npr.org/blogs/thesalt/2012/09/18/160968082/its-no-yolk-mexicans-cope-with-egg-shortage-price-spikes.

398 중국인들은 1인당 매년 10킬로그램의 닭을 먹는데 Janet Larsen, "Plan B Updates: Meat Consumption in China Now Double That in the United States," April 24, 2012, accessed March 23, 2014, http://www.earth-policy.org/plan_b_updates/2012/update102.

398 2012년에는 처음으로 Ibid.

398 푸젠 선너 개발 주식회사는 "Fujian Sunner Development Co., Ltd. Class A," Morningstar, accessed March 23, 2014, http://quicktake.morningstar.com/stocknet/sec-documents.aspx?symbol=002299&country=chn; "China Rich List: #151 Fu Guangming & Family," *Forbes*, accessed March 23, 2014, http://www.forbes.com/profile/fu-guangming/.

398 타이슨푸드사는 수년 내로 중국에 90개의 농장을 건설할 예정이며 David Kesmodel and Laurie Burkitt, "Inside China's Supersanitary Chicken Farms," *Wall Street Journal*, December 9, 2013, accessed March 23, 2014, http://online.wsj.com/news/articles/SB10001424052702303559504579197662165181956.

399 2014년, 중국 정부는 Ian Johnson, "China Releases Plan to Incorporate Farmers into Cities," *New York Times*, March 17, 2014, accessed March 23, 2014, http://www.nytimes.com/2014/03/18/world/asia/china-releases-plan-to-integrate-farmers-in-cities.html?_r=0.

399 식물성 단백질에 열을 가하고 식히고 압력을 가함으로써 Alton Brown, "Tastes Like Chicken," *Wired*, September 15, 2013, accessed March 23, 2014, http://www.wired.com/

wiredscience/2013/09/fakemeat/.

399 또 다른 캘리포니아 신규 업체인 "Hampton Creek, Named by Bill Gates as One of Three Companies Shaping the Future of Food, Debuts First Product at Whole Foods Market," Business Wire, September 20, 2013, accessed March 23, 2014, http://www. businesswire.com/news/home/20130920005149/en/Hampton-Creek-Named-Bill-Gates-Companies-Shaping.

400 예를 들어 중국에서 닭은 Fang Zhang, *Animal Symbolism of the Chinese Zodiac* (Beijing: Foreign Languages Press, 1999), 100.

401 "닭에 대한 열정을 남에게 전파하려 하지 말라." Roy Edwin Jones, introduction in *A Basic Chicken Guide for the Small Flock Owner* (New York: W. Morrow, 1944).

401 부유층을 대상으로 하는 니먼 마커스 사는 "Beau Coop," Neiman Marcus, accessed March 23, 2014, http://www.neimanmarcus.com/christmasbook/fantasy.jsp?cid=CBF12_O5415& cidSh ots=m,a,b,c,z&r=c at44770736&rdes c=Th e%20Fant a sy%20Gif ts&p a geName=Beau%20Coop&icid=CBF12_O5415.

402 빅토리아 시대에······ '더 팬시' 현상이 식었을 때처럼 Jonel Aleccia, "Backyard Chickens Dumped at Shelters When Hipsters Can't Cope, Critics Say," *NBC News*, July 7, 2013, accessed March 23, 2014, http://www.nbcnews.com/health/health-news/backyard-chickens-dumped-shelters-when-hipsters-cant-cope-critics-say-f6C10533508.

403 "바구니같이 생긴 상자에 덫이 있었는데······." Fay-Cooper Cole and Albert Gale, *The Tinguian: Social, Religious, and Economic Life of a Philippine Tribe* (Chicago: Field Museum of Natural History, 1922).

405 흐몽 민족 출신인 배싹 마른 농장 노동자 응우옌 퀴르 투안은Nguyen Quir Tuan, interview by Andrew Lawler, 2013.

408 가디너 범프의 인도산 적색야계를 구해낸 브리스빈은 I. Lehr Brisbin, interview by Andrew Lawler, 2013.

---

* 전체 참고문헌 http://bit.ly/WhyDidtheChickenCrosstheWorld_Biblio

| 찾아보기 |

치킨로드

문명에 힘을 실어준 닭의 영웅 서사시

1판 1쇄 2015년 11월 5일

지은이 | 앤드루 롤러
옮긴이 | 이종인

편집 | 천현주, 박진경
마케팅 | 김연일, 이혜지, 노효선

표지디자인 | 석운디자인
본문디자인 | 글빛
종이 | 세종페이퍼

펴낸곳 | (주)도서출판 **책과함께**
　　　　주소 (04029) 서울시 마포구 월드컵로 50 덕화빌딩 5층
　　　　전화 (02) 335-1982~3
　　　　팩스 (02) 335-1316
　　　　전자우편 prpub@hanmail.net
　　　　블로그 blog.naver.com/prpub
　　　　등록 2003년 4월 3일 제25100-2003-392호

ISBN 979-11-86293-34-8 03900

이 도서의 국립중앙도서관 출판시도서목록(CIP)은
서지정보유통지원시스템 홈페이지(http://seoji.nl.go.kr)와
국가자료공동목록시스템(http://www.nl.go.kr/kolisnet)에서 이용하실 수 있습니다.
(CIP제어번호 : CIP2015028029)